高等院校经济与管理核心课经典系列教材·金融学专业

（第六版）

项目评估理论与实务

Project Evaluation Theory and Practice

韩国高　鞠　蕾　王立国　主编

首都经济贸易大学出版社
Capital University of Economics and Business Press
·北 京·

图书在版编目(CIP)数据

项目评估理论与实务/韩国高，鞠蕾，王立国主编. -- 6版. -- 北京：首都经济贸易大学出版社，2023.6

ISBN 978-7-5638-3478-5

Ⅰ. ①项… Ⅱ. ①韩… ②鞠… ③王… Ⅲ. ①项目评价-高等学校-教材
Ⅳ. ①F224.5

中国国家版本馆CIP数据核字(2023)第020182号

项目评估理论与实务(第六版)
韩国高 鞠 蕾 王立国 主编
Xiangmu Pinggu Lilun Yu Shiwu

责任编辑 薛晓红
封面设计 风得信·阿东 FondesyDesign
出版发行 首都经济贸易大学出版社
地　　址 北京市朝阳区红庙(邮编100026)
电　　话 (010)65976483 65065761 65071505(传真)
网　　址 http://www.sjmcb.com
E-mail publish@cueb.edu.cn
经　　销 全国新华书店
照　　排 北京砚祥志远激光照排技术有限公司
印　　刷 北京市泰锐印刷有限责任公司
成品尺寸 185毫米×260毫米 1/16
字　　数 563千字
印　　张 23.75
版　　次 2006年3月第1版 **2023年6月第6版**
2023年6月总第17次印刷
书　　号 ISBN 978-7-5638-3478-5
定　　价 49.00元

第6版序

近年来，我国积极推进投资领域“放管服”改革，在提升投资建设便利化水平方面取得明显成效，但同时一些制约投资领域“放管服”改革向纵深推进的深层次问题逐渐凸显出来。为充分激发社会投资活力和动力，继续发挥投资对稳定经济增长的关键作用，国家也在不断规范和有序深化投资制度改革，不断完善和优化投资项目核准和备案管理制度、投资项目审批制度等，针对重大投资项目开展对接服务和技术指导，优化审批流程，提高审批效率，促进重大投资项目落地生效。另外，基于我国高质量投资发展要求，ESG等国际先进理念也开始逐步融入可行性研究框架体系。基于此，我们进行了此次的修订工作。此次修订主要针对每章涉及新的法律法规和政策制度的内容，进行了相应的修改和完善，对部分章节缺漏的内容进行了补充，对ESG的相关内容进行了扩展。此次调整内容较多的章节包括第一、六、十、十四和十五章等。

主要修订内容包括：

1. 在第一章第一节投资项目与投资决策中增加了投资项目审批制度改革的最新规定，同时增加了项目核准和备案管理的最新规定。

2. 在第六章第二节环境保护条件分析中增加了环境影响评价的相关内容，并重点阐述了重大投资项目环评工作的最新变化。

3. 在第十章第三节总成本费用估算中更新了固定资产加速折旧企业所得税政策的发展变化过程。

4. 第十四章第二节PPP模式介绍中增加了政府和社会合作项目的最新文件规定；第四节PPP项目的评估中更新了PPP项目的评估内容，对物有所值评价、财政承受能力论证和绩效评价内容进行更新。

5. 第十五章增加了ESG的提出背景和意义、ESG的概念与内涵以及项目评估中的ESG评价相关内容。

本版修订分工如下：第一、第六、第十和第十四章由东北财经大学投资工程管理学院的韩国高教授完成，第十五章由东北财经大学投资工程管理学院的鞠蕾教授完成。东北财经大学投资工程管理学院的王立国教授负责全书的总审。

由于水平有限，难免存在许多不足之处，敬请各位读者不吝赐教。

韩国高

2023 年于东北财经大学师贤居

第1版序

一

项目评估的理论和方法体系是在可行性研究体系的基础上演变而成的，但二者的产生、发展都主要体现为经济评价理论和方法体系的形成。在西方资本主义发展的初期，私人投资者在投资项目之前，虽然都要进行预测和分析，以判断其投资行为是否符合效率原则，但这种预测和分析的方法十分简单，再加上缺乏必要的信息，决策大都建立在直觉判断的基础上，难免出现许多无效率的投资行为。随着经济理论的发展和经济数学的产生，人们逐渐总结出了为投资项目决策提供支撑的分析方法。1844年，法国工程师杜比特就在继承前人研究成果的基础上，首创了费用效益系统分析法。在《公共投资项目效用的度量》一文中，杜比特提出了公共投资项目的社会效益概念，他认为，公共项目的净产量乘以相应的市场价格是该项目所产生的社会效益的下限，在该下限以上，某些消费者还享受到了消费者剩余的增量，社会所得到的总效益就是下限值的纯效益与增加的消费者剩余之和，而总效益的大小可作为公共投资项目判别的标准。

杜比特提出的理论和方法只能说是投资项目分析的雏形，现代意义上的投资项目分析、评价的方法产生于20世纪30年代。1902年，美国颁布了《河港法》，以法律的形式规定了河流与港口项目的投资分析方法。《河港法》涉及了一些现代意义的经济评价的基本原理，但由于20世纪30年代以前，从亚当·斯密到马歇尔，自由放任的经济学说支配着西方发达国家的经济学界，并对企业和政府的投资项目决策和生产经营行为起着指导作用，使在此基础上的投资项目分析评价只属于投资者个人领域的事情，并未上升到更高的层次和角度。20世纪30年代，世界性经济大萧条使得各西方国家的经济形势发生了重大的变化，自由放任经济体系逐渐崩溃，一些西方国家的政府开始施行新经济政策，大量投资于公共投资项目，于是出现了公共投资项目分析评价方法。1936年,美国为了有效地防止洪水泛滥和提高农业生产效率,大兴水利投资项目,并颁发了《全国洪水控制法》,正式规定了运用费用—效益分析方法分析评价洪水控制和水域资源开发项目。从此,美国的水利部门必须依该法的要求,对所投资的投资项目进行费用效益计算后,才能交国会审批。随后,美国、英国和加拿大等国政府又相继规定了可行性研究的原则和程序。

到了20世纪五六十年代,随着福利经济学地位的确立、发展经济学的兴起、宏观经济理论和微观经济理论的逐步完善、经济数学和计算技术的进一步发展,以及对社会实践的总结,经济评价的理论和方法体系进一步完善,并日臻成熟。

二

20世纪60年代以后,一些西方发展经济学家致力于发展中国家投资项目分析评价方法的研究,提出了不但具有一定的普遍意义,而且比较适合发展中国家进行投资项目经济评价的理论和方法。英国牛津大学教授I. M. D·里特尔和J. A. 米尔里斯为建立发展中国家的经济评价理论和方法体系做了开创性的工作,两位教授合作于1968年出版了《发展中国家项目分析手册》(Manual of Project Appraisal for the Developing Countries),这是第一本应用现代费用—效益分析方法来解决发展中国家的项目评价的著作。1974年,上述两位作者在对原著进行补充修改后,又出版了《发展中国家的项目评价和规划》(Project Appraisal and Planning for the Developing Countries),进一步对费用—效益分析方法做了更系统的解释。上述两本书,形成了OECD法(也称L—M法)。1972年,英国伦敦经济学院的帕萨·达斯古普塔、阿马泰亚·森和美国哈佛大学的斯蒂芬·马格林合著出版了《项目评价准则》(Guidelines for Project Evaluation)一书,系统地介绍了世界经济合作与发展组织(OECD)所推荐的对工业项目进行社会费用—效益分析的理论与方法,以及所积累的一整套实践经验,这也是针对发展中国家的需要而制定的一套准则。该书是项目经济评价的经典之作,具有一定的权威性。1978年,世界银行专家约翰·R. 汉森根据《项目评价准则》编写出版了《项目估价适用指南——发展中国家效益费用分析》(Guide to Practical Project Appraisal: Benefit - Cost Analysis in Developing Countries)。该书把《项目评价准则》中项目经济评价方法的分析程序分为财务分析、经济分析、储蓄分析、收入分配分析和高价值与低价值分析五个阶段,并详细地说明了各个阶段的调整与评价方法,创造性地设计了便于分析、计算的标准表格和图解法。1980年,英国布雷福德大学的约翰·韦斯出版了《工业项目的实际评价》(Practical Evaluation of Industrial Projects),该书可以说是《项目估价适用指南——发展中国家效益费用分析》的重要补充,书中主要说明了《项目估价适用指南——发展中国家效益费用分析》中所介绍的方法如何应用于巴基斯坦三个公共项目的经济评价。上述三本书奠定了UNIDO法(也称准则法)。1975年,世界银行专家林恩·斯奈尔和赫尔曼·G·范德塔克合著出版了《项目经济分析》(Economic Analysis of Project),这是西方项目经济评价方面的主要文献之一。该书建立了S—Vt法(也称WB法)。1976年,法国的Marc Chervel和Michel LeGall合著出版了《项目经济评价手册——影响方法》(Manual of Economic Evaluation of Project—the Effects Method),书中提出了一种新的方法,完全不同于上述国际经济组织的项目经济评价方法,在许多发展中国家也有比较广泛的应用。此书独树一帜,被称为EM法(也被称为影响方法)。1980年,联合国工业发展组织又与阿拉伯工业发展中心联合编著出版了《工业项目评价手册》(Manual for Evaluation of Industrial Projects)一书,目的是为发展中国家的费用—效益分析提供一种协调的、相对简单的、容易理解的逐步工作的方法,以缩小理论与实践之间的差距,形成了UNIDO—IDCAS法(也称阿拉伯法)。1991年,世界银行专家威廉A.沃德、巴里J.戴伦和伊曼纽尔H.德西尔瓦合著出版了《项目分析经济学——实践指南》(The Economic of Project Analysis: A Practitioner's Guide)。2001年,世界银行专家P.贝利和J.安德森等合著出版了《投资运营的经济分析——分析方法与实际应用》(Economic Analysis of Investment Operations: Analytical Tools and Practical Applications)。上述国际经济组织、专家和其编著的经典著作,不但对经济评价的理论和方法的进一步完善做出了巨大贡献,而且对经济评价的具体应用,特别是对在发展中国家的应用功不可没。

三

20世纪70年代末,随着我国经济的对外开放,在西方发达国家应用了40多年后的投资项目决策工具——可行性研究开始传入我国。1979年，联合国工业发展组织可行性研究处处长W·勃伦斯应邀来华举办了第一期可行性研究培训班（以后又相继举办了几期同样内容的培训班），参加学习的学员大都是各大设计院的工程师。通过这样的培训班，我国开始对可行性研究有了一定的了解，政府有关部门也开始组织国内外的一些专家、学者，从理论和实践两个方面探讨把可行性研究纳入我国投资项目决策程序的必要性和可行性。1981年，原国家科委下达了“工业建设项目可行性研究经济评价方法”的课题任务。1982年，国务院原技术经济研究中心成立了可行性研究专题组，并于当年12月在北京组织召开了“建设和改造项目经济评价讨论会”，参加会议的有设计、规划、咨询、研究、管理机构及高等院校从事可行性研究理论和经济评价实际工作的各方面专业人员。1983年5月，国务院原技术经济研究中心组织专家编写了《工业建设项目企业经济效益的评价方法》一书，并于1985年由东北财经大学出版社正式出版发行。经过近5年充分的讨论和实证研究，我国开始摒弃苏联只有静态分析的技术经济分析方法，正式把可行性研究列入投资项目决策程序。1983年，原国家计委以计资〔1983〕116号文件颁发了《关于建设项目进行可行性研究的试行管理办法》（以下简称《办法》），正式把可行性研究纳入投资项目决策程序。该《办法》规定，“可行性研究是建设前期工作的重要内容，是基本建设程序中的组成部分。”该《办法》还规定，大型的工业交通、利用外资、技术引进和设备引进项目都要进行可行性研究，其他投资项目，有条件时也应进行可行性研究，没有进行可行性研究的项目，有关决策部门不审批设计任务书，不列入投资计划。1984年，国务院原技术经济研究中心组织大专院校的学者和实际工作部门的高级工程师组成专家组，研究制定了《建设项目国民经济评价方法与参数》。1986年，原国家计委组织了“建设项目经济评价方法与国家参数”专题研究专家组，以《工业建设项目企业经济效益的评价方法》和《建设项目国民经济评价方法与参数》为蓝本，在总结我国可行性研究的经验和教训的基础上，借鉴国外经济评价的理论和方法，结合当时我国的国情，制定了《关于建设项目经济评价工作的暂行规定》《建设项目经济评价方法》《建设项目经济评价参数》《中外合资项目经济评价方法》四个规定性文件，经过全国专家论证会审定后，于1987年10月正式出版了《建设项目经济评价方法与参数》一书，对经济评价的程序、方法和指标等做出了明确规定和具体说明，并首次颁布了各类经济评价所用的国家参数。1993年，原国家计委和建设部组织国内专家对《建设项目经济评价方法与参数》进行了补充和修订，并出版了第2版《建设项目经济评价方法与参数》。

20世纪80年代初，随着我国经济体制改革的进一步深入以及学术界和实际工作者对投资效果的关注和大讨论，金融机构尝试借鉴西方经济发达国家的经验，对拟提供贷款的投资项目进行评估，各级政府投资决策部门也开始在决策之前对重大投资项目进行评估。与此同时，利用世界银行为我国培养可行性研究和项目评估人才的机会，有关部门组织专家编写并出版了世界银行培训教材《世界银行项目管理》(中国财政经济出版社，1983年)。在此值得一提的是，在世界银行专家的帮助下，原中国投资银行编写的《工业贷款项目评估手册》顺利出版，为我国项目评估工作的开展起到了比较大的推动作用。各金融机构在进行项目评估时基本上都是以该书作为主要参考文献的。《工业贷款项目评估手册》一书1983年内部印刷发行；1984年在进行了较大幅度的修改后，再次内部印刷发行；1990年，经过第二次较大幅度的修改以后，由中国财政经济出版社公开出版发行。

自20世纪80年代后期开始，中国建设银行、中国工商银行、中国银行和中国农业银行相继成立了专门的咨询机构(如中国建设银行成立了中国投资咨询公司)，对贷款项目进行评估；各级政府投资决策部门也相继成立了专门的投资(工程)咨询机构(如原国家计委成立了中国国际工程咨询公司)，对需要政府审批的重大投资项目进行评估。20世纪90年代后期，随着经济体制改革和投资体制改革的进一步深化，原国家计委成立了中国工程咨询协会，并实行投资项目咨询资质制度，以2号令和3号令发布了《工程咨询业管理暂行办法》和《工程咨询单位资格认定暂行办法》。中国工程咨询协会根据国家计委发布的第3号令制定了《工程咨询单位资格认定实施细则》，并颁发了《工程咨询单位持证执业管理暂行办法》，通过了《中国工程咨询业职业道德行为准则》，规定没有资质的机构不能从事投资项目可行性研究和评估工作，从而为投资咨询行业的竞争奠定了基础。

四

2004年7月,为了完全落实企业的投资决策权,充分发挥市场配置资源的基础性作用,进一步提高政府投资决策的科学化、民主化水平,增强投资宏观调控和监管的有效性,国务院颁布了《国务院关于投资体制改革的决定》(以下简称《决定》)。该《决定》主要从四个方面进行了改革:①转变政府管理职能,确立企业的投资主体地位。该项改革主要是改革项目审批制度,即彻底改革现行不分投资主体、不分资金来源、不分项目性质,一律按投资规模大小分别由各级政府及有关部门审批的企业投资管理办法。对于企业不使用政府投资建设的项目,一律不再实行审批制,区别不同情况实行核准制和备案制;鼓励社会投资;进一步拓宽企业投资项目的融资渠道;规范企业投资行为等。②完善政府投资体制,规范政府投资行为,主要包括合理界定政府投资范围;健全政府投资项目决策机制;规范政府投资资金管理;简化和规范政府投资项目审批程序,合理划分审批权限;加强政府投资项目管理,改进建设实施方式;引入市场机制,充分发挥政府投资的效益等。③加强和改善投资的宏观调控,主要包括完善投资宏观调控体系;改进投资宏观调控方式;协调投资宏观调控手段;加强和改进投资信息、统计工作等。④加强和改进投资的监督管理,主要包括建立和完善政府投资监管体系;建立健全相互配合的企业投资监管体系;加强对中介服务机构的监管;完善法律法规、依法监督管理等。

从投资项目决策的角度,《国务院关于投资体制改革的决定》界定了政府投资项目和企业投资项目的决策程序。政府投资项目仍然实行审批制,企业投资项目区别不同情况实行核准制和备案制。决策制度的重新安排,对金融机构在贷款前对投资项目的考察提出了更严格的要求。在原有的投资项目决策制度下,所有的项目都必须编制可行性研究报告,政府决策机构可以根据投资者提供的可行性研究报告审批项目,金融机构可以根据借款人提出的可行性研究报告进行项目评估。投资项目决策制度改革以后,企业投资项目的投资者可以不提供可行性研究报告。这样,在投资项目决策时,政府职能部门只是在宏观上进行审查,金融机构需要进行更加严格的项目评估。

从金融体制改革和金融业的发展来看,也迫切需要金融机构加强项目评估工作。在经济体制改革进一步深化的条件下,原来的国有商业银行逐步建立现代企业制度，成立股份有限公司，有的已公开上市，国外金融机构进入中国从事人民币业务的条件进一步放宽；国外金融机构已经入股或正在入股国内银行；国内民间资本也已经入股或正在入股原有的国有商业银行和城市商业银行；国外金融机构与国内银行之间以及国内银行自身之间的竞争日趋激烈。处在这样的环境中，国内金融机构必须采取切实可行的措施，进一步提高信贷资产的质量，而其中，在贷款之前进行认真的项目评估就是一个关键。

五

本书有以下3个特点：①理论联系实际。本书不但系统地阐述了有关的科学理论，而且凝结了作者20年来从事项目评估实际工作的体会，把理论和实践比较好地融合在一起。②兼收并蓄。书中不但融会了作者20年来在教学、科研和实践工作中的想法和体会，而且在查阅大量国内外有关文献的基础上，较广泛地吸收了这些文献的观点、体系和方法。③操作性强。尽管书中有大量的理论论述，但作者的意图是使其能够成为一本具有较强操作性的项目评估指南，并在这方面做了很大的努力。

本书既可作为教材，适用于金融、工商管理、公共管理、工程管理及其他相关专业的本科和研究生教学使用，又可作为应用型的操作指南，适用于从事银行信贷管理、工程项目管理、经济管理、财务管理和工程咨询的实际工作者。

本书共分13章。各章的编写分工为（以撰写章次为序）：王立国（作者自序、第一、第五、第十三章），李翔（第二章、附录1），宋维佳（第三、第四章），李翔、宋维佳（第十一、第十二章），王红岩（第六、第八、第九、第十章），龚之上（第七章）。全书由王立国总纂、审改和定稿。

在本书编写过程中，作者参考和吸收了国内外许多专家、学者的研究成果，在此，谨向这些专家、学者表示崇高的谢意。

科学在进步，经济理论在发展，人们的理念在变化，国家的政策和各种规章制度也会随着经济的发展进行相应的调整，因此，作者将会适时地对本书进行修改和完善，以满足读者朋友们的要求，并答谢给予我们的厚爱。

王立国

2005年于东北财经大学烛光园

目录

第一章

导论

本章要点

本章共分四个部分，即投资项目与投资决策、可行性研究概述、项目评估概述、可行性研究与项目评估的关系。在投资项目与投资决策部分，主要论述投资的本质、作用和决定因素，投资项目的界定和类型，投资决策的含义、理论意义和程序。在可行性研究概述部分，主要介绍可行性研究的阶段划分，可行性研究的作用、内容和程序以及项目申请报告的主要内容。在项目评估概述部分，主要就项目评估的含义、作用、内容和程序进行阐述。在可行性研究与项目评估的关系部分，主要论述了可行性研究与项目评估的联系和主要区别。

第一节　投资项目与投资决策

一、投资概述

（一）投资的本质

投资是指经济主体为未来获得收益而现时投入生产要素，以形成资产的一种经济活动；投资的另一层含义也可解释为经济主体为未来获得收益而现时投入的资金或资本。这些认识与当代西方经济学家对投资本质的表述大致相似。

当然，从不同的角度来看，投资的内涵还是存在一定差异的。由中国大百科全书出版社与美国不列颠百科全书公司合作编译的权威工具书《简明不列颠百科全书》对投资的解释是，"指在一定的时期内期望在未来能产生收益而将收益变换成资产的过程。""如从个体的观点来看，投资可分为生产资料投资和纯金融投资。就个体而言，二者均对投资者提供货币报酬；但就整体而论，纯金融投资仅表现为所有权的转移，并不构成生产能力的增加；生产资料投资能增加一国经济生产的能力，它是反映经济增长的因素。"①这里所讲的生产资料投资，亦即经济意义上的投资，即直接投资；纯金融投资，亦即金融意义上的投资，即间接投资。保罗·萨缪尔森和威廉·诺德豪斯对投资的解释是："投资是一年内一国的建筑物、设备和库存等资本货物的增加部分。投资意味着牺牲当前消费以增加未来消费。""经济学家将'投资'（有时称为实际投资）定义为耐用资本品的生产。而在一般用法上，'投资'通常是指诸如购买通用汽车公司的股票或去开个存款户头这类东西。为了不致混淆，经济学家将后者称为金融投资。""只有当有形的资本品生产发生时，经济学家才认为形成投资。"②在项目评估中的投资指的是直接投资，或者说是实际投资。

就实际投资或直接投资而言，还有宏观投资、中观投资和微观投资之分。宏观投资是指整个国民经济的投资，包括一定时期内全社会的投资规模、投资方向、投资结构和投资效益等。这些问题是一国政府根据其现有的资源条件、经济发展状况和未来的社会经济发展规划而确定或进行测算的，属于宏观经济范畴。中观投资是指一个部门或一个地区在一定时期内的投资规模、投资方向、投资结构和投资效益等，是由一个部门或一个地区根据整个宏观经济形势、该部门或地区的现有资源条件、经济优势和未来一定时期的社会经济发展规划进行确定或测算的，属于中观经济范畴。微观投资一般是指项目投资，尽管有时项目所包括的范围比较大，涵盖一系列项目，包括横向的项目和纵向的项目（如"上联"和"下联"项目），但都作为一个投资项目（可以作为一个"综合体"项目）来考虑。在项目评估中，投资指的是微观投资，亦即投资项目。

---

① 引自《简明不列颠百科全书》. 第 7 卷. 北京：中国大百科全书出版社，1985：840.

② 保罗·萨缪尔森，威廉·诺德豪斯. 经济学. 第 16 版. 北京：华夏出版社，1999：320.

（二）投资的作用

投资的作用可以从宏观和微观两个层面进行分析。

1. 宏观作用

（1）影响社会总需求水平，从而在短期内影响产出和就业水平。投资增加，会相应地扩大内需，从而增加社会总需求水平；投资减少，会相应地减少内需，从而减少社会总需求水平。从短期来看，产出和就业水平的变化也决定于投资水平，投资增加，会增加社会的产出水平，同时提供更多的就业机会。

（2）通过投资能够增加社会的资本积累，提高潜在的生产能力，从而促进长期的经济增长。

2. 微观作用

（1）增强投资者的经济技术实力。投资者通过投资项目的实施，不但实现了资本积累，而且提高了获取收益的能力，同时也增强了抵御风险的能力。

（2）提高投资者不断创新的能力。投资者通过自主研发或购买知识产权，并通过实施投资项目实现科技成果的商品化和产业化，就可以不断地取得创新利润或垄断利润，从而具备长期的经济发展潜力。

（3）增强投资者的市场竞争能力。经验表明，企业的市场竞争能力不但体现在技术创新上，而且取决于企业的规模，通过实施投资项目，可以扩大投资者的生产规模，达到规模经济，或者增加产品的种类，实行范围经济，从而在市场竞争中立于不败之地。

（三）投资的决定因素

投资者只有预期其投资活动能带来利润，也即带来大于投资成本的收益时，才会进行投资。投资的决定因素可以归结为收益、成本和预期。

1. 收益

每一项投资都会增加投资者的收益。投资活动可以是新建一个工厂，可以是增加现有工厂的生产规模（扩建），也可以是对现有工厂进行更新改造，但不论是哪一种形式，投资者都要追求收益的增加。新建工厂和扩建工厂，有助于投资者生产和销售更多的产品，以增加收益；对现有工厂进行更新改造，有利于投资者提高产品的市场竞争力，以增加收益。

2. 成本

决定投资的第二个因素是投资的成本。投资成本包括资本品的价格、借款利息和投资者为其收入所缴纳的税金。资本品的价格是指投资者购买土地、设备及其他资本品和建造建筑物所支出的费用，是投资成本中的主要部分，也是投资者最为关心的成本。投资者进行一项投资活动，经常需要外部资金的支持，或者向银行借款，或者在债券市场上发行债券，但无论是银行借款还是发行债券，都要支付利息，一定时期的利率水平决定投资者的利息成本，从而决定投资支出。政府的税收也会影响投资的成本，政府运用税收政策可以直接或间接影响投资行为。当政府鼓励某些部门或某些项目的发展时，可以采取税收的减免优惠措施，以增加这些部门或这些项目的投资。不同部门、不同项目或不同国家的税收政策，对于追求利润最大化的投资者的投资行为都会产生深远的影响。

3. 经济发展预期

决定投资的第三个因素是预期和投资者的信心。投资是为了在未来的一定时期取得预期的收益,未来经济发展预期就显得非常重要。如果估计未来的经济不景气,投资者的投资欲望就会大大减少;相反,如果认为经济有可能在近期迅速恢复,投资者就可能大规模地进行投资。

正因为投资活动有上述三个决定因素,因此,"投资决策取决于:①对新投资所生产出的产品的需求状况;②影响投资成本的利率和税收;③企业对未来经济状况的预期。"①

二、投资项目

(一)投资项目的界定

在我国,关于投资项目尚无一种公认的解释。按照世界银行的解释,投资项目是指在规定的期限内,为完成一项(或一组)开发目标而规划的投资、政策、机构以及其他各方面的综合体。

一个投资项目一般要包括以下因素或其中的几个因素:①具有能用于土建工程和(或)机器设备及其安装等投资的资金;②具备提供有关工程设计、技术方案,实施施工监督,改进操作和维修等业务的能力;③拥有一个按集中统一原则组织起来的,能协调各方面关系,促进各类要素合理配置,高效、精干的组织机构;④改进与项目有关的价格、补贴、税收和成本回收等方面的政策,使项目能与所属部门和整个国民经济的发展目标协调一致,并提高项目自身的经济效益;⑤拟订明确的项目目标以及项目的具体实施计划。

(二)投资项目的类型

根据不同的分类标准,投资项目可以划分为不同的类型。

1. 根据项目性质不同,可划分为基本建设项目和更新改造项目

(1)基本建设项目,简称建设项目,它是指通过增加生产要素的投入,以扩大生产能力(或工程效益)为目的的投资项目。建设项目又可划分为新建项目、扩建项目、恢复项目和迁建项目等不同的类型。

(2)更新改造项目是指以新的设备、厂房、建筑物或其他设施替换原有的部分,或以新技术对原有的技术装备进行改造的投资项目。建设项目与更新改造项目的主要区别在于:前者主要是固定资产的外延扩大再生产,后者主要是固定资产的简单再生产和以内涵为主的扩大再生产。但在现实经济生活中,某些项目的性质是很难明确划分的。

2. 根据项目内容不同,可划分为工业投资项目和非工业投资项目

(1)工业投资项目,简称工业项目,即国民经济中各工业部门的投资项目,主要包括钢铁、有色金属、煤炭、石油、化学、电力、机械、建材、轻工、纺织等工业部门的投资项目。

(2)非工业投资项目,简称非工业项目,即工业投资项目之外的所有投资项目,主要包括农业、水利、林业、水产、铁路、公路、民航、邮政、电信、公用事业等部门的投资项目。

---

① 保罗·萨缪尔森,威廉·诺德豪斯.经济学.第16版.北京:华夏出版社,1999:343.

3. 根据项目用途不同,可划分为生产性投资项目和非生产性投资项目

(1)生产性投资项目是指能为社会提供中间产品和最终消费产品的投资项目,如投资于生产机械设备的项目和生产耐用消费品的项目,这类项目的收益主要体现为产品的营业收入。

(2)非生产性投资项目是指能为社会提供服务的投资项目,其成果主要是满足人们的物质文化生活需要,如投入文化、教育、卫生、体育领域及非营利性基础设施上的投资项目。

4. 根据项目投资管理形式不同,可划分为政府投资项目和企业投资项目

政府投资项目是指使用政府性资金的投资项目。政府性资金包括财政预算投资资金(含国债资金)、利用国际金融组织和外国政府贷款的主权外债资金、纳入预算管理的专项建设资金和法律、法规规定的其他政府性资金。政府按照资金来源、项目性质和宏观调控需要,分别采用直接投资、资本金注入、投资补贴、转贷和贴息等方式进行投资。

不使用政府性资金的投资项目统称企业投资项目。

5. 根据项目产品性质和行业差别,可划分为竞争性投资项目、基础性投资项目和公益性投资项目

(1)竞争性投资项目是指项目所属的行业基本上不存在进入与退出障碍,行业内存在众多企业,各企业产品基本上具有同质性和可分性,项目以追求利润最大化为目标,如加工工业项目、商业项目和服务业项目等。

(2)基础性投资项目是指投资于为其他产业的发展提供基本生产资料和生产条件的基础产业的项目,包括农业项目、基础工业项目和基础设施项目。

(3)公益性投资项目是指投资于为满足社会公众公共需要的项目。公益性投资项目又可分为两类:一类是免费供社会公众消费的项目,如城市道路、公园和社会安全等投资项目;另一类是有偿供社会公众消费的项目,如公立学校、文化设施和新闻广播等投资项目。

6. 根据项目投资主体不同,可划分为国内投资项目和外商投资项目

(1)国内投资项目,即全部由国内投资者投资兴建的项目。其资金来源可以是投资者的自有资金,也可以是在国内外筹集的资金。

(2)外商投资项目,具体又包括三类:中外合资经营投资项目、中外合作经营投资项目和外商独资项目。中外合资经营投资项目,简称合资项目,是一种股权式合营项目,即由一个或几个中国的公司、企业或其他经济组织与一个或几个外国的公司、企业或个人共同出资而兴建的项目,合资各方按股权比例分配收益和承担风险;中外合作经营投资项目,简称合作项目,是一种契约式合营项目,一般是指由中方合作者提供土地、厂房、劳动力等,由外方合作者提供设备、资金和技术等而共同兴建的项目,合作各方按契约规定的比例分配收益和承担风险;外商独资项目,即由外商独自出资兴建的项目。

7. 根据项目融资主体不同,可划分为新设法人项目和既有法人项目

(1)新设法人项目,即由新组建的项目法人为项目进行融资,其特点是:①项目投资由新设法人筹集的资本金和债务资金构成;②由新设项目法人承担融资责任和风险;③从项目投产后的财务效益情况考察偿债能力。

（2）既有法人项目，即要依托现有法人为项目进行融资，其特点是：①拟建项目不组建新的项目法人，由既有法人统一组织融资活动并承担融资责任和风险；②拟建项目一般是在既有法人资产和信用的基础上进行的，并形成增量资产；③从既有法人的财务整体状况考察融资后的偿债能力。

此外，还可根据其他不同的标准，将项目划分为不同的类型，如根据投资目的的不同，将其划分为经营性项目和非经营性项目；根据项目的设计生产能力，将其划分为大型项目、中型项目和小型项目等。

三、投资决策

（一）投资决策的含义

如上所述，无论是在宏观方面还是在微观方面，无论是政府还是企业（或称做厂商），在其经济发展或经营过程中，投资都发挥着重要的作用。政府通过投资，提供公共品，满足社会需求，提高效率；企业通过投资，提供私人物品，满足市场需求，取得利润。但在一定时期，政府或企业的可利用资源都是有限的，合理配置资源、提高资源的利用效率就显得非常重要。而投资是利用资源的一种重要方式，怎样在投资活动中充分利用有限的资源就成为投资者首先关心的问题。一方面，投资者要审慎地选择项目，以达到最佳资源配置，使生产最有效率。这就需要在拟建项目之前，进行科学的分析论证，分析该项投资能给投资者带来什么好处，给整个社会经济带来什么影响，在权衡利弊的基础上来决定是否实施该项投资。另一方面，投资项目不但具有收益性、长期性和不可逆性的特点，而且在未来具有很大的不确定性，投资者能否取得预期的利润取决于未来社会经济发展的条件、环境和趋势等，即所有的投资都建立在对未来收益的预测上，这也需要投资者和资金的供给者在拟建项目之前进行科学的投资决策，充分估计未来的不确定性，使一定的投入取得最佳的回报。所以，投资决策就是根据预期的投资目标，拟订若干个有价值的投资方案，并用科学的方法或工具对这些方案进行分析、比较和遴选，以确定最佳实施方案的过程。

（二）投资决策的理论意义

投资决策的理论意义在于资源的稀缺性、信息的不对称性和未来的不确定性。

1. 资源的稀缺性

尽管不同流派的经济学家针对经济学的诸多问题存在许多分歧，但是对于资源的稀缺性这一基本事实却是普遍认可的。稀缺性就是社会资源的有限性。如果可以无限量地生产出各种物品，如果人类的欲望能够完全地得到满足，那么人们就拥有了一切想要的东西，也就不存在经济品，即稀缺物品或供给有限的物品。但是任何社会都不可能是达到无限可能的乌托邦。物品是有限的，需求却是无限的。由于欲望的无限性，就一项经济活动而言，最重要的事情就是最好地利用其有限的资源。这一点使我们不得不面临“效率”问题——最有效地使用社会资源以满足人类的愿望和需要，要运用经济的方法去配置稀缺的资源，最终达到效率的目的。

投资活动是配置社会资源的一种重要的经济方法，无论是自然资源、资本还是劳动力，都可以通过投资活动来达到配置的目的；而投资活动也需要有资本、原材料、燃料及动力、劳动力等生产要素的支持才能完成。提高了投资的效率，也就在一定程度上实现了对有限社会资源的高效率使用和优化配置的目标。因此,如何决定资源投资于什么领域、投资多少、为何投资和如何投资运营等一系列问题变得尤为重要。

市场的信息能够提供充足的决策依据,但是如何将这种媒介的信息转化为现实的东西就需要我们进行决策。美国著名经济学家N.格里高利·曼昆将人们做出决策的过程分解为4个原理,“人们在决策时总是面临着各种各样的权衡”是其中最为重要的一个原理。通常为了得到我们喜爱的一件东西,就不得不放弃另一件我们喜爱的东西,做出决策就是要求我们在一个目标与另一目标之间进行权衡取舍。无论是政府还是企业在决策时,都要考虑这样的权衡取舍。正是因为人们面临着这样的取舍,做出决策就要比较可供选择的行动方案的各种成本与收益以及可能面临的风险,考虑如何做出合理的决策。所以说,正是资源的稀缺性和人们对效率追求的本质决定了各种各样的决策活动必然存在于现实的经济世界中。

此外,资本和资源不仅仅是有限的,而且有限的资本和资源有着各种不同的组合和配置方式,因而有着各种不同的用途,可以满足多方面的需要,实现各种不同的目的和要求。这说明,同样数量的资本和资源,由于组合和配置方式的变化,对一个国家的经济建设和满足社会需要的程度就会产生不同的结果,取得的社会效益也会发生很大的差异,这就是投资项目所需资本和资源的不等价的替代性。为了实现使社会的资本和资源得到最佳组合和合理配置的目的,必须在投资项目拟建之前,审慎决策。

2. 信息的不对称性

在现实经济生活中广泛地存在着信息不对称的现象。信息不对称是指交易双方都有一些只有自己知道而对方不知道的私人信息,并且这些信息会影响到交易双方当事人的利益。不对称信息的价值很高,原因是按照供求关系,如果东西越稀缺,价格就越高,人们的需求欲望就会降低;反之,价格越便宜,需求就会越高。从代理人的角度看,为了自己的利益,其有充分的动机隐藏信息或力求减少自己提供信息的义务与责任。从委托人的角度看,信息不对称本身就反映出委托人获取信息的有限性,或者说委托人接收、储存、检索、传递、处理信息的能力是有限的,不能获得有关代理人的全部信息,这也就决定了委托人必须放弃无限收集信息的动机,只能在信息不足的情况下做出相对满意的决策。而且,在某些情况下虽然可以获得决策所需要的全部信息,但委托人出于决策效率的考虑,比如为了节约信息成本,而放弃了收集完全信息的机会。此外,在经济决策或经济交易中,虽然利用信息可带来收益,但获得信息也要付出成本,这就要求委托人必须在搜寻信息的边际成本与边际收益相等之处停止搜寻,以获得最佳的信息量,而不是有关代理人的全部信息。这些也就是信息不对称在经济生活中普遍存在的重要原因。

信息不对称导致交易双方拥有的信息在量上和质上不相等,有信息优势的一方便会利用有利的信息向对方寻租以使自己获利,而处于劣势的一方则会采取各种手段去获取更多的信息,以便做出科学、合理的决策。这样我们就不难理解为什么各类投资主体在进行投资决策之前都要进行审慎的可行性研究、资料的广泛收集和分析工作,虽然这种信息搜索活动需要大量的人力和物力的投入,但是投资主体为了规避由于隐瞒、欺骗和项目本身的一些隐性缺陷可能会给投资者带来的巨大损失,用于获取大量信息的费用还是相当值得的。在这种情况下,中介机构在投资项目决策过程中所饰演的角色也就相当重要,其可以通过专业的方法和广泛的信息渠道为投资者最大限度地寻找各种信息,从而改善投资主体在信息不对称形势下的境况。

因此,不论在任何经济体制下的社会,投资项目决策过程的一个主要目的就是通过改善信息不对称境况,来实现用有限资源创造出更多财富的目标;也正是信息不对称在经济生活中的广泛存在,才要求投资项目必须要有一个理性、科学、民主的决策过程,达到资源的最有效配置。

3. 未来的不确定性

投资项目不但具有收益性、长期性和不可逆性,而且在未来具有很大的不确定性。产生不确定性的原因包括:主观原因是信息的不完全性、不充分性和人的有限理性;客观原因包括市场供求变化的影响,技术变化的影响,经济环境变化的影响,社会、政策、法律、文化等方面变化的影响和自然与资源条件变化的影响等,也正因为如此,需要投资者和资金的供给者在拟建项目实施之前进行科学的投资决策,充分估计未来的不确定性,使一定的投入取得最佳的回报。

(三)投资决策的程序

当前存在的投资决策程序有很多种,我们主要介绍以下三种。

1. 投资决策的一般程序

进行投资决策一般都要遵循以下程序:

(1)调查研究,收集信息,提出问题,在此基础上确定预期目标。一般来讲,投资项目是投资者在充分调研和分析的基础上提出来的。作为一个政府,为了充分发挥其经济职能,必然要投资于项目建设,而一项投资总是为实现一定的目的服务的,或者是为了更多地提供公共品,满足社会需求;或者是为了充分发挥城市的功能;或者是为了消除外部不经济性和垄断。同样,一个企业,无论是老企业还是新建企业,为了企业的生存和发展,都要进行项目投资,而一项投资也是为一定的目的服务的。企业投资的主要目的有:①高科技成果的商品化和产业化;②扩大市场份额,提高市场竞争力;③扩大生产规模,实现规模经济;④开发与企业目前正在生产产品的相关产品(如“上游”和“下游”产品),达到范围经济;⑤平衡企业的生产能力,增加产量;⑥进行产品的更新换代,保证市场占有率;⑦实施替代进口战略服务;⑧把资源优势转化为经济优势;等等。

(2)根据宏观环境和现有条件拟定若干个有价值的方案。一般来讲,达到预期目标,可能存在诸多可实施方案。投资者或受投资者委托的中介咨询机构可根据预期的目标和现有的市场、资源、技术等条件,拟订若干个有价值的方案。所谓有价值的方案,是强调拟订的方案要具有可实施性。在拟订方案时,可能只有实施和不实施两个方案(后者称为“零方案”),也可能是若干个实施方案和不实施方案。这里需要我们牢记:不实施项目本身也是一个有价值的方案。

(3)对拟订的方案进行分析、比较,遴选出最满意的实施方案。拟订出一系列有价值的方案以后,还要用科学的方法对这些方案进行全面的分析、比较,以遴选出投资者最为满意的方案。所谓科学的方法是指可行性研究和项目评估,它们都是投资决策的重要手段和工具。作为政府投资的项目,可主要进行经济分析,遴选出既可以保证项目的可持续性,又有利于政府财政和利益相关者的可实施方案;作为企业投资的项目,可以利用可行性研究和项目评估对这些方案的市场、规模、建设条件、生产条件、技术工艺、财务效益以及经济效益等进行分析、比较,遴选出具体实施的方案。所谓投资者满意的方案是指在各个方面都基本满足了投资者的要求。实施一项投资项目,需要满足各方面的条件,项目可行与否取决于诸多方面的因素。从某一个方面讲,实施某方案可能是最佳的,但从另一方面看,可能是次佳方案,甚至是不可行的,所以,几乎不存在从各个方面讲都是最佳的方案,所选择的方案只能是使投资者最满意的方案。

(4)确定实施的计划,提出合理化的建议。确定了实施方案以后就要制订实施计划,或者是细化可行性研究和项目评估中的实施计划;或者是修改实施计划;或者根据论证的结果,重新制订实施计划。之所以要提出合理化建议,是因为在实施项目中,不是所有的条件都能满足要求,需要有关部门或有关人员为项目的顺利实施提出建议,使项目按照预期的目标和时间竣工投入使用,发挥应有的效益。

2. 一些国际金融机构的投资决策程序

各个国家和国际组织对投资决策程序都有自己的规定。世界银行和一些地区性的开发银行如亚洲开发银行、非洲开发银行的项目决策程序如下:①明确问题和目标;②研究项目的背景;③搜集有关信息资料;④安排项目分析的步骤;⑤对项目进行经济分析;⑥衡量非经济因素的影响;⑦进行不确定性分析;⑧综合权衡;⑨提出项目评估报告及其他建议;⑩最终做出投资决策。

这只是这些国际金融机构一般的投资决策程序,实际上,不同规模、不同性质的投资项目具有不同的特点,从而在决策程序的繁简上也有所区别。

3. 我国现行的投资项目决策程序

根据2004年发布的《国务院关于投资体制改革的决定》的要求,把投资项目划分为政府投资项目和企业投资项目。企业投资项目不再实行审批制,区别不同情况实行核准制和备案制,中央政府制定并发布《政府核准的投资项目目录》。其中,政府仅对重大项目和限制类项目从维护社会公共利益角度进行核准,其他项目无论规模大小,均改为备案制,项目的市场前景、经济效益、资金来源和产品方案等均由企业自主决策,自担风险,并依法办理环境保护、土地使用、资源利用、安全生产、城市规划等许可手续和减免税确认手续。对于企业使用政府补助、转贷、贴息投资建设的项目,政府只审批资金申请报告。实行核准制的投资项目,投资者仅需向政府提交项目申请报告,政府不再批准项目建议书、可行性研究报告和开工报告等;对于实行备案制的投资项目,除国家另有规定外,由投资者按照属地原则向地方政府投资主管部门备案。政府投资项目仍然实行审批制。对于政府投资项目,采用直接投资和资本金注入的,只从投资决策角度审批项目建议书和可行性研究报告,除特殊情况外不再审批开工报告,同时应严格政府投资项目的初步设计、概算审批工作。

2016年7月2日,第十二届全国人民代表大会常务委员会第二十一次会议通过了修改《中华人民共和国节约能源法》《中华人民共和国水法》《中华人民共和国防洪法》《中华人民共和国职业病防治法》《中华人民共和国环境影响评价法》《中华人民共和国航道法》六部法律,涉及行政审批事项所处的阶段调整。政府投资项目、企业投资项目上述6项行政审批事项由原来的"审批/核准/备案阶段"变更为"施工报建阶段"。对于节约能源法"节能评估和审查"、航道法"航道通航条件影响评价审核"两项行政审批事项，政府投资项目在审批阶段完成，企业投资项目由“核准阶段”变更为“施工报建阶段”。下面分别是企业投资项目和政府投资项目的决策程序。

（1）企业投资项目的决策程序（以实行核准制为例）：①提交项目申请报告。对于项目申请报告，国家发改委规定有比较严格的标准内容，投资者应按所要求的内容提交报告。②政府职能部门（发改委或发改局）对投资者提交的项目申请报告进行核准。在投资者提出项目申请以后，政府职能部门在规定的时间内对项目进行核实、论证。如果属于重大项目，政府职能部门还要委托有资质的中介咨询机构进行项目评估，符合有关要求，则予以核准。③办理相关手续。项目核准后，投资者可以此办理相关手续，包括环境保护、土地转让和城市规划等。当然，在办理环境保护手续前，要根据 2003 年 9 月 1 日开始实施的《中华人民共和国环境影响评价法》（2018 年 12 月 29 日第十三届全国人民代表大会常务委员会第七次会议重新修订）的要求，委托有资质的机构编制环境影响评价报告。④金融机构进行项目评估。如果企业需要贷款，金融机构在提供贷款之前，要按照贷款程序进行项目评估。

（2）政府投资项目的决策程序：①提交项目建议书。在拟建项目之前，项目的投资者必须向政府职能部门（发改委或发改局）提交项目建议书，并由政府职能部门审批。②编制并提交可行性研究报告。如果项目建议书得到批准，投资者要委托有资质的中介咨询机构编制可行性研究报告，并提交给政府职能部门。对一般投资项目，政府职能部门组织有关专家进行论证；对重大投资项目，政府职能部门要委托有资质的中介咨询机构进行项目评估。对于符合有关要求的投资项目，政府职能部门下发文件，准予实施。③办理相关手续。项目批准后，投资者可以此办理相关手续，包括环境保护、土地征用和城市规划等。与企业投资项目相同，在投资者办理环境保护手续前，要根据 2003 年 9 月 1 日开始实施的《中华人民共和国环境影响评价法》（2018 年 12 月 29 日第十三届全国人民代表大会常务委员会第七次会议重新修订）的要求，委托有资质的机构编制环境影响评价报告。④金融机构进行项目评估。如果政府投资项目需要贷款，金融机构在提供贷款之前，要按照贷款程序进行项目评估。

2016 年 12 月 14 日，国务院发布《企业投资项目核准和备案管理条例》（下文简称《条例》），自 2017 年 2 月 1 日起施行，这是我国固定资产投资领域第一部行政法规，在规范政府对企业投资项目的核准和备案行为、加快转变政府的投资管理职能、落实企业投资自主权等方面具有重大意义。此次出台的条例对企业投资项目核准和备案工作的范围、基本程序、监督检查和法律责任做出了统一制度安排。

《条例》进一步规范了政府对企业投资项目的核准和备案行为。包括四个方面：

一是规范项目核准行为。《条例》规定，对关系国家安全，涉及全国重大生产力布局、战略性资源开发和重大公共利益等企业投资项目实行核准管理，其他项目一律实行备案管理。企业办理项目核准手续，仅需提交项目申请书以及法律、行政法规规定作为前置条件的相关手续证明文件；核准机关从是否危害国家安全，是否符合相关发展建设规划、技术标准和产业政策，是否合理开发并有效利用资源，以及是否对重大公共利益产生不利影响四个方面进行审查，审核期限原则上不超过 20 个工作日。

二是规范项目备案行为。为了防止项目备案成为变相行政许可，《条例》规定，实行备案管理的项目，企业应当在开工建设前，将企业基本情况，项目名称、建设地点、建设规模、建设内容,项目总投资额和项目符合产业政策的声明四个方面的信息告知备案机关,并对信息的真实性负责;备案机关收到全部信息即为备案。备案机关发现已备案项目属于产业政策禁止投资建设或者实行核准管理的,应当及时告知企业予以纠正或者依法办理核准手续,并通知有关部门。

三是加强事中事后监管。《条例》规定,核准机关、备案机关以及其他相关部门应当加强事中事后监管,落实监管责任,采取在线监测、现场核查等方式,加强对项目实施的监督检查;企业应当如实报送项目开工建设、建设进度、竣工的基本信息;核准机关、备案机关以及其他有关部门应当建立项目信息共享机制;企业在项目核准、备案以及项目实施中的违法行为及其处理信息,通过国家社会信用信息平台向社会公示。

四是优化服务。为提高透明度,方便企业办事,《条例》规定,项目核准、备案原则上通过国家建立的项目在线监管平台办理;核准机关、备案机关应当通过项目在线监管平台列明与项目有关的产业政策,公开项目核准的办理流程、办理时限等,并为企业提供相关咨询服务。五是严格责任追究。《条例》对企业未办理项目核准手续开工建设或者未按照核准的建设地点、建设规模、建设内容等进行建设的,未按照规定备案或者向备案机关提供虚假信息、投资建设产业政策禁止投资建设项目的,以及核准机关、备案机关及其工作人员玩忽职守、滥用职权、徇私舞弊的行为,规定了明确的法律责任。

为进一步推进投资项目审批制度改革,提升投资建设全流程的科学化、规范化、便利化水平,2021 年《国家发展改革委关于进一步推进投资项目审批制度改革的若干意见》(发改投资〔2021〕1813 号)指出:

(1)加快健全投资管理制度体系。深化投资领域"立改废",加快修订中央预算内直接投资、投资补助、贷款贴息,以及企业投资项目核准和备案管理等制度规范,增强投资法规制度的统一性和协调性,不断提升投资决策科学化、制度化、规范化水平。

(2)简化特定政府投资项目审批管理。落实《政府投资条例》有关规定,对列入相关发展规划、专项规划和区域规划范围的政府投资项目,可以不再审批项目建议书;对改扩建项目和建设内容单一、投资规模较小、技术方案简单的项目,可以合并编制、审批项目建议书、可行性研究报告和初步设计;根据《突发事件应对法》《国家突发公共事件总体应急预案》,为应对自然灾害、事故灾难、公共卫生事件、社会安全事件等突发事件需要紧急建设的政府投资项目,可以在合并编制报批文件、简化审批程序的基础上,通过建立绿色通道、部门集中会商等方式,提高审批效率。对于《政府投资条例》第十三条第一款第三项规定属于地方审批权限的,其建设内容单一、投资规模较小、技术方案简单的政府投资项目的具体范围,由各省、自治区、直辖市和计划单列市、新疆生产建设兵团发展改革委作出具体规定,报国家发展改革委(投资司)。

(3)推进实施企业投资项目承诺制。以优化投资环境为目标,规范有序实施以"告知承诺+事中事后监管"为核心的企业投资项目承诺制改革。坚持政府定标准,各地方发展改革部门要会同或推动有关部门以法律法规设定的标准作为准入承诺标准,除关系国家安全和生态安全、涉及全国重大生产力布局、战略性资源开发和重大公共利益外,分行业分领域研究提出企业投资项目实施所涉及的审批事项承诺内容和标准。坚持企业作承诺,对符合要求的企业投资项目,由企业自主选择并按照政府制定的标准作出具有法律效力的书面承诺,企业依法依规开展相关工作。

(4)创新投资在线平台建设应用。在强化信息资源共享基础上,各级发展改革部门要依托投资在线平台,建立地方和企业反映投资审批问题的办理和反馈机制;利用投资在线平台归集的项目和审批信息,探索运用大数据分析技术开展投资意向分析等,为研判投资趋势、服务投资调控提供支撑。

(5)规范投资项目前期工作。修订印发投资项目可行性研究制度规范,落实遏制高耗能、高排放项目(以下简称"两高"项目)盲目发展,推进实现碳达峰碳中和目标要求,将用地用海和规划选址、节能、节水、环保等要求落实到项目可行性研究中;要立足我国国情,并体现投资高质量发展要求,研究借鉴将"环境、社会和治理"(ESG)等国际先进理念融入可行性研究框架体系,从源头上提高投资项目前期工作质量。

(6)加强投资项目决策管理。研究修订投资项目评价规范,完善投资决策咨询评估机制,切实把好项目"准入关",对投资项目是否符合发展建设规划、区域规划、产业政策,以及政府投资项目资金筹措等建设条件落实情况等,要重点加以审查,切实防范"两高"项目盲目发展和违规政府投资项目盲目上马。涉及举债融资的项目,要将融资方案作为可行性研究论证重点,结合融资结构和项目收益来源,科学规划项目资金平衡方案。

(7)增进投资项目审批制度改革与相关改革的协同。各地方发展改革部门要主动作为,积极发挥投资调控管理综合协调、统筹推进职责,建立健全各相关部门参加的改革协同工作机制,定期开展沟通会商,及时发现并推动解决投资项目审批制度改革中遇到的重大问题,切实加强投资项目审批制度改革与用地、环评、节能、报建等领域相关改革的衔接,确保相关改革协同发力,形成叠加效应,充分释放改革红利。

(四)简化企业投资项目核准前置条件

2015年之前,在企业投资项目核准时,国家发改委和其他相关机构或部门为企业投资项目核准设置了50多项前置条件,包括30多项前置审批和20多项前置手续(即没有法律法规甚至部门规章的规定,核准机关还要求企业提供的前置手续或者审查性文件),这不但严重影响了决策效率和投资效率,更为严重的是,有些前置条件与规划、土地、环保、公用事业、金融机构和工商等部门设置的前置条件有一些是互为条件的,给项目顺利实施形成羁绊。

2014年12月,国务院办公厅发布了《关于印发精简审批事项规范中介服务实行企业投资项目网上并联核准制度工作方案的通知》,国家发改委和中央编办联合发布了《关于一律不得将企业经营自主权事项作为企业投资项目核准前置条件的通知》,要求:按照使市场在资源配置中起决定性作用和更好发挥政府作用的要求,全面深化投资体制改革,按照"谁投资、谁决策、谁受益、谁承担风险"的原则,确立企业投资主体地位。企业投资项目,除关系国家安全和生态安全,涉及全国重大生产力布局、战略性资源开发和重大公共利益等项目外,一律由企业依法依规自主决策。对于属于企业经营自主权的事项,一律不再作为企业投资项目核准的前置条件,于2014年底前公布取消。

除保留规划选址、用地预审这两项前置审批和少数重特大项目的环评审批作为前置审批外,下列事项一律不再作为企业投资项目核准的前置条件:银行贷款承诺;融资意向书;资金信用证明;股东出资承诺;其他资金落实情况证明材料;可行性研究报告审查意见;规划设计方案审查意见;电网接入意见;接入系统设计评审意见;铁路专用线接轨意见；原材料运输协议；燃料运输协议；供水协议；与相关企业签署的副产品资源综合利用意向协议；与相关供应商签署的原材料供应协议等；与合作方签署的合作意向书、协议、框架协议（中外合资、合作项目除外）；通过企业间协商和市场调节能够解决的协议、承诺、合同等事项；其他属于企业经营自主决策范围的事项。

2017 年 2 月 1 日开始实施的《企业投资项目核准和备案管理条例》规定：

对关系国家安全、涉及全国重大生产力布局、战略性资源开发和重大公共利益等项目，实行核准管理。对前款规定以外的项目，实行备案管理。

企业办理项目核准手续，应当向核准机关提交项目申请书；由国务院核准的项目，向国务院投资主管部门提交项目申请书。项目申请书应当包括下列内容：

（1）企业基本情况；

（2）项目情况，包括项目名称、建设地点、建设规模、建设内容等；

（3）项目利用资源情况分析以及对生态环境的影响分析；

（4）项目对经济和社会的影响分析。

实行备案管理的项目，企业应当在开工建设前通过在线平台将下列信息告知备案机关：

（1）企业基本情况；

（2）项目名称、建设地点、建设规模、建设内容；

（3）项目总投资额；

（4）项目符合产业政策的声明。

企业应当对备案项目信息的真实性负责。

从该条例中可以看出，不管是实行核准管理的项目，还是实行备案管理的项目，项目选址意见书、环评批文、土地预审意见和节能审查意见，都不再是项目立项核准或备案的前置条件。同时，根据新《环评法》规定，建设项目的环境影响评价文件未依法经审批部门审查或者审查后未予批准的，建设单位不得开工建设，由此可知环评批复不再是项目立项之前必须完成的，但在项目开工前是必须完成的。

第二节　可行性研究概述

一、可行性研究的阶段划分及其作用

可行性研究是在投资项目拟建之前，通过对与项目有关的市场、资源、工程技术、经济和社会等方面的问题进行全面分析、论证和评价，从而确定项目是否可行或选择最佳实施方案的一项工作。可行性研究在国外已被广泛采用，其理论和方法也日臻完善，我国于 20 世纪 70 年代末、80 年代初，在投资项目决策中引入可行性研究方法。

（一）可行性研究的阶段划分

国外大型投资项目的可行性研究一般包括投资机会研究、初步可行性研究和详细可行性研究三个阶段，下面介绍的是经济发达国家可行性研究的阶段划分。

1. 投资机会研究阶段

投资机会研究亦称投资鉴定,亦即寻求最佳投资机会的活动。投资机会研究可分为一般机会研究和具体机会研究。一般机会研究又可划分为三种:一是地区研究,旨在通过研究某一地区自然地理状况,这一地区在国民经济体系中的地位以及自身的优势、劣势而寻求投资机会;二是部门(或行业)研究,旨在分析某一部门(或行业)由于技术进步、国内外市场变化而出现的新的发展和投资机会;三是以资源为基础的研究,旨在分析由于自然资源的开发和综合利用而出现的投资机会。在进行一般机会研究时,可参考国内外同类项目、同类地区和同类投资环境的成功案例。在发展中国家,一般机会研究通常由政府部门或专门机构进行,作为中央政府制定社会经济长远发展规划的依据。

根据一般机会研究的结论,当某项目具有投资条件时,就可进行具体机会研究,即具体研究某一项目得以成立的可能性,将项目设想转变为投资建议。

投资机会研究是可行性研究的第一阶段,如果机会研究的结论表明投资项目是可行的,则可进入下一阶段,即进行更深一步的研究。机会研究是比较粗略的,投资费用和生产(或营业)成本一般根据同类项目加以推算,误差一般要求约为 ±30%,研究费用一般约占总投资额的 0.2% ~1.0%,时间一般为 1 ~3 个月。

2. 初步可行性研究阶段

初步可行性研究亦称预可行性研究,是指在投资机会研究的基础上,对项目可行与否所作的较为详细的分析论证。初步可行性研究是介于投资机会研究与详细可行性研究之间的一个中间阶段,起着承上启下的作用,对于大型复杂项目而言,是一个不可缺少的阶段。一般来讲,详细可行性研究需要收集大量的基础资料,花费较长的时间,支出较多的费用,因此,在此之前进行项目初步可行性研究是十分必要和科学的。初步可行性研究与详细可行性研究相比,除研究的深度与准确度有差异外,其内容大致是相同的。初步可行性研究得出的投资额误差一般要求约为 ±20%,研究费用一般约占总投资额的 0.25% ~1.5%,时间一般为 4 ~6 个月。

3. 详细可行性研究阶段

详细可行性研究亦称最终可行性研究,它是投资决策的重要阶段。在该阶段,要全面分析项目的全部组成部分和可能遇到的各种问题,并最终形成可行性研究的书面成果——可行性研究报告。详细可行性研究得出的投资额误差一般要求约为 ±10%,研究费用一般约占总投资额的 1.0% ~3.0%(小型项目)或 0.2% ~1.0%(大型项目),时间一般为 8 ~10 个月或更长。

此外,对某些特定的大型复杂项目,还要进行辅助研究。辅助研究亦称功能研究,是指对项目某一个或几个方面的关键问题进行的专门研究。辅助研究并不是一个独立的阶段,而是作为初步可行性研究和详细可行性研究的一部分。辅助研究一般包括以下几类:产品市场研究;原材料和其他投入物研究;实验室和中间试验研究;厂址选择研究;规模经济研究;设备选择研究等。

(二)可行性研究的作用

可行性研究的最终成果是可行性研究报告,它是投资者在前期准备工作阶段的纲领性文件,是进行其他各项投资准备工作的主要依据。对投资者而言,可行性研究有如下作用:

1. 为投资者进行投资决策提供依据

进行可行性研究是投资者在投资前期的重要工作,投资者需要委托有资质的、有信誉的投资咨询机构,在充分调研和分析论证的基础上,编制可行性研究报告,并以可行性研究的结论作为其投资决策的主要依据。《国务院关于投资体制改革的决定》颁布以后,取消了企业投资项目编制可行性研究报告的要求,只规定投资者提交项目申请报告。实际上,这只是审批体制的变化,并不等于投资者不需要编制可行性研究报告。无论从理论上,还是从国内外的实践经验上讲,在拟建项目之前,投资者都应当进行可行性研究,为自己的投资决策把关。

2. 为投资者筹措资金提供依据

投资者筹措资金包括寻找合作者投入资金和申请金融机构贷款。在寻找合作者时,特别是国外的合作者,往往需要提供可行性研究报告。如到国外去招商,在向外商提供项目资料时,可行性研究报告是主要的资料之一,外商会根据项目的可行性研究报告,与国内的投资者签订合作意向书。对于申请金融机构贷款,无论是国外的金融机构,还是国内的金融机构,它们在受理项目贷款申请时,首先要求申请者提供可行性研究报告,然后对其进行全面细致的审查和分析论证,并在此基础上编制项目评估报告,评估报告的结论是银行确定贷款与否的重要依据。世界银行等国际金融机构也都将提交可行性研究报告作为申请贷款的先决条件。

3. 为商务谈判和签订有关合同或协议提供依据

有些项目可能需要引进技术和进口设备,如与外商谈判时要以可行性研究报告的有关内容(如设备选型、生产能力、技术先进程度等)为依据。有时,外商会要求在项目的可行性研究报告被批准之后才与之签约。在项目实施与投入运营之后,都需要与供电、供水、供气、通信和原材料供应等单位或部门协作配套,因此,要根据可行性研究报告的有关内容与这些单位或部门签订有关协议或合同。

4. 为工程设计提供依据

在可行性研究报告中,对项目的场址选择、总图布置、生产规模、产品方案、生产工艺、设备选型等都进行了方案比选和论证,确定了最优方案。投资者可依据可行性研究报告进行工程设计。

此外,可行性研究报告还可为设备订货、施工准备、机构设置和人员培训等提供依据。

二、可行性研究的内容和程序

(一)可行性研究的内容

可行性研究的内容和编写格式随项目的不同有所差异。联合国工业发展组织(UNIDO)编写的《工业可行性研究编制手册》(最新修订及增补版)提供了一般工业项目可行性研究的内容。主要包括以下几个方面:

1. 实施纲要

在实施纲要中,简要描述可行性研究的结论,并归纳出研究报告各个关键性问题。实施纲要的结构与可行性研究的正文相一致。归纳的关键性问题主要包括:有关商业环境的数据及可靠程度;项目的投入物和产出物;对市场、供应和工艺技术趋势所作预测的误差(不确定性和风险)的幅度和范围以及项目的设计等。

2. 项目的背景和基本设想

在项目的背景和基本设想部分,主要考察项目的设想是否与国家总的经济结构布局相一致,是否符合工业发展现状。对项目要详细地加以叙述,对项目发起人(投资者)及他们对项目感兴趣的原因都要加以审定。

3. 市场分析与销售设想

市场分析与销售设想部分是可行性研究的重点之一,要求对项目的市场供求量进行预测和分析,判断项目产品是否有市场潜力,然后确定销售产品的规划和设想,为实现预期利润奠定基础。

4. 原材料和供应品

原材料和供应品部分阐明企业生产所需的不同的投入物,各种投入物的来源和供应情况,以及估算最终生产成本的方法,为进行财务基础数据估算打好基础。

5. 建厂地区、厂址和环境

建厂地区、厂址和环境部分说明项目建厂地区、厂址的分析方法和选择方法,并就项目对环境的影响进行深入的分析和评价。

6. 工程设计和工艺

工程设计的任务是设计工厂生产规定的产品所必需的功能布置图和各单项工程的布置图。工艺选择及技术的取得也是工程设计的一个必要组成部分。在工艺选择和技术取得中要涉及工业产权问题。工程设计和工艺选择要考虑整个建筑工程的布置和设计、生产能力的确定、工艺的遴选、设备的选型和安装及各项投资支出与生产运营支出的估算。

7. 组织和管理费用

组织和管理费用部分,涉及管理和控制工厂整体运行所需组织和管理机构的发展与设计,以及相关的费用支出情况。

8. 人力资源

人力资源部分,主要是制定人力资源计划,包括:项目对人力资源的质量和数量要求,人员来源和培训的需要,工资和其他与人员有关的费用及培训成本的估算方法等。

9. 实施计划和预算

实施计划和预算部分,论述项目实施计划和预算的目标,叙述实施工作的主要特点和主要的限制因素,并介绍编制实施计划的技术。

10. 财务分析和经济分析

在上述投资估算和有关财务基础数据(如投资额、营业收入、税金和总成本费用等)的基础上,还要编制一系列带有汇总性质的表格,并根据这些表格计算相应的指标,进行项目的财务分析和经济分析,以及各层面的不确定性分析。

(二)可行性研究的程序

可行性研究的三个阶段中,除了机会研究阶段(类似于我国的项目建议书阶段)比较简单,不一定有比较固定的程序外,初步可行性研究和详细可行性研究一般都有一个相对比较固定的程序。

1. 组织工作小组

对拟建项目进行可行性研究,首先要确定工作人员,成立可行性研究小组。工作小组的人员结构要尽量合理,不同规模和不同行业的项目,工作小组的人员构成有一定的区别。以工业投资项目可行性研究小组为例,一般可包括工业经济学家(一般担任组长)、市场分析专家、财务分析专家、土木建筑工程师、专业技术工程师和其他辅助人员等。根据我国的实际情况,编制可行性研究报告实行资质制度,投资者一般要委托有资质的中介机构(如工程咨询公司、各类设计院等)编制可行性研究报告。工作小组成立以后,可按可行性研究的内容进行分工,并分头进行调研,分别撰写详细的提纲,然后由组长综合工作小组各成员的意见,编写可行性研究报告的详细提纲,并要求根据提纲展开下一步的工作。

2. 数据调研

根据分工,工作小组各成员分别进行数据调查、整理、估算、分析以及有关指标的计算等。在可行性研究过程中,数据的调查和分析是重点。可行性研究需要的数据可来源于三个方面:一是投资者提供的资料。因为投资者在进行投资项目的初步决策时,已经对与项目有关的问题进行过比较详细的考察,获取了一定量的信息,这可以作为中介咨询机构的重要信息来源。二是中介咨询机构本身拥有的信息资源。一般来讲,中介咨询机构都是有资质的从事投资项目咨询的机构,拥有丰富的经验和专业知识,同时也占有大量的历史资料、经验资料和关于可行性研究方面的其他相关信息。三是通过调研获取信息。一般来讲,投资者提供的资料和中介咨询机构占有的信息不可能满足编制可行性研究报告的要求,还要进行广泛的调研,以获取更多的信息资料。必要时,也可委托专业调研机构进行专项信息调研,以保证获得更加全面的信息资料。

3. 形成可行性研究报告初稿

在取得信息资料后,要对其进行整理和筛选,并组织有关人员进行分析论证,以考察其全面性和准确性。在掌握了所需信息资料以后即可进入可行性研究报告的编写阶段,首先编写出可行性研究报告的初稿。报告的编写要求工作小组成员进行很好的衔接,因为可行性研究报告的各项内容是有联系的,需要各成员的衔接和联合工作才能完成。

4. 论证和修改

编写出可行性研究报告的初稿以后,首先要由工作小组成员进行分析论证,形式是:由工作小组成员介绍各自负责的部分,大家一起讨论,提出修改意见。对于可行性研究报告,要注意前后的一致性、数据的准确性、方法的正确性和内容的全面性等,提出的每一个结论都要有充分的依据。有些项目还可以扩大参加论证的人员的范围,可以邀请有关方面的决策人员、专家和投资者等参加讨论。在经过充分的讨论以后,再对可行性研究报告进行修改,并最后定稿。

三、项目申请报告的主要内容

项目申请报告是企业投资建设报政府核准的项目时,为获得项目核准机构对拟建项目的行政许可,按核准要求报送的项目论证报告。项目申请报告应重点阐述项目的外部性、公共性等事项,包括维护经济安全、合理开发利用资源、保护生态环境、优化重大布局、保障公众利益、防止出现垄断等内容。编写项目申请报告时,应根据政府公共管理的要求,对拟建项目从规划布局、资源利用、征地移民、生态环境、经济和社会影响等方面进行综合论证,为核准机构对企业投资项目进行核准提供依据。

2007年,国家发改委发布了《项目申请报告通用文本》,已经实施了8年。为了进一步简政放权,2013年,2014年,国务院两次修订并颁布《政府核准的投资项目目录》,大幅缩减核准范围,下放核准权限。《政府核准的投资项目目录(2014年本)》在2013年修订政府核准的投资项目目录基础上,再一次做出修订,是深化投资体制改革、持续推进简政放权的重要体现,对于更好实现企业自主投资、更好释放社会投资潜力、更好发挥投资对促进发展的关键作用,为各类投资主体创新创业提供更为广阔的舞台,具有重要意义。此次修订目录,遵循了以下主要原则:一是进一步缩减核准范围。对市场竞争充分、企业能自我调节、可以用经济和法律手段有效调控的项目,由核准改为备案。二是进一步下放核准权限。对现阶段仍需核准的项目,明确中央部门和地方责任。三是进一步完善监管。下放的核准事项由地方政府按照国家规划进行核准,并落实"各负其责、依法监管"的要求,建立完善纵横联动协管机制。

《政府核准的投资项目目录(2014年本)》共取消、下放38项核准权限,其中,取消核准改为备案15项、下放地方政府核准23项。经测算,中央层面核准的项目数量将进一步减少40%,连同2013年减少的60%,共将减少约76%。一是将钢铁、有色、水泥、化肥、造船设施项目以及城市供水等城建项目取消核准,改为备案管理。二是将火电站、热电站、抽水蓄能电站、新建港区、通用机场、扩建军民合用机场、扩建一次炼油、铁矿开发、新建乙烯等项目,以及部分水电站、电网工程、飞机制造等项目,下放省级政府或者地方政府核准。三是将《外商投资产业指导目录》中有中方控股(含相对控股),要求的总投资(含增资)小于10亿美元的鼓励类项目全部下放地方政府核准,总投资(含增资)小于1亿美元的限制类项目和全部房地产项目下放省级政府核准。将企业境外投资项目除涉及敏感国家和地区、敏感行业外,全部取消核准改为备案管理。

为落实好国务院通知要求,在取消下放核准事项的同时,要坚持放管并重,加强后续监管。一是要同步下放前置审批权限。企业投资项目核准涉及的前置审批事项,原则上都要与核准权限同步下放;各有关部门应加强标准化、规范化工作。二是抓紧项目核准制度改革,精简审批、规范中介、并联办理。全面清理、整合和规范各类前置条件及其中介服务;对属于企业经营自主权的、没有明确法律法规依据的、有依据但缺乏必要性的、能够用征求部门意见方式解决或者能够通过后续监管解决的事项,一律取消或者不再作为前置条件;通过加快建设投资项目在线审批监管平台,实现并联审批。三是落实"各负其责、依法监管"要求。发展改革部门要重点管好发展规划、产业政策的执行;城乡规划、国土资源、环境保护等部门要严格履行法律法规赋予的监管职责;金融监管部门要加强对金融机构的指导和监督。同步下移监管重心,落实地方监管责任。同时,要加快建设并依托投资项目在线审批监管平台,建立后续监管信息共享机制和协调联动机制。

鉴于出台了《政府核准的投资项目目录(2014年本)》,2014年,国家发改委拟对2007年版的《项目申请报告通用文本》进行了修订,但因为囿于投资领域的"简政放权"改革措施还没有完全落地,《政府核准投资项目核准和备案条例》尽管已列入国务院立法计划,但进入立法程序尚需时日,故未能发布。随着宏观经济体制机制改革的不断深入,简政放权改革措施的逐步落地,《政府核准投资项目核准和备案条例》出台,《项目申请报告通用文本》也要进行相应的调整并向社会发布。本部分仍按照2007年版《项目申请报告通用文本》的内容进行介绍。

（一）国内企业投资项目申请报告的主要内容

为进一步完善企业投资项目的核准制，指导企业项目申请报告的编写工作，规范项目核准机构对企业投资项目的核准行为，国家发展和改革委员会编写和发布了“项目申请报告通用文本”和“关于《项目申请报告通用文本》的说明”，并要求2007年9月1日以后报送发改委员会的项目申请报告，原则上均应按“项目申请报告通用文本”的要求进行编写。按照国家发改委的要求，国内企业投资项目申请报告一般应包括以下八个方面的内容：

（1）申报单位及项目概况；

（2）发展规划、产业政策和行业准入分析；

（3）资源开发及综合利用分析，主要包括资源开发方案、资源利用方案和资源节约措施三项内容；

（4）节能方案分析，主要包括用能标准和节能规范、能耗状况和能耗指标分析以及节能措施和节能效果分析三项内容；

（5）建设用地、征地拆迁及移民安置分析，主要包括项目选址及用地方案、土地利用合理性分析以及征地拆迁和移民安置规划方案三项内容；

（6）环境和生态影响分析，主要包括环境和生态现状分析、生态环境影响分析、生态环境保护措施分析、地质灾害影响分析以及特殊环境影响五项内容；

（7）经济影响分析，主要包括经济费用效益或费用效果分析、行业影响分析、区域经济影响分析和宏观经济影响分析四项内容；

（8）社会影响分析，主要包括社会影响效果分析、社会适应性分析和生活风险及对策分析三项内容。

（二）利用外资项目申请报告的主要内容

国家发展改革委员会编写和发布的“项目申请报告通用文本”和“关于《项目申请报告通用文本》的说明”还对我国利用外资项目申请报告的内容做了原则性的规定。

1. 外商投资项目申请报告的主要内容

外商投资项目申请报告的编写，按照《外商投资项目核准暂行管理办法》的规定，除遵循上述项目申请报告通用文本的一般要求外，在项目概况介绍中还应包括经营期限、产品目标市场、计划用工人数、涉及的公共产品或服务价格、出资方式、需要进口的设备及金额等内容。

2. 外商并购境内企业项目申请报告的主要内容

对于外商并购境内企业项目，如不涉及扩大生产及投资规模，不新占用土地、能源和资源消耗，不形成对生态和环境新的影响，其项目申请报告可以适当简化，但应重点论述以下内容：境内企业情况；外商情况；并购安排；并购后企业的经营方式、经营范围和股权结构；融资方案；中方通过并购所得收入的使用安排；有关法律规章要求的其他内容。

3. 利用国际金融组织和外国政府贷款的项目申请报告的主要内容

借用国际金融组织和外国政府贷款的项目申请报告的编写，按照《国际金融组织和外国政府贷款投资项目管理暂行办法》的规定，除遵循上述项目申请报告通用文本的一般要求外，在项目概况介绍中还应包括国外借款类别或国别、贷款规模、贷款用途、还款方案、申报情况等内容。

第三节 项目评估概述

一、项目评估的含义及其作用

(一)项目评估的含义

项目评估是指在可行性研究的基础上,根据国家有关部门颁布的政策、法律法规、方法和参数等,从项目(或企业)、国民经济和社会的角度出发,由有关部门(包括银行、中介咨询机构等)对拟建投资项目建设的必要性、建设条件、生产条件、产品市场需求、工程技术、财务效益、经济效益和社会效益等进行全面分析论证,并就该项目是否可行提出相应职业判断的一项工作。

(二)项目评估的作用

如上所述,在我国,当政府投资项目的投资者向政府职能部门提出投资要求时,政府职能部门首先要求投资者提供项目建议书和可行性研究报告,然后组织有关人员进行项目论证。如果该项目属于大型项目,或项目比较复杂,政府职能部门还要委托有资质的中介咨询机构进行项目评估。企业投资项目的投资者向政府职能部门提出投资要求时,大部分项目的投资者应当提交项目申请书,对于重大投资项目,政府职能部门要进行项目评估。当投资者向金融机构提出贷款申请时,金融机构也要进行项目评估。金融机构可委托其职能部门进行评估,如果提出的项目属于大型项目,并且结构比较复杂,或者该项目是有关国计民生的项目,可能还会委托有资质的中介机构进行评估。由此可以看出,项目评估对投资者及政府职能部门和金融机构进行投资(或贷款)决策都是非常重要的。

1. 为上级主管部门把关提供依据

在现行经济体制下,一个投资者,在拟建项目之前都要由其主管部门进行审批,在征得主管部门同意之后,方能实施该项目,而主管部门只有在进行项目评估(或通过类似于项目评估的形式)以后才能决策。从这个意义上讲,项目评估可以为上级主管部门把关提供依据。

2. 为金融机构进行贷款决策提供依据

金融机构提供贷款一般坚持“三性”原则,即效益性、安全性和流动性。凡是申请贷款(一般是中长期贷款)的投资者,都要在提交贷款申请的同时,提供项目的可行性研究报告,由金融机构组织或委托有资质的中介咨询机构进行项目评估,并主要以项目评估的结论作为是否提供贷款的依据。在现行的经济体制和金融体制下,金融机构更加重视信贷资产的质量,对投资项目贷款的要求更加严格,无论项目规模的大小,也无论项目属于什么行业,都要严格把关,进行真正的项目评估。从这个意义上讲,项目评估可以为金融机构进行贷款决策提供依据。

3. 为政府职能部门审批项目提供依据

在现行经济体制下,我国实行的是项目审批制度,一般的投资项目都要经过各级政府职能部门的审批才能实施。即使对项目审批制度进行改革,有些项目也需要政府职能部门的审批,如有关国计民生的项目、大型基础设施项目和资源开发项目等。在审批项目之前,政府职能部门要对拟建的大型项目进行评估,而且,对这些项目的评估所花费的时间、财力和人力可能比可行性研究更多,特别是那些有关国计民生的大型、结构复杂的投资项目。从这个意义上讲,项目评估为政府职能部门审批项目提供了依据。

二、项目评估的内容和程序

(一)项目评估的内容

项目评估的目标是为投资决策提供科学的依据。项目的类型很多,其规模、性质和复杂程度各不相同,因而评估的内容与侧重点也有一定的差异,但基本内容大同小异,主要包括以下几个方面:

1. 项目与企业概况评估

首先,对项目实施的背景进行简要分析;其次,对各类项目的概况进行简要分析。对于基本建设项目,主要评估项目的投资者、建设性质、建设内容、产品方案、项目隶属关系以及项目得以成立的依据(如立项批复文件、选址意见书等)等。对于更新改造项目,除上述内容外,还要评估现有企业的基本概况、历史沿革、组织机构、技术经济水平、资信程度、经济效益等。对于中外合资项目,则还要分别评估合资各方的概况。

2. 项目建设必要性评估

这部分主要从宏观和微观角度论述项目建设的必要性,如项目的建设是否符合国家的产业政策,是否符合社会经济发展规划与地区发展规划,是否有助于优化城市总体布局等。

3. 项目市场需求分析

这部分主要分析项目所生产产品(或提供的服务)的市场现状、未来发展趋势以及产品(或服务)在市场上的竞争能力等。

4. 项目生产规模确定

这主要是在必要性评估与市场需求分析的基础上,结合项目的具体情况(如厂址情况、资金筹措能力、技术和管理水平、规模经济等),确定项目的最佳生产规模。

5. 项目建设生产条件评估

这部分主要评估项目的建设施工条件能否满足项目正常实施的需要,项目的生产条件能否满足正常生产经营活动的需要。

6. 项目工程与技术评估

这部分主要评估项目工程设计是否合理,项目所采用的工艺是否具备先进性、经济性、合理性和安全性,以及设备选型是否合理等。

7. 投资估算与资金筹措

这部分主要估算项目总投资额(包括建设投资、流动资金投资与建设期利息等),并制定相应的资金筹措方案和资金使用计划。

8. 财务分析

这主要是从企业或项目的角度出发,根据收集和估算出的财务数据,以财务价格为基础,编制有关表格,计算相应的技术经济指标,据此判断项目的财务盈利能力和清偿能力。

9. 经济分析

这部分是从国民经济的角度出发,根据收集和估算出的经济数据,以影子价格为基础,编制有关表格,计算相应的技术经济指标,据此判断项目对国民经济的贡献。

10. 社会分析

社会分析是从社会的角度出发,以社会影子价格为基础,编制社会评价表格,计算相应的技术经济指标,据此判断项目对实现社会发展目标的贡献。

应当指出,目前项目社会评价的指标体系尚不完善,加之有关权数的确定受主观因素的影响较大,特别是有些学者认为,我国项目社会效益分析所要解决的问题可通过制定宏观经济政策来加以解决,故我国项目评估中一般不包括此项内容。

11. 不确定性和风险分析

不确定性和风险分析是通过运用有关方法,计算有关指标,考察项目抵御风险的能力。

12. 项目总评估

在上述各项评估的基础上,得出项目评估的总结论,并提出相应的问题和建议。

实际评估中,可根据项目的性质、规模、类别等,对上述内容加以调整。

(二)项目评估的程序

项目评估程序是指开展项目评估工作应当依次经过的步骤。不同类型的项目,其投资额不同,涉及面不同,因而对其进行评估的程序也不完全一致。就一般项目而言,其评估的程序如下:

1. 准备和组织

与可行性研究一样,对拟建项目进行评估,首先要确定评估人员,成立评估小组。因为项目评估与可行性研究都是从市场、资源、技术、经济和社会等几个方面考察拟建项目的可行性,所以,评估小组的人员结构同于可行性研究工作小组的人员结构,一般也包括财务人员、市场分析人员、专业技术人员、土木建筑工程技术人员和其他辅助人员等。组成评估小组以后,组织评估人员对可行性研究报告进行审查和分析,并提出审查意见,要求每个评估人员都要了解项目的全貌,但可根据各自的分工,各有侧重。最后,综合各评估人员的审查意见,编写评估报告提纲。

2. 搜集整理数据

根据评估报告的内容,由评估小组负责人做明确的分工,评估小组成员分头工作,包括数据调查、估算、分析以及指标的计算等。数据调查和分析的重点是可行性研究审查所提出的问题。评估人员可以与编制可行性研究报告的单位交换意见,也可以与建设单位或其主管部门交换意见,还可以从其他有关部门进行充分的了解,对收集到的资料进行整理、审核和分析。在基本掌握所需要的数据以后即进入评估报告的编写阶段。

3. 编写评估报告初稿

报告的编写要求各个评估人员进行很好的衔接,因为评估报告的内容都是有联系的。一般而言,先有项目和(或)企业的概况分析、市场分析、建设生产条件和技术评估，然后再进行有关财务数据的估算，计算有关评价指标，进行财务效益分析、社会经济效益分析和不确定性分析，最后是总评估，包括提出问题和建议。

4. 论证与修改

编写出项目评估报告的初稿以后，首先要由评估小组成员进行分析和论证，形式是：由各成员介绍各自负责的部分，大家一起讨论，提出修改意见。在实践中，分析和论证不是一次完成的，可能要经过多次的反复才能完成，特别是对一些大型项目或数据不易取得的项目。这一阶段是项目评估的关键，一定要充分掌握数据，并力争数据的准确和客观。计算指标的方法一定要科学合理，不能随心所欲，并且，不同特点的项目要选用有侧重点的方法和指标体系。对于评估报告，要注意前后的一致性，提出的每一个问题都要有充分的依据，根据所提意见进行修改后方可定稿。有些评估机构以这一阶段的定稿作为最终的评估报告，报决策部门或金融机构的信贷部门；也有些评估机构，在这一阶段定稿的基础上召开专家论证会，由各方面的专家提出修改意见，再最后定稿。

第四节　可行性研究与项目评估的关系

可行性研究和项目评估都是以分析和评价项目可行与否为主要目标，两者关系密切，有许多共同之处，亦各有其特点。

一、可行性研究和项目评估的联系

（一）均处于项目发展周期的建设前期

可行性研究和项目评估均是项目投资前期所做的工作。可行性研究是对项目可行与否进行的全面分析论证；项目评估则是通过对项目的可行性研究进行审查与分析，进而判断项目是否可行。这两项工作都是重要的前期准备工作，其质量如何对项目投资决策都会产生极大影响。

（二）理论基础基本相同

可行性研究和项目评估都是应用性学科，从二者所包括的内容来看，它们的基础理论都主要是市场学、工程经济学和费用—效益分析等。

（三）工作的内容基本相同

从经济评价的角度看，同一个投资项目无论是项目评估还是可行性研究，二者计算评价指标的基本原理是相同的，都是通过比较计算期的所费与所得，计算一系列技术经济指标，得出可行与否的结论；二者分析的对象是一致的，都是项目；分析的某些依据是相同的，都是国家的有关规定和有关部门为拟建项目下达的批复文件等；所分析的内容均包括建设必要性、市场条件、资源条件、工程技术、经济效益等部分。

（四）最终工作目标及要求相同

项目评估和可行性研究的最终工作目标都是一致的，都是通过分析论证，判断项目的可行性，实现投资决策的科学化、程序化和民主化，提高投资效益，使资源得到最佳配置。两者的要求也是相同的，都是在调查研究的基础上进行分析和预测，得出公正客观的结论。

二、可行性研究与项目评估的主要区别

可行性研究和项目评估存在诸多相同之处，但从理论和实践方面看，两者又有明显的区别，主要表现在以下几个方面：

（一）行为的主体不同

可行性研究工作是由投资者负责组织和委托的，而项目评估则是由贷款银行或有关部门负责组织和委托的。一般来讲，这两项活动一般均须委托有资质的工程咨询机构（或其他有资质的中介机构）进行，但其所代表的仍是不同的行为主体，亦即咨询机构要对不同的行为主体负责。

（二）立足点不同

可行性研究是从投资者的角度来考察项目的，而项目评估则是从贷款银行或有关部门的角度来考察项目。由于角度不同，可能导致对同一问题的看法不同，结论也会有所差异。

（三）作用不同

两者都是进行投资决策的重要依据，可行性研究是投资者进行投资决策和政府职能部门审批项目（审批主要指政府投资项目）的重要依据，项目评估则是政府职能部门（对于大型项目而言）和上级主管部门审批项目的重要依据，更是金融机构确定贷款与否的重要依据。

（四）所处的阶段不同

尽管两者同处于项目建设周期的前期，但二者先后顺序不同，可行性研究在先，项目评估在后，这一工作顺序是不能颠倒的。可行性研究是投资决策的首要环节，但仅有这一环节仍然不够，还必须在此基础上进行项目评估。项目评估人员要充分利用可行性研究的成果，进行周密的调查研究与分析论证，独立地提出决策性建议。可行性研究为项目评估提供工作基础，项目评估则是可行性研究的延伸、深化和再研究。

本章小结

所谓投资是指经济主体为未来获得收益而现时投入生产要素，以形成资产的一种经济活动。项目评估中研究的投资专指增加或恢复生产能力的直接投资，或者说是实际投资，也即项目投资，而不包括金融投资。就实际投资或直接投资而言，还有宏观投资、中观投资和微观投资之分，其中微观投资一般是指项目投资。

投资具有宏观和微观两方面作用。投资的宏观作用不仅会影响社会总需求水平，从而在短期内影响产出和就业水平，而且还会增加社会的资本积累，提高潜在的生产能力，从而促进长期的经济增长。投资的微观作用是可以增强投资者的经济技术实力、持续创新能力和市场竞争能力。

投资者只有在预期其投资活动能给他带来利润，也即带来大于投资成本的收益时，才会进行投资。这就是决定投资的三个基本因素：收益、成本和预期。

投资项目简称为项目，是指在规定的期限内，为完成一项（或一组）开发目标而规划的投资、政策、机构以及其他各方面投入的综合体。项目可以按不同标准进行不同的分类。

投资决策是指根据预期的投资目标，拟订若干个有价值的投资方案，并用科学的方法或工具对这些方案进行分析、比较和遴选，以确定最佳实施方案的过程。投资决策的理论意义在于资源的稀缺性、信息的不对称性和未来的不确定性。一般的投资决策程序包括4个步骤，一些国际金融机构的投资项目决策包括10个步骤。我国现行的投资项目决策程序，分为政府投资项目的决策程序和企业投资项目的决策程序。国务院办公厅发布的《关于印发精简审批事项规范中介服务实行企业投资项目网上并联核准制度工作方案的通知》以及国家发改委和中央编办联合发布的《关于一律不得将企业经营自主权事项作为企业投资项目核准前置条件的通知》规定，除保留规划选址、用地预审这两项前置审批和少数重特大项目的环评审批作为前置审批外，其他属于企业经营自主权的事项，一律不再作为企业投资项目核准的前置条件。

可行性研究是在投资项目拟建之前，通过对与项目有关的市场、资源、工程技术、经济和社会等方面的问题进行全面分析、论证和评价，从而确定项目是否可行或选择最佳投资方案的一项工作。它包括投资机会研究、初步可行性研究和详细可行性研究三个阶段。通过开展可行性研究，可以为投资者进行投资决策、筹措资金、进行商务谈判和签订有关合同或协议、工程设计、设备订货、施工准备、机构设置和人员培训等提供依据。

可行性研究的程序是指开展可行性研究工作应当依次经过的步骤。初步可行性研究和详细可行性研究一般要经过组织工作小组、数据调研、形成可行性研究报告初稿、论证及修改四个步骤。

项目申请报告是企业投资项目报政府机构核准时，为获得核准机构对拟建项目的行政许可，按标准要求报送的项目论证报告。项目申请报告应重点阐述项目的外部性、公共性等事项。

项目评估是指在可行性研究的基础上，根据国家有关部门颁布的政策、法规、方法、参数和条例等，从项目（或企业）、国民经济和社会的角度出发，由有关部门（包括银行、中介咨询机构等）对拟建投资项目建设的必要性、建设条件、生产条件、产品市场需求、工程技术、财务效益、经济效益和社会效益等进行全面分析论证，并就该项目是否可行提出相应职业判断的一项工作。国家政府职能部门和金融机构在审批项目、提供贷款之前，也要对拟建项目进行评估。项目评估不但可以为上级主管部门把关和金融机构贷款决策提供依据，而且还可以为政府职能部门审批项目提供依据。项目评估的程序是指开展项目评估工作应当依次经过的步骤，通常包括：准备和组织、搜集和整理数据、编写评估报告初稿、论证及修改四个步骤。

可行性研究与项目评估既有一定的联系，又有一定的区别。联系主要表现在：二者均处于项目发展周期的建设前期，理论基础和工作内容基本相同，最终工作目标及要求也相同。主要区别表现在：二者的行为主体不同，立足点不同，所起的作用不同，所处的阶段也不同。

复习思考题

1. 投资有哪些作用?
2. 投资项目有哪些类型？它们的分类标准各是什么?
3. 怎样理解投资的决定因素?
4. 投资决策的理论意义主要表现在哪些方面?
5. 投资决策的一般程序是什么?
6. 我国现行的投资项目决策程序是什么?
7. 目前,我国取消了哪些企业投资项目核准的前置条件?
8. 可行性研究可分为几个阶段？各是什么内容?
9. 可行性研究有哪些作用?
10. 可行性研究包括哪些内容?
11. 项目申请报告一般包括哪些内容?
12. 项目评估有哪些作用?
13. 项目评估包括哪些内容?
14. 可行性研究与项目评估有哪些联系？主要区别是什么?

第二章

投资者资信评估

本章要点

本章共分四个部分，即投资者资信评估的目的和内容，资信评估的方法和指标体系，企业资信等级的划分与评定，互联网与大数据金融信用评价。在资信评估的目的和内容部分，主要介绍对投资者进行资信评估的目的以及资信评估的具体内容。在资信评估的方法和指标体系部分，首先对资信评估的方法进行了简要介绍，其次对资信评估的指标体系进行了较为详细的解释。在企业资信等级的划分与评定部分，主要介绍了资信等级划分与评定的过程和方法。在互联网与大数据金融信用评价部分，主要介绍了互联网金融与大数据金融的概念、特点、优势，以及相关征信知识。

第一节　资信评估的目的和内容

一、资信评估的目的

目前我国投资项目实行项目法人责任制，即项目法人对项目策划、资金筹措、建设实施、生产经营、债务偿还和资产保值增值，实行全过程负责。项目建议书、可行性研究报告要由项目法人提出。不能依托现有企业进行建设的项目，其项目建议书、可行性研究报告可由政府部门、有关单位或项目发起人提出。因此，对承担投资项目的资金筹措、建设实施、经营管理和资产负债管理的企业进行资信评估，就成为投资项目评估的重要组成部分。

投资者的资信程度是指投资者的资质和信用程度。投资者资信评估就是指对企业的资质和信用度进行检验和计量，并科学、客观地做出全面评价的过程。资质是指企业的经济技术实力、经营管理能力和经营状况等企业基本条件；投资者的信用是指投资者的金融信用和经营信用。金融信用主要是指借款按期偿还率。由于项目投资除了投资者按规定应有一定比例的资本金外，大部分需向金融机构借贷筹资，因此，对投资者进行金融信用评估尤为重要，这是保证金融资产安全的一项重要措施。通过向为其提供借款的金融机构或其他部门了解投资者的借款偿还情况，评估其是否能按期归还借款。经营信用主要是指如供销、技术服务和技术咨询等经济合同的履约率。通过对有关单位的调查、研究，判断投资者的经济合同履约率，进而评估其经营信用。

最终，通过对投资者资质和信用程度的全面评估，考察其资信程度是否符合项目建设本身以及项目审批部门和银行的有关要求，进而提高信贷资产的质量，防范和减少贷款风险，以此保障信贷资金的效益性、安全性和流动性。

二、资信评估的内容

作为一个项目的投资者，一个最基本的条件就是必须具有相应的经济技术实力。所谓投资者的经济技术实力是指投资者现有的资产、负债、人员构成及各项技术经济指标等。对于一般的投资项目，投资者资信评估的内容，主要包括历史沿革、投资者素质、经营管理、经营效益、投资者信用和发展前景六个方面。

（一）历史沿革评估

对投资者历史沿革的评估，主要是审查分析投资者企业的创立和发展过程、隶属关系和体制变化的情况，从而掌握企业的特点和发展变化的过程，为下一步评估做好准备。

（二）投资者素质评估

投资者素质评估是对项目法人根本条件的评估。所谓投资者素质是指企业内在的质的情况，它是企业生存和发展的关键和根本，也是投资者资信的基础和内在条件。因此，投资者素质评估是对影响项目投资的根本条件的考察。投资项目是否成功，不仅取决于项目本身的技术经济条件和项目所在地的区域投资环境，而且还有赖于承担项目实施单位的素质好坏，故必须从企业素质上进行分析，以提高项目决策的科学水平。

投资者素质主要包括领导群体和职工队伍素质、产品素质、技术装备素质、资产素质、经营管理素质和企业行为等各种综合能力的质量。相应地，投资者素质评估内容包括：

1.对领导群体和全体职工素质的评估

对领导群体的评估，主要是评价法人代表及主要领导班子成员的学识、信用、工作能力及历史业绩，分析其经营管理水平。具体讲，就是从企业生产经营的组织者和管理者的高度，从对领导者的思想觉悟、敬业精神、道德品质和行为准则等方面的分析着手，进一步对领导人的工作经历、文化水平、知识结构与工作能力等业务素质进行分析，着重考察领导者的创新、决策、组织、指挥、控制和协调应变等能力；同时还应对领导班子的年龄结构、知识结构、职责分工、团结合作程度，以及企业管理组织、机构职能和管理人员的素质等方面进行整体分析。

对职工素质的考察，主要是分析员工的构成以及职工的文化程度、技术等级等情况，从而评估投资项目职工配置的合理性和技术水平，以判断企业从事生产经营和管理活动的基本能力。

2.产品素质评估

产品素质的评估主要是指对企业产品的品质、市场竞争能力和产品所处的生命周期等进行分析，以判断企业的生存能力。

3.技术装备素质评估

技术装备素质包括工艺技术装备水平，专业技术人员数量、专业结构、层次构成，研究与开发能力等内容。对技术装备素质的评估就是对企业所采用的生产工艺技术和设备的先进性与适用性、生产规模的合理性和有效性、生产能力的协调性和平衡性等因素进行分析，以评价企业生产手段和生产资料的素质，判断投资者是否有足够的技术实力来保证项目的实施。

4.资产素质评估

对资产素质的评估，是指对企业拥有的资产数量、质量和结构进行分析，以判断企业的获利（经济效益）能力和抗风险能力。这主要是通过固定资产净值率、无形资产占总资产比重、资产负债率、流动比率、速动比率等指标来衡量。

5.经营管理素质评估

对经营管理素质评估，是指对投资者的组织、协调和控制等情况进行分析评估，以判断投资者运用管理技术的能力。这主要包括对组织机构的合理设置和协作配合的运行能力与效果的考察，对自主权限的运用能力，运行机制的正常化情况，以及管理目标、管理手段和决策方式的科学化、现代化和民主化等投资者整体管理水平的考察。

6.投资者企业行为评估

对投资者企业行为的评估，是指对隶属投资者的企业行为目标、行为规范以及影响企业行为的企业文化等因素进行分析，以此判断投资者的内部凝聚力、团队精神以及职工的责任感等。企业行为分析是衡量投资者素质的具体表现。

(三)经营管理评估

一个投资项目是否成功取决于诸多因素,投资者的经营管理水平是其中的一个重要因素,所以,对投资者的考察与评估,一定要考察其经营管理水平,分析其是否有能力来管理所投资的项目(包括建设期和运营期)。经营管理评估主要包括投资者企业经营机制评估和生产经营管理评估两方面。

经营机制评估,主要是考察投资者企业法人性质、产权构成、主营业务和经营管理制度的建立及健全程度等内容。对于新组建的项目法人,应重点审核和考察其是否符合现代企业制度及《公司法》的要求,其产权构成及各股东的基本情况。

生产经营管理评估,主要考察投资者企业现有主要产品的质量、生产能力、销售情况以及流动资金周转情况,分析其近年来各年新产品开发计划完成率、产品销售增长率、合同履约率、一级品率、产品销售率、成品库存适销率及全部流动资金周转加速率等指标。

除此之外,对投资者经营管理水平的考察与评估还要了解投资者尤其是高层管理人员对今后的发展有无更长远的设想与安排,对产品结构、质量和产量的发展有无更长远打算等。

(四)经营效益评估

经营效益评估就是对企业的获利能力进行评价,这是投资者、债权人(即贷款者)以及经营者都十分关心的关键问题。经营效益评估应包括企业经济实力评估、生产经营情况评估以及企业资产负债及偿债能力评估,以此考察企业的经营水平和经济效益状况。

1. 经济实力评估

经济实力评估,主要是指分析借款企业的总资产、净资产、固定资产净值以及资产结构等情况。主要评估指标包括:总资产、净资产、固定资产(与无形资产)净值率、长期资产与长期负债比率、存货周转率和应收账款周转率等。

2. 生产经营情况评估

生产经营情况评估,主要是指调查现有产品的质量和生产能力,考核企业的经营水平、经营效果和获利能力,并预测其变化趋势。

考察产品质量和生产能力的评估指标包括:近年来各年主要产品的产量、营业收入、营业税金和利润总额变动情况等。

考察经营水平、经营效果和获利能力的指标包括:生产能力利用率、营业收入利润率、利润增长率、资金利税率、资本金利润率、资产报酬率、资本保值增值率、社会贡献率和社会积累率等。

3. 企业资产负债及偿债能力评估

企业资产负债及偿债能力评估,主要是指分析评价企业近3年来各年末的资产、负债、所有者权益总额指标及其增长情况,并预测其变化趋势。评估指标包括:资产负债率、流动比率、速动比率等。

(五)投资者信用评估

信用评估是指投资者企业在一定资产结构下所表现出的信用状况,包括借贷资金信用、合同履约信用和产品信誉的分析评估。

1. 借贷资金信用评估

评估投资者的借贷资金信用，主要是分析企业以往借贷资金占用、使用和偿还情况，因为这是反映投资者企业经济效益水平和资信品质的重要内容。通过对各项借贷资金指标的测算，可以掌握企业历年银行贷款和其他借款的偿还情况。

2. 企业合同履约信用评估

评估企业合同履约信用，主要是了解企业的法治意识和企业与其他单位经济活动往来的信誉状况，可运用合同履约率指标来进行定量分析（合同履约率的计算公式见本章第二节中相关内容）。合同履约率指标反映企业经营者的管理水平和履行合同的信用程度，其比值大于95%为好，说明企业的履约能力较强。此外，也可对企业合同的数量范围、规范程度和条款的法律效力等进行质量分析。

3. 企业产品信誉评估

作为企业赖以生存和发展的基本条件，产品信誉至关重要。对产品信誉的评估，主要是考察企业产品的优质率和合格率、产品的市场占有率和竞争能力。

（六）发展前景评估

发展前景评估主要考察投资者未来的发展规划、发展目标与相应的措施、产品市场竞争能力、应变能力及发展趋势。从市场预测、发展规划和管理手段三个方面，通过投资者营业收入增长率、利润增长率、资本保值增值率和固定资产净值率等定量指标和其他定性指标，反映和考察企业未来的发展能力和前景。

第二节　资信评估的方法和指标体系

一、资信评估的方法

为了科学、客观、公正、全面地对投资者的资信状况进行分析和评价，通常采取定性分析与定量分析相结合、静态分析与动态分析相结合的方法，以及综合分析评价法。

（一）定性分析与定量分析相结合

进行资信评估可以先对投资者企业的历史沿革，人员、产品、管理素质，以及它的筹资和投资方向、履约能力、发展前景等进行定性分析；再对投资者的资产结构、资金信用、经营管理水平和经济效益等进行定量分析。定性分析与定量分析相结合，相互补充、相得益彰，从而能够更加科学、全面、系统地分析和评价投资者的资信程度。

（二）静态分析与动态分析相结合

要分析投资者企业的技术经济实力、经营管理能力及经济效益，可通过对投资者历史基本情况进行静态分析，据以衡量和判断投资者历年的经营和信用状况。但是，由于投资者企业自身能力和管理要求的提高，加之社会经济环境的不断变化，仅仅通过静态分析确定其发展情况已远不能适应和满足客观需要，还必须采用动态分析法对与投资者发展前景相关的动态因素进行分析，从而对投资者做出更为客观、准确的分析和评价。

（三）综合分析评价法

在对投资者的历史沿革、投资者素质、经营管理、经济效益、投资者信用、发展前景六个方面的定量和定性指标进行计算与分析后，还应将这六方面的静态分析指标与动态分析指标、历史因素指标和未来预测指标、定量指标与定性指标进行综合分析评价。通过综合分析，对投资者真实的实力做出评估。

二、资信评估的指标体系

资信评估的指标体系包括反映投资者企业的资产结构、经营管理水平、经济效益和信用程度的四大类指标。

（一）反映资产结构的评估指标

1. 资产负债率

资产负债率是负债总额与资产总额之比，计算公式为：

$$资产负债率=\frac{负债总额}{资产总额}\times 100\%$$

资产负债率是企业资产的主要指标，参照值通常为70%。如果实际值低于70%，该企业的资产结构较为理想；而高于或等于70%，则反映企业的资产负债比率不合理，投资风险较大。

2. 固定资产净值率

固定资产净值率是固定资产净值与固定资产原值之比，计算公式为：

$$固定资产净值率=\frac{固定资产净值}{固定资产原值}\times 100\%$$

固定资产净值率是反映企业固定资产新旧程度和折旧计提情况的指标。一个经济效益好又有发展潜力的企业，该项指标值应在65%以上。

3. 流动比率

流动比率是流动资产与流动负债之比，计算公式为：

$$流动比率=\frac{流动资产}{流动负债}\times 100\%$$

或

$$流动比率=\frac{定额流动资产+发出产品+货币资金+应收票据+应收预付货款+其他应收款}{流动资金借款+短期融资债券+应付票据+应付预收货款+其他应付款+欠缴利税}\times 100\%$$

流动比率是衡量企业流动资产流动性大小的主要评估指标，反映了企业流动资产在短期债务到期前可以变现用于偿还流动负债的能力，又称偿债能力比率。该比率一般应维持在130%～200%的水平，越高则偿付流动负债的能力越强。

4. 速动比率

速动比率是速动资产（即流动资产中扣除存货部分）与流动负债的比值，计算公式为：

$$速动比率=\frac{流动资产-存货}{流动负债}\times 100\%$$

速动比率可以反映企业偿付流动负债的快慢，衡量流动资产中可以立即用于偿还流动负债的部分的比重，同时又反映了企业流动资产的总体变现或近期的偿债能力，比流动比率更能精确地衡量一个企业的短期偿债能力。速动比率通常应保持在1左右。

5. 长期资产与长期负债率

长期资产与长期负债率是长期资产与长期负债的比值,计算公式为:

$$长期资产与长期负债率=\frac{长期资产}{长期负债}\times 100\%$$

长期资产与长期负债率是反映企业长期偿债能力的指标,用以衡量固定资产等长期资产偿还长期负债的程度。该比率一般要求达到150%以上。

6. 应收账款周转率

应收账款周转率是营业收入或劳务收入与平均应收账款之比,计算公式为:

$$应收账款周转率=\frac{营业收入或劳务收入}{平均应收账款}\times 100\%$$

应收账款及时回收不仅可以增强企业的短期偿债能力,也反映出企业良好的管理效率。应收账款周转率反映了流动资产中应收账款转化为货币资金的变化速度(即周转次数),反映了应收账款的流动速度。周转速度越快,说明企业销售一定产品所平均保持的应收账款越少,则企业的短期偿债能力就越强。对于有经验的企业,此项指标能达到400%以上。

(二)反映经营管理水平的评估指标

1. 产品销售增长率(或称营业收入增长率)

产品销售增长率的计算公式为:

$$产品销售增长率=\frac{本期产品营业收入总额-上期产品营业收入总额}{上期产品营业收入总额}\times 100\%$$

产品销售增长率反映了企业产品营业收入的变化情况,说明了企业生产经营规模扩大或缩小的程度,同时也反映了企业的产品市场竞争能力。如果这一增长率能保持在10%以上,说明企业经营管理能力较强。

2. 产品一级品率

产品一级品率的计算公式为:

$$一级品率=\frac{一级品产品产值}{全部产品产值}\times 100\%$$

产品一级品率反映了企业产品质量和企业经营管理的整体素质,一级品率如能达到或超过国家或行业部门规定的目标值,说明该企业的产品质量(优良品率与合格品率)较好和经营管理素质较好,能够增强产品在市场上的竞争能力和提高社会对产品的信任度。

3. 新产品开发计划完成率

新产品开发计划完成率的计算公式为:

$$新产品开发计划完成率=\frac{新产品实际值}{新产品计划值}\times 100\%$$

新产品开发计划完成率反映了企业新产品开发的能力和企业经营管理的能力与素质。指标值接近于1为好。

4. 产品销售率

产品销售率的计算公式为:

$$产品销售率=\frac{产品销售工厂成本}{全部产品工厂成本}\times 100\%$$

产品销售率说明企业的产品销售能力和产品在市场上的竞争能力,指标值高于

95%为好。

5. 成品库存适销率

成品库存适销率的计算公式为：

$$成品库存适销率 = \left(1 - \frac{呆滞积压产品}{期末成品}\right) \times 100\%$$

成品库存适销率反映了产品库存积压呆滞程度，也反映企业的经营管理能力和产品适销程度，比值大于95%为好。

6. 全部流动资金周转加速率

全部流动资金周转加速率的计算公式为：

$$全部流动资金周转加速率 = \left(1 - \frac{本期全部流动资金周转天数}{上期全部流动资金周转天数}\right) \times 100\%$$

全部流动资金周转加速率能反映企业全部流动资金的周转速度，也体现了企业经营管理水平和流动资金的运用效率，比值达到4%以上就算比较不错。

（三）反映经济效益的评估指标

反映企业经济效益的指标很多，我们主要从利税角度提出以下主要指标：

1. 主营业务利润率、营业利润率

主营业务利润率的计算公式为：

$$主营业务利润率 = \frac{主营业务利润}{主营业务收入净额} \times 100\%$$

营业利润率的计算公式为：

$$营业利润率 = \frac{营业利润}{主营业务收入净额} \times 100\%$$

由于利润总额和净利润中包含非销售利润因素，所以从利润率指标上讲，更能反映企业经济效益的指标是主营业务利润率和营业利润率。

2. 资金利税率

资金利税率的计算公式为：

$$资金利税率 = \frac{企业全年利税总额}{固定资金平均余额 + 全部流动资金平均余额} \times 100\%$$

资金利税率全面地体现了企业的经济效益和对国家财政所作的贡献。该指标达到15%就较好。

3. 营业收入利润率

营业收入利润率的计算公式为：

$$营业收入利润率 = \frac{企业全年实现利润总额}{企业全年营业收入} \times 100\%$$

营业收入利润率不仅反映了企业经营总的利润水平和经济效益，同时也体现了企业的经营管理水平。企业的营业收入应与利润同步同方向增长，而且利润的增长速度应适应营业收入的增长率，才能证明企业经营效益良好。营业收入利润率一般应达到15%以上。

4. 利润增长率

利润增长率的计算公式为：

$$利润增长率 = \frac{本期实现利润总额 - 上期实现利润总额}{上期实现利润总额} \times 100\%$$

利润增长率反映了企业实现利润总额的变化情况，即企业经济效益增长或降低的程度。利润增长率最好能保持在5%以上。

5. 总资产报酬率

总资产报酬率的计算公式为：

$$总资产报酬率=\frac{利润总额+利息支出}{平均资产总额}\times 100\%$$

其中：

$$平均资产总额=\frac{期初资产总额+期末资产总额}{2}$$

总资产报酬率反映了企业综合资产利用的效果，也是衡量企业利用负债总额和所有者权益总额所取得盈利的重要指标。指标值越高，表明企业资产的利用效果越好，说明企业在增收节支和节约资本使用等方面取得了良好的效果。

6. 净资产收益率

净资产收益率的计算公式为：

$$净资产收益率=\frac{净利润}{平均净资产}\times 100\%$$

净资产收益率也可称为股东权益报酬率、净值报酬率，该指标是评价企业自有资本及其积累获取报酬水平的最具综合性和代表性的指标，反映企业资本运行的综合效益。该指标通用性强、使用范围广。该指标值越高，表明企业自有资本获取收益的能力越强，运营效果越好，对企业的投资人和债权人的保证程度越高。

7. 资本保值增值率(亦称权益增长率)

资本保值增值率的计算公式为：

$$资本保值增值率=\frac{期末所有者权益总额}{期初所有者权益总额}\times 100\%$$

资本保值增值率是根据资本保全原则设计的指标，更加谨慎、稳健地反映了企业资本保全和增值的情况。该项指标主要反映投资者投入企业资本的保全性和增长性，也反映出企业使投资者投入的资本增值的能力。该指标越高，表明企业的资本保全状况越好，债权人的债务越有保障，企业的发展后劲越足。

8. 社会贡献率

社会贡献率的计算公式为：

$$社会贡献率=\frac{企业社会贡献总额}{平均资产总额}\times 100\%$$

企业社会贡献总额即企业对国家或社会创造或支付的价值总额，它包括工资(含奖金、津贴等工资性收入)、劳保退休统筹及其他社会福利支出、利息支出净额、应缴增值税、所得税及产品销售税金及附加，以及其他税收和净利润等。社会贡献率用以衡量企业运用全部资产为国家或社会创造或支付价值的能力。

9. 社会积累率

社会积累率的计算公式为：

$$社会积累率=\frac{上缴国家财政总额}{企业社会贡献总额}\times 100\%$$

企业上缴国家财政的资金总额包括企业依法向财政缴纳的各项税款，如增值税、产品销售税金及附加、所得税和其他税收等。这项指标用以衡量企业对社会贡献总额中用于上缴国家财政进行国民经济积累的份额。这部分用于上缴国家的财政积累，是推动社会经济发展和社会进步的动力源泉。

（四）反映企业信用程度的评估指标

1. 全部资金自有率

全部资金自有率的计算公式为：

$$全部资金自有率=\frac{固定资金+流动资金+其他单位资金+股金}{全部资金平均余额}\times 100\%$$

全部资金自有率反映了企业自有资金占项目全部投资资金的百分比，应按照国家规定的资本金制度对其进行考核，一般应大于60%。

2. 定额流动资金自有率

定额流动资金自有率的计算公式为：

$$定额流动资金自有率=\frac{流动资金+其他单位投入流动资金+股金(流动部分)}{定额流动资金平均余额}\times 100\%$$

定额流动资金自有率体现了自有流动资金占全部定额流动资金的百分比，按照现行规定不应低于30%。

3. 流动资金贷款偿还率

流动资金贷款偿还率的计算公式为：

$$流动资金贷款偿还率=\left(1-\frac{逾期流动资金贷款额}{流动资金贷款总余额}\right)\times 100\%$$

流动资金贷款偿还率反映了流动资金贷款的偿还能力，偿还率接近于100%较为理想。

4. 呆滞资金占压率

呆滞资金占压率的计算公式为：

$$呆滞资金占压率=\frac{\begin{matrix}积压\\物资额\end{matrix}+\begin{matrix}待核销财\\产损失额\end{matrix}+\begin{matrix}逾期\\未收款\end{matrix}+\begin{matrix}未补\\亏损\end{matrix}+\begin{matrix}应摊未\\摊费用\end{matrix}+\begin{matrix}挤占挪\\用资金\end{matrix}}{期末全部资金占用}$$

呆滞资金占压率是企业积压物资、财产损失、逾期未收款等呆滞资金占期末全部资金的比例，它反映企业资金的流动性和占用、使用情况，以及企业经营管理水平。该指标越低越好，最好不要超过5%。

5. 贷款支付率（或称应付款清付率）

货款支付率的计算公式为：

$$货款支付率=\frac{期初应付货款+本期外购货款-期末应付货款}{期初应付货款+本期外购货款}\times 100\%$$

货款支付率反映企业对外购货物的支付能力和企业的支付信誉，是说明企业应付其他单位或个人的货款清付情况的指标。应付款包括应付票据、应付账款、预收账款和其他应付款等。该指标应大于95%。

6. 贷款按期偿还率

贷款按期偿还率的计算公式为：

$$贷款按期偿还率=\frac{报告期止按期实际偿还贷款额}{报告期止应偿还贷款总额}\times 100\%$$

贷款按期偿还率是企业按期实际偿还银行的贷款额与同期到期应偿还银行贷款的总额的比值。它反映了企业偿还贷款的能力和企业向银行贷款的信誉。该指标接近于1较为理想。

7. 合同履约率

合同履约率的计算公式为：

$$合同履约率=\frac{当期实际履行(或按期完成)合同份数}{当期应完成(履行)合同总份数}\times 100\%$$

合同履约率是企业按合同规定按期完成（或当期实际履行）的合同份数与同期应完成（履行）的合同总份数的比值，反映了企业经营者的管理水平和履行合同的信用程度。该比值大于95%为好，说明企业的履约能力较强。

第三节　企业资信等级的划分与评定

对投资者资信程度的评估主要是对作为投资者的企业的资信状况进行的分析和评价，因此，有必要介绍一下企业资信等级的划分与评定的过程和方法。

一、企业资信等级的划分

按照国际惯例，结合我国实际情况，企业资信等级一般应采取三等九级制（见表2-1）。在资信评估机构的实际工作中，目前只对评估得分达到60分以上的客户定级，因此实际上采用的是四级评定的办法，该方法下的各级评定标准见表2-2。

表2-1　企业资信等级表

级位等级与次序		计分标准		级别说明
		下限	上限	
一等	AAA	90	100	信用极好
	AA	80	89	信用优良
	A	70	79	信用较好
二等	BBB	60	69	信用一般
	BB	50	59	信用欠佳
	B	40	49	信用较差
三等	CCC	30	39	信用很差
	CC	20	29	信用太差
	C	0	19	没有信用

表2-2　常用企业信誉级别及评定标准说明表

级位次序	计分标准		级别含义	说明（评定标准）
	下限	上限		
AAA	90	100	信用极好	企业资金实力雄厚，资产质量优良，各项指标先进，经营管理状况良好，经济效益明显，清偿支付能力强
AA	80	89	信用优良	企业资金实力较强，资产质量较好，经营管理状况较好，经济效益稳定，有较强的清偿与支付能力
A	70	79	信用较好	企业资金、资产质量一般，有一定实力，经济效益不够稳定，清偿与支付能力有一定限度，但不至于发生危机
BBB	60	69	信用一般	企业资产、财务、信用状况较差，各项经济指标处于中等水平，经营管理不佳，经济实力不强，清偿与支付能力差，有一定风险性

由于不同系统对企业的资信要求不同，因而，对四级资信等级划分的具体标准的解释也各有不同。鉴于此，可参见表 2－3 中部分评估机构对企业信用级别设置的不同说明。

表 2－3　部分评估机构对企业信誉级别的设置与说明

信用级别	中国工商银行系统	中国建设银行系统	中国农业银行系统	大连市信誉评级委员会	西安市资信评级委员会	重庆市企业资信评级委员会	南宁市企业资信评级委员会	沈阳市企业信用评级委员会	天津市信誉评级委员会
AAA	特级 信用程度极好	一级 优良	特级 极好	特级 信用极好	信用程度可靠，经济效益高，很有发展前途，经营管理好	特级 信用程度极好	信用可靠，很有发展前途	特级 信用极好	信誉良好
AA	一级 信用程度优良	二级 可靠	一级 良好	一级 信用优良	信用程度比较可靠，经济效益较高，有发展前途，经营管理较好	一级 信用程度优良	信用优良，有发展前途	一级 信用优良	信誉较好
A	二级 信用程度较好	三级 较好	二级 一般	二级 信用较好	信用程度尚可，获利水平一般，发展前途欠佳，经营管理较差	二级 信用程度较好	信用一般，经济效益一般	二级 信用较好	信誉一般
BBB	三级 信用程度一般	四级 及格	三级 较差	三级 信用一般	信用程度一般，获利水平低，无发展前途，经营管理差	三级 信用程度一般	信用较低	三级 信用一般	信誉欠佳
BB									信誉较差
B									
CCC									
CC									
C									

二、企业资信等级的评定

企业资信等级是衡量企业资信高低的尺度。在企业资信评估中，经过对一系列定性指标与定量指标的分析计算后，填制"工业企业资信评级计分标准表"（详见表 2－4），按照表中企业的实际得分，再参照"企业资信等级表"和"常用企业信誉级别及评定标准说明表"（分别见表 2－1 和表 2－2）中规定的评分标准确定企业相应的资信等级。企业资信等级不仅反映了企业的信用状况，而且也为投资者和主管部门提供了投资决策的依据。一旦资信等级评定出结果并由评估机构通过新闻媒体公布后，将直接影响企业的信誉与市场形象，同时也会影响到企业的市场活动与生产经营。

表 2－4　工业企业资信评级计分标准表

指标名称	计算公式	满分	标准值	实际值	评分公式		
					实际占标准（%）	得分	计分标准说明
一、企业素质	主要包括：领导群体素质和综合能力及职工队伍素质、管理素质等	6					优良满分，较好 5 分，一般 4 分，差 2 分
二、经营管理		32					
1. 产品销售增长率	$\frac{\text{本期产品营业收入总额}-\text{上期产品营业收入总额}}{\text{上期产品营业收入总额}}\times 100\%$	6	10%以上（或主管部门计划）				达到标准值以上为满分，未达到则按实际比率乘满分为应得分值
2. 一级品率	$\frac{\text{一级品产品值}}{\text{全部产品值}}\times 100\%$	5	国家目标				达到国家目标为满分，每降 1 个百分点扣 0.2 分
3. 新产品开发计划完成率	$\frac{\text{新产品实际值}}{\text{新产品计划值}}\times 100\%$	4	100%				达到标准值以上为满分，每降 1 个百分点扣 0.2 分
4. 产品销售率	$\frac{\text{产品销售工厂成本}}{\text{全部产品工厂成本}}\times 100\%$	5	95%以上				达到标准值以上为满分，每降 1 个百分点扣 0.25 分
5. 成品库存适销率	$\left(1-\frac{\text{呆滞积压产品}}{\text{期末成品}}\right)\times 100\%$	4	95%以上				达到标准值以上为满分，每降 1 个百分点扣 0.2 分
6. 全部流动资金周转加速率	$\left(1-\frac{\text{本期全部流动资金周转天数}}{\text{上期全部流动资金周转天数}}\right)\times 100\%$	8	4%以上（或主管部门计划）				达到标准值以上为满分，每降 1 个百分点扣 1 分
三、经济效益		22					
7. 资金利税率	$\frac{\text{企业全年税利总额}}{\text{固定资金平均余额}-\text{全部流动资金平均余额}}\times 100\%$	7	15%以上				同上

续表

指标名称	计算公式	满分	标准值	实际值	评分公式：实际占标准（%）	评分公式：得分	评分公式：计分标准说明
8. 营业收入利润率	$\frac{利润总额}{营业收入}\times100\%$	8	15%以上				同上
9. 利润增长率	$\frac{本期利润总额-上期利润总额}{上期利润总额}\times100\%$	7	5%以上（或主管部门计划）				达到标准值以上为满分，达不到按实际比率乘满分为应得分值
四、资金信用		35					
10. 全部资金自有率	$\frac{固定资金+流动资金+其他单位资金+股金}{全部资金平均余额}\times100\%$	8	60%以上				同上
11. 定额流动资金自有率	$\frac{流动资金+其他单位投入流动资金+股金(流动部分)}{定额流动资金平均余额}\times100\%$	4	30%以上				达到标准值以上为满分，每降1个百分点扣0.2分
12. 流动比率	$\frac{定额流动资产+发出产品+货币资金+应收票据+应收预付货款+其他应收款}{流动资金借款+短期融资债券+应付票据+应付预收货款+其他应付款+欠缴利税}\times100\%$	8	130%以上				达到标准值以上为满分，每降1个百分点扣0.1分
13. 呆滞资金占压率	$\frac{积压物资+待核销财产损失+未补亏损+应摊未摊费用+逾期未收款+挤占挪用资金}{期末全部资金占用}\times100\%$	4	5%以下				在5%以下为满分，每超1个百分点扣0.3分，如虽未超但比历史水平上升则适当扣分

续表

指标名称	计算公式	满分	标准值	实际值	评分公式		
					实际占标准(%)	得分	计分标准说明
14.流动资金贷款偿还率	$\left(1-\frac{\text{逾期流动资金贷款额}}{\text{流动资金贷款总余额}}\right)\times 100\%$	4	100%				达到标准值为满分,每降1个百分点扣0.2分
15.货款支付率	$\frac{\text{期初应付货款}+\text{本期外购货款}-\text{期末应付货款}}{\text{期初应付货款}+\text{本期外购货款}}\times 100\%$	3	95%以上				达到标准值以上为满分,每降1个百分点扣0.15分
16.合同履约率	$\left(1-\frac{\text{未履行销售合同份数}}{\text{应履行销售合同份数}}\right)\times 100\%$	4	100%				本企业应履行销售合同达100%为满分,每降1个百分点扣0.2分
五、发展前景		5					
17.市场预测	产品地位、竞争能力和应变能力及发展趋势	2					优者满分,良者1.5分,一般的1分
18.发展规划及措施	有远、近期规划,有目标,有措施	2					同上
19.管理手段	管理手段是否先进、适应发展需要	1					优者满分,一般的适当扣分
合　计		100					

第四节　互联网与大数据金融信用评价

一、互联网金融信用

（一）互联网金融的概念

作为一种新的金融模式，互联网金融发展迅猛，以互联网为独立载体的第三方支付、P2P（又称人人贷，就是陌生人之间的网上借贷）网络信贷平台、众筹、电商大数据金融、互联网金融门户等服务类型不断涌现。

互联网金融是利用互联网技术和移动通信技术等一系列现代信息科学技术，实现资金融通的一种新兴金融服务模式，这种新兴金融业态迫切需要征信体系在互联网上进行信息共享，但是央行的征信体系覆盖、服务的对象主要是传统金融机构和线下信贷交易，现有征信体系无法服务于互联网金融的发展，催生国内征信业开始变革和发展，互联网金融征信系统建设的需求也应运而生。

（二）互联网金融的类型

我国的互联网金融起步较发达国家晚一些，但发展迅速。从金融业态上看，既有基于信息平台的融资服务如 P2P、众筹等，也有基于第三方支付功能的金融理财产品如余额宝、百度百发等，还有基于第三方支付平台交易信息的电商大数据金融如阿里小贷、京东供应链等，另外还有第三方支付、金融服务平台等。互联网金融的兴起对传统金融业务发展产生了深刻的影响。从受影响对象看，既有传统银行业（如苏宁金融对它的冲击），也有基金行业（受到如余额宝、微信、理财通等各种在线理财等的影响），还有证券行业（受到如国泰君安证券的账户支付体系等的影响）。从涉及群体看，普通客户、高端客户、机构投资者都涉及其中。

1. 第三方支付

第三方支付是指具备一定实力和信誉保障的独立机构，通过与网联对接而促成交易双方进行交易的网络支付模式。在第三方支付模式下，买方选购商品后，使用第三方平台提供的账户进行货款支付（支付给第三方），并由第三方通知卖家货款到账、要求发货；买方收到货物，检验货物，并且进行确认后，再通知第三方付款；第三方再将款项转至卖家账户。

2. 网络信贷

网络信贷的最大便利在于借贷双方足不出户，便可利用这个网络平台实现借贷的“在线交易”，最大特点在于将网络信用度作为贷款的主要参考指标，抛弃传统银行贷款以固定资产抵押、企业担保为主的风险控制手段，帮助弱势群体实现成长。

3. 众筹融资

互联网背景下的众筹指通过互联网方式发布筹款项目并募集资金。相对于传统的融资方式，众筹更为开放，能否获得资金也不再是由项目的商业价值作为参考标准。只要是网友喜欢的项目，都可以通过众筹方式获得项目启动的第一笔资金，为更多小本经营或创作的人提供了无限的可能。

从投资角度讲,众筹即大众筹资,是一种C2I消费投资模式,小企业、艺术家或个人利用互联网和社交网络传播,向公众展示他们的创意,争取关注和支持,从而募集所需要的资金。众筹的兴起突破了传统的融资模式,每一位发起人都可以通过众筹获得从事某项创作或活动的资金,扩大融资的来源,而跟投人则可以利用消费剩余资金投资,创造更多财富。众筹网站所带来的颠覆效应极其明显——项目融资不用再紧盯专业投资银行,众筹已成功掀起一场去精英化的大众融资革命,成为许多公司竞相追捧的利用创意赢得资金并获得发展的方式。

(三)互联网证信

中国征信体系的诞生在时间上比欧美发达国家滞后非常多,与美国相比晚了100多年。中国是在1993年第一张"贷款证"诞生后才开始真正意义上的社会征信体系建设的,从开始建设到目前只历经了20余年。

2013年初中国人民银行在四川、重庆、江苏三省市开展基于互联网的个人信用信息服务平台的验证试用工作。目前,随着小额信贷行业发展和互联网金融的兴起,特别是P2P网络信贷平台的迅猛发展,对征信行业的市场需求不断增加,加上《征信业管理条例》的出台,为个人征信服务市场的发展提供了必要的法律保障,使得市场化经营的个人征信机构发展再度升温,如北京安融惠众、上海资信等私营征信机构开始搭建互联网金融信用信息共享平台。

二、大数据金融与征信

(一)大数据金融的概念

1. 大数据的概念

大数据(big data)是指无法在一定时间范围内用常规软件工具进行捕捉、管理和处理的数据集合,是需要新处理模式才能具有更强的决策力、洞察发现力和流程优化能力的海量、高增长率和多样化的信息资产。大数据具有大体量、多样性、时效性、准确性、价值性等特征。随着计算机的快速发展和互联网应用的成熟,数据量急剧增加,人类进入大数据时代,数据的采集、传输、存储、整合、管理、挖掘、分析等各项技术快速发展。大数据技术广泛应用于商业、通信、医疗、金融等领域。

2. 大数据金融的概念

大数据金融是指运用大数据技术和大数据平台开展金融活动和金融服务,对金融行业积累的大数据以及外部数据进行云计算等信息化处理,结合传统金融,开展资金融通、创新金融服务。具体来说,大数据金融通过收集和整合海量的非结构化数据,运用大数据、互联网、云计算等信息化方式,对客户消费数据进行实时分析,可以为金融企业提供客户的全方位信息,通过分析和挖掘客户的交易和消费信息掌握客户的消费习惯,准确预测客户行为,提高金融服务平台新的效率以及降低信贷风险。

3. 大数据金融的分类

金融行业的大数据大致分为以下3类:

(1)传统的结构化数据,如各种数据库和文件信息等。

(2)社交媒体为代表的过程数据,涵盖了用户偏好、习惯、特点、发表的评论、朋友圈之间的关系等。

(3)日益增长的机器设备以及传感器所产生的数据，如柜面监控视频、呼叫中心语音和手机、ATM等记录的位置信息等。

根据金融行业的分类，可以将大数据金融细分为大数据银行、大数据保险和大数据证券。差异化车险定价是典型的大数据保险形式之一，是指保险行业利用驾驶信息来确定车险价格，良好驾驶习惯的车主，其车险价格就较低，反之车险价格就较高；信用卡自动授信是典型的大数据银行的应用，银行根据用卡客户数据确定是否授信以及计算信用额度；机器人投资是大数据证券的创新模式之一，证券公司根据股价的影响因素建立模型，自动选择股票或寻找交易时机，在适当的风控模型下建立机器人投资云交易模式。

4. 大数据金融的特点

大数据金融与传统金融相比，存在如下几个方面的特点：

(1)呈现方式网络化。在大数据金融时代，大量的金融产品和服务通过网络呈现，如支付结算、网络借贷PP、众筹融资、资产管理、现金管理、产品销售、金融咨询等都将主要通过网络实现。网络也包括固定网络和移动网络，其中移动网络将逐步成为大数据金融服务的主要途径。

(2)风险管理有所调整。在风险管理理念上，财务分析（第一还款来源）、可抵押财产或其他保证（第二还款来源）的重要性将有所降低。交易行为的真实性、信用的可信度通过数据的呈现将会更加重要，风险定价方式将会出现革命性变化。对客户的评价将是全方位、立体的、活生生的，而不再是一个抽象的、模糊的客户构图。基于数据挖掘的客户识别和分类将成为风险管理的主要手段，动态、实时的监测而非事后的回顾式评价将成为风险管理的常态性内容。

(3)信息不对称性降低。在大数据金融时代，金融产品和服务的消费者和提供者之间的信息不对称程度会大大降低。对某项金融产品（服务）的支持和评价，消费者也可实时获知。

(4)金融业务效率提高。大数据金融的许多流程和动作都是在线上发起和完成的，有些动作是自动实现的。在合适的时间、合适的地点，把合适的产品以合适的方式提供给合适的消费者。同时，强大的数据分析能力可以使金融业务效率极高，交易成本也会大幅降低。

(5)金融企业服务边界扩大。首先，对于单个金融企业，最适合扩大经营规模，由于效率提升，其经营成本必然随之下降，金融企业的成本曲线形态也会发生变化，长期平均成本曲线的底部会更快来临，也会更平坦、更宽。其次，基于大数据技术，金融从业人员的个体服务对象会更多，即单个金融企业从业人员会有减少的趋势，或至少其市场人员有降低的趋势。

(6)产品是可控的、可接受的。通过网络化呈现的金融产品，对消费者而言是可控、可接受的。产品可控是指在消费者看来，其风险是可控的。产品可接受是指在消费者看来，首先，其收益或成本是可以接受的；其次，产品的流动性是可以接受的；最后，基于金融市场的数据信息，消费者认为其产品也是可以接受的。

(7)普惠金融。大数据金融的高效率性及扩展的服务边界，使金融服务的对象和范围也大大扩展，金融服务也更接地气。例如，极小金额的理财服务、存款服务、支付结算服务等普通老百姓也可以享受到，甚至极小金额的融资服务也会普遍发展起来，金融深化在大数据金融时代可以完全实现。

5. 大数据金融相对于传统金融的优势

传统金融对数据的重视程度不高，数据分析技术落后，大数据技术的应用相对缺乏。而相比传统金融，大数据金融具有如下优势：

（1）放贷快捷，精准营销个性化服务。大数据金融建立在长期的大量的信用及资金流的大数据基础之上，在任何时点都可以通过计算得出信用评分，并采用网上支付方式，实时根据贷款需要及其信用评分等数据进行放贷。大数据金融根据企业不同的生产流程和信用评分进行放贷，不受时空限制，较好地匹配了企业的期限管理，解决了企业的流动性问题。此外，大数据金融还可以针对每家企业的个性化融资需求做出不同的金融服务，且快速、准确、高效。

（2）客户群体大，运营成本低。传统金融主要是以人工为主体参与审批，而大数据金融是以大数据云计算为基础，以大数据自动计算为主，不需要大量人工，成本较低，不仅可以针对小微企业提供金融服务，还可以根据企业生产周期灵活调整贷款期限。大数据金融整合了碎片化的需求和供给，将服务领域拓展至更多的中小企业和中小客户，更大程度地降低了大数据金融的运营成本和交易成本。

（3）科学决策，有效风控。网络借贷平台或供应链聚集了信息流、物流和资金流，其借贷信息都累积在大数据金融库持久闭环的产业上下游内部，贷款方对产业运作和风险点比较熟悉且容易掌控，有利于风险的防范和预警。大数据金融可以根据这些交易借贷行为的违约率等相关指标估计信用评分，运用分布式计算做出风险评估模型，解决信用分配、风险评估、授权实施以及欺诈识别等问题。通过以大数据金融为基础的风控科学决策，有效地降低了不良贷款率。

大数据金融相比于传统金融有无可比拟的优势。企业可以通过大数据金融对商业模式和盈利模式加以创新，获得在产业链中的核心地位。大数据金融带来的技术革新和金融创新不仅能支持中小企业的发展，还能促进我国经济结构调整和转型升级。因此，大数据金融战略是企业和国家的战略选择。

（二）大数据证信

1. 大数据征信的含义

大数据征信是指运用大数据技术重新设计征信评价模型和算法，通过多维度的信用信息考察，形成对个人、企业、社会团体的信用评价。

大数据征信数据主要来源于网络上的公开数据、用户授权数据和第三方合作伙伴提供的数据。同时，互联网企业通过电商活动建立了宝贵的信用资源，从电商、微博等平台获取客户网络痕迹，从中判断借款人的信用等级，形成整体风险导向，完善大数据的积累。

大数据征信从其本质上来看是将大数据技术应用到征信活动中，突出强调的是处理数据的数量大、刻画信用的维度广、信用状况的动态呈现、交互性等特点，这些活动并未超出《征信业管理条例》中所界定的征信业务范围，本质上仍然是对信息的采集、整理、保存、加工和公布，只不过是以一种全新的方式、全新的视角来进行而已。

2. 大数据征信的特征与优势

互联网金融的业务一般都在线上完成,从申请到完成最快可能只需要几分钟的时间,而传统的征信流程时间长、进展效率低、业务覆盖面窄,已经无法满足越来越多的业务需求。大数据技术的发展,使信息来源收集到的一切可行数据都成为信用分析的基础,为互联网金融征信体系的建设指引了新的方向。

本章小结

由于目前我国投资项目实行项目法人责任制,项目法人对项目策划、资金筹措、建设实施、生产经营、债务偿还和资产保值增值实行全过程负责,因此,对于作为项目法人的投资者进行资信评估,就成为投资项目评估的重要组成部分。

对于一般的投资项目,投资者资信评估的内容主要包括:历史沿革、投资者素质、经营管理、经营效益、投资者信用和发展前景六个方面。

投资者资信评估通常采用的方法是定性分析与定量分析相结合、静态分析与动态分析相结合、综合分析评价法。

投资者资信评估指标体系主要包括:资产结构、经营管理、经济效益和企业信用程度四大类指标。

投资者资信等级一般应采用三等九级别,可以根据资信等级表和评定标准对投资者的资信等级进行评定。

互联网金融的类型主要有第三方支付、网络信贷、众筹融资等。

大数据金融的特点主要有,呈现方式网络化,风险管理有所调整,信息不对称性降低,金融业务效率提高,金融企业服务边界扩大,产品是可控的、可接受的,普惠金融。

大数据金融相对于传统金融的优势主要体现为,放贷快捷,精准营销个性化服务,客户群体大,运营成本低,科学决策,有效风控。

复习思考题

1. 对于项目评估而言,为什么一定要对投资者资信进行评估?
2. 投资者资信等级高低主要受哪些因素影响?
3. 应当从哪些方面对投资者的资信度进行考察与评估?
4. 如何考察投资者的素质?
5. 如何考察投资者的经营管理能力?
6. 如何考察投资者的信用?
7. 资信评估有哪些方法?
8. 投资者资信评估的指标体系是如何划分的?具体指标有哪些?
9. 大数据金融相比于传统金融有哪些优势?

第三章

投资项目概况评估和建设必要性评估

本章要点

本章共分两个部分，即投资项目概况评估和项目建设必要性评估。在投资项目概况评估部分，主要介绍项目提出背景的评估、项目发展概况的考察与评估和项目投资环境的评估等。在项目建设必要性评估部分，主要介绍了项目必要性评估的内容和方法。

第一节 投资项目概况评估

投资项目概况评估，是指项目评估者根据投资者提供的有关资料，围绕项目提出的背景、可行性研究报告的编制情况、项目发展概况和投资环境等方面所作的考察与评价工作。

组织投资项目概况评估，需要判断有关项目提出的背景是否成立、程序是否符合有关规定、项目的发展程度是否能保证项目及时付诸实施，以及项目所处环境是否有利于项目建设，并提出相应结论。本节将针对投资项目概况评估的具体内容，对项目提出的背景、项目发展概况、项目投资环境，以及项目本身的基本情况的评估分别进行较为详尽的介绍。

一、项目提出背景的评估

项目提出的背景，是指最初设计或规划的投资项目的建设根据和理由。任何一个投资项目都是在一定背景下提出的。项目提出的背景从整体上讲，均可归纳为宏观背景和微观背景两个方面，相应地，项目提出背景评估也分为宏观背景评估和微观背景评估。

项目宏观背景评估主要是考察项目是否符合国家一定时期的方针、政策、规划等，这是项目是否可行的基本依据。评估人员应掌握各级政府一定时期的方针、政策，分别论述其要点，把项目的动机与这些要点进行比较。同时，要充分研究政府的有关规划，以考察项目投资与这些规划的关系。另外，还要考察项目在规划中所处的地位和安排的投资时机等，并论述有关规划和项目的建设内容，以及项目建设对有关规划的影响。

项目微观背景评估主要是从项目本身提出的理由着手进行分析评估。通过分析该项目投资能给地方、部门和企业带来的好处，考察投资项目提出的理由是否充分。例如，可以优化利用资源，可以增加加工产品的附加价值，填补本地区的空白，可以替代进口，或可以增加出口，以满足市场需求，扩大就业，利用社会协作条件和优惠政策等。

在实际进行项目评估时，通常从项目的产业背景、区位背景和项目定位三个方面入手，对投资项目的相关背景进行分析和评价。另外，还要对项目可行性研究报告进行考察与评估。

（一）产业背景分析和评估

对于一个国家来说，当商品经济发展到一定程度，国民经济具备一定的基础之后，都要制定相应的产业政策。对于一个项目而言，在进行背景分析时，首先应当对国家在这一时期的产业政策进行深入研究。因为产业政策是政府为了实现一定的经济和社会目标而制定的与产业有关的一切政策的总和，是政府对未来产业结构变动方向的干预，是为了弥补市场机制可能造成的“调节失灵”而采取的一些预防和补救措施。产业政策的主要功能就是协调产业结构，如扶持战略产业，调整和援助弱小产业，培育和鼓励新兴产业等。因此，产业政策在某种意义上最集中地反映了政府希望通过调整投资结构以实现经济发展目标的强烈愿望,确定了整个国民经济优先发展和需要抑制发展的产业。具体来讲,如果一个部门或行业是属于国家产业政策中鼓励发展的,那么它在整个社会经济中所占比例就会增加;相反,如果一个部门或行业被列入政府限制发展的行业之列,它在整个社会经济中所占的比例就会减少。因此,产业政策对项目的建设具有指导作用,引导投资者把资金投向鼓励发展的产业。从这个意义上讲,项目的建设也是实现国家产业政策的一个重要手段。

对项目的产业背景进行评估,首先就要分析国家的产业政策,包括产业结构政策、产业组织政策、产业分布政策以及国家在这一时期的技术政策和投资政策等,把项目的建设与国家同期的产业政策、技术政策和投资政策的要求进行对比分析。只有符合国家产业政策、技术政策和投资政策要求的投资项目,才可以认为是合理的,项目的建设才是必要的。也就是说,符合国家产业政策是项目合理可行的一个必要条件。同时,这里不仅要考察项目建设与国家这一时期的产业政策、技术政策和投资政策的关系,还要分析产业政策与项目建设内容的相符程度,以及项目建设对产业政策的影响程度。

行业分析包括对国家的行业政策、管制与准入政策、行业周期,以及行业的成长性、稳定性、发展趋势等的分析,特别是基础设施建设项目。项目管制与准入政策对项目需求量、现金流入及未来偿债能力影响甚大。对项目背景进行分析,还要了解项目实施人的资格、项目是否符合产业规划、项目对应产品与服务的市场前景及行业供需状况、项目的技术和建设条件及规模定位等。对于工业、房地产等行业来说,不仅需要对影响行业本身竞争力的因素做充分评估,更要关注相关行业的联动性、行业间替代产品的出现及行业内产品的升级,且对其目前市场份额、行业同层次竞争者及潜在竞争者要有一个清楚的了解,以准确确定自身的市场定位。

(二)区位背景分析和评估

任何经济活动都离不开特定的空间,不管这种经济活动的发展水平如何,最终都要在某一特定空间找到它的位置。投资项目建设也是与一定地区紧密联系在一起的。优越的区位,对投资者和生产者而言,可以用同样的投入获得更大的产出;对消费者而言,用同样的支出获得了更大的效用。

投资者或生产者应尽可能寻找能使利益最大化的地点进行建设或生产,因为不同投资项目对生产要素和相关配套服务的要求是不同的,对市场距离、资源分布和环境等的依赖程度也有所差异。从区位的角度看,项目对生产要素、市场和环境的区位指向类型主要有市场指向型、资源地指向型、原料供应地指向型、燃料及动力指向型、劳动力指向型、技术指向型以及集聚经济指向型等。

1. 市场指向型

市场指向型也可称为消费地指向型,它是指项目布点趋于靠近消费地的倾向。具有这种布局倾向的项目通常有以下几类:

(1)产品易碎或易失重,经长途运输可能会发生较大的途中损失的项目。

(2)产品易腐,难以长久保存,经过长时间、远距离的运输,不能保证产品质量的项目。

(3)原料产地相当分散,而消费区分布相对集中的项目。

2. 资源地指向型

这里的资源仅指自然资源。有些项目在布局时，只能考虑建在有某种自然资源储量的地区，一般是那些直接以自然资源的开采和利用为目的的项目，如采煤项目、采油项目、森林加工项目和水力发电项目等。这类项目在布局时几乎没有其他选择。

3. 原料供应地指向型

原料供应地指向型是指项目布点趋于原材料产地的倾向。具有这种布局倾向性的项目通常有以下几类：

(1)生产中所需原料用量大且不易运输的项目，如制糖项目、钢铁项目和建材项目等。

(2)为便于某种重要原料的运输而对其进行初步处理、加工的项目，如棉花打包厂这样的项目。

(3)生产过程与其主要原料的生产过程之间存在着重要的生产联系与互补关系的项目。这类项目如果设在原料产地，将可能取得比较好的经济效益。例如，石油化工项目设在炼油中心、冶金机械项目设在钢铁产地等。

(4)消费市场在地域分布上十分分散，没有明显的主次之分，而各种重要生产原料分布相当集中的项目，如矿产品加工项目等。

4. 燃料及动力指向型

许多工业项目在布局时要重点考虑接近燃料和动力产地。这主要是指那些在生产过程中对燃料和动力依赖性极强，且消耗量非常大的项目。例如，火力发电项目、有色金属冶炼项目、稀有金属生产加工项目等。这类项目在生产过程中，燃料和动力的消耗量往往可占其生产总消耗的50%左右。靠近燃料和动力产地，可以大大节省燃料或动力长距离运输过程中所发生的巨大的成本费用和损耗，并且有助于燃料和动力供给的充分性和稳定性。

5. 劳动力指向型

劳动力指向型是指某些项目具有密集使用廉价劳动力的倾向。有些生产活动受劳动力费用、劳动力供给数量和质量的影响程度比较高，在布局时须重点考虑那些有条件节约劳动力费用或能提供相应劳动力资源的区域。劳动力指向型的项目，一般是劳动密集型的项目，但也可能是技术密集型的项目（如需要高素质劳动力的项目），如纺织、服装、食品和造船等行业实施的项目。

6. 技术指向型

技术指向型主要是指随着新技术变革而产生的一系列新兴产业朝着文化、教育、科技发达的地区布点的倾向，如电子、信息和生物基因工程等项目。

7. 集聚经济指向型

在现代化大生产的条件下，不同企业之间的经济联系日趋密切，一些企业的产出常常是另一些企业的投入。如果这些互相联系、互相依赖的企业集聚在一起，就能够更好地协调其相互间的产供销关系，进行更有效、更合理的分工协作，从而可以节约成本。同时，这些企业集聚在一起，即使它们之间没有直接的联系，也可以共同使用某些基础设施，以节省投资费用。如果一个投资项目在将来生产经营中的协作关系对其非常重要，或必须使用某种基础设施而凭自身能力无法独自建设，因而在布局中必须首先考虑接近具备上述条件的工业基地时，这个项目在布局上就是集聚经济指向型的项目。

综上所述，投资项目的建设，要充分发挥项目所在地的地区优势，就是要在诸多绝对优势中强调最大的优势，在没有绝对优势的情况下选择劣势最小者，这符合地区作为相对独立利益主体的要求。只有这样，项目的提出背景才是合理的。

（三）项目定位分析和评估

项目定位分析，是从项目角度即微观的角度对项目的建设背景进行分析。在市场经济条件下，需求总量决定了产业调整空间，需求结构牵动产业结构的调整，从而在根本上决定了项目的市场定位。投资项目所生产的产品是不是为社会所需要，确切地讲是否为市场所接受，从根本上决定了项目能否取得比较好的经济效益，也就决定了项目是否有建设的必要性。因此，企业必须生产市场特别需要的产品，这是企业生产的真谛，投资项目也是如此。市场的变化必然引起产业结构、产品结构的变化，同时也引起投资"热点"的变化。只有把资金投向适应市场需求的产品生产中去，投资才能取得预期的效益，投资才具有必要性。

成功地为项目的产品进行定位，就必须了解项目在市场中所处的位置，必须清楚项目的强项和弱项，对竞争对手进行全面的分析，对项目所在的行业进行透彻的分析，从而获取差异优势。具体的产品定位过程见图3－1。

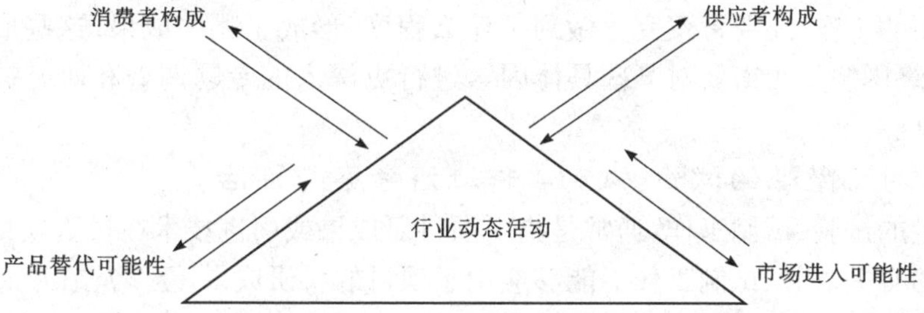

图3－1 产品定位过程

因此，项目定位分析首先要研究市场的需求情况，调查目前市场需求和供给状况，预测市场未来发展态势，判断项目投产后生产的产品是否符合市场的要求。在此基础上，再制定策略，进行企业或产品的市场定位。只有项目定位准确，项目的建设才能实现预期的经济目标。

（四）对可行性研究报告的考察与评估

对于项目评估而言，无论是由决策部门组织，还是由金融机构组织，其实质都是对项目可行性研究报告的审查。取得有关项目的可行性研究报告，通过科学的方法，审查报告中所分析的项目是否可行的每一个重要因素，核实可行性研究所作的结论，是开展项目评估工作的重要内容。

审查可行性研究报告，要求项目评估机构和评估人员必须熟练掌握可行性研究的理论和方法，熟悉有关信息的内容及处理方法，并能根据相关数据核实有关信息。具体要求是：一要审查其内容是否全面，是否尽可能全面地考虑了项目的影响因素；二要审查其数据来源是否可靠，是否准确；三要审查其所用方法是否正确。如果可行性研究报告中的数据、分析、评价和结论与评估人员所掌握的信息基本吻合，可行性研究的结论也就是项目评估报告中的结论;如果不吻合,可重新进行核实,甚至重新计算,重新做出结论。

审查可行性研究报告的一般程序是:第一,对可行性研究报告的内容进行详细的审阅,并提出每一部分内容的要点和问题;第二,用表格或其他方式列出影响项目是否可行的各项重要因素,确定在可行性研究报告中没有得到解决或有疑点的问题;第三,对上述问题进行详细的分析和研究,确定项目评估的要点。

二、项目发展概况的考察与评估

项目发展概况是指进入项目评估阶段之前,在项目进展过程中所做的工作的情况,主要指已做过调查研究的项目内容及其成果,已做过的试验、试制工作情况,建设场址的初选意见等。

(一)对已做过调查研究的项目内容及其成果进行考察与评估

判断一个投资项目是否具有可行性,需要对其有关市场、技术、资源、经济和社会等各方面进行全面考察和系统分析。对不同的项目,各种因素的影响程度不同,所要求考察的繁简程度也不同。有些项目开展市场调查相对比较复杂,而有些项目则可能在资源分析方面存在困难。

在进行考察评估时,项目评估人员应首先了解投资项目在论证过程中是否考虑了所有的重要因素,是否开展过资源调查、市场调查和环境现状调查等工作;如果确认做过这些方面的工作,还要考察究竟做到了什么程度,形成了哪些成果,这些成果是否符合要求;最终围绕是否需要对某些具体因素进行更深入的专题调查和研究提出结论性的评估意见。

(二)对已做过的试验、试制工作进行考察与评估

已做过的试验、试制工作,通常是指一项科研成果或引进技术在投资项目中应用之前所进行的有关试验、试制工作。能够应用于项目的科研成果,至少应在项目评估之前通过小试和中试,有的还需要完成大试。评估人员对项目所用技术进行分析,就是看其是否属于新的科研成果,是否通过小试、中试或大试,是否有有关部门的鉴定材料;通过对鉴定材料进行分析研究,考察项目所利用的技术是否属于高新技术或适用技术,应用条件是否成熟(即承担单位现有的技术水平能否与该项技术相适应),是否有能力和技术实力消化吸收所引进的技术。项目评估人员可列表说明在项目评估之前已作的试验、试制工作情况。

(三)场址选择的初步意见

场址选择初步意见主要反映建设地点及可供选择的地址(线路),一般通过《建设地点资料表》来反映,如表3-1所示。

表3-1 建设地点资料表

序号	初选项目	项目提出单位意见		项目建议书意见			可行性研究报告意见			备注
		Ⅰ	Ⅱ	Ⅰ	Ⅱ	推荐意见	Ⅰ	Ⅱ	推荐意见	
一	地点或地区									
二	可供选择地段									
三	地形地质									

续表

序号	初选项目	项目提出单位意见		项目建议书意见			可行性研究报告意见			备注
		Ⅰ	Ⅱ	Ⅰ	Ⅱ	推荐意见	Ⅰ	Ⅱ	推荐意见	
四	地貌									
	…									
	…									
五	社会经济条件									
	…									
	…									
六	其他条件									
	…									
	…									
七	主要优缺点									
	…									
	…									

三、项目投资环境的评估

（一）投资环境的分类

投资环境是指影响项目投资行为的外部条件的总称，它是投资赖以进行的前提。根据不同的标准，可将投资环境划分为不同的类型。

1. 投资环境按其与投资的关系，可分为狭义投资环境和广义投资环境

狭义投资环境，一般是指经济环境，它是由与项目投资直接相关的各子环境构成。如投资项目建设环境、项目总体环境等。

广义投资环境，一般是指自然环境、社会经济环境、国际环境等。它包括的范围较广，是由与项目投资直接、间接相关的诸多子环境构成的。如拟建项目所在国家或地区的地理位置、自然资源、气候条件、市场状况、民族传统、风俗习惯、价值观念、政治状况、国际交往、贸易往来等。

2. 投资环境按其投资地域，可分为国内投资环境与国外投资环境

国内投资环境，一般是指投资者在本国境内投资，影响其投资机会决策的诸因素所构成的环境。进行国内项目的评估，对象是国内投资环境。

国外投资环境，一般是指东道国影响投资决策的诸因素所构成的环境。

3. 投资环境按其表现形态，可分为软环境和硬环境

软环境属于投资环境中无形的非物质条件，一般是指吸引投资的政策和措施、政府对投资的态度、办事效率、服务机构设置、科学文化发展程度以及法律、经济制度、经济结构等社会、经济、政治环境。

硬环境属于投资环境中有形的物质条件，它是投资环境的物质基础，一般是指与项目相关的交通运输条件、通信设施、城市基础设施，为生产、生活服务的第三产业发展状况、自然资源、技术条件等。进行项目评估既要评估项目的软环境，又要评估项目的硬环境。

（二）投资环境的内容及其评估

投资环境评估的具体内容主要包括对社会政治环境、经济环境以及自然、技术和物质环境的评估。

1. 社会政治环境及其评估

社会政治环境是投资环境中最敏感的因素，包括政治环境、社会意识形态和法制建设等。

对政治环境的评估是考察国家或地区的政局稳定性、政策连续性和社会安定等情况，政府对投资者的态度，以及政府的办事能力和办事效率等。其中，政局稳定性和政策连续性是衡量国家政治环境优劣的实质性因素。

对社会意识形态的评估是考察项目所在地区的风俗习惯、宗教信仰、价值观念、生活方式、社会关系和文化素质等。

在形成投资环境的诸因素中，法律因素起着调整投资关系、保障投资者利益和安全、调节投资行为的作用。因而，为了充分发挥投资环境诸因素的作用，给投资者提供充分的法律保护，强化投资者的投资意愿，坚定其投资信心，必须不断健全法制，并努力保持法律的相对稳定性。对法制建设的评估是考察与项目实施有关的法律法规是否完善，是否有效，能否保障投资者的权益等。

2. 经济环境及其评估

经济环境是构成投资环境诸多组成因素中涵盖面最广、内容最丰富的因素，它广泛涉及了与投资者相关的各种经济内容，诸如经济体制的健全程度、社会经济发展水平及增长速度、物价及货币的稳定性、市场环境、生产要素供给水平、行业竞争状况、专业化协作水平以及国际收支状况、国际贸易和国际金融等涉外经济政策等等。

3. 自然、技术和物质环境及其评估

自然、技术和物质环境包括自然环境、技术环境和基础设施配套条件等。对自然环境的评估是考察项目所在地的地理位置和自然资源状况。对技术环境的评估是考察相应时期的技术政策、科技发展水平、科技人员素质及数量、科技结构与组织结构等。对基础设施的评估是考察项目所在地的运输条件、通信条件和公用设施条件等。

第二节　项目建设必要性评估

项目建设必要性评估是从以下几个方面分析投资项目建设的必要性，主要包括项目建设是否符合国民经济和社会发展规划、项目建设是否有助于促进实体经济新旧动能转换、项目建设是否有助于产业结构升级、项目建设是否有助于实现技术进步、项目建设是否符合市场需求、项目建设是否有助于企业自身发展等方面的内容。

一、项目建设是否符合国民经济和社会发展规划

国民经济和社会发展规划是全国经济、社会发展的总体纲要，是经济发展目标、发展方式和发展途径的总和，具有重要的战略指导意义。项目投资是国民经济发展的重要组成部分，是拉动国家经济增长的主要手段，是实现经济结构优化的前提条件，更是加速经济持续增长、保证经济社会不断进步的主要驱动力，因此其应与国民经济发展的长远战略规划和中期计划相一致，并且需要分析项目建设是否符合国家在计划期内经济建设的目标和要求，项目产品是否与规划或计划期内所鼓励生产的产品相一致，项目的投资规模是否与规划或计划期内控制或发展规模相一致。

另外，投资项目的建设也要符合所在地区的经济发展战略规划。根据各地区自身资源、技术和经济等方面优势来建设投资项目，符合国家统筹规划和布局经济要求，发挥地区资源特色和优势，形成分工明确、重点突出的经济区域和生产组织，促进地区分工协作和经济发展。投资项目的建设还要符合行业发展规划。每个投资项目都属于某个特定行业，所生产产品应符合行业发展规划和要求，能够促进行业产品质量提升、行业市场竞争能力增强和新技术应用，进而推动行业整体发展和内部结构调整。

二、项目建设是否有助于促进实体经济新旧动能转换

我国经济已进入由高速增长阶段转向高质量发展阶段的转型期，正处在转变经济发展方式、优化经济结构、转换增长动力的关键时期，实现新旧动能转换是中国经济社会发展动力转换的内生要求，必须坚持质量效益优先和支持传统产业优化升级，应加快建设制造强国，加快发展先进制造业，推动互联网、大数据、人工智能和实体经济深度融合，在中高端消费、创新引领、绿色低碳、共享经济、现代供应链、人力资本服务等领域培育新增长点，形成新动能。在对投资项目进行评估时，应重点分析项目建设是否有助于我国经济新旧动能转换，是否有助于优化存量资源配置和扩大优质增量供给，是否能够促进我国产业迈向全球价值链中高端，是否能够切实提升经济增长质量。

三、项目建设是否有助于产业结构升级

产业结构升级是推动经济高质量发展的重要动力，随着人口红利逐渐消失、资源日渐消耗，依靠要素驱动经济增长愈加捉襟见肘，依靠资源等要素的粗放型发展模式不仅经济效率低下，且有损经济发展的持续性。故亟待推动产业结构升级、优化产业结构，加速实现经济粗放型向集约型转变。同时也是贯彻新发展理念、加快新旧动能转换、实现经济高质量发展的必然要求。在进行投资项目评估时，应着重分析项目建设的科技性、能耗性、污染性，以能耗低、污染小或无污染、可持续性强为最低要求，重视项目的科技性，把战略性新兴产业项目作为发展与建设的重点，激发企业的科技创新活力，逐步向资本密集型、技术密集型转变，通过优质项目建设来加快产业结构升级的步伐，加速实现经济高质量发展。

四、项目建设是否有助于实现技术进步

高质量发展是创新成为主要驱动力的发展，创新是引领发展的第一动力，以科技创新驱动高质量发展，是贯彻新发展理念、破解当前经济发展中突出矛盾和问题的关键，也是加快转变发展方式、优化经济结构和转换增长动能的重要抓手，为经济发展注入新动力。没有基础科学的发展、应用与创新，工业生产技术就难以提升和发展，最终产品乃至整个国民经济也不可能实现高质量发展。在对投资项目进行评估时，应分析项目建设是否有助于生产工艺的改进、作业过程的优化、新产品的开发和设计等，是否有助于形成结构合理、富有活力和运行高效的协同创新体系，是否有助于满足科学研究、技术研发、科技创新一体化的战略发展要求，顺应经济高质量发展的浪潮，进而打造微观上企业的核心竞争力，提高宏观上国家的科创能力与综合实力。

五、项目建设是否符合市场需求

市场需求是项目建设的基础，也是企业生存和发展的基本前提。市场是否需要项目建设所生产的产品或者提供的服务从根本上决定了投资项目能否取得良好的经济效益，也决定了投资项目是否有必要建设。随着中国经济的高速发展，人们的消费倾向在不断发生改变，致使对各种产品或服务的个性化需求也在逐渐增加，企业只有把资金投向适应市场需求的产品的生产项目上，投资才具有必要性。因此，在对投资项目进行评估时，必须首先研究产品的市场需求状况，对项目产品的市场需求和竞争能力等进行深入调查分析。首先，调查和预测产品市场需求状况以及竞争产品和替代产品的供求现状；其次，判断项目产品在其生命周期中目前所处阶段，对项目产品的市场占有率和竞争能力进行分析；最后，通过对与项目产品有关的上下游行业、项目产品在国内外的供应量和需求量以及国内外市场综合分析的调查和研究，判断项目产品的社会总需求和总供给是否达到均衡，若未达到均衡，需分析是否存在需求缺口以及进一步估计缺口的容量。据此评估项目产品市场需求的可靠性和产品的生命力，分析产品在性能、质量、价格等方面在国内外市场的竞争力，对项目产品的销售前景做出正确的规划和判断。只有项目产品或服务能够符合市场需要，企业拟建项目的投资才是有必要的。

六、项目建设是否有助于企业自身发展

企业的发展是推动社会发展的重要动力，在市场经济的前提下，企业的发展是通过利用生产要素向市场提供产品或劳务进而取得合法利润和投资回报实现的。企业的发展目标包括优化产品结构、提高市场竞争力、扩大自身生产规模以及调整投资产业结构等，无论要实现其中哪个具体目标都离不开企业投资项目，投资项目符合企业的发展需要和未来规划是项目建设的前置条件。在对投资项目进行评估时，应了解企业未来发展规划和需求，分析企业自身发展需要是否符合国家经济政策、社会发展的长远规划、地区经济发展战略以及行业发展计划等，然后再将拟建项目与企业自身的发展规划和要求进行对比分析，判断项目的建设能否为企业带来预期的经济效益和社会效益进而推动企业自身发展，由此判断企业是否有必要对此项目进行投资。

本章小结

投资项目概况评估，是指项目评估者根据投资者提供的有关资料，围绕项目的提出背景、可行性研究报告的编制情况、项目发展概况和项目投资环境等方面所做的调查、研究、分析与评价工作。组织投资项目概况评估，需要判断项目提出的背景是否成立，可行性研究报告的内容是否全面、客观，项目的发展程度能否保证项目及时付诸实施，以及项目所处环境是否有利于项目建设，并做出相应结论。

项目提出的背景是指最初设计或规划项目的根据或理由。它需要从宏观和微观两个方面去考察。在实际的项目评估工作中，通常从产业背景、区位背景、项目定位和可行性研究的考察与评估四个方面分析和评价项目提出的背景。

考察评估项目发展概况需要对已做过调查研究的项目内容及其成果，已做过的试验、试制工作情况和建设地点，及可供选择的地址进行分析。

投资环境是指影响项目投资行为的外部条件的总称，可分为狭义和广义、国内与国外以及软环境与硬环境各种环境类型。开展项目评估，需要明确具体项目所处的投资环境，通常需要评估社会政治、经济、自然、技术和物质环境等因素。

项目建设必要性评估，就是针对所确定的建设目标，采用定性和定量分析方法，重点审查、分析和评价投资项目是否有必要确立或兴建，即对投资项目所提供的服务或生产的产品能否得到社会承认进行分析和评估。主要包括项目建设是否符合国民经济和社会发展规划、项目建设是否有助于促进实体经济新旧动能转换、项目建设是否有助于产业结构升级、项目建设是否有助于实现技术进步、项目建设是否符合市场需求、项目建设是否有助于企业自身发展等方面的内容。

复习思考题

1. 如何对项目提出的产业背景进行分析？
2. 如何对项目提出的区域背景进行分析？
3. 怎样考察和评估项目的可行性研究报告？
4. 项目提出背景与投资环境有何异同？
5. 投资环境评估包括哪些内容？
6. 如何对项目建设必要性进行分析和评估？

第四章

市场分析

本章要点

本章共分三个部分，即市场分析的意义、市场分析的内容及市场分析数据的获得和预测方法。在市场分析的意义部分，主要对市场分析进行界定，并概括地介绍了市场分析的作用。在市场分析的内容部分，主要论述市场环境分析的内容和方法，市场现状分析的内容和方法，市场预测的内容，细分市场和目标市场确定，项目竞争力分析的内容和方法，项目产品分析的内容和方法，市场营销策略分析的内容和方法。在市场分析的数据获得和预测方法部分，主要介绍市场分析的数据来源以及市场调研和市场预测的方法。

第一节 市场分析的意义

一、市场分析的目的和内容

市场分析需要解决的问题是项目产品是否有市场、有多大市场,如何将项目产品有效推向市场等问题,即“做什么、做多少和为谁做”等问题,考察的是项目产品按照预先设想的方案生产出来后将会面临的问题,即估计产品的市场供求、竞争情况,并考察如何将生产出来的产品顺利地按既定的价格销售出去这一过程。

具体而言,“做什么”回答的是投资项目应当提供什么样的产品和服务;“做多少”则是对整个市场容量、供求关系和竞争状况进行分析和预测,从而确定项目产品的最佳生产规模,继而为总体建设方案、投资规模的确定提供依据;“为谁做”则解决在确认了目标细分市场后,针对不同目标客户群体的不同需要提供不同产品的问题。

为了达到上述目的,市场分析应当包括如下内容:市场环境分析(宏观经济环境分析、政策环境分析、自然和资源环境分析)、市场供求分析、市场现状分析、市场预测、项目竞争力分析和项目产品分析等。在分析上述内容时,需要掌握市场分析的研究方法,主要是市场调研和市场预测的方法。

二、市场分析的作用

(一)确定合理的生产规模

一般情况下,可以根据规模经济理论和市场供求分析及预测确定生产规模。即在考察了市场供求缺口及未来市场供求情况预测、未来竞争者情况分析、产品的竞争能力等因素后,结合规模经济理论和投资者的资金情况,确定合理的生产规模。

(二)初步确定投资规模

通过市场分析,在确定生产规模的基础上,对厂房建设、设备购买、流动资金投入等进行测算,从而基本确定项目的总体投资规模。

(三)确定产品生产方案

通过目标市场分析,能够根据不同目标消费者的消费行为特征,把握消费者的需求倾向,找到市场潜在供求存在缺口的产品类别,由此选择满足更多消费者需求、市场竞争力更强的产品进行生产,并且对生产产品的品种、数量、质量标准、技术参数指标等的确定也具有直接的指导意义。

(四)为财务分析提供合理的数据分析基础

市场供求现状及预测和营销策略分析是确定产品价格的重要基础。通过市场分析可以确定产品营销的策略,制定产品的销售价格;通过市场分析确定生产规模后,有助于确定项目聘用人员数量、直接原材料和燃料动力的消耗、流动资金的需求量等,对财务基础数据的估算和财务效益分析也有重要意义。

（五）为市场风险分析提供客观的判断依据

前期影响项目产品市场销售的因素中，可以客观、准确评价的因素越多（某些情况下更多的是保守估计），则未来收益预测的不确定性（达不到预期收益的概率）就会越小。这些因素包括：对市场分析的数据是否准确，对竞争者的竞争能力和未来发展潜力的评价是否客观，影响市场预测的各方面因素考虑是否全面，市场环境是否稳定等。上述因素分析越透彻，则市场分析对风险分析具有的价值越大。

第二节 市场分析的内容

市场分析包括市场环境分析、市场现状分析、市场预测、细分市场和目标市场确定、项目竞争分析、项目产品分析和市场营销策略分析等内容。

一、市场环境分析

环境对项目的影响往往是持久、深远而且难以改变的，分析环境是为了更好地适应环境。项目评估的市场环境分析包括对政策、经济和自然、资源等多方面环境的分析和评估。

（一）政策环境分析

首先，要分析政策（宏观）环境，把握国家目前和今后一段时间内的主要政策导向，分析对项目的建设是否有利。如近年来国家提出振兴东北老工业基地的战略，做大做强东北地区工业特别是装备制造业，相应出台了许多政策支持老工业基地的企业改制和技术设备更新。所以，可以预期，在东北地区兴建符合这项战略的项目，将会面临较好的宏观政策环境。又如，国家实施宏观调控，严格控制土地资源供应以及加息等宏观政策相继出台，一是直接影响项目建设用地、资金筹措等；二是可以预计，今后几年内，国家为了抑制固定资产投资过热，还可能出台一系列相关政策，间接融资环境将相对偏紧。因此，受到上述因素影响的项目投资决策应当更加审慎。

其次，分析产业（中观）环境，分析该项目所处行业中哪些项目受到国家支持，哪些受限制或禁止；哪些政策有利于项目的实施，哪些将给项目带来不利影响。如钢铁、电解铝均为国家限制性行业，则不符合国家产业布局规划、规模达不到国家规定标准的项目就不能上马；而环保产业项目，附加值高、污染小，符合可持续发展战略思路，就能够得到政策的支持。

另外，区域性（微观）政策分析也很重要。区域性政策分析主要分析拟建项目所在地区的地方政府所制定的政策和法规是否有利于项目的建设？如，地方政府实行哪些招商引资政策？引入项目所属产业在该地是否受到扶持？是否为重点发展的方向？对项目实施有哪些地方优惠和限制政策？由此，判断地方政策环境对企业经营产生的影响。

最后，通过上述三个层面政策环境的分析，综合判断拟建项目的整体政策环境是否适合项目的建设。

（二）经济环境分析

经济环境分析是对项目所在国家或地区的整体宏观经济发展情况，项目所处行业（产业）和相关行业（产业）的发展状况等的分析。分析内容包括项目所在地（国、省、市）的生产总值、人口、人均收入水平、消费水平、物价指数等，以及上述指标的同比增长情况。通过上述指标的分析，可以判断项目所在国家或地区所处的历史阶段是否为经济发展繁荣期，经济环境是否有利于项目的发展，从宏观和微观的层面上考察影响项目产品供给和需求的各种因素。国民经济发展状况对项目产品的供求所造成的影响是全方位的，企业只能依靠自身的战略调整来适应所面临的宏观环境状况。

反映宏观和微观经济发展状况的数据可通过各级政府、行业的统计公告和权威部门的综合评估报告获得。

（三）自然和资源环境分析

与项目相关的自然和资源环境包括原材料的供应、交通运输、人力资源及相关产业发展状况等诸多方面。项目发展的自然和资源环境分析与评价需要明确：项目所需的原材料供给是否充足而且价格低廉，大宗货物的交通运输是否便利，当地人才能否满足项目对人员素质的要求，相关（上、下游）产业的发展水平是否足以支持项目的建设等。例如，对于水泥生产项目而言，由于水泥属于大宗产品，运输成本较高，其产品辐射半径一般不应超过500公里（超过此距离，运输成本的上升将使企业产品的市场竞争力大大降低），因此，对项目原材料（石灰石矿）占有量的考察非常重要。另外，项目所在地的铁路、公路或水运是否方便、快捷，对项目产品的市场竞争力影响巨大。因此，只有原材料储备充分、运输方便、运输成本低廉，产品才可能具有竞争力。

不同项目所面临的市场不同，项目产品辐射的范围不同，因而其市场分析的重点、方法和角度均应有所不同。例如，对于提供区域性产品和服务的项目，其市场分析的重点就应当放在区域市场上，像房地产项目、酒店、休闲娱乐项目等大多属于这一类；对于达到一定生产规模的工业项目，其产品辐射范围一般可覆盖全国，市场环境分析就需要从全国范围入手，再回到周边地区（省市）和本地市场；对既有国内销售又有出口的产品，还需要对国际市场上该类产品的产业发展环境进行分析。

二、市场现状分析

市场现状分析包括市场需求现状分析、市场供给现状分析和市场供求现状综合分析。

（一）市场需求现状分析

市场需求是指在一定时期、一定条件下，在一定的市场范围内消费者购买某种产品（或劳务）的总量。市场需求现状分析就是分析产品现阶段的市场销售总量，销售量的历史水平及变化趋势，有效需求和潜在需求，消费偏好的改变对产品类别、特点更新的影响，分析影响目前销售量变化的主要因素，为需求预测提供依据。

在进行市场需求现状分析时，一般先分析项目产品的国内市场需求情况，再分析其国外市场需求情况，最后进行综合平衡分析。具体而言，了解国际、国内市场需求现状，需要获得项目产品的国际、国内市场消费总量、地区分布，不同消费群体对产品的品种、性能和服务质量的要求等方面的数据。通过广泛的调查，可获得过去一定时期内某种产品需求的变化趋势,作为推测未来市场需求的主要依据。同时通过调查,可判断目前是否有部分市场需求未得到满足,估计市场潜量有多大等。

潜在需求可能转化为有效需求,因此,需要对潜在需求转化为有效需求的主要约束条件予以分析,即分析促使潜在需求转化为有效需求的各种因素,以及这些因素发生变化之后,可能给市场新增需求量造成的影响。例如,以前汽车在我国属于高档奢侈消费品,有购买意愿的人数远大于市场销售总量,但考虑到汽车价格和个人可支配收入之间的差距,该群体中大部分并不具备支付能力,因此只属于潜在需求。但随着近几年国产汽车价格大幅下降,居民个人收入水平的不断增长,对汽车的潜在需求转化为有效需求,汽车销售量出现迅猛增长的势头。可见,影响汽车潜在需求向有效需求转化的主要因素是汽车的价格和居民的个人收入水平,其他因素可能还有政策变化,如购买、维护汽车需要缴纳的各种税费政策的变化,交通状况,个人的价值取向(消费观念),相关产品(如汽油)价格变化等。

(二)市场供给现状分析

市场供给是指在一定时期、一定条件下,在一定市场范围内可提供给消费者的某种商品或劳务的总量。市场供给现状分析是行业生产能力现状的分析。这里所指的生产能力不仅包括原有企业的生产能力,还包括正在兴建企业的潜在生产能力及产品供应的增长。换句话说,就是既要把握目前产品供给企业的最大生产能力和实际产量,又要考察影响潜在供给的主要因素,为预测未来供给提供依据。

供给现状分析的具体内容有:国内外市场的总体供给能力,供给地区的分布状况,主要生产企业的生产能力、产量、品种、性能及质量水平,影响供给变化的主要因素等。

一般而言,如果项目产品所在行业内企业的生产能力可以满足市场上全部需求,即市场处于饱和或过饱和状态,那么,如果新建项目产品在性能方面没有较大程度的创新,在成本、价格方面也没有绝对优势,那么就难以在市场竞争中获得预期的市场份额,项目的投资决策就更要审慎。

(三)市场供求现状综合分析

市场供求现状综合分析是在了解了项目产品的市场容量和供求现状后,根据历史数据分析目前供求平衡状况。第一,分析市场是供不应求还是供大于求,其形成的原因和发展趋势、行业平均利润水平、行业竞争水平等。第二,需要获取并分析产品目前的价格水平,包括产品价格的历史走势、影响价格波动的主要因素等。第三,分析价格的形成机制,是市场定价还是行政控制价格,有无行业垄断或倾销;价格对行业利润率和行业竞争度的影响;国际国内市场价格变化有无相关性,关联程度的大小等。

一般而言,如果产品是供不应求,那么项目产品的市场前景看好,但需要分析形成这种状况的原因,是新产品(替代产品)的产能不够,还是技术、资源被垄断,其他厂商进入的门槛高,致使产量上不去。如是供大于求,要分析目前行业产品的整体产品构成,是否还有较大的市场潜力可挖;是否目前产品存在缺陷,有无更新换代的可能或趋势;拟建项目产品在创新程度、技术含量、资源占用等方面是否具有市场竞争优势;确定项目能否获得预期的市场份额,从而确定项目有无足够的市场生存空间。

对产品价格变动的趋势需要结合供求关系进行分析。通过对目前产品的价格水平和近年来产品价格的波动状况的分析,确定价格与市场供求的相关性,并找出导致价格变化的其他主要因素，如新产品和替代品的出现、技术更新、消费者习惯改变、原材料供应的变化等，为未来（项目建设和运营期内）产品价格和供求变化趋势也即市场预测提供数据和依据。

三、市场预测

市场现状分析的基础数据和结论是市场预测的前提和基础，市场预测是市场现状分析的进一步拓展和深入，是得出项目评估结论的主要依据之一。

市场预测是在客观、全面的数据调研基础上，采用科学、严谨的方法，对未来市场发展趋势进行分析和预测。市场预测的原则是：以历史数据为基础，以国内外经验数据为参考，以经济预测模型分析为主要手段，定性和定量分析相结合。

市场预测的内容包括：产品未来的供应量、需求量，产品价格变化趋势，主要原材料供应价格，市场容量和产品饱和度，市场分布情况，主要竞争对手的竞争力和市场份额，项目实施后预计所占的市场份额以及项目产品预计的市场价格等。其中，产品价格预测和市场供求预测是关键环节，其他预测内容主要是为这两个目标服务的，通过这一环节的预测，有助于确定产品的价格和生产规模。

（一）市场供求预测

对市场需求进行预测，不但要参考历史增长率，还要分析影响需求变化的其他因素，能定量分析的就定量分析，不能定量分析的可作定性分析。另外，在某些情况下，还应考虑相关产品（包括互补产品和替代产品）的需求增长情况。对于新产品上市，由于没有历史数据作为预测依据，预测时可根据同类产品情况，结合新旧产品在质量、性能、价格等方面的差异进行预测。若仅仅是区域新产品，则可以参考该产品在其他区域的历史数据，剔除由于社会环境（如收入水平、消费习惯、人口等因素）的不同可能带来的影响后，作为市场预测的依据之一。

对产品供给量进行预测，既需要对现有竞争对手未来的发展潜力进行预测，也需要考虑潜在竞争对手进入后新增的生产能力；既要预测国内企业的生产供给能力，也要预测国外同类产品进入中国市场的替代能力。需要注意的是，有些新产品在刚投入市场时，表现为严重的供不应求，而且市场需求预测的前景很好，但这并不足以说明项目（特别是大项目）上马就具备充分的市场可行性。如果该项目产品技术含量不高，进入门槛较低，短期的高利润率会吸引大量资本在短时间内进入，使市场供给激增。这样，市场供给增长速度将远快于市场需求增长速度，市场在短时间内就会达到饱和，而激烈的低水平竞争将使行业的高利润很快消失，行业利润很快就会回归到正常利润的水平，甚至还可能导致全行业亏损。因此，对此类项目进行评估，应当更多地评估企业、产品的综合竞争能力，更加客观地分析产品的生命周期，谨慎地进行投资决策。

我国 VCD 行业的发展过程就是上述情况的一个很具说服力的例证。VCD 作为一种新的家用电子产品出现在国内市场时，由于其低廉的生产和使用成本，在当时的经济发展水平下正好迎合了人们的休闲需求，因此一度被认为是市场需求广阔、前景看好的产品。但是，由于其技术含量不高，而利润空间又较大，因此在短短的一两年内，市场供应呈几何级数增长，市场很快达到饱和。到后期，在广东顺德、番禺等地甚至出现了大量手工生产 VCD 的作坊。另外，市场秩序的破坏，以及性价比更佳的 DVD 的迅速崛起，也加速了VCD行业的衰败。众所周知的爱多VCD，从一个名不见经传的乡镇企业发展到央视年度标王企业，而后又很快走向衰败，其间仅仅3年的时间。可以说，爱多的兴衰也就是VCD行业整体发展历程的一个缩影。

另外，原材料供应也是影响市场供给的主要因素之一，因此，市场预测还包括对产品主要原材料供应情况进行预测，从而可以初步确定拟建项目的主要原材料成本支出，为财务分析奠定基础。对原材料供应的预测可以比项目产品的市场供求及价格预测更加简化，但至少要对项目运营期间原材料供应的保障程度及价格变化趋势有一个基本判断。

（二）产品价格预测

产品价格预测需要以市场现状分析的数据和结论为基础，结合供求关系和市场竞争情况等因素的变化，预测项目计算期内项目产品的价格走势，为产品定价和财务效益分析提供依据。

（三）补充说明

第一，虽然根据项目评估的有关约定，一般情况下，假定项目在达产期的产品价格、产量和原材料成本都保持不变，但这并不说明市场预测没有意义，相反，通过科学的市场预测，可以较好地评价理论计算和市场可能变化之间的差别，从而减小投资决策的失误，降低投资决策风险。

第二，项目评估中的市场预测，一般需要预测整个项目计算期（多为10～20年）内的市场变化情况。由于预测时间越长，市场不可预见因素的影响越大，预测难度也就大，因此，市场预测存在偏差是必然的。一般认为，在目前条件下，只要预测模型选择是合理的，历史数据是真实可靠的，其长期预测的结果就是可信的，就可以作为项目投资决策的依据。

第三，由于不可预见因素的存在，导致市场经常发生变化，因此，在进行市场预测时，应当善于使用假设条件，降低市场预测难度。例如，项目决策一般遵循谨慎性原则和重要性原则，则如果有些影响市场需求的积极因素的不确定性较大，而其对于项目整体决策的影响又较小的话，就可以忽略其对市场需求的影响，从而简化预测模型。

四、细分市场和目标市场确定

在目前买方市场占主导，又崇尚个性化的时代，对于消费需求的满足不再是当年福特T型汽车的大众化营销，而是注重根据需求的不同细分市场，以提供能更好地满足消费需求的产品，也即目标营销，一般需要经过细分市场、目标市场选定、市场定位几个步骤来实现。在细分市场之前，先要进行消费者行为分析。

（一）消费者行为分析

消费者行为分析是研究个人、集团和组织怎样选择、购买、使用和处置商品或服务以满足他们的需要和愿望的活动。消费者行为既是形成供求市场现状的基本因素之一，又是造成未来供求关系变化的主要诱因之一。消费者行为的变化可以直接导致产品供应、需求，产品结构、品种、性能和定价，以及生产能力分布等多个方面的变化。

消费者的购买行为一般经过五个阶段：

第一，生成消费需求。由于个人和周围环境的变化，消费者习性、偏好的变化等产生新的消费需求。

第二，产生购买动机。由于消费者不同的消费需求，产生不同的购买目标，如追求廉价、实用或是奢华等目标，以满足不同消费者的不同需求。

第三，收集商品信息。消费者通过广告、传媒、经验等，了解商品的性能、价格等多方面信息。

第四，评价待购商品。评价待购商品的性能、价格、品牌形象、服务等。

第五，购买决策。消费者做出购买决策要受文化、社会、个人、心理等多个因素的影响。其中，文化因素包括文化、亚文化、社会阶层等方面；社会因素包括参考群体、家庭、角色与地位等；个人因素包括年龄、生命周期阶段、职业、经济环境、生活方式、个性和自我概念等；心理因素包括激励、知觉、学习、信念和态度等。

因此，通过对消费者的消费层次、心理状况、消费动机、消费方式等进行调查和分析，如调查和分析消费者对产品档次、规格、样式、包装、性能与结构等的要求，对价格的敏感度和接受程度，对目前产品未能满足的功能需求等，可以针对消费者的需求特点及变化趋势，确定在多大的市场中提供怎样的产品。

（二）市场细分和目标市场的确定

由于购买者对产品的各种性能、样式、价格等因素存在不同的偏好和敏感度，因此，可以根据特定方法进行市场细分，使项目产品能更好地服务于特定消费者。市场细分可以通过考察地理、人文、心理和行为等多个变量进行。一般情况下，每一个细分的市场应该满足：有足够的规模和需求；细分市场内消费者偏好相似并具有一定的购买力；细分市场之间具有相斥性。一般细分市场的相斥性越高，细分越成功。如汽车市场，按行为变量进行细分，可以划分为寻求基本交通运输工具者、寻求高性能汽车者、寻求豪华汽车者和寻求安全型汽车者等多种。生产者可以根据市场分析和预测，选择其中一个或几个最看好的细分市场进行投资。

通过市场细分，可以清楚目前行业产品的各细分市场的供求和竞争状况，哪些属于供不应求，哪些已经供过于求；哪些细分市场的发展潜力较大，是否还有更合理的市场细分，可以帮助项目寻求到市场缝隙；结合产品自身的特点和对消费者行为的分析，发现市场供求缺口或是找到消费者未能满足的需求，从而为项目的建设确定目标市场。

目标市场的确定是细分市场的评估和选择的过程。项目的实施必须有明确的目标市场，并且对目标消费者的行为有比较充分的了解。例如，新上一条日产 2 500 吨的窑外分解技术水泥生产线，其产品以高标号水泥为主，且以新法生产，有别于传统水泥。如果根据地理区划来细分市场，由于水泥产品辐射半径不超过 500 公里，那么，如果该项目拟建于大连，则辽南地区市场将是项目最重要的目标市场，同时兼顾沈阳周边地区；若根据水泥产品的特性划分，产品为高标号水泥，则目标消费者就应主要集中在企业客户特别是建筑企业，装修市场（个人）就基本没有这方面的需求。经过上述分析，可以有效地确定项目产品的目标市场。

五、项目竞争力分析

项目竞争力分析能够帮助企业明确目前行业和项目自身的竞争状况，预测未来竞争力的变化趋势，从而正确估计行业及项目自身的市场地位和面临的市场风险大小；帮助企业了解市场形势,确定项目的市场竞争战略,扬长避短,在市场竞争中找到自己的立足之地。

（一）项目（企业）竞争力分析

对于项目的竞争力分析,目前较常用的是以下三种方法。

1. 波特的五种竞争力模型

迈克尔·波特认为,由于外部作用力通常影响着产业内的所有企业,因此,项目的竞争力强弱关键在于这些公司(项目)对外部影响的应变能力,因而,需要从产业结构的角度考察项目所处行业的竞争力状况。由此,他提出了五种竞争力模型,见图4－1①。

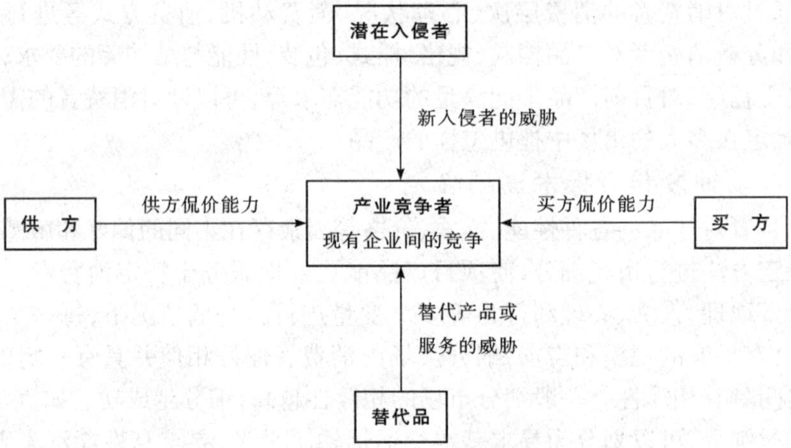

图4－1　五种竞争力模型图

该模型认为,一个产业的竞争者大大超出了现有参与者的范围,顾客、供应商、替代品、潜在的进入者均为该产业的"竞争对手",这五种竞争力共同决定了产业竞争的强度及产业利润率,其中一种或几种作用力将起到关键性的主导作用。例如,若一个项目有很强的市场控制力,也没有潜在竞争对手的威胁,但存在一个先进的、低成本的替代品,那么该项目仍旧仅能获得低收益。因此,考察项目产业竞争情况,可以从更高层次上把握项目的竞争状况和潜在收益能力(行业平均收益水平)。

2. SWOT分析

企业或项目的内外部环境分析,称为SWOT分析。SWOT分析更多的是从项目自身内外部环境考察市场竞争状况。

外部环境分析包括机会(Opportunity)与威胁(Threats)分析,内部环境分析包括优势(Strengths)和劣势(Weakness)分析。外部环境主要分析宏观环境、产业(经济)环境、自然和资源环境等给项目建设带来的机会和威胁,该部分可以结合前述的市场环境分析内容进行;内部环境分析主要考察项目实施具备的优势和劣势条件。SWOT分析通过建立机会、威胁、优势和劣势分析矩阵,有针对性地提出抓住机会、规避威胁、发扬

① ［美］迈克尔·波特.竞争战略.北京:华夏出版社,1997.3.

优势、弥补劣势的策略。

具体分析过程可以参见本章后所附案例。

3. 项目市场进入障碍分析

就项目自身而言，项目建成后，作为市场的新进入者，将面临与原有企业的竞争。新进入企业在和已有企业竞争时，存在若干不利的因素，原有企业可以利用这些因素阻碍新企业的进入，从而对新进入企业形成市场壁垒。

如果该项目产品所属产业存在规模经济的话，新进入企业必须具备一定的规模，否则利润水平将会很低甚至无利润。若项目产品的市场存在较高的进入壁垒，那么项目产品进入市场就存在较大的风险，但进入障碍同时也保证了该产品市场上合理的盈利水平；如果市场的进入障碍低，存在超额利润，就会吸引众多厂商纷纷进入该市场，市场上的供给量增加，从而使市场竞争加剧，直至超额利润丧失。如果消费者对原有企业的产品已形成偏好，新进入企业必须花费大量时间进行宣传推销，这无疑也构成了新企业进入的市场壁垒。

此外，法律、法规的约束，新进入企业进入市场的初始费用的大小，都可能造成企业进入市场的壁垒。

因此，新建项目需要充分估计可能的市场进入壁垒，并提出相应的措施。

（二）项目市场竞争战略的选择

通过对项目市场竞争状况的分析，结合项目自身的优劣势，可以初步确定项目的市场竞争战略。根据对项目产品性能、价格的定位，可以选择如下七种战略。各种战略相对应的产品性能和价格特点见图 4－2（图中数字代表各种竞争战略）①。

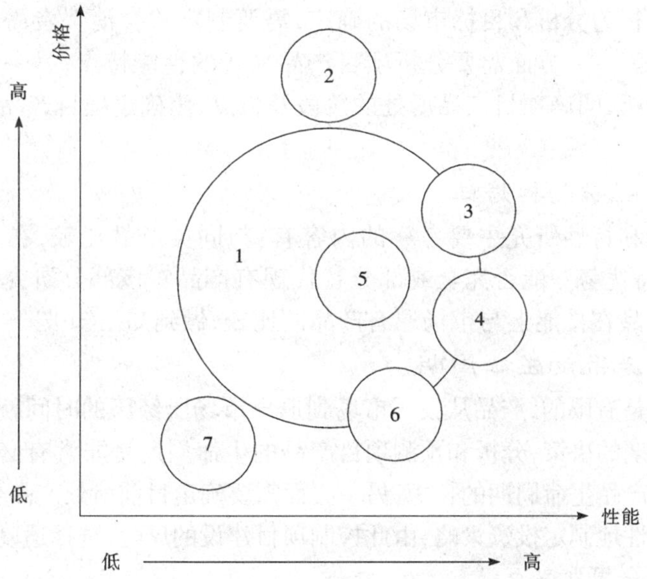

图 4－2

① 注册咨询工程师（投资）考试教材编委会. 项目决策分析与评价. 北京：中国计划出版社，2003：22.

1. 领导者战略

产品市场占有率最大的企业即领导者，其产品性能和价格成为市场规范。其他企业可以根据自己的特点，选择以下 6 种竞争战略之一或其中的几种与之竞争。

2. 声望竞争者战略

声望竞争者由于历史或其他原因，产品的市场形象较好，品牌深入人心，如国内企业中的海尔，较高的声望使其无论进入哪个领域，其产品均可以处于较高的定价水平，能以高于其他相同性能的产品甚至“领导者”产品的价格出售。

3. 性能竞争者战略

此类竞争者的产品因性能好，故价格也高于领导者产品。如汽车工业中的不少顶级品牌，纯手工制造，订单生产，性能为全球所认可，使其价格也远高于普通品牌汽车的价格。

4. 价值竞争者战略

价值竞争者的产品性能好，但价格却与领导者产品相同。

5. 跟随者战略

跟随者产品的价格和性能都与领导者产品相同。

6. 价格竞争者战略

价格竞争者产品的性能和领导者产品一致，但价格较低。

7. 经济竞争者战略

经济竞争者产品的价格和性能都比领导者产品低。

六、项目产品分析

根据消费者行为分析和目标市场的确定，需要制定符合消费者需求和项目市场竞争战略的产品方案。一方面需要分析项目产品具备的性能特点；另一方面通过项目产品生命周期的分析，明确项目产品所处的阶段及特点，为确定项目产品方案和生产规模提供依据。

（一）产品的功能和特性

产品的功能和特性研究主要考察的内容有：与同类产品比较，在功能上有哪些改进，具有什么独特优势？能否完全或部分替代现有产品？该部分研究可以使投资者通过对拟建项目产品在性能上与市场原有产品的比较，做到知己知彼。

（二）项目产品的生命周期

产品的生命是有限的，产品从投入市场到退出市场所经历的时间就是产品的生命周期。作为项目前期的决策，分析和预测项目产品的生命周期是非常有必要的。一方面要分析和预测项目产品生命周期的长短，另一方面需要确定目前所处产品生命周期的阶段，从而可以有针对性地制定投资策略，由此控制项目建设的风险，选择适度的生产规模。

1. 产品的生命周期理论

根据产品生命周期理论，将产品的生命周期划分为四个阶段，即导入期、成长期、成熟期和衰退期。各阶段的特点如下：

导入期（问题产品）：产品刚刚进入市场，未能被大多数消费者所认知，而此时产品技术、设计等还未成熟，作为市场开拓者的投入很大，因此风险较高，属于亏损阶段，一般没有或很少有竞争者。

成长期(明星产品):产品逐渐为市场所接受,产品的供应和需求均呈现快速增长态势;利润贡献同步增长,利润率较高;市场竞争者迅速加入,竞争逐渐激烈起来。

成熟期(金奶牛产品):产品销售量可能增长,但增长率常呈递减趋势,市场供求呈现基本平衡态势;市场竞争非常激烈,导致市场营销成本费用增加,平均利润率保持稳定或开始下降,但由于规模经济效应,即便在单位产品成本下降,市场销量稍减或不变的情况下,企业利润仍存在增长空间。该阶段产品对企业的利润贡献最多。

衰退期(瘦狗产品):技术进步、消费者偏好改变等因素导致产品进入衰退期,产品的销售总量急剧下降,产品出现积压,价格下跌,利润迅速减少,市场上出现了更好的替代品,市场大量萎缩,过度竞争使大量企业亏损,最终退出市场。

2. 产品生命周期理论在项目评估中的应用

根据产品的生命周期理论,产品在生命周期各阶段的特点不同,只有正确地理解和分析产品所处阶段的特点,才有可能做出正确的投资决策。产品的生命周期与相应阶段的投资所呈现的特点详见表 4－1①。

表 4－1 产品生命周期与相应阶段的投资特点

序号	内容	导入期	成长期	成熟期	衰退期
1	阶段特点	设计尚未完全定型,基本无需求,成本高	设计已定型,销量增长迅速,出现竞争者	增长缓慢,利润大,市场饱和,竞争激烈	负增长,利润减少,竞争者陆续退出
2	投资优点	易抢占市场,为发展打下基础	竞争不激烈,易获利	推销和研制费用低,获利丰厚	为企业特殊需要服务
3	投资缺点	风险大,且开始时无利,容易导致亏本	起步迟,市场份额易被竞争企业抢走	竞争中易处于劣势,获利期短	利润迅速减少,甚至亏损
4	投资目的	加速产品定型,引导需求	进行速度和产量竞争,提高市场占有率	提高质量、信誉,形成特色,以挤占市场	降低成本,改型换代,增加功能,延长寿命周期

就一般工业项目而言,于产品成长期投资较为理想,因为这一阶段市场销量增长快,产品利润高,而市场竞争相对不太激烈。若处于成熟期,则需要预测产品成熟期到衰退期可能经历的时间跨度,更加审慎地考察项目建设的必要性和建设规模。导入期和衰退期一般是在特定条件下的选择,在大型项目投资决策中很少予以考虑。

应用生命周期理论时需要注意的是,产品所处的阶段并不是判断是否适宜投资的唯一因素,应用该理论进行投资决策分析时还应考虑如下几方面问题:

首先,产品生命周期中各阶段所经历的时间长短是不同的。如某些产品的成熟期可能比其他三个阶段之和还长很多,需要经历成长中的成熟、稳定中的成熟和衰退中的成熟等阶段。因此,即使在成熟期投产,仍然有足够长的时间获得投资收益。

其次,生命周期的发展也并非是一成不变的,不少产品在进入了成熟期以后,由于应用领域的拓展,又可以进入新的生命周期。如美国杜邦公司对于尼龙应用领域的拓展就是很好的例证。尼龙最早是被用作降落伞的合成纤维,然后用作妇女丝袜的纤维,

① 注册咨询工程师(投资)考试教材编委会. 项目决策分析与评价. 北京:中国计划出版社, 2003:23.

接着作为男女衬衣的主要原料，再后来，又应用于制作汽车轮胎、沙发椅和地毯等，每一种新用途都使得该产品进入新的生命周期。与此相反，现阶段各领域的技术、知识更新极快，大部分产品的生命周期越来越短，对此更要有充分的认识。例如，有的项目投产时的确处于成长期，但由于行业利润率高，进入门槛又较低，导致短期内大量资本涌入，使得项目从成长到成熟、衰退只有短短的几年。前文所述的国内 VCD 产业就是如此，其产品生命周期短得出乎很多企业的意料，结果投资决策失误造成企业严重亏损甚至破产倒闭，教训是惨痛的。

最后，同样产品在不同地区、不同经济发展水平下，所处生命周期的阶段是不同的。有些项目在经济发达地区已经进入成熟期、衰退期，而在相对落后地区却还是成长期。例如，近年来发达国家的基础制造业大范围地向中国、印度等发展中国家转移，而我国像海尔等家电企业又纷纷投资海外（主要是欠发达地区），都是出于类似的战略考虑，这样不但可使其产品的生命周期得以延续，又会给企业增添新的利润。

综上可见，正确应用生命周期理论需要考察多方面因素，应根据具体情况灵活运用。

七、市场营销策略分析

市场营销阶段是将项目产品以正确的途径和合理的成本投入消费领域的过程，是实现产品向现金流转化的关键环节。根据产品、环境、战略选择的不同，市场营销策略可谓千差万别，分析方法也是五花八门。一般认为，传统的 4P 营销理论具有较好的代表性和实用性，通过对 4P 环节的分析，可以有效地确定产品的市场营销策略。

4P 营销理论包括：产品分析（Product）、价格分析（Price）、渠道分析（Place）和促销分析（Promotion）。具体而言，产品分析需要结合消费者行为、项目产品功能特性进行，对产品的分类、产品线的长度等进行探讨，提出产品的组合决策；价格分析一方面要结合前面章节有关供求分析和价格预测的内容，另一方面要从企业战略目标出发，考虑具体的营销战略和策略，以及促销手段等因素，确定一个适合项目产品自身特点的市场价格，并将其作为财务基础数据中的产品参考价；渠道分析一般需要初步架构项目产品的各级分销渠道，并明确各级分销商之间的职能分工和隶属关系；促销分析的重点应放在对产品市场拓展的战略方向和促销方式的选择上，而具体实施应当专门制定详细的营销计划。

项目评估中的市场营销策略分析，虽然不是项目投产后具体的营销策略，但是，仍然体现出项目产品在营销环节上的思路、方针和策略，为具体实施营销策略提供有益的借鉴。

第三节　市场分析数据的获得和预测方法

以上探讨了市场分析的意义和市场分析的主要内容。在市场分析过程中，不仅要通过可靠、权威的途径获得尽可能全面、准确的市场数据，而且要掌握科学的市场分析方法和前景预测方法。

一、市场分析的数据来源

数据是市场分析的原始依据,数据来源的可靠性直接决定了市场分析是否具有实际意义。因此,对市场分析的评估首先要考察数据的准确性,其次要考察市场数据的时效性、全面性,并确保其能够切实有效地支持市场分析的论点,最后要考察市场分析所应用的分析、预测方法是否得当。简言之,市场分析的内容必须是“言之有理,言之有据”,不允许出现随意的推测和言之无据的结论。实际评估工作中,任何明确的数据引用必须能够说明来源,而主要观点和结论的重要支持数据必须在报告中明确标明出处。

市场分析的数据分为一手数据和二手数据。二手数据是应用最广泛,获得最为便捷的数据。大部分反映宏观经济的二手数据是公开、共享的,或是花很少的费用就可以获得的,如互联网数据、各地统计年鉴、政府职能部门历史统计数据、图书馆数据、行业经验数据(业内人士、咨询行业的经验积累,行业协会或其他部门公开的数据)等。其中,互联网数据是最为重要的数据来源,但其可靠性依网站的权威性的不同而有所差异。官方网站(各级政府、官方新闻媒体)、行业协会网站(包括部分行业专业网站)、高等院校和科研机构网站等权威性强的网站上所登载的数据绝大部分是可信的,而对于背景不清楚的一般性商业网站上,重要数据的引用需要持慎重态度。

完全依靠二手数据进行市场决策是非理性的。因为市场在不断变化,二手数据反映的是特定时间、地点、场合和投资主体的市场情况,难以确切反映目前项目所面临的市场情况。同样,若将对项目自身市场环境的考察仅仅建立在历史数据、其他企业经验的基础上也是不可靠的,因为历史数据难以充分体现区域环境和个体差异性,仅凭之作决策将不可避免地出现失误。实践证明,理性的项目决策过程离不开一手数据。一手数据需要通过市场调研获取,可以充分反映项目自身面临的市场现状。市场调研方法包括委托市场调研公司和亲自组织人员市场调研等,二者又都有拦截式问卷调查、网上调查、上门走访、到有关政府职能部门或相关企业调研和到项目公司实地调研等调查手段。

二、市场调查与市场预测的方法

市场预测是在市场调研取得一定资料的基础上,运用已有的知识、经验和科学方法,对市场未来的发展状态、行为、趋势进行分析,并做出判断与推测。市场调查是市场预测的基础与前提,市场预测要依据市场调查提供的资料进行。因此,实际工作中市场调查与市场预测是一个有机的整体。

有关市场分析中市场调查和市场预测的内容在前面章节已有所论述,本节主要讨论市场调查和市场预测的方法。

(一)市场调查的方法

1. 市场调查的方式

在市场调查的过程中,我们要解决到底是对调查对象的全体开展调查,还是从调查总体中抽取部分单位进行调查的问题,这就是选择市场调查方式的目的所在。市场调查方式主要包括全面市场调查、典型市场调查、重点市场调查、抽样市场调查、个案市场调查等。各种调查方式有各自的优缺点，根据不同的调查对象和目的可以有针对性地运用各种方式进行调查。

(1)全面市场调查。全面市场调查又称市场普查，它是指调查者为了搜集一定时空范围内调查对象的较为全面、准确、系统的调查资料，对调查对象的全部个体单位进行逐一的、无遗漏的全面调查，即为了特定的调查目的而专门组织的一次性全面调查。全面市场调查具有专门性、全面性、一次性、准确性、标准化程度高、调查费用高等特点。

市场普查的目的是通过了解市场的一些至关重要的基本情况，对市场状况做出全面准确的描述，从而为市场制定有关政策、计划提供可靠的依据，如普查商业机构和人员数、对某种类商品的库存量进行普查等。普查在实际应用中有宏观、中观和微观之分。也就是说，并不一定所有的普查都在全国范围内做，也可以在地区或部门范围内做，甚至可以在企业中做。只要是对调查对象的全部单位逐个进行调查，都可称为普查。因此，全面市场调查可以分为宏观、中观、微观全面市场调查三个层次。宏观全面市场调查是全国范围内的全面市场调查，如工业普查、农业普查、经济普查、第三产业普查、人口普查等。中观全面市场调查是一定地区或一定行业(部门)范围内的全面市场调查，如IT行业普查、烟草行业普查、电力行业普查、某市商业网点普查或产业单位普查等。微观全面市场调查是企业组织的员工基本情况普查、员工忠诚度全面测评设备物资普查、销售渠道全面调查等。全面市场调查的方式主要有普查员直接登记和被调查者自填两种方式。

(2)典型市场调查。典型市场调查(简称典型调查)是在对市场现象总体进行分析的基础上，从市场调查对象中选择具有代表性的部分单位作为典型，进行深入、系统的调查，并通过对典型单位的调查结果来认识同类市场现象的本质及其规律性。典型市场调查是一种非全面调查，它只对总体中的部分单位进行调查。但是，它不是随便选一部分单位进行调查，而是要选择对市场总体有代表性的部分单位进行调查。典型调查的目的，不仅仅是停留在对典型单位的认识上，而是通过对典型单位的调查来认识同类市场现象总体的规律性及其本质。从认识论的基本理论可知，人类对客观事物的认识是一个由特殊到一般，又由一般到特殊的循环进行的过程。典型调查方式就是一种从特殊到一般的认识过程，它是符合人类认识的一般规律的，是一种具有科学性的调查方法。

通常，典型市场调查方式有专门性、非全面性、选择性、代表性等特征。专门性是指为了特定的调查目的而专门组织的调查。非全面性是指只要求对调查对象中的少数典型单位进行调查。选择性是指典型单位是有意识、有目的地挑选出来的。代表性是强调调查单位必须具有代表性，样本必须能够代表总体。

典型市场调查的主要优点有以下几方面。一是能够获得比较真实和丰富的第一手资料。二是调查单位少，可做深入细致的调查研究。三是调查范围小，调查单位少，可节省人力、物力和财力。四是机动灵活，节省时间，可快速反映市场情况。

典型市场调查的主要缺点有以下几方面。一是典型单位的选择难以完全避免主观随意性。二是缺乏一定的连续性和持续性，不利于数据的动态分析。三是用样本数据推断总体数量特征时，推断的精度不够高。四是调查结论的应用只能根据经验做出判断，难以做出准确测定。

典型市场调查的方式主要有解剖麻雀式和划类选典式。解剖麻雀式主要应用于市场的定性调研。当总体各单位差异不大,或者调查的目的在于研究新事物、新情况、新问题,或者在于总结先进经验,以便推广应用,或者在于揭露矛盾寻找问题的症结,或者在于研究消费者的消费意向、动机和行为时,调研者可选择少数几个典型单位进行深入细致的调查研究,如同解剖麻雀认识其生理结构一样,不必调查太多的单位。这种典型调查方式通常采用小组座谈会、个别面访、实地观察、查阅有关记录和文献搜集有关的资料等形式。划类选典式主要应用于市场的定量研究。当总体各单位差异较大,调查者需要利用典型样本(典型单位组成的样本)的统计量推断总体数量特征时,可依据有关资料先对总体单位进行分类(划分不同的类型或子总体),然后在各类中按比例、有意识地选择一定数目的典型单位构成样本进行调查,最后由样本指标推断总体的有关指标。这种典型调查方式通常以结构型问卷或调查表为调查工具,由调查员通过访问、观察、查阅典型单位的原始记录和现成资料进行填写,或者将问卷或调查表发给典型单位,要求他们按照填写要求,根据有关原始记录按规定的时间填报。

(3)重点市场调查。重点市场调查是指调查者为了特定的调研目的从调查对象(总体)中选择一部分重点单位组成样本而进行的一种非全面调查。所谓重点单位,是指其标志总量占总体标志总量绝大比重的那些单位。这些重点单位构成的样本,称为"重点样本"。重点样本中的单位数目虽然不多,但它们的标志总量(变量值)在总体标志总量中占有绝大的比重。因此,对重点样本进行调查研究,就可以了解和掌握总体的基本情况。例如,要了解全国钢铁产销存情况,可从全国众多的钢铁企业中,选择首钢、包钢、鞍钢、宝钢、攀钢等几家大型钢铁公司组成重点样本进行调查,从而掌握全国的钢铁产、销、存的基本情况。

重点市场调查的实质也是一种非随机抽样调查。当总体分布呈偏斜状态时,少数重点单位在总体中具有举足轻重的作用。因此,把这些重点单位抽选出来进行重点调查,就可以认识总体的基本情况。重点市场调查具有专门性、非全面性、选择性、重点性、数量性等特点。专门性是指为特定目的而专门组织的调查。非全面性是指只要求对调查总体中的部分重点单位进行调查。选择性是指重点样本是根据已往的全面调查资料,通过分析、比较而抽取出来的。重点性是指重点样本的标志总量在总体标志总量中占有很大的比重。数量性是指主要应用于市场定量问题的研究,即利用重点样本数据认识总体的基本情况。

重点市场调查的优点是调查单位数目不多,可节省人力、物力、财力和时间;可及时获取信息,了解和掌握总体的基本情况;调查工作量小,易于组织。其主要缺点是若总体各单位发展比较平衡,呈现均匀分布时,则不能采用重点市场调查;当总体中的少数重点单位与众多的非重点单位的标志值结构不具有稳定性时,重点市场调查的结果只能用来说明总体的基本情况,而不能用来推断总体的数量特征。

重点市场调查的方式主要有派员调查、邮寄调查、定期报告等。派员调查式是由调查员深入重点单位中,根据预先设计的调查表或问卷,通过实地观察、询问、查阅有关原始记录进行登记,以获取所需的数据和资料。一般适用于专门组织的一次性重点调查。邮寄调查式是调查者事先用电话与各重点单位进行联系,讲明调查的目的、内容、方法和要求,然后把设计好的调查表或问卷邮寄给重点单位,由重点单位根据有关记录自行填写,最后按规定的时间邮寄回给调查者。这种方式适用于调查经费有限、调查精度要求不是很高的一次性专门调查。定期报告式是由调查者通过制定定期统计报表下发到各重点单位,要求各重点单位以既定的原始记录为基础,按照统一表式、统一指标、统一报送时间进行填报。一般适用于定期性或经常性的重点调查。

(4)抽样市场调查。抽样市场调查又称概率抽样调查或随机抽样调查,是指调查者为了特定的调研目的,按照随机原则从调查总体中抽取一部分单位作为样本而进行的一种非全面调查。抽样调查的目的在于根据样本调查的结果来推断总体的数量特征。抽样市场调查主要有三个特点。一是样本是按随机原则抽取的。即总体中每个个体单位都有同等机会被抽中,从而排除了主观因素的干扰,能够保证用样本推断总体具有客观性。二是用样本数据推断总体的数量特征。抽样调查的目的在于用样本指标推断总体的有关指标,如用样本平均数推断总体平均数,用样本比率推断总体比率。三是抽样误差不可避免,但可以计算和控制。根据样本指标推断总体指标,其误差是不可避免的,但可以计算和控制。

抽样市场调查的优点主要有四个。一是调查方式的科学性。抽样市场调查有充分的数理依据,能够将调查样本的代表性误差控制在允许范围内,由于调查样本的抽取具有随机性,受主观因素的影响较小,因而调查结果的精确度并不比全面市场调查低,有时还高于全面市场调查。二是调查费用的经济性。抽样市场调查仅仅是从总体中抽取少部分单位组成样本进行调查,调查规模比全面市场调查小,资料收集、汇总处理工作量小,因而可以节省人力、物力和财力,从而可降低市场调查费用。三是信息获取的时效性。由于抽样市场调查的样本单位少,搜集、整理、汇总调查资料的工作量相对较少,信息传递的时间必然比全面市场调查短,因而可提高信息的时效性。四是调查结果的准确性。抽样市场调查的样本是按照随机原则抽取的,从而排除了主观因素的干扰,能够保证样本推断总体的客观性。同时,由于调查单位少,所需的调查人员较少,易于通过培训提高业务能力,因而能在很大程度上克服全面调查因涉及面广,工作量大,人员庞杂,容易产生重复、遗漏和大量的非抽样误差的影响。抽样市场调查的主要缺点是,抽样技术方案设计要求高,一般人员难以胜任。如果抽样技术方案设计存在严重的缺陷,往往会导致抽样调查的失败。

2. 市场调查的方法

市场调查资料搜集的方法很多,归纳起来主要有文案调查法、实地调查法、访问调查法、网络调查法。其中每一类又可分为许多具体的调查方法。这些方法有的用于现成资料的搜集,有的主要用于原始资料的搜集,应用时应根据调查的目的要求、调研课题的性质和调研内容、调查对象的特点、调查经费的多少,正确选择相应的调查方法或多种调查方法组合运用。

(1)文案调查法。文案调查法又称间接调查法,是指通过查看、阅读、检索、筛选、剪辑、购买、复制等手段收集二手资料的一种调查方法。所谓二手资料,是指特定的调查者按照原来的目的已收集、整理的各种现成的资料,又称次级资料,如年鉴、报告、文件、期刊、文集、数据库、报表等。文案调查法主要用于搜集与市场调研课题有关的二手资料,它与访问调查法、观察法等搜集原始资料的方法是相互依存、相互补充的。

文案调查法的优点是,资料收集过程比较简易,组织工作简便,二手资料比较容易得到,相对来说比较便宜,并能较快地获取。因此,能够节省人力、调查经费和时间。尤其是企业建有管理信息系统或市场调查网络体系,并与外部有关机构具有数据提供的协作关系的条件下,文案调查法具有较强的机动性和灵活性,能够较快地获取所需的二手资料,以满足市场研究的需要。

文案调查法的主要缺点是,二手资料是为原来的目的收集整理的,不一定能满足调研者研究特定市场问题的数据需求;二手资料主要是历史性的数据和相关资料,往往缺乏当前的数据和情况,存在时效性缺陷;二手资料的准确性、相关性也可能存在一些问题。因此,在使用二手资料之前,有必要对二手资料进行审查与评价。

文案调查法在市场调研中具有许多重要的作用,主要应用在市场探测性研究,可开展经常性的市场研究,为调查方案设计提供帮助,配合原始资料更好地研究问题等。

(2)访问调查法。访问调查法又称采访法、询问法,是在第一手资料收集中最常用、最基本的一种方法。它是调查人员通过口头、书面或电信等方式向被调查者了解市场情况、收集资料的一种实地调查方法。这种方法的特点是通过直接或间接访问的方式来了解被调查者的看法和意见。访问的目的是了解消费者的消费需求、消费心理、消费态度、消费习惯以及企业经营情况等现实信息以及被调查者购买、销售或使用本企业产品的改进建议等。

访问调查法在具体应用中,根据研究目的和调查对象的不同特点可分为不同的类型。按访问形式不同分,有面谈访问、电话询问、留置问卷访问、邮寄访问等方法。按访问方式不同分,有直接访问和间接访问。直接访问是调查者与被调查者直接进行面谈访问,这种方法可以直接深入被调查对象中进行访问,也可将被调查者请到一起来座谈访问。间接访问是通过电话或书面形式间接跑向被调查者进行访问,如电话访问、邮寄访问、留置问卷访问等。按访问内容不同分,有标准化访问和非标准化访问。标准化访问又称结构性访问,是指调查者事先拟好调查问卷或调查表,有条不紊地向被调查者访问,主要应用于数据收集和定量研究。非标准化访问又称非结构性访问,是指调查者按粗略的提纲自由地向被调查者访问,主要应用于非数据信息收集和定性研究。下面按标准化访问和非标准化访问的分类方式对访问调查方法展开介绍。

a. 标准化访问。标准化访问是利用从总体中抽取的一个样本,以及事先设计好的一份结构式的问卷,向被抽中的被调查者询问问题,获取信息。它是最为常用的数据收集方法,又称抽样问卷调查法或市场定量调研法。

标准化访问法的优点主要是:首先,问卷的问题顺序都是事先安排好的,大多数问题的答案都是事先给定的,访问的过程也是直接的(不隐蔽的),因而易于操作;其次,所收集的数据比较可靠,因为问题都是封闭式的(有固定的选择答案),这就可以大大地减少可能由调查员的差异引起的误差:最后,数据的编码、分析和解释都比较简单,因为样本是有代表性的,可以对总体的情况作较为合理的判断。

标准化访问法的缺点主要是:首先,被调查者可能不愿意或不能够提供所需的信息。例如关于态度或动机的问题,有时候被调查者可能不是十分明确地意识到决定其行为的动机是什么(如选择某种商品、做出某种决定的因素是哪些),因此所提供的信息可能就不准确。如果问题涉及个人隐私或很敏感,被调查者可能也不愿意回答。其次,封闭性的问题限制被调查者选择答案的范围,有可能使某些类型数据的有效性受损失。最后,问题的措辞也很不容易,要设计一份好的问卷难度是较大的。尽管如此,问卷调查仍然是收集原始数据的最常用的方法。在我国,各种民意调查和市场调查基本上都采用问卷调查。

标准化访问法的具体方法有电话访问、面谈访问、邮寄访问三类。电话访问是调查者通过查找电话号码簿,用电话向被调查者进行访问,以搜集市场调查资料的一种方法。面谈访问是指调查者与被调查者面对面地进行交谈,以收集调查资料的方法,又称直接访问法。

面谈访问按照访问的地点和形式不同,分为入户(或单位)访问、留置问卷访问、拦截访问和计算机辅助访问。入户访问是指调查员到被调查者的家中或工作单位进行访问,直接与被调查者接触,然后利用访问式问卷逐个问题进行询问,并记录下对方的回答;或者将自填式问卷交给被调查者,讲明方法后,等待对方填写完毕或稍后再回来收取问卷的调查方式。留置问卷访问是调查者将调查问卷当面交给被调查者,说明调查目的和要求,由被调查者自行填写回答,按约定的时间收回的一种方法。拦截式访问是指在某个场所(如商业区、商场、街道、医院、公园等)拦截在场的一些人进行面访调查。这种方法常用于商业性的消费者意向调查中。拦截式访问有街头拦截法、商场拦截法、定点拦截法三种方法。计算机辅助访问是将问卷设置在计算机中,以辅助入户访问或拦截式访问。

邮寄访问是指调查者将印制好的调查问卷或调查表格,通过邮政系统寄给选定的被调查者,由被调查者按要求填写后,按约定的时间寄回的一种调查方法。有时,也可在报纸上或杂志上利用广告版面将调查问卷登出,让读者填好后寄回。调查者通过对调查问卷或调查表格的审核和整理,即可得到有关数据和资料。

b. 非标准化访问。非标准化访问又称非结构性访问,是指调查者按粗略的调查提纲自由地向被调查者进行访问。主要用于非量化信息的搜集和市场定性研究,因而又称定性调研法。非标准化访问的方法有直接法和间接法两种。直接法主要是小组座谈会和深层访谈法,间接法主要有各种投影技法。

小组(焦点)座谈法是由一个经过训练的主持人以一种无结构的自然的形式与一个小组的被调查者交谈。主持人负责组织讨论。小组座谈法的主要目的是通过倾听一组从调研者所要研究的目标市场中选择来的被调查者,从而获取对一些有关问题的深入了解。这种方法的价值在于常常可以从自由进行的小组讨论中得到一些意想不到的发现。

深层访谈法是一种无结构的、直接的、个人的访问,又称个别访问法。即调研者按照拟定的调查提纲或腹稿,对受访者进行个别询问,以获取有关信息。在访问过程中,一个有经验的掌握访谈技巧的调查员通过深入地了解每一个被调查者,可以揭示调查者对某一问题的潜在动机、态度和感情。深层访谈的技术主要有阶梯前进、隐蔽问题寻探、象征性分析三种。

投影技法是一种无结构的非直接的询问形式,可以鼓励被调查者将他们对所关心问题的潜在动机、信仰、态度或感情投射出来。在投影技法中,并不要求被调查者描述自己的行为,而是要他们解释他人的行为。在解释他人的行为时,被调查者就间接地将他们自己的动机、信仰、态度或感情投影到了有关的情景之中。因此,通过分析被调查者对那些没有结构的、不明确而且模棱两可的“剧本”的反应，来揭示他们的态度和情感。剧情越模糊，被调查者就越多地投影他们的感情、需要、动机、态度和价值观，就像心理咨询诊断中利用投影技法来分析患者的心理那样。与心理学中的分类一样，投影技法可分成联想技法、完成技法、结构技法和表现技法。

（3）观察法。观察法是指调查者到现场凭自己的视觉、听觉或借助摄像器材，直接或间接观察和记录正在发生的市场行为或状况，以获取有关信息的一种实地调查法。这种方法主要应用于搜集原始资料。其特点是，不需向被调查者提问，而是在被调查者不知的情形下进行有关的调查；调查者凭自己的直观感觉，从侧面观察、旁听、记录现场发生的事实，以获取所需要的信息。

观察法的具体方法很多，按观察的形式不同分为直接观察法、间接观察法和实验观察法，其中每一类又可分为一些具体的观察方法。直接观察法包括参与性观察、非参与性观察和跟踪观察。间接观察法包括痕迹观察、仪器观察和遥感观察等。

观察法的主要优点有：①直观可靠。观察法可以在被观察者不知情的情况下进行有目的的调查观察，记录被调查者的现场行为和活动事实，所获资料准确性较高。②简便易行。观察法可随时随地进行调查，对现场发生的现象进行观察和记录，或通过摄像、录音如实反映、直接测度、记录现场的特殊环境和事实，直接性和灵活性强。③可发现新情况新问题，不需语言交流，从而可克服语言交流带来的干扰。

观察法的主要缺点有：①时间长、费用高，由于需要大量观察员进行长时间的观察，因此往往需要较长时间，花费较多的调查费用，因而受时间、空间和费用限制；②只能观察表象资料，不能观察内在原因，因而观察的深度往往不够；③对观察人员素质要求高，观察者素质不同，观察的结果也不同，易产生观察者误差。

（4）网络调查法。网络调查又称网上调查或网络调研，是指企业利用互联网搜集和掌握市场信息的一种调查方法。网络具有传送电子邮件、信息查询、运程登录、文件传输、新闻发布、电子公告、网上聊天、网上寻呼、网上会议、IP 电话等多种功能。网络调查是充分利用网络的这些功能和信息传递与交换的技术优势，将企业需要的市场相关信息通过网络进行收集、处理和分析，以获取有价值的数据和资料。网络调查与传统调查方法相比，在组织实施、信息采集、信息处理、调查效果等方面具有明显的优势。网络调查的主要优点有经济性、范围广、周期短、互动性、客观性、可靠性等。

网络调查按照采用的技术方法不同可分为站点法、电子邮件法、随机 IP 法、视讯会议法等；按照调查者组织调查样本的行为不同，可分为主动调查法和被动调查法。主动调查法是指调查者主动组织调查样本，完成有关调查；被动调查法是指被调查者被动地等待调查样本单位造访，完成有关调查。

（二）市场预测的方法

市场预测是市场发展趋势的综合评价，一般涵盖了市场发展的历史数据、政府远景规划目标、社会经济发展规划和趋势、消费者收入增长情况、行业政策变化、竞争者竞争能力预测等多方面内容。市场预测方法也分为定性预测法和定量预测法两种。

1. 定性预测方法

定性预测方法包括专家会议法和德尔菲法。

（1）专家会议法：组织有关方面的专家，通过会议的形式进行预测，然后综合专家意见，得出结论。

（2）德尔菲法：是专家会议法的发展。对受访专家小组成员进行匿名调查，将专家提出的估计和设想，经汇总、审查、修改，多轮反馈整理后，对结果进行统一分析和处理。

定性预测法预测结果的准确性与所选择的专家小组成员的权威性呈正相关性。一般而言，受访专家应当是对项目所处行业有一定研究的学术专家、业内资深人士（高管或其他专业人士）或兼具这两种身份的专家。

根据中国国情，项目所处行业的主管部门的主管官员，由于所处的位置和角度不同，对于项目实施的环境、政策、风险、竞争等诸多方面有其独特的了解和理解，必要时可考虑邀请部分政府职能部门的官员参与专家小组讨论，可能会有意外的收获。

2. 定量预测方法

定量预测法包括移动平均法、指数平滑法、趋势外推法和回归模型分析。

（1）移动平均法：为消除季节性和不规律性的影响，取时间序列中连续几个数据值的平均值（算术平均或加权平均）。

（2）指数平滑法：与移动平均法相似，考虑历史数据远近期的作用不同，给予递减的权值，要求数据量少，包括有多重指数的滑动模型。

（3）趋势外推法：通过对过去时间序列数据的外推，拟合一条最适合的趋势线（直线、二次曲线、幂函数或指数函数等），然后用这条曲线来外推未来时间序列对应的值。曲线的拟合度须达到相应检验标准，低于标准值将被认为是无效拟合曲线。

（4）回归模型分析：运用事物发展内部因素的因果关系建立回归分析模型，包括一元回归、多元回归和非线型回归等。

常用市场预测方法之间的比较见表4－2。

表4－2　常用预测方法比较

预测方法 / 因素与条件	定性方法		定量方法			
			延伸性预测法（时间序列分析）			因果分析
	专家会议法	德尔菲法	移动平均法	指数平滑法	趋势外推法	回归模型分析
适用的时间范围	长期	长期	即期、短期	近期、短期	中期、长期	短期、中期、长期
需要的数据资料	专家的意见综合、分析与处理	专家的意见综合、分析与处理	数据越多越好，至少3年以上	数据越多越好，至少3年以上	至少5年的数据	定量分析资料，需要至少5年的数据
精确度	尚好	较好	尚好	较好	短期很好，中、长期较好	很好
预测需用时间	短期	≥2个月	短期	短期	短期	取决于分析能力

进行项目的市场预测，应注意以下几点：

首先，预测方法的选取。并非所有场合都适用定量预测方法，相反，多数情况下，用于预测未来市场趋势的精确数学模型是难以建立的，或是因为市场因素（自变量）与预测结果（因变量）之间的关系难以确立，或是因为市场因素的变化不能被量化。此时，即便费尽周折地建立起模型,其所得的预测结果也不能够真正反映市场的发展趋势,市场预测也就失去了意义。这种情况下,专家会议法或德尔菲法更为适用。在实际工作中,定性预测更常见。

其次,不能过度依赖预测结果。不管模型多么完善,计算多么精确,其预测结果对决策也只能是参考作用。由于市场中一切可以变化的因素随时都在变化,因此,预测结果与实际偏差很大的情况时有发生。例如,我国高速公路项目在上马前,均经过了交通勘测设计院等专业部门的前期论证和研究,运用成熟的预测模型进行了交通流量预测,并给出了合理的公路设计方案。但实际情况却是,20 世纪 90 年代以来建成通车的国内 11 条重要高速公路,从投入使用到车流量饱和,平均只有 9.4 年的时间,而高速公路远景设计年限一般为 15 ~20 年。由于经济增长速度和区域间贸易往来的增加远远高于项目建设前的预测,因此交通流量的增长速度就远高于预测值。这充分说明了市场预测结果的准确程度受市场其他因素影响非常巨大。

最后,市场预测数据与时间有较强的相关性。预测时间周期越长,市场影响因素中的不确定因素就越多,预测误差就越大。通过数学模型计算得到的数据,如果比较充分地考虑了未来市场的变化,5 ~8 年的预测结果就具有较好的借鉴意义,时间再长的预测结果意义就不大了。另外,政府的远景规划,一般都是通过各行业主管部门,会同业内专家、学者,经过多方调研和科学论证后所认可的目标,在没有重大不可预见风险因素影响时,预测目标实现的可能性较大。因此,实际工作中政府远景规划也常常作为市场预测的重要依据之一。

综上所述,市场预测方法的应用需要更多地考虑是否适用,是否具备使用的条件,并在实际工作中灵活地加以运用。

案例:××省××水泥有限公司新建 2 500 吨/日熟料的窑外分解水泥生产线项目的 SWOT 分析

1. 机会

(1)处于行业结构调整的重要时期,符合国家产业政策方针。“十五”期间,水泥工业的发展继续坚持以现有企业改扩建为主,大力发展预分解窑生产线的方针,淘汰立窑、中空窑、湿窑等落后生产工艺,优先发展日产 4 000 吨以上熟料生产线,鼓励发展日产 2 000 吨级以上熟料生产线,淘汰一部分落后的生产能力。可见,该项目的拟建时机正好符合国家产业政策导向。

(2)该省高标号水泥存在较大供给缺口。该省范围内高标号水泥的供给存在较大的缺口,而高标号水泥的需求,还在随着全省基础建设的发展快速增长。预计“十五”期末,全省高标号水泥的供求缺口约为 400 万吨,其中项目所处地区达到 250 万吨。可以预见,水泥市场未来的发展前景良好,给该公司带来极好的市场机会。

(3)可以把握市场和技术的先行之利。通过对近年来兴建的新型干法水泥生产线进行项目后评价发现,规模为 1 000 吨/日以下的预分解水泥生产线从各个角度看均是不经济的。据统计,2001 年和 2002 年建成的 1 000 吨/日及以下生产线约占总条数的 60%,这样规模的生产线已经受到宏观调控的制约。另外,国家有关部门已明确表示,为了防止重复建设和过度竞争,在方圆 100 公里范围内不允许兴建两条相同规模的生产线。目前该项目选址的100公里范围内还没有规模为2 500吨/日的生产线。由此看出,该项目立项后,当地同类企业若要上马新的生产线,只能考虑4 000吨/日以上的规模,这不但面临投资额大的限制,还面临当地政府政策指导性规划能否允许其实施的风险。因此,该项目实施后,可以抢占市场和技术的先行之利,同时提高当地同类企业的进入门槛。

2. 风险

(1)不能及时淘汰小型水泥企业。虽然淘汰以老法制水泥的小型水泥企业是市场趋势和政策导向,但是,由于地方保护主义的存在和利益的驱使,部分应关闭的小水泥企业仍然在生产,它们的存在使得市场上水泥产量供大于求,而恶性竞争又导致产品价格下滑。另外,市场上产品质量参差不齐,大多数用户对水泥产品的认识仅仅局限在标号上,对水泥的稳定性、碱含量、游离钙等内在质量指标重视不够,而立窑水泥和旋窑水泥在价格上差别又很小,这使得小型水泥厂有了市场生存空间,也将给该项目公司产品的营销带来风险。

(2)其他企业也可能上新生产线,对该项目产品构成竞争威胁。目前全国各地的水泥企业对于新型干法水泥生产线的投资热情很高。到2002年9月底,全国有日产700吨以上新型干法生产线351条,其中已投产188条,在建138条,具备开工条件待建的有25条。具备规模优势的日产4 000吨级以上的大型干法熟料生产线有47条,其中已投产14条,在建23条,具备开工条件待建的有10条。

根据目前该省水泥市场现状,不排除其他企业在将来也投资兴建新型干法水泥生产线的可能,这将对该项目公司产品构成竞争威胁。

(3)国内大型水泥生产企业在该省开设分厂的竞争威胁。国内大型水泥集团的年生产能力一般在数百万到两千多万吨之间,而且现阶段仍在进行大规模地扩张,由于其在所辖地域已具备了规模优势、成本优势和资源优势,并在水泥市场上具备了一定的控制能力,地区市场垄断局面已初步形成。同样,这些企业集团也把目光瞄向了那些市场机会多、当地企业竞争能力差的地区,纷纷开始进行异地扩张。可以预见,这些企业集团如果介入项目所在地区,将会对该项目构成较大威胁。

3. 优势

(1)没有历史包袱。实施该项目的××公司经过17年的滚动发展,现有固定资产1.45亿元,2002年公司创产值9 000万元,获利税1 700万元,经营状况良好。与国有企业相比,该公司没有历史包袱,发展后劲足。

(2)成本优势。随着水泥行业大规模资源开发的进行,今后企业之间的竞争会由水泥市场的竞争向石灰石资源的竞争转移。水泥行业属于资源开发行业,随着时间的推移,水泥的主要原料——石灰石资源将越来越紧缺,资源的占有量在企业长期发展规划中将占据至关重要的位置,它将直接影响企业的生产成本,甚至可以说从根本上决定了一个水泥企业产品的市场竞争力。该公司在××市××镇拥有9.2平方公里的矿山,石灰石储量约有2亿吨,所产石灰石含钙量高、质量好,是烧制水泥的理想原料。拥有自己的矿山资源,确保了该公司在将来很长时期内具有充足的低成本原材料供应,与同类企业相比具有明显的原材料成本优势。

(3)政策扶持。当地政府的远景发展规划指出,要把该市建设成为低成本加工区和建材基地。为此,政府把抓好工业结构调整作为工作的头等大事,将继续大力扶持轴承、铸造、水泥等行业的技术改造和升级。因此,该项目可能得到当地政府一定的政策扶持。

(4)可在该地区乃至全省范围内形成一定的规模优势。该项目建成后,可以达到年产150万吨高标号水泥的规模,其中利用窑外分解技术生产的水泥达到110万吨。这样的生产规模,在全省范围内也是少数。水泥行业属于典型的规模经济行业,该项目的建成,会使企业在规模上初步具备了同国内大型企业竞争的实力。

4. 劣势

(1)与国内大企业相比,该公司规模较小,品牌知名度差。国内大型水泥集团,如海螺集团、山水集团、华新集团和新疆天山集团等,其水泥生产能力从数百万吨到两千多万吨不等,规模优势十分显著。与这些大企业相比,该项目公司规模较小,品牌知名度差,产品在市场竞争,尤其是外地市场竞争中处于劣势。

(2)与华能小野田比较,在品牌和管理上存在差距。与该公司的主要竞争对手——华能小野田水泥有限公司相比,由于后者属于中日合资水泥生产企业,在国内建有多处分厂,其品牌的知名度以及生产运营管理都比该公司略胜一筹。

5. 结论及对策分析

由上述分析可以看出,从外部环境看,项目实施具备很好的市场机会,既有政策的支持,又存在一定的市场供需缺口,尽早实施该项目可以抢占市场先机,虽然存在一定的市场威胁,但威胁不大。因此,一方面,应当通过适当途径呼吁有关部门加强对小型水泥厂的监督管理,整顿市场秩序;另一方面,应尽快实施项目,将优质产品尽早投放市场,并且可以通过制定合理而具有竞争力的价格,提高竞争者的进入门槛,减小竞争威胁。

从内部环境分析可知,该项目自身优势明显,但存在品牌竞争上的劣势。因此,一方面,要加强产品成本的控制,尽量发挥资源和体制优势效应;另一方面,要加大项目产品品牌建设的投入,力争早日成为地方知名产品,并逐步向周边地区延伸,扩大品牌影响力,消除品牌竞争上的劣势。

本章小结

项目市场分析是项目评估的首要分析环节,是技术、资源和财务分析等环节的基础。市场分析既需要对项目产品的市场供求关系、竞争状况和价格现状进行调研和分析,也需要对未来市场发展的变化情况进行预测;既需要对拟建项目的外部环境(政策环境、经济环境和自然环境)进行分析,发现机会,应对威胁,也需要对项目(企业)自身的竞争力进行分析,扬长避短,正确定位,还需要对产品市场进行有效的市场划分,以确定目标市场。

通过市场调研可获得市场分析所需的数据,据此了解项目的市场环境、市场现状,从而通过对市场现状和影响未来市场变化的因素分析,做出客观的市场预测。

市场调查的方式有全面市场调查、典型市场调查、重点市场调查、抽样市场调查。市场调查的方法有文案调查法、实地调查法、访问调查法、网络调查法。

市场预测分为定性预测和定量预测。定性预测的方法包括专家会议法和德尔菲法,定量预测方法有移动平均法、指数平滑法、趋势外推法和回归模型分析。两者各有优劣,应根据具体情况选择适当的方法。最终,通过全面、系统的市场调研,严谨、客观的市场预测,获得明确的市场分析结论,并为其他分析提供依据。

复习思考题

1. 为什么说市场分析是项目评估其他环节的基础?市场分析可以为项目评估的其他环节提供哪些支持?

2. 市场分析需要考察哪些方面的问题?

3. 根据产品生命周期理论,拟建项目在不同阶段分别具有哪些优势和劣势?

4. 市场竞争战略有哪些选择?

5. 市场调查方式有哪些?市场调查方法有哪些?

6. 市场预测的方法有哪些?它们各有哪些特点?实际应用过程中应当注意什么问题?

7. 分小组讨论目前我国手机生产行业现状,并进行未来市场预测。

8. 大连瓦房店市是辽宁省工业基础雄厚、工业门类齐全的县级市,有辽南工业重镇之称,是中国轴承工业的发祥地。全市有工业企业 4 000 多家,拥有冶金、机械、建材、石油、化工、纺织、食品等 15 个门类,已建立起以轴承工业为主,机电、冶金、石油等行业为辅的工业体系,具有建设资金、技术密集型和劳动密集型加工工业基地的良好条件。瓦房店市内的海岸线占大连市海岸线总长度的 24%,这使其具有了承接大连市造船、重化工等产业,并具备向周边辐射和转移的优势条件。良好的工业基础和劳动力资源优势,使瓦房店市成为大连市高新技术产业和装备制造业良好的延伸区。现在,国内某知名轴承生产企业拟在瓦房店新建一个汽车专用轴承生产项目,应当从哪些方面考察和分析项目所面临的市场机遇和风险?

第五章

生产规模的确定

本章要点

本章共分三个部分，即规模经济理论、生产规模的制约和决定因素、确定生产规模的方法。在规模经济理论部分，主要介绍衡量工业企业生产规模的主要指标——产量和生产能力，以及规模经济的概念及类型、规模收益变动与规模经济区间等。在生产规模的制约和决定因素部分，主要分析制约和决定生产规模的七个重要因素，即政府经济发展规划和产业政策、市场需求量、工艺设备、资金和基本投入物、专业化分工与协作条件、其他建设因素及经济效益因素。在确定生产规模的方法部分，主要介绍在项目评估实践中用于确定拟建项目生产规模的几种方法，包括经验法、“生存技术”法、规模效果曲线法和分步法等。

第一节　规模经济理论

一、生产规模的界定

从工业项目评估的角度看,规模经济中的规模一般是指工业企业的生产规模。工业企业生产规模是指生产要素在企业中的集中程度,其衡量指标主要有产量、生产能力、产值、职工人数和资产价值等。其中,产量和生产能力指标应用较多。产量是指企业在一定条件下和一定时期内实际生产的产品数量。生产能力是指企业在一定生产技术条件下和一定时期内能够生产某种产品的最大能力。产量和生产能力通常按年计算,用实物量或标准实物量表示。有些企业所使用原材料的成分对产量或生产能力有较大影响,故其产量和生产能力可以用能加工处理的原材料数量来表示(如豆油加工厂);有些企业用装机容量(如发电厂)、设备能力(如毛纺厂)来表示其产量和生产能力;还有些企业产品种类繁多,差异性较大,一般可换算成标准实物量来表示产量或生产能力。

二、规模经济理论

规模经济理论是研究各种类型的工业企业在目前的技术经济条件下,要求达到什么样的规模才最有效率的理论。规模经济是现代产业组织理论中的一个重要概念,是指在一定的规模下或一定的规模区间内,企业生产最接近"最优效率"的生产规模。换言之,就是企业按照一定的生产规模组织生产可获得经济上的利益。按照实现领域的不同,可将规模经济区分为生产上的规模经济和经营上的规模经济,也可分为工厂规模经济和企业规模经济,还可分为规模的内部经济性和外部经济性。

(一)生产上的规模经济和经营上的规模经济

生产上的规模经济是指由于实行专业化生产或流水作业,扩大了生产批量,或者采用大型高效设备,扩大了生产规模,从而使单位产品成本随着生产批量扩大或生产规模扩大而降低。

经营上的规模经济是指由于扩大经营规模,节省了经营费用,生产要素物尽其用,从而使产品和技术开发能力提高,抵御经营风险的能力增强。

生产上的规模经济多与企业的规模有关,但这并不意味着单一企业规模的无限扩大。在深化分工、小而专的企业,同样能够通过扩大生产批量,获取规模效益。经营上的规模经济通常也与企业规模有关,亦可以通过企业之间的横向联合来实现。

(二)工厂规模经济和企业规模经济

工厂规模经济是从设备、生产线、工艺过程等角度提出来的,是指单一产品生产工厂的单位产品生产费用会随着生产规模的扩大而降低。若扩大多种产品生产工厂的规模,单位产品生产费用也会有一定程度的下降,则称之为企业规模经济。特别是在联合性工厂里,由于集中、垂直地组织生产,也会产生共同费用的节约,从而实现了企业规模经济。下图 5 - 1 说明了工厂规模经济。

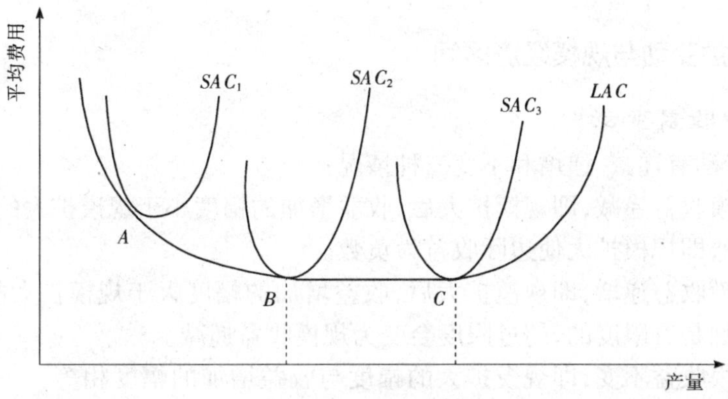

图 5 - 1　平均费用曲线图

在图 5 - 1 中，*LAC* 代表长期平均费用曲线，*SAC* 代表短期平均费用曲线。短期平均费用曲线是指生产能力一定时，单位产品费用随着产量变化而变化的曲线。长期平均费用曲线则是短期平均费用曲线最低点的包络线。由图 5 - 1 可以看出，规模经济就是随着生产能力的扩大，单位产品费用下降的趋势，即长期平均费用下降的趋势。另外还可以看出，长期平均费用曲线的下降不是无限的。当达到 *B* 点时就不再下降，*B*，*C* 之间处于水平状态，超过了 *C* 点，费用反而会上升。*B*，*C* 之间称为“最佳规模范围”，超过 *C* 点后费用上升的现象称为规模不经济性。*B* 点称为最小有效规模，*C* 点称为最大有效规模。①

（三）规模的内部经济性和外部经济性

达到内部经济性的规模是指生产装置系统和企业生产经营要求处于最佳组合时的生产能力或产量。产生规模经济的原因不仅与工艺系统的技术经济特点有关，而且还与工艺系统和企业大规模经营的节约效益有关。工艺系统的规模经济是企业规模经济的技术基础，一定规模的企业则是实现技术规模经济性的组织保证。规模经济企业不一定是大企业，专业化水平高的规模经济企业也可能是小企业，这取决于行业和国情。从行业来看，冶金、化工、汽车制造等行业适宜于建大型企业；食品、工艺品等行业则适宜于建中小型企业。瑞士是欧洲大陆的一个小国，中小企业占 90% 以上，但在世界经济贸易中占有举足轻重的地位。

规模的外部经济性是指实现规模内部经济性所需的外部条件，如市场的规模及其分布、资源条件、运输条件、资金筹措条件等。如果市场广阔、资源丰富、运输方便、资金易筹措，则容易实现规模经济。

（四）规模不经济

规模经济的对立概念是规模不经济。规模不经济是指一个经济实体的规模过小或过大而引起的不经济性。规模不经济意味着资源配置不合理，有限的资源不能得到有效利用。规模不经济可分为生产上的规模不经济和经营上的规模不经济，也可

---

① 傅家骥等. 技术经济学前沿问题. 北京：经济科学出版社，2003：177 ~ 178.

分为工厂规模不经济和企业规模不经济,还可分为规模的内在不经济性和外在不经济性。

三、规模收益变动与规模经济区间

(一)规模收益变动

规模收益变动有递减、递增和不变三种情况:

第一种:规模收益递减,即规模扩大后,收益增加的幅度小于规模扩大的幅度,甚至收益绝对地减少,即规模扩大使边际收益为负数。

第二种:规模收益递增,即规模扩大后,收益增加的幅度大于规模扩大的幅度。当然,这种规模增加是有限度的,超过限度会变为规模收益递减。

第三种:规模收益不变,即规模扩大的幅度与收益增加的幅度相等。一般来说,这是从规模收益递增变为规模收益递减的过渡阶段所发生的情形,它不可能持久。

(二)规模经济区间

规模经济所要研究的就是企业的生产规模对成本和收益的影响,这必然和产品的营业收入、总成本费用、利润等有关。我们把平面直角坐标系上能够表示规模收益变动以及产量、成本、利润之间关系的一条曲线称为规模效果曲线,规模效果曲线如图 5-2 所示。

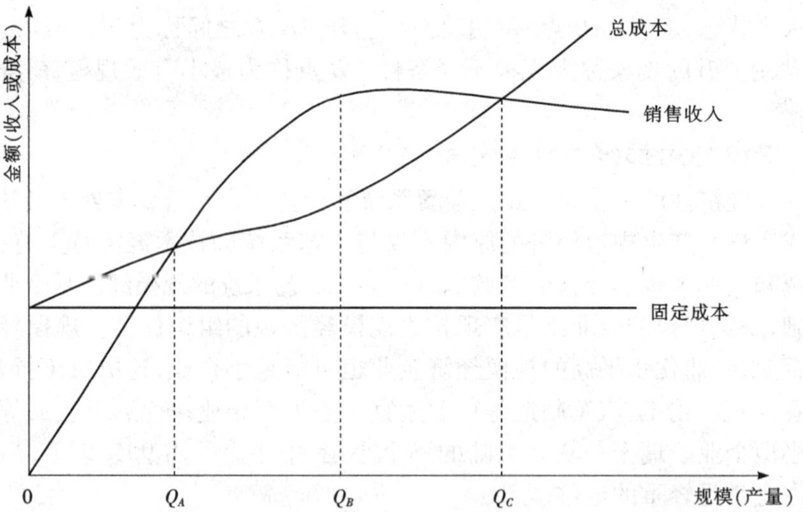

图 5-2 规模效果曲线图

从图 5-2 可以看出,当生产规模达到 Q_A 时,企业不盈不亏;生产规模超过 Q_A,企业开始取得净收益;当生产规模达到 Q_C 时,企业又出现不盈不亏的状态;超过该生产规模,企业又开始亏损。在 Q_A 至 Q_B 之间,企业的规模收益一直是递增的,即收益的增加幅度大于生产规模增加的幅度;超过了 Q_B,企业的规模收益递减,即收益的增加幅度小于生产规模增加的幅度,甚至生产规模扩大使边际收益为负值。据此可以认为,Q_A 至 Q_B 的区间是规模经济区间,Q_B 是最佳生产规模,因为在这个规模上,项目的边际收益等于边际成本。

第二节 生产规模的制约和决定因素

在项目评估中,确定拟建项目的生产规模,旨在为拟建项目规划合理的规模,使其达到规模经济。一般来讲,制约和决定项目生产规模的因素主要包括政府经济发展规划和产业政策、市场需求、工艺设备、资金和基本投入物、专业化分工与协作条件、其他建设因素及经济效益等。

一、政府经济发展规划和产业政策

(一)政府经济发展规划

政府经济发展规划是指各级政府一定时期的经济发展安排和规定。目前,我国已经确立了市场经济体制,在经济活动中以市场调节为主,但从宏观上还需要政府的调控。各级政府为了宏观经济的稳定和可持续发展,制定国家或地区的经济计划,如五年发展规划和十年远景规划等。这些规划中已经包括了许多投资项目,特别是有关国计民生的大中型项目。原则上,没有列入经济规划的投资项目,在规划期内不能实施;列入经济规划的投资项目,条件不成熟的也不能实施。列入经济规划的项目,不但包括项目的名称、实施时间,而且也包括项目的规模,所以,在确定拟建项目的生产规模时,一定要考虑政府制定的经济规划。

(二)国家产业政策

制定产业政策是国家加强和改善宏观调控,有效调整和优化产业结构,提高产业素质,促进社会经济持续、快速、健康发展的重要手段。产业政策包括产业结构政策、产业组织政策、产业技术政策和产业布局政策,以及其他对产业发展有重大影响的政策和法规。确定拟建项目的生产规模要考虑国家产业政策,主要是按照产业政策所规定的投资项目的经济规模标准作为项目的最低生产规模。在我国,投资项目小型化、分散化是工业企业达不到规模经济、生产效率低下的主要原因之一。为此,国家产业政策对部分规模效益比较显著、市场供需矛盾比较突出的热点产品规定了实施固定资产投资项目的经济规模标准,如1994年3月25日国务院第16次常务会议审议通过的《90年代国家产业政策纲要》规定了17类项目的经济规模标准(年生产能力)。这里要注意的是,各个产业的经济规模会随着技术的进步而有所变化,如乙烯生产项目,在我国1994年通过的《90年代国家产业政策纲要》中规定的经济规模标准是30万吨及以上,而从目前来看,经济规模标准应当是100万吨及以上;再如,小汽车生产的经济规模标准是15万辆及以上,而从目前来看,经济规模标准应当是30万辆及以上。

二、市场需求

市场决定项目的命运,项目产品有市场,才有必要实施该项目。市场潜在的需求量有多大,项目的生产规模就应按这个量来确定。这样,才能保证项目的顺利实施和正常生产,才不至于浪费有限资源。项目评估人员在确定拟建项目的生产规模时,必须对市场分析的结果进行研究,分析项目产品的市场供求关系,并把市场需求量作为制约和决定项目生产规模的重要因素。一般来讲,在市场分析阶段,通过市场调查和预测,已经明确了项目产品的市场供求情况及市场需求量。如果项目产品无市场,或者市场需求量很小,在市场分析阶段就已经否定了项目,则谈不上确定生产规模的问题;如果项目产品有一定的市场需求量,就要根据规模经济理论,参照这个需求量及其他制约项目生产规模的因素,确定拟建项目的生产规模。

从数量上讲,确定的生产规模应小于或等于市场需求量。如果按照这个量确定的生产规模不在规模经济区间内,那不外乎有两种情况,即小于 Q_A 或大于 Q_C。若小于 Q_A,则没有通过主观努力增加市场需求量的可能性就应否定该项目;若大于 Q_C,则不能盲目否定项目,可采取缩小规模的方法,参考其他的制约生产规模的因素,把生产规模控制在规模经济区间内,即 $Q_A<$生产规模$\leqslant Q_B$,同时,建议有关部门或企业再实施同样的项目,以满足市场对该种产品的需求。

三、工艺设备

在不同的工业部门中,可供使用的加工工艺和设备通常已按某种生产能力标准化了,例如,一条装配汽车的生产线或生产电视机、电冰箱等的生产线,它有额定的生产能力,并且受产业政策和其他有关政策及规定的制约,越来越向标准化的大型工艺和设备发展,确定拟建项目的生产规模要与此相适应。如果标准化的工艺和设备可以适用于较低的生产规模,但可能不在规模经济区间,那么可以采用各种各样的组合方式来确定拟建项目的生产规模,使其达到规模经济。这种组合方式并不完全取决于标准化的工艺和设备,还受其他生产规模的制约和决定因素的限制。

四、资金和基本投入物

资金的短缺和基本投入物来源的匮乏,都可能限制拟建项目的规模,并且往往是限制拟建项目生产规模的重要因素。

(一)资金

无论在什么时候,可用于投资的资金总是有限的,有时是非常短缺的。资金供给量的大小与确定多大的生产规模密切相关,即使是在工艺和设备的选择上进行了充分的比较和遴选,能节约的资金也是很有限的。资金的有限性表现在自有资金不足,银根紧缩时又难以得到金融的支持。如果项目所需的设备和投入物全部或部分需要从国外进口,又会受到外汇供给的限制。没有资金的支持,无论确定什么样的生产规模都是难以实现的。

(二)基本投入物

项目的基本投入物是指用于项目经营的主要原材料、中间产品和主要的燃料及动力等。在一定时期,资源的需求和资源的供给往往会发生矛盾,因为对资源的需求是无限的,而资源的供给又总是有限的,这就是资源的稀缺性。项目所需的基本投入物来源可能受到三个方面的限制:一是总的供应量满足不了项目的需要。项目所需的基本投入物种类比较多,有些基本投入物的供给量相对比较大,不会影响项目生产规模的确定,而有些或某种重要的基本投入物可能供给不足,在生产工艺、产品方案一定的条件下,这些基本投入物的供给就成了选择项目生产规模的一个重要因素。二是基本投入物的质量满足不了项目的要求。在一定的生产工艺、设备和产品方案的条件下，对基本投入物的质量有比较严格的要求，有些基本投入物可能在数量上能满足供应，但质量上满足不了项目的要求。当然，如果全部基本投入物或部分基本投入物的质量满足不了项目的要求，那该项目的技术、工艺和设备的选择就是错误的，项目不可行。这里讲的是在这些技术条件一定的条件下，可供基本投入物能满足质量要求的数量，这也是确定项目生产规模必须考虑的因素。三是使用基本投入物的成本问题。虽然基本投入物的质和量都能满足项目的要求，但可能有些基本投入物因运距长、运输成本高而影响项目的生产规模。项目所需基本投入物，可能供应地比较集中，在一定的区域范围内基本可以解决，也可能项目消耗的某种基本投入物的量比较大，由许多厂家供应，而这些厂家又比较分散，或者可能从国外进口全部或部分，这就要考虑运输成本问题。这些都是确定生产规模应考虑的因素。

五、专业化分工与协作条件

现代化的工业分工越来越细，专业化水平越来越高，那些大而全（或小而全）的企业，已不能适应形势发展的需要。这就是说，一个项目往往不是独立的，需要有许多企业或单位协作配套，才能在投产后正常发挥作用，如有提供原、辅材料的配套，还有生产零部件的配套等。所以，确定项目的拟建规模要充分考虑协作配套条件，即项目的规模要与协作配套的量相适应。规模过小，浪费了资源，协作配套企业或单位的能力或效益不能充分发挥出来；规模过大，项目的生产能力利用率低，也同样浪费了资源。

六、其他因素

其他因素包括土地、交通、通信、环境保护等。这些因素从不同的方面制约着项目的生产规模。我国的耕地少，而项目建设需要使用土地。一方面，确定的生产规模要尽可能少地占用土地；另一方面，确定生产规模要考虑可能供给的土地面积和土地的质量。交通、通信等都属于基础产业，而基础产业一直是我国的“瓶颈”产业，发展相对滞后，建设现代化的工业项目，确定生产规模时也不得不考虑这些方面的制约。环境保护问题在我国也越来越受到重视，不同的生产规模对环境的影响也是不同的，对因项目投产而产生的“三废”，国家规定有排放标准，确定项目的生产规模必须考虑这个因素。

七、经济效益

经济效益是制约和决定项目生产规模的关键因素。在可行性研究和项目评估中，按照经济效益的高低，通常可以把项目生产规模分为以下四种类型：

（一）亏损规模

亏损规模就是营业收入小于总成本费用的规模，如在前面图 5－2 的规模效果曲线上，小于 Q_A 和大于 Q_C 的规模都属于“亏损规模”。

（二）起始规模

起始规模即最小经济规模，就是营业收入等于总成本费用的保本最小规模，在规模效果曲线上，Q_A 点即为“起始规模”。

（三）合理经济规模

合理经济规模即适宜经济规模，就是营业收入大于总成本费用，并保证一定盈利水平的生产规模，在规模效果曲线上，该规模位于 Q_A 和 Q_B 之间。

（四）最佳经济规模

最佳经济规模就是能够产生最大经济效益的生产规模，在规模效果曲线上，Q_B 点即为最佳经济规模。

从以上四种类型的规模看出，第四种规模是最理想的规模，拟建项目的生产规模最好能达到这个水平。但是，由于受许多因素的限制，这种规模一般很难达到，而第一种和第二种规模都不能选择。因此，在一般情况下，第三种规模是应当优先考虑的。

第三节　确定生产规模的方法

一、经验法

经验法是指根据国内外同类或类似企业的经验数据，考虑生产规模的制约和决定因素，确定拟建项目生产规模的一种方法。在实践中，此法应用最为普遍。

在确定拟建项目生产规模之前，首先，应找出与该项目相同或类似的企业，特别是要找出几个规模不同的企业，并计算出各不同规模企业的主要技术经济指标，如财务内部收益率、投资利润率和投资回收期等；然后，综合考虑制约和决定该项目拟建生产规模的各种因素，确定一个适当的规模。

例如，拟建一个生产××产品的项目，同类企业的生产规模是年产 40 万台、60 万台、100 万台、200 万台、300 万台和 400 万台。通过调查并计算，已知各种规模企业的投资和财务内部收益率数据如表 5－1 所示：

表 5－1　各种规模企业的投资和财务内部收益率

生产规模（万台/年）	40	60	100	200	300	400
投资额（万元）	10 000	13 000	16 000	22 000	27 000	31 000
财务内部收益率（%）	9.30	10.55	15.45	21.60	27.80	27.20

通过表 5－1 可以看出，年产 300 万台的规模是最佳生产规模，但需要的投资比较大，约需要 27 000 万元人民币。通过对影响生产规模的各种制约与决定因素进行研究，除资金供给和市场需求因素以外，其他方面都是适应的。该拟建项目可能筹措到的资金只有 15 600 万元人民币，只适应于年产 100 万台的生产规模。另外，从市场需求情况看，该项目可能的市场份额在 100 万至 150 万台之间，也只能选择年产 100 万台的规模。当然，年产 100 万台的规模，内部收益率达到 15.45%，收益水平也是比较高的，可以接受。

二、“生存技术”法

用“生存技术”确定生产规模的方法也可以称为经验方法，但它又不同于前述的根据同类或类似企业的经验数据确定拟建项目生产规模的方法。另外，使用该种方法对项目评估人员的要求也比较高。所以，我们专门对这一方法进行介绍。

用“生存技术”确定最佳生产规模的方法由诺贝尔经济学奖获得者乔治·施蒂格勒提出。他认为，由于企业拥有的资源质量不同，所以相异的规模也可能同样经济，在现实中，一个企业的活力和发展压力并不仅仅甚至不是主要取决于生产方面的成本条件，而是在于企业是否具有通过合理地观察数据，灵活地适应技术和市场变化的能力，这时，存活能力非常重要。“生存技术”法的实质是：凡是在长期竞争中得以生存的规模都是最佳规模。乔治·施蒂格勒用这种“生存技术”对美国制造业的情况进行了考察，发现最佳规模是一个范围非常大的领域，即多种规模都是最佳的。其中，决定企业规模的主要因素是工厂规模和技术复杂程度①。

三、规模效果曲线法

规模效果曲线法是通过不断扩大拟定的生产规模，研究企业的营业收入与成本曲线随之变化的情况，来确定项目最适宜的生产规模的一种方法。由于营业收入与成本曲线也叫规模效果曲线，所以，这种方法称为规模效果曲线法。

从前面图 5－2 看出，Q_A 到 Q_B 是规模经济区，在这个区域内，Q_B 不但是规模经济的临界点，也是最佳经济规模点，因为在这一点上边际收入等于边际成本。从理论上讲，应当以 Q_B 作为拟建项目的生产规模，但在实践中，往往受其他制约和决定生产规模的因素的影响，不能达到这个规模，一般小于 Q_B。Q_A 是第一个盈亏平衡点，不能选择这样的规模。由此可以看出，在选择拟建项目生产规模时，首先应当确定规模经济区，然后在这个区间内，根据制约和决定生产规模的诸多因素，选择离 Q_B 点最近的规模。

四、分步法

分步法也叫“逼近法”，其特点是先确定起始生产规模作为所选规模的下限，确定最大生产规模作为所选规模的上限，然后在上、下限之间，拟定若干个有价值的方案，通过比较，选出最合理的生产规模。具体步骤如下：

（一）确定起始生产规模

起始生产规模也就是项目盈亏平衡时（即保本）的最小经济规模。根据项目产品的性质，有以下三种确定起始生产规模的方法。

第一种：若项目产品在国内销售，且无法用进口品替代，则项目的起始生产规模主要受技术和设备的制约。在一般情况下，若选择较小的生产规模，其生产技术往往比较落后，经济效益差，一方面会造成规模不经济；另一方面，在一些生产部门，可供使用的加工工艺和设备已按一定的生产能力标准化，若将生产能力较大的标准化设备用于较

① 王振中等. 诺贝尔奖经济学家学术传略. 广州：广东经济出版社，2002：259～260.

小的生产规模，会造成设备能力的闲置和成本费用的上升。在这种情况下，确定起始生产规模时，可利用规模效果曲线，对可供选择的工艺和设备进行分析，选定其中不至于出现亏损的工艺与设备，将其生产能力作为起始生产规模，如前述的规模效果曲线图（图5-2）中的 Q_A 点。

第二种：如果项目产品可以用进口替代，则应将生产成本费用与进口成本进行比较，确定起始生产规模。单位项目产品成本费用与单位进口产品成本的比较示意图如图5-3所示。

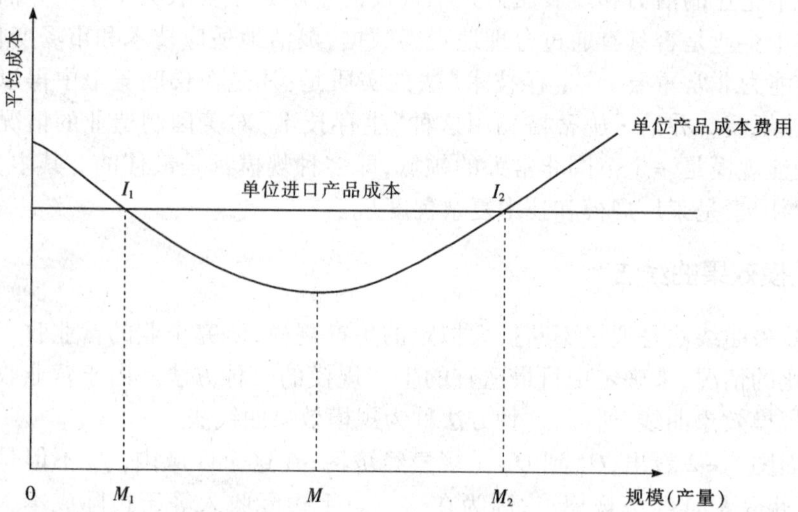

图5-3 进口替代项目经济规模

在图5-3中，假定进口产品的口岸价格比较稳定，这样，单位进口产品成本是一条比较稳定的水平线，而单位项目产品成本费用则随着该项目生产规模的扩大而有所变化。在产量为 M_1 到 M_2 之间，该项目生产是合算的；当生产规模小于 M_1 时，其生产成本费用高于进口成本。所以，M_1 是拟建项目的起始生产规模。

第三种：如果项目产品可以出口，则应将项目生产成本费用与换汇收入进行比较，确定起始生产规模。单位项目产品生产成本费用与单位产品换汇收入的比较示意图如图5-4所示。

在图5-4中，假定国际市场比较稳定，这样，单位产品换汇收入是一条稳定的水平线，而项目产品单位成本费用则随着该项目生产规模的扩大而有所变化。项目生产规模在 M_1 至 M_2 之间，该项目生产是合算的；当项目生产规模小于 M_1 时，单位产品成本费用大于单位产品换汇收入，出口是不合算的。所以，M_1 是拟建项目的起始生产规模。确定起始生产规模后，以其作为确定拟建项目生产规模的下限，然后再确定最大生产规模。

（二）确定最大生产规模

在现实经济生活中，项目生产规模受到很多因素的制约。这就需要综合考虑各项因素对项目生产规模的限制作用，特别是要对制约项目生产规模的"瓶颈"因素进行分析。在一定的投资条件下，某个因素对项目生产规模的大小可能起决定性的作用，即成为项目生产规模的"瓶颈"。通过对"瓶颈"因素的分析，可以确定在可行条件下的最大

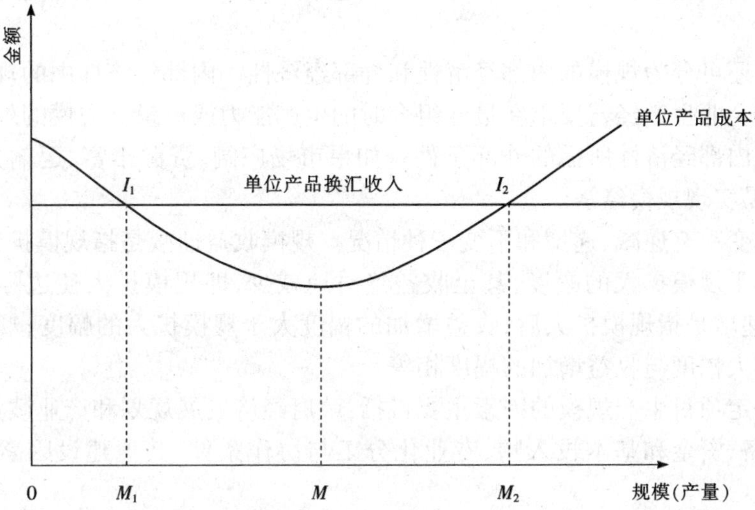

图5－4　出口产品项目经济规模

生产规模,作为所选生产规模的上限。

(三)确定合理生产规模

起始生产规模与最大生产规模确定以后,就确定了拟建项目生产规模的上限和下限,可在此之间拟订若干不同规模的比较方案。在拟定比较方案中,起决定作用的是设备能力,我们可以在最小和最大规模之间,选择具有不同能力的设备或者对设备进行不同的组合,以拟定出不同的生产规模方案,然后计算不同生产规模方案的成本费用和效益,之后再对成本费用和效益进行比较。其中成本费用最低、效益最好的方案应为最终确定的拟建项目的生产规模。

本章小结

工业项目评估中的规模,一般是指工业企业的生产规模。工业企业生产规模是指生产要素在企业的集中程度,其衡量指标主要有产量、生产能力、产值、职工人数和资产价值等,其中,产量和生产能力指标应用较多。

规模经济是指在一定的规模或一定的规模区间内,企业生产最接近"最优效率"。换言之,就是企业因按照一定的生产规模组织生产获得了经济上的最大利益。

规模经济可分为生产上的规模经济和经营上的规模经济。生产上的规模经济是指由于实行专业化生产或流水作业,扩大了生产批量,或者采用大型高效设备,扩大了生产规模,从而使单位产品成本随着生产批量扩大或生产规模扩大而降低。经营上的规模经济是指由于扩大了经营规模,节省了经营费用,生产要素物尽其用,从而使产品和技术开发能力提高,抵御经营风险的能力增强。

规模经济也可分为工厂规模经济和企业规模经济。工厂规模经济是指单一产品生产工厂伴随着生产规模的扩大而发生的单位产品生产费用的降低。若扩大工厂规模,单位产品生产费用也会在生产多种产品的工厂里有一定程度的下降,这就是企业规模经济。

规模经济还可分为规模的内部经济性和外部经济性。内部经济性中的规模是指生产装置系统和企业生产经营要求在最佳组合时的生产能力或产量。规模的外部经济性是指实现规模内部经济性所需的外部条件。如果市场广阔、资源丰富、运输方便、资金易筹措,则容易实现规模经济。

规模收益变动有递减、递增和不变三种情况。规模收益递减是指规模扩大后,收益增加的幅度小于规模扩大的幅度,甚至收益绝对地减少,即规模扩大使边际收益为负数;规模收益递增是指规模扩大后,收益增加的幅度大于规模扩大的幅度;规模收益不变是指规模扩大幅度与收益增加的幅度相等。

制约和决定项目生产规模的因素主要包括:政府经济发展规划和产业政策、市场需求量、工艺设备、资金和基本投入物、专业化分工与协作条件、其他建设因素及经济效益等。

确定生产规模的方法有经验法、"生存技术"法、规模效果曲线法和分步法等。经验法是指根据国内外同类或类似企业的经验数据,考虑生产规模的制约和决定因素,确定拟建项目生产规模的一种方法;用"生存技术"确定最佳生产规模的方法,实质是认为凡是在长期竞争中得以生存的规模都是最佳规模;规模效果曲线法是通过不断扩大拟定的生产规模,研究企业的营业收入与成本曲线的变化情况,来确定项目的最适宜生产规模的一种方法;分步法包括确定起始生产规模、确定最大生产规模和确定合理生产规模三个步骤。

复习思考题

1. 工业企业的产量和生产能力指的是什么?两者有什么区别?
2. 简述生产上和经营上的规模经济。
3. 用图说明工厂规模经济和规模经济区间。
4. 制约和决定生产规模的因素有哪些?
5. 为什么说经济效益是制约和决定生产规模的关键因素?
6. 确定生产规模有几种方法?对各种方法分别作简要说明。

第六章

建设条件和生产条件分析

本章要点

本章共分六个部分，即场（厂）址选择、环境保护条件分析、资源条件分析、原材料及燃料动力条件分析、节能措施分析和节水措施分析。在场（厂）址选择部分，主要介绍场（厂）址选择应考虑的因素，场（厂）址选择的原则及分析内容，场（厂）址选择方案比选的方法，并进行了案例分析。在环境保护条件分析部分，首先是环境保护概述，然后分别介绍了环境保护方案设计的原则和要求，以及环境保护方案所包含的内容。在资源条件分析部分，主要介绍资源的分类与特点，资源优化配置的重要性，资源开发利用的基本要求，资源条件评价的内容。在原材料及燃料动力条件分析部分，分别介绍主要原材料供应方案分析的内容和燃料动力供应方案分析的内容，简单介绍主要原材料、燃料供应方案比选的内容。在节能措施分析部分，主要介绍项目建设节能的原则与要求、分析评价节能方案的方法以及节能评估与审查。在节水措施分析部分，主要介绍项目建设节水的原则与要求、节水措施和水耗指标分析的方法。

第一节 场(厂)址选择

场(厂)址选择是指在相当广阔的区域内选择合适的建厂地区,并在合适地区的范围内从几个可供考虑的场(厂)址方案中选择最优场(厂)址方案的分析评价过程。一般来说,在项目评估阶段,根据可行性研究报告提出的场(厂)址推荐意见,进行场(厂)址方案的最终选择。场(厂)址选择关系到投资的地区分配、区域社会经济发展、经济结构、自然生态环境、城市规划和产品生产要求、未来产品销售市场甚至职工生活等诸多方面,是带有全局性、长远性的主要问题。如果项目选址不当,在投资方面,会因工程量、搬迁量大,协作条件差,引起投资增加和工期延长;在产品成本方面,可能因原材料、燃料的运费增加而使成本提高;在生产方面,会受到原材料、水源不足的影响;在环境方面,可能因废水、废渣无法排泄而受到环保部门及环保要求的制约。项目一经建成,由场(厂)址选择所造成的缺陷是很难修复和改进的。因此,合理选择投资项目的场(厂)址,是项目顺利实施并达到预期投资目的的关键环节。

一、场(厂)址选择应考虑的因素

对多数大型项目来说,选址涉及因素较多,主要有社会、政治因素,经济技术因素,自然因素以及运费和地理位置因素。

(一)社会、政治因素

在项目选址时,应首先遵循国家法规,投资指南,开发战略,鼓励、限制、禁止政策以及地方法规,了解项目审批权限和程序,及税费减免等鼓励和优惠政策,还要了解有关建厂地区的政策,以便考虑是否可能获得各种特许,分析其能否满足建厂要求。另外,当地管理机构以及合作伙伴的素质对项目能否正常运营也有很大影响,在选址时也应认真考虑。

(二)经济技术因素

经济技术因素包括拟选地区的经济实力、协作条件、基础设施、技术水平、市场潜力、人口素质与数量等。这些因素对项目选址会产生很大的影响。在经济实力强的地区建设项目,可以利用当地已有的基础设施、良好的协作条件,离消费地较近,有集聚效应等优势,但也可能远离原材料供应地。对于项目所需投入物,在选址时除了应当考虑数量的满足程度,还要注意供应的可靠性和质量要求。对于要在项目所在地进行融资的项目,选址时就要对地区融资能力加以考虑。高新技术项目对某些专业人才有特别要求,就应注重人才可得性的分析。

(三)自然因素

自然因素包括自然资源和自然条件两个方面。

1. 自然资源

自然资源包括矿产资源、水资源、土地资源、海洋资源、气象资源等。某些投资项目选址主要受某种或几种资源赋存状况的影响,如水力发电站项目的选址是水资源指向型的;还有些项目本身并不直接使用矿产资源,但也要了解项目所在地的矿产资源状况，因为按国家有关规定，不得覆盖重要矿床。用水量大的项目选址取决于水资源的开发条件、水量、水质以及可能对地区生态环境产生的影响。

2. 自然条件

自然条件包括地形、地貌及占地面积、工程地质和水文地质等，这些条件对项目选址影响很大。例如，场（厂）址的地形应力求平坦且略有坡度；地耐力要满足拟建项目的要求；应避免设在强烈地震带、断层、泥石流等不良地质地段。有些项目本身对环境并无不利影响，但对环境影响的结果甚为敏感。例如，农产品加工业项目，其原材料可能由于土壤被污染而无法使用；用水量大、对水质要求高的项目，如果水源受污染，项目将会受到影响。

（四）运费和地理位置因素

运费是生产成本的重要组成部分。选址时要综合研究原料、燃料和产品销售地的关系，从而寻求最小运费点。地理位置因素是指项目拟选地点与原材料产地、经济发达地区、水陆交通干线及港口、消费市场等的空间关系，有利的地理位置有助于取得良好的经济协作条件，能方便地获得原材料、燃料、技术和信息。

二、场（厂）址选择的原则及分析内容

（一）场（厂）址选择的基本原则

进行场（厂）址选择要考虑的因素很多，但都要遵循以下基本原则：

第一，符合国家、地区和城乡规划的要求。

第二，满足对原材料、能源、水和人力的供应，满足生产工艺和营销的要求。

第三，节约和效益的原则，尽力做到降低建设投资，节省运费，降低成本，提高利润。

第四，安全的原则，要防洪、防震、防地质灾害、防战争危害。

第五，实事求是的原则，对多个场（厂）址调查研究，进行科学的分析和比较、遴选。

第六，节约项目用地，尽量不占或少占农田。

第七，有利于环境保护，以人为本，减少对生态和环境的影响。

（二）场（厂）址选择的分析内容

1. 位置

分析拟选场（厂）址的坐落位置是否符合当地发展规划，与周边村镇、工矿企业等关系是否协调，当地政府和群众对项目场（厂）址能否接受，以及场（厂）址能否满足项目建设和生产运营的要求。

2. 占地面积

根据项目建设规模、主要建筑物和构筑物的组成，参照同类项目计算拟建项目需要占用的土地面积，分析拟选场（厂）址面积能否满足项目的要求。分期建设的项目，占地应考虑留有发展余地。

3. 地形、地貌和气象

应分析拟选场（厂）址的地形、地貌、气象条件，如标高、坡度、降水量、日照、风向等，能否满足项目建设规模和建设条件的要求，并计算挖填土石方工程量及所需工程费用。

4. 地震情况

分析拟选场（厂）址所在地区及其周围的地震活动情况，包括地震类型、地震活动频度、震级、烈度以及抗震设防的要求。

5. 工程、水文地质条件

工程地质主要分析拟选场(厂)址的地质构造、地基承载能力、有无严重不良地质地段(如溶洞、断层、软土、湿陷土等)以及是否处于滑坡区、泥石流区等。水文地质主要分析拟选场(厂)址的水文地质构造、地下水的类型及特征,土壤含水性,地下水水位、流向、流量和涌水量等。

6. 原材料供应

分析原材料品质和数量是否能够满足项目的要求,且供应是否可靠。

7. 动力供应

场(厂)址是否靠近热电厂,供电、供气是否有可靠的来源。自设热电站或锅炉房时,燃料供应是否可靠,是否留有储煤、储灰场地。

8. 交通运输

场(厂)址位置与铁路车站、水运码头、公路的距离是否适当;铁路、公路、水路的运输能力、接卸能力能否满足大宗物资的运输需要;铁路、公路的承载能力,桥梁隧道的宽度和净空高度能否满足运输超大、超高、超重设备的要求。

9. 给水、排水

场(厂)址是否靠近水源地,满足项目对水量、水质的要求,分析供水的可靠性。

10. 人力资源

拟选场(厂)址所在地区是否具备项目生产经营所需要的人力资源及培训条件。

11. 施工条件

拟选场(厂)址所在地区当地建筑材料是否充足,有无良好的施工队伍和施工机械设备条件,能否满足施工期用电、用水的需要。

12. 征地拆迁移民安置方案

征地拆迁移民安置方案,包括移民数量、安置途径、补偿标准、移民迁入地情况,以及拆迁安置工作量和所需投资。

13. 环境保护条件

分析拟选场(厂)址的位置能否被当地环境容量所接受,是否符合国家环境保护法规的要求。例如,不得在水源保护区、风景名胜区、自然保护区内建设项目;产生严重粉尘、气体污染的项目,场(厂)址应处于城镇的下风向;生产或使用易燃、易爆、辐射产品的项目,场(厂)址应远离城镇和居民密集区等。

14. 法律支持条件

分析拟选场(厂)址所在地有关法规对项目建设和运营的支持程度及约束条件。境外投资项目选择场(厂)址时,应特别重视对所在国法律、法规支持条件的研究。

15. 生活设施依托条件

分析拟选场(厂)址所在地的生活福利设施(住宅、学校、医院、文化、娱乐、体育等)满足项目需要的程度。

技术改造项目应分析利用企业现有场地、公用设施和辅助设施的可能性,在此基础上再进行拟建项目场(厂)址方案的研究。

三、场(厂)址选择方案的比较、遴选

场(厂)址选择方案比较、遴选的内容包括工程条件和经济性条件的比较、遴选两

大部分。

工程条件比较、遴选的内容，主要有占用土地种类及面积、地形地貌、气候条件、地质条件、地震情况、征地拆迁移民安置条件、社会依托条件、环境条件、交通运输条件、施工条件等。

经济性条件比较、遴选的内容，一是建设投资比较，主要包括土地购置费、场地平整费、基础工程费、场外运输投资、场外公用工程投资、防洪工程投资、环境保护投资以及施工临时设施费用等，应编制场（厂）址方案建设投资费用比较表；二是运营费用比较，包括原材料及燃料运输费、产品运输费、动力费、排污费和其他费用等，应编制场（厂）址方案运营费用比较表。

场（厂）址选择方案的比较、遴选可采用的技术分析方法很多，下面介绍几种常用方法。

（一）方案比较法

方案比较法是通过对项目不同选址方案的投资费用和经营费用的对比，做出选址决定。它是一种偏重于经济效益方面的场（厂）址优选方法。其基本步骤是，先在建厂地区内选择几个场（厂）址，列出可比较因素，进行初步分析比较后，从中选出两三个较为合适的场（厂）址方案，再进行详细的调查、勘察，并分别计算出各方案的建设投资和经营费用。其中，建设投资和经营费用均为最低的方案为可取方案。如果建设投资和经营费用不一致时，可用追加投资回收期法来计算，计算公式为：

$$T=\frac{K_2-K_1}{C_1-C_2}$$

式中：T——追加投资回收期；

K_1，K_2——甲、乙两方案的投资额；

C_1，C_2——甲、乙两方案的经营费用。

这个公式的实质是计算用节省的经营费用（C_1-C_2）补偿多花费的投资费用（K_2-K_1），需要多少年才能够抵消完，即增加的投资要多少年才能通过经营费用的节约收回来。

计算出追加投资回收期后，应与行业的标准投资回收期相比，如果小于标准投资回收期，说明增加投资的方案可取，否则不可取。

建设投资与经营费用的比较，可采用列表形式，可根据具体情况设计（见表6－1）。

表6－1 建设投资与经营费用对比表

项　目	方案甲	方案乙	方案丙
建设投资（K）	K_1	K_2	K_3
经营费用（C）	C_1	C_2	C_3

（二）评分优选法

评分优选法可分三步进行：首先，在场（厂）址方案比较表中列出主要判断因素；其次，将各判断因素按重要程度给予一定的比重因子和评价值；最后，将各方案所有比重因子与对应的评价值相乘，得出指标评价分，其中评价分最高者为最佳方案。采用评分优选法的关键是确定比重因子和评价值。利用评分优选法比较的步骤如下：

第一步,确定方案比较的判断因素。

第二步,根据各方案的实际条件给出比重因子和指标评价值。指标评价值的确定,有的可根据经验判断,有的可根据已知数据计算出其中一个方案的指标值在总评价值中的比重。

第三步,根据比重因子求出各方案每项指标的评价分和不同方案的评价分总和。评价分为比重因子与评价值的乘积。

(三)最小运输费用法

如果项目几个选址方案中的其他因素都基本相同,只有运输费用是不同的,则可用最小运输费用法来确定场址。

最小运输费用法的基本做法是分别计算不同选址方案的运输费用,包括原材料、燃料的运进费用和产成品的运出费用,选择其中运输费用最小的方案作为实施方案。在计算时,要全面考虑运输距离、运输方式、运输价格等因素。

【例】 某重型汽车发动机厂的场(厂)址选择有两个可供比选的方案,如表6-2所示,利用评分优选法进行选择。比较的过程如表6-3与表6-4所示。

表6-2 发动机厂的厂址方案比较

序号	指标(判断因素)	方案甲	方案乙
1	厂址位置	某市半山工业区	某市重型汽车厂附近
2	占地面积	占地面积14.8万平方米	占地面积36万平方米
3	可利用固定资产原值	2 900万元	7 600万元
4	可利用原有生产设施	没有	生产性设施14.7万平方米,现有铸造车间3.4万平方米,其中可利用1.9万平方米
5	交通运输条件	无铁路专用线	有铁路专用线
6	土方工程量	新建3万平方米厂房和公用设施,填方6万平方米	无大的土方施工量
7	所需投资额	7 500万元	5 000万元
8	消化引进技术条件	易于掌握引进技术	消化引进需较长时间

表6-3 指标评价值表

序号	指标(判断因素)	不同方案的指标评价值		指标评价值之和
		方案甲	方案乙	
1	厂址位置	0.350	0.650	1.000
2	占地面积	0.300	0.700	1.000
3	可利用固定资产原值	0.276	0.724	1.000
4	可利用原有生产设施	0.000	1.000	1.000
5	交通运输条件	0.200	0.800	1.000
6	土方工程量	0.100	0.900	1.000
7	所需投资额	0.400	0.600	1.000
8	消化引进技术条件	0.800	0.200	1.000

表6-4　方案评价分计算结果

序号	指标(判断因素)	比重因子(WF)	不同方案的指标评价分		指标评价分之和
			方案甲	方案乙	
1	厂址位置	15%	0.052 5	0.097 5	0.150 0
2	占地面积	15%	0.045 0	0.105 0	0.150 0
3	可利用固定资产原值	10%	0.027 6	0.072 4	0.100 0
4	可利用原有生产设施	10%	0.000 0	0.100 0	0.100 0
5	交通运输条件	5%	0.010 0	0.040 0	0.050 0
6	土方工程量	10%	0.010 0	0.090 0	0.100 0
7	所需投资额	15%	0.060 0	0.090 0	0.150 0
8	消化引进技术条件	20%	0.160 0	0.040 0	0.200 0
	合　计	100%	0.365 1	0.634 9	1.000 0

以上计算表明,乙方案得分高于甲方案,所以应选乙方案。

经过对工程条件和经济性条件的比较、遴选,提出推荐场(厂)址方案,并绘制场(厂)址地理位置图。在地形图上,标明场址的四周界址、场(厂)址内生产区、办公区、场外工程、取水点、排污点、堆场、运输线等的位置以及与周边建筑物、设施的相对位置。

第二节　环境保护条件分析

投资项目一般会引起项目所在地自然环境、社会环境和生态环境的变化,对环境状况、环境质量产生不同程度的影响。环境保护条件分析主要是研究确定项目产生的污染物和污染源,并提出适当的治理措施,以达到排放标准。

一、环境保护概述

(一)环境保护和环境污染的概念

环境保护是指采取行政的、法律的、经济的、科学的等多方面措施,合理地利用自然资源,防止环境污染和破坏,以求保持和发展生态平衡,扩大自然资源的再生产,保障人类社会的发展。环境污染是指由于人类活动引起环境质量下降,从而有害于人类及其他生物的正常生存和发展的现象。危害自然环境的主要因素有废水、废气、废渣、粉尘、垃圾、放射性物质以及噪声等,其中对环境危害最大的是废水、废气和废渣,简称"三废污染"。

(二)工业项目是环境的重要污染源

工业生产所造成的环境污染已经严重地影响了人们的生活和生产。工业项目造成自然环境和生态平衡被破坏,主要原因可归结为三个方面:一是生产中投入的物料,如有毒或易爆的投入物,在没有密封和安全设施的情况下,会污染自然环境。二是生产过程中产生的污染，如生产过程中产生的“三废”或噪声，直接对空气、土壤和水质等自然环境产生污染或加大了噪声强度。三是来自项目的产出物，有些产出物对周围环境产生有害影响，有些产出物对生态产生不良影响。如某些化肥和农药，在使用时若不遵守使用规则，将会对环境产生不良影响。

许多工业发达国家，已经明确提出了以预防为主的环保对策，变事后处理为事先排除，以达到从根本上保护自然环境平衡的目的。从我国目前的情况看，资源利用率低，综合利用也较差，这是我国工业生产污染严重的主要原因。

（三）环境保护评价的内容

在项目评估报告中，应对项目的环境保护情况做专题论述。论述的主要内容应包括：①建设地区的环境现状；②主要污染源和主要污染物；③资源开发可能引起的生态变化；④采用的环境保护标准；⑤控制污染和生态变化的初步方案；⑥环境保护投资估算；⑦环境影响评价的结论或环境影响分析；⑧存在的问题与建议。

二、环境保护方案设计的原则和要求

（一）环境保护方案设计的原则

为了保护人类赖以生存的环境，实施可持续发展战略，多年来我国相继制定了一系列法律、法规，不仅便于环境影响评价，也为设计环境保护方案提供了政策依据。我国环境保护方面的法律、法规和政策主要有：1989 年颁布的《中华人民共和国环境保护法》（2014 年进行了修订，2015 年 1 月 1 日起施行，修订后的环保法共七章七十条，与 1989 年颁布的六章四十七条相比，有了较大变化），1984 年颁布的《中华人民共和国水污染防治法》（1996 年和 2008 年进行了修订，2017 年再一次进行修订并于 2018 年 1 月 1 日起施行），1998 年国务院发布的《建设项目环境保护管理条例》（2017 年国务院通过“国务院关于修改《建设项目环境保护管理条例》的决定”），1999 年原国家环保总局发布的《关于建设项目环境影响评价制度有关问题的通知》，2002 年颁布、2003 年 9 月 1 日起施行的《中华人民共和国环境影响评价法》（2018 年进行修订），2014 年国务院发布的《水污染防治行动计划》和国务院办公厅发布的《推进环境污染第三方治理的意见》等。环境保护方案设计的原则特别要依据新修订的《环境保护法》。新的环保法增加规定“保护环境是国家的基本国策”，并明确了“环境保护坚持保护优先、预防为主、综合治理、公众参与、污染者担责的原则。”

根据国家相关法律、法规和政策，在项目评估阶段进行环境保护方案设计应遵循如下原则：

1. 预防为主和环境影响最小化原则

大多数的投资项目，对自然环境及其生态系统都或多或少地会产生负面影响。因此，在方案设计时就要借鉴成熟的经验和运用科学知识，防止负面影响的产生，或把负面影响降低到最小限度。

2. 资源消耗减量化原则

项目建设一般要消耗大量的资源和能源，必须采取措施把资源和能源消耗，特别是不可再生资源的消耗降到最低限度，故应尽可能采用节能、节水设备和环保型材料等。

3. 优先使用可再生资源原则

资源是有限的，特别是不可再生资源，一旦资源耗竭将威胁到整个人类的发展和生存。因此,要尽可能地利用可再生资源,如用可再生能源替代石油和煤炭,用替代材料取代金属材料和木材。

4. 资源循环利用原则

鉴于资源的稀缺性,对于可循环利用的资源应当重复利用。如建筑工程中大部分废弃物经过分选、加工和处理都是可以循环使用的,因此,拆除的建筑材料应在整理后重复使用。

5. 工程材料无害化原则

在工程材料的选择上,必须选择无毒、无害、易处理、易回收的材料,而不要选择那些对人体和环境有害的材料。特别是装饰材料,要选择对人体健康无害或负面影响较小的材料。

(二)环境保护方案设计的要求

1. 控制污染源,使污染物的产生降低到最小限度

(1)新建、改扩建和技术改造项目,以及一切可能对环境造成污染的项目,必须坚持"三同时"原则,即环境治理设施应与项目的主体工程同时设计、同时施工、同时投产使用。

(2)凡是造成环境污染或产生其他公害的项目,要把消除污染、改善环境和节约资源作为加强经营管理的重要内容,推广清洁生产方式,尽量采用闭路循环工艺,大量减少"三废"的排放量。

(3)积极研究和采用无污染或低污染的先进工艺、技术和设备,推广使用环境保护新技术。

(4)从国外引进技术和设备的项目,必须遵守我国环境保护的法律、法规和政策,不得损害我国的环境权益,严禁将国外、境外列入危险性清单中的有毒、有害废物和垃圾转移到我国境内处置,严格防止转移污染物。

2. 控制污染排放

坚持污染物排放总量控制和达标排放的要求。污染物排放必须坚决执行相应的环境保护标准,达标后才允许排放。

3. 综合利用,减少排放

从建设方案设计着手,应对废弃物中所含的有害物质或余能进行再利用,制成副产品回收或投入生产中循环使用。可采用下列积极措施:

(1)选择合理的燃料结构,改善燃烧方式,加强废渣和废水的综合利用,防止排放污染。

(2)对污水进行净化处理,循环使用,应提出回水处理和再利用方案。

三、环境保护方案的内容

(一)环境质量现状调查与分析

要对项目建设地区环境质量现状进行调查、描述并进行原因分析,一般主要指调查地表水、环境空气和声学环境质量现状。对于依托原有企业改扩建的项目,还要调查、描述原有污染源及治理达标情况,一般包括废水、废气、噪声和固体废弃物的污染及治理情况。

（二）污染源和污染因素分析

污染源和污染因素分析主要是分析项目建设和生产运营过程中，有哪些污染环境或导致环境质量恶化的污染源和主要污染因素。

1. 污染环境因素分析

这主要是分析生产过程中产生的各种污染源，计算其排放的污染物数量及对环境的污染程度。

（1）废气。分析可能的气体排放点，计算污染物的产生量、排放量、有害成分和浓度，分析其排放特征及对环境的危害程度。

（2）废水。分析工业废水（废液）和生活污水的排放点，计算污染物的产生量、排放量、有害成分和浓度，分析其排放特征、排放去向及对环境的危害程度。

（3）固体废弃物。分析估算固体废弃物的产生量、排放量、有害成分及其对环境造成污染的程度。

（4）噪声。分析噪声源位置，计算声压等级，分析噪声特征及其对环境危害的程度。

（5）粉尘。分析粉尘排放点，计算其产生量、排放量，分析其成分、特征、排放方式及其对环境的危害程度。

（6）其他污染物。分析生产过程中产生电磁波、放射性物质等污染物的位置、特征，计算其所产生污染物的强度值及其对周围环境的危害程度。

2. 破坏环境因素分析

这主要是分析项目建设施工和生产运营过程中可能对环境造成破坏的因素，预测其破坏程度，包括以下方面：

（1）对地形、地貌等自然环境的破坏。

（2）对森林草地植被的破坏，如土壤退化、水土流失等。

（3）对社会环境、文物古迹、风景名胜区、水源保护区的破坏。

（三）环境保护和治理方案设计

1. 明确环境保护和治理方案设计的标准

在对污染物和污染源进行详细分析的基础上，有针对性地明确环境保护和治理方案设计应执行的标准，作为进行环境保护和治理方案设计的依据。这些标准等同于环境影响评价的标准，主要包括环境质量标准、污染物排放标准和总量控制指标三类。

2. 治理措施

应根据项目的污染源和排放污染物的性质，采用不同的治理措施：

（1）治理废气污染，可采用冷凝、吸附、燃烧和催化转化等方法。

（2）治理废水污染，可采用物理法（如重力分离、离心分离、过滤、蒸发结晶、高磁分离等）、化学法（如中和、化学凝聚、氧化还原等）、物理化学法（如离子交换、电渗析、反渗透、气泡悬上分离、汽提吹脱、吸附萃取等）、生物法（如自然氧池、生物滤化、活性污泥、厌氧发酵）等方法。

（3）治理固体废弃物污染，有毒废弃物可采用防渗漏池堆存；放射性废弃物可采用封闭固化；无毒废弃物可采用露天堆存；生活垃圾可采用卫生填埋、堆肥、生物降解或者焚烧方式处理；无毒害固体废弃物可被加工制作建筑材料或者作为建材添加物，进行综合利用。

(4)治理粉尘污染,可采用过滤除尘、湿式除尘、电除尘等方法。

(5)治理噪声污染,可采用吸声、隔音、减振、隔振等措施。

(6)治理因建设和生产运营造成的环境破坏,对岩体滑坡、植被破坏、地面塌陷、土壤劣化等,应提出相应的治理方案。

最后,还应分析可行性研究报告的环境治理方案中是否列出了所需的设施、设备和相应的投资费用。

3. 治理方案的比较、遴选

对环境治理的各局部方案和总体方案进行技术、经济比较,并做出综合评价。比较的主要内容有:

(1)技术水平对比:分析对比不同的环境保护治理方案所采用的技术和设备的先进性、适用性、可靠性和可得性。

(2)治理效果对比:分析对比不同的环境保护治理方案在治理前及治理后环境指标的变化情况,以及能否满足环境保护法律、法规的要求。

(3)管理及监测方式对比:分析对比各治理方案所采用的管理和监测方式的优缺点。

(4)环境效益对比:将环境治理和保护所需的投资和环保设施运行费用与所获得的收益相比较,效益费用比值较大的方案为优。

治理方案经比较、遴选后,提出推荐方案。

四、环境影响评价

《中华人民共和国环境影响评价法》规定国家应根据建设项目对环境的影响程度,对建设项目的环境影响评价实行分类管理。建设单位应当按照下列规定组织编制环境影响报告书、环境影响报告表或者填报环境影响登记表(以下统称环境影响评价文件):

(1)可能造成重大环境影响的,应当编制环境影响报告书,对产生的环境影响进行全面评价;

(2)可能造成轻度环境影响的,应当编制环境影响报告表,对产生的环境影响进行分析或者专项评价;

(3)对环境影响很小、不需要进行环境影响评价的,应当填报环境影响登记表。

建设项目的环境影响评价分类管理名录,由国务院环境保护行政主管部门制定并公布。

建设项目的环境影响报告书应当包括下列内容:

(1)建设项目概况;

(2)建设项目周围环境现状;

(3)建设项目对环境可能造成影响的分析、预测和评估;

(4)建设项目环境保护措施及其技术、经济论证;

(5)建设项目对环境影响的经济损益分析;

(6)对建设项目实施环境监测的建议;

(7)环境影响评价的结论。

环境影响报告表和环境影响登记表的内容和格式,由国务院环境保护行政主管部门制定。

建设项目的环境影响评价文件未依法经审批部门审查或者审查后未予批准的，建设单位不得开工建设。建设项目建设过程中，建设单位应当同时实施环境影响报告书、环境影响报告表以及环境影响评价文件审批部门审批意见中提出的环境保护对策措施。

2022 年，为贯彻落实党中央、国务院决策部署，全力扩大国内需求，发挥有效投资的关键作用，全面加强基础设施建设，强化重大投资项目环评服务保障，生态环境部《关于做好重大投资项目环评工作的通知》要求各地环境部门不断优化审批流程，创新服务方式，提升环评审批服务标准化、规范化、便利化水平，提高审批效率，全力推进“十四五”规划重大工程、水利及交通等基础设施、煤炭保供、涉及补链强链的高技术产业等重大投资项目落地见效。对符合生态环境保护要求的重大投资项目实施即报即受理即转评估，在法定审批期限内进一步压缩审批时间。指导建设单位按照《建设项目环境影响报告表》内容、格式及编制技术指南，取消评价等级判定、模型预测，简化环境质量现状监测，切实缩短报告表编制时间，降低编制成本。在环评审批方式上，生态环境部门也进行了改革试点，对需编制环境影响报告表的等级公路、城市道路、生活垃圾转运站、污水处理厂等项目，位于相同市级或县级行政区且项目类型相同的，可“打捆”开展环评审批；对公路、铁路、水利水电、光伏发电、陆上风力发电等基础设施建设项目和保供煤矿项目，在严格落实各项污染防治措施的基础上，环评审批可不与污染物总量指标挂钩。对不涉及禁止开发区域、环境影响简单的城市轨道交通规划和项目，规划环评与项目环评统筹推进、压茬审查审批；对于跨省的不含水库的防洪治涝工程、不含水库的灌区工程、研究和实验发展项目、卫生项目，探索开展环评审批改革试点。

鼓励地方细化“两高”项目范围，重点关注规模大、能耗高、排放量大的基础原材料加工项目，更加精准地管控“两高”项目。对纳入台账的拟建重大投资项目，各省级生态环境部门要主动对接、及时提醒建设单位落实环评主体责任，掌握项目环评进展，防范“未批先建”违法行为发生。

第三节 资源条件分析

这里的资源是指可供项目开发利用，并且为项目需要的自然资源，如矿藏、农林、生物、土地及水资源等。资源条件直接关系到资源开发项目开发方案和建设规模的确定。资源开发项目包括：金属矿、煤矿、石油天然气矿、建材矿、化学矿、水利水电和森林采伐等项目。在项目评估阶段，应对资源开发利用的可能性、合理性和可靠性进行分析和评价，为确定项目的开发方案和建设规模提供依据。

一、资源的分类与特点

（一）资源的分类

从不同角度，可对资源进行如下分类：

1. 可再生资源与不可再生资源

按照能否再生可将资源分为可再生资源和不可再生资源两类。可再生资源是指能够通过大自然的作用不断再生的资源,包括动物、植物等生物资源(有机体)和水;不可再生资源是指在人类可观测的时间限度内不能自生、恢复的矿产资源,如金属矿、石油、天然气、煤炭和其他一些非金属矿。

2. 可枯竭资源和不可枯竭资源

按照是否会枯竭可将资源分为可枯竭资源和不可枯竭资源两类。不可枯竭资源包括水、太阳能、风能和土地等;而可枯竭资源包括全部不可再生资源。若可再生资源利用不当,也会减少和枯竭,如生物资源。

3. 物质资源与生态资源

按照联合国制定的分类标准,自然资源又可分为物质资源与生态资源两类。物质资源是指人们直接消费和间接消费的资源,主要指矿产资源和生物资源;生态资源是指能保持生物圈生态平衡,从而确保人类正常的生活环境,完成一系列基本的生命重要职能的物质体系。一般将能容纳人类活动所产生的废物的资源,如空气、水和土壤等,归为生态资源。

(二)资源的特点

自然资源一般具有有限性和分布不均衡性两方面的特点。

1. 资源的有限性

通常来说,自然资源在一定范围内都是有限的,特别是矿产资源,需要在特定条件下,经过漫长的地质年代才能形成。资源开采和使用多少,其储量就减少多少。即使是不可枯竭资源,如土地和水资源,在一定时期和一定范围内也是有限的。自古以来,人类为了生存,一直在不同程度地开发和利用各种矿产资源,并且随着人口的增加和社会生产力的不断提高,对资源的消耗越来越多。特别是我国属人口大国,人均资源占有量原本很低,而随着人口的增加,人均资源占有量还在逐渐降低。资源的有限性已经在一定程度上开始成为经济发展的制约条件,如不加重视,这种制约会越来越严重,某些资源的短缺甚至有可能影响到国家安全。因此,如何合理开发和利用有限的资源,实现可持续发展目标,就成为人们普遍关心的问题,同样也成为项目评估的重要内容之一。

2. 资源分布的不均衡性

资源分布的不均衡性是不以人们意志为转移的客观事实。这种不均衡不仅体现在我国国内,同时也体现在全球。从全球看,俄罗斯是资源相对丰富的国家,日本是资源相对贫乏的国家,而我国则属人均资源相对贫乏的国家。从我国国内看,大部分矿产资源集中在西部和北部。因此,在对自然资源进行开发利用的过程中,必须正视资源分布不均衡的具体情况,因势利导,扬长避短,制定合理的资源开发方案。

二、资源优化配置的重要性

经济增长是靠消耗大量资源来实现的,投资项目或多或少都要直接或间接地消耗资源。有些项目本身即为资源开发项目,例如石油、天然气、金属或非金属矿等矿产资源的开发项目;有些项目要大量直接利用资源,如以石油或其炼制产品、天然气、煤炭等为原料的加工项目。但是,资源是有限的,因此必须考虑如何合理利用有限资源,使其发挥最佳效益,也就必须考虑资源优化配置的问题。由于我国资源分布的不均衡性,需要从国家整体考虑,在国家资源利用总体规划的指导下,采用切实可行的方案,实现资源利用的经济性和合理性。这是因为资源是国民经济和社会发展的重要物质基础,而当前我国相当多的资源,特别是某些矿产资源供需矛盾突出,后备资源紧缺,开发方式粗放,结构和布局不合理,这种状况亟待改变。因此,无论是在可行性研究阶段还是在项目评估过程中,都必须充分考虑资源优化配置的问题,把资源优化配置与国家的可持续发展目标联系起来。只有在每个资源开发和利用项目的投资决策中都能充分考虑这个问题,才能在实现经济增长的同时,实现可持续发展的目标。

三、资源开发利用的基本要求

(一)符合资源总体开发规划的要求

资源开发项目应在总体开发规划的指导下合理开发。例如,煤炭开采项目,应符合煤田区域开发规划;油气田开采项目,应符合油气田区域开发规划;水利水电项目,应符合流域综合开发规划和国土整治要求。

(二)符合资源综合利用的要求

对资源的开发利用,要达到多层次、多目标综合利用的要求,避免浪费资源。对于多金属、多有用化学元素共生矿、油气混合矿等资源开发的项目,应根据资源特征提出资源综合利用方案,做到物尽其用。

(三)符合节约资源和可持续发展的要求

对资源的开发利用,要注意资源供应的数量、质量、服务年限、开采方式和利用条件等,尽量做到经济合理地开发;应处理好远期与近期的关系,力求节约资源。对可再生资源的开发利用,要保证资源的连续补偿,达到可持续地发展和应用。

(四)资源储量和品质的勘探深度应达到规定要求

对资源的开发利用要注意资源储量和品质的勘探深度,以确保资源开发项目实现设定的生产规模和开采年限。在编制资源开发项目的评估报告时,矿产开采项目应附有国家矿产资源储量委员会批准的储量报告;水利资源开发项目应附有相关部门批准的水利资源流域开发规划;森林采伐项目应附有相关部门批准的采伐复垦规划。

四、资源条件评价

资源条件评价主要是对拟开发利用资源的合理性、可利用量、自然品质、赋存条件、开发价值进行评价。

(一)资源开发的合理性

评价资源开发合理性的重点是明确项目所需资源的性质和种类,评价其是可再生资源还是不可再生资源。对于不可再生的资源,特别是某些稀缺的矿产资源,在分析拟建项目开发方案时,首先应根据国家矿产资源开发利用规划,分析研究这些资源近期与远期开发量的关系,资源保护、储备与可持续发展的关系。

(二)资源可利用量

评价资源可利用量,就是要分析资源的供应数量、质量及服务年限,能否多层次开发利用,以及资源的开采供应方式;根据拟建项目的性质,研究矿产资源的可采储量或水利水能资源的蕴藏量或森林资源的蓄积量,提出合理的开发(开采)规模和开发(开采)年限。对于矿产开采项目,应根据国家矿产资源储量委员会批准的储量报告,在进一步勘探核查的基础上,提出项目的矿产可采储量;对于水利水能开发项目,应根据流域开发总体规划,分析研究拟建项目河段内的年径流量、水位落差,并提出水利水能资源合理开发的利用量;对于森林采伐项目,应根据森林蓄积量的调查资料,以及有关部门批准的采伐复垦计划,研究提出项目的原木可采伐量。

(三)资源自然品质

评价资源的自然品质,要注意根据拟建项目的特点分析资源的品质,为制定项目技术方案提供依据。对于金属矿和非金属矿开采项目,应分析研究矿石的品位、物理性能和化学成分、洗选难易程度;对于煤炭开采项目,应分析研究煤炭的热值、灰分、硫分、结焦性能等;对于石油天然气开采项目,应分析研究油气的化学成分、物理性能(黏度、凝固点等);对于水利水能开发项目,应分析研究河床稳定性、泥沙含量、有机物含量、水体形态(水位、水温、流速)等。

(四)资源赋存条件

评价资源赋存条件,要注意分析研究资源的地质构造和开采难易程度,以便确定开采方式和设备方案。对于矿产开采项目,应分析地质构造、岩体性质、矿体结构、矿层厚度、倾斜度、埋藏深度、灾害因素、涌水量等;石油天然气开采项目,应分析研究油气藏压力、含油气地质构造、孔隙率、渗透率等;对于水利水能开发项目,应分析研究拟建项目河段内地质构造、地震活动和其他危害因素以及水能梯级分布情况等。其中,对于稀缺资源,还需分析开辟新资源的可能前景及其他替代途径。

(五)资源开发价值

对资源开发价值进行评价,应密切注意科技进步对资源的发现和利用的影响,采用先进的科学技术手段,提高对资源的深加工程度、资源的开发利用价值,提高资源利用的经济效益。对于矿产开采项目,应分析计算每吨矿产品生产能力投资、每吨矿产品开采成本等指标;对于森林采伐项目,应分析每立方米原木生产能力投资;对于水利水能开发项目,应分析每吨供水能力投资、每千瓦电力装机容量投资,以及防洪、灌溉、航运、养殖等综合利用的效益。

第四节 原材料及燃料动力条件分析

在分析确定项目产品方案、技术方案和设备方案的同时,还应对项目所需的原材料、辅助材料和燃料的品种、规格、成分、数量、价格、来源及供应方式进行分析论证,以确保项目建成后正常生产运营,并为计算生产运营成本提供依据。

一、主要原材料供应方案分析

主要原材料是项目建成后生产运营所需的主要投入物。在建设规模、产品方案、技术方案确定后,应对所需主要原材料的品种、规格、成分、质量、数量、价格、来源、供应方式和运输方式进行分析。每个项目所需的原材料是多种多样的，在项目评估阶段，没有必要对项目所需的全部原材料进行分析评价，应着重对几种主要的或关键性的原材料的供应条件进行分析评价。技术改造项目应结合企业使用原材料的数量、品种、来源、供应方式和运输方式现状，作统筹分析。

（一）分析确定原材料的品种、数量和质量

1. 确定原材料的品种和数量

根据项目产品方案，详细分析并提出所需各种物料的品种、规格。在分析评价时，应根据项目的设计生产能力、选用的工艺技术和使用的设备来估算所需原材料的数量，并分析预测其供应的稳定性和保证程度。为了保证正常生产，应根据生产周期、生产批量、采购运输条件等计算物料的经常储备量，同时还要考虑保险储备量和季节储备量。保险储备量是指为预防物料延滞到货的风险而增加的储备量；季节储备量是指为预防由于季节变化可能导致的物料供应量、供应价格变化而增加的储备量。经常储备量、保险储备量和季节储备量三者之和为物料储备总量（即最高储备量），它是生产物流方案（包括运输、仓库等设施）分析的依据。

2. 确定原材料的质量

根据产品方案和技术方案，研究确定所需原材料的质量与性能（包括物理性能和化学成分）要求。一般来说，投入物的质量与性能对项目的生产工艺、产品的质量和资源利用程度影响极大，因此，必须分析投入物的质量与性能是否符合特定项目的要求。为确保采购的原材料、辅助材料的质量符合生产工艺要求，应提出建立必要的检验、化验和试验设施。

（二）分析确定供应来源与方式

1. 供应企业和地区的研究

对可以从市场采购的原材料和辅助材料，应确定采购的地区。有特殊要求的原材料，应提出拟选择的供货企业及供货方案。

2. 供应方式的选择

供应方式一般有市场采购、投资建立原料基地、投资供货企业扩大生产能力几类。应根据项目自身的特点选择经济合理的供应方式。

3. 进口原材料的供应

应调查研究国际贸易情况，分析拟选择的制造企业和供应企业的资信情况，确保原材料供应的可靠性。

4. 大宗原材料的供应

应调查研究主要供应企业的生产经营情况，决定是否与拟选择的供应企业签订供货意向协议。

（三）分析确定运输方式

根据项目所需物料的形态（固态、液态、气态）、运输距离、包装方式、仓储要求、运输费用等因素，研究确定物料的运输方式。对物料运输所需的设备和设施，应充分依靠社会运输解决。特殊物料运输，如易燃、易爆、易腐蚀、剧毒、有辐射性的物料等，应按照政府部门发布的安全规范要求，提出相应的运输方案。调查大宗原材料的运输是否与拟选择的运输企业签订运输意向协议。项目所需主要原材料运输费用的高低，对项目生产的连续性和产品成本的高低都有很大的影响。运输费用的高低与运输距离的长短

及采用的运输方式是密切相关的，所以就地取材、缩短距离、采用合理的运输方式，将有助于降低运输费用，从而也会减少产品成本。为此，在分析评价时，应分析计算项目运输能力和运输费用，以做出正确的评价。

（四）分析选取原材料价格

在市场预测的基础上，对主要原材料的出厂价、到厂价，以及进口物料的到岸价和有关税费等做进一步计算，并进行比较、遴选。一般来说，项目主要投入物的价格是影响项目经济效益的关键因素，所以不但要观察主要投入物价格目前的变化动向，还要预测未来的变化趋势。要充分估计到原材料供应的弹性和互补性，确保原材料的合理替换和选择，这实质上是体现了资源优势利用和加工工艺的经济合理性。

二、燃料动力供应方案分析

项目所需燃料动力包括生产工艺用燃料动力、公用和辅助设施用燃料动力、其他设施用燃料动力。燃料动力是项目建设和生产过程中的基本要素和重要的物质保证。建设和生产过程中所需的燃料通常有煤炭、石油和天然气等，所需动力主要有电力、蒸汽和水等。

燃料动力供应条件的分析评价包括以下主要内容：

（一）分析和评价项目对燃料的需求能否得到满足

首先，要依据产品的生产过程、成本、质量及区域环境等，根据要求选择燃料种类；其次，还要分析燃料供应政策、供应数量、质量、来源及供应方式等。如果是消耗大宗燃料的项目，还要落实燃料的运输及储存设施。

（二）分析和评价供水条件

工业用水范围是极为广泛的，而且用水量也较大，在分析评价时，要根据项目对水源、水质的要求，计算出项目的用水量，再结合当地的供水价格，分析耗水费用对产品成本的影响。同时，要考察工业用水的循环设施和生产中污水净化设施是否具备，供水泵站及管网等设施是否完善。

（三）分析和评价供电条件

电力是工业生产的主要动力。对耗电量大而又要求连续生产的工业项目（如轧钢），需要分析估算项目最大用电量、高峰负荷、备用量、供电来源，还要按生产工艺要求计算日耗电量、年耗电量以及对产品成本的影响，要尽可能地保证动力供应的稳定性。

（四）分析和评价其他动力供应条件

在分析评价时，还要对产品生产中所需的其他动力（如各种汽、气等）的总需要量进行测算，并分析其对产品成本的影响。

三、主要原材料、燃料供应方案的比较、遴选

对可行性研究报告推荐的主要原材料、燃料供应方案进行比较、遴选的主要内容有：①原材料、燃料动力满足生产要求的程度，即原材料、燃料动力在品种、质量、性能、数量上能否满足项目建设规模、生产工艺的要求。②采购来源的可靠程度，包括原材料、燃料供应的稳定程度（包括数量、质量）和大宗原材料、燃料运输的保证程度。③价格和运输费用是否经济合理。对价格的比较、遴选，一般采用定性比较，必要时可采用定量分析，如单位产品边际利润法、盈亏平衡法和原材料最低成本法；对运输费用来说，

主要应比较、遴选运输方式和单位运量的费用(如吨/公里运费)。

第五节 节能措施分析

在分析技术方案、设备方案和工程方案时,对能源消耗量大的项目,应提出节约能源措施,并对能耗指标进行分析。

一、项目建设节能的原则与要求

当今能源建设已成为世界性的重大问题之一,各国对能源问题都给予了极大关注。合理利用能源、降低能耗被列为经济发展的重大课题。

能源一般分为一次能源和二次能源。煤、石油、天然气等,没有经过加工或转换,称为一次能源;煤气、电力、汽油、煤油、焦炭等,是在一次能源基础上经过加工转换而来的,称为二次能源。所谓节约能源,是指通过技术进步、合理利用、科学管理和经济结构优化等,以最小的能源消耗取得最大的经济效益。节能的环节和表现尽管各不相同,但都以一次能源节约为最终目的。节能量一般以标准煤吨为计算单位。

我国解决能源问题的方针是开发与节约并举,把节约放在首位。节能工作是一种特定形式的"能源开发",是解决我国能源供应紧张、保护能源资源、保护环境的有效途径。我国目前的能源利用水平远低于经济发达国家,节能工作的基础还很薄弱,节能潜力很大。

(一)项目建设方案要体现合理利用和节约能源的方针

节能是我国发展经济的一项长远战略方针。1997 年公布实施的《中华人民共和国节约能源法》是我国关于节约能源的基本大法。该法明确要求:"国务院和省、自治区、直辖市人民政府应当在基本建设、技术改造资金中安排节能资金,用于支持能源的合理利用以及新能源和可再生能源的开发","固定资产投资项目的可行性研究报告,应当包括合理用能的专题论证。固定资产投资项目的设计和建设,应当遵守合理用能标准和节能设计规范","达不到合理用能标准和节能设计规范的项目,依法审批机关不得批准建设;项目建成后,达不到合理用能标准和节能设计规范要求的,不予验收","禁止新建技术落后、耗能过高、严重浪费能源的工业项目","对落后的耗能过高的用能产品、设备实行淘汰制度"。

项目的建设方案(包括工艺、设备、公用辅助设施)应按照上述法规的要求,依据国家和行业有关节能的标准和规范合理设计,起到提高能源利用效率,促进国民经济向节能型发展的作用。在项目评估时,应分析项目可行性研究报告中是否包括合理用能的专题论证。

(二)项目可行性研究报告应遵守有关单列"节能篇(章)"的规定

早在 1992 年,原国家计委、国务院原经贸办、建设部就规定基本建设和技术改造工程项目可行性研究报告要增列"节能篇(章)"。1997 年,原国家计委、原国家经贸委、建设部重新发布了《关于固定资产投资工程项目可行性研究报告"节能篇(章)"编制及评估的规定》,规定固定资产投资工程项目可行性研究报告必须包括"节能篇(章)",

"节能篇(章)"应经有资格的咨询机构评估,凡无"节能篇(章)"的可行性研究报告,建设项目的主管部门不予受理。在项目评估时,应分析项目可行性研究报告中是否必须单列"节能篇(章)"。

《关于固定资产投资工程项目可行性研究报告"节能篇(章)"编制及评估的规定》中,对"节能篇(章)"的内容和深度也做出了明确的规定:"节能篇(章)"在对节能措施进行综述的同时,应分析建设项目的建筑、设备、工艺的能耗水平和其所生产的用能产品的效率或能耗指标。所以,在项目评估时,应严格考察项目可行性研究报告中"节能篇(章)"的内容是否符合有关规定。

(三)节能方案应符合技术要求

节能方案应符合相关建设标准、技术标准和《中国节能技术政策大纲》中的节能要求。单位建筑面积能耗指标、工艺和设备的合理用能、主要产品能源单耗指标要以国内先进能耗水平或参照国际先进水平作为设计依据。

二、分析评价节能方案

(一)节能措施

项目的节能措施主要包括:①采用先进的技术和设备,提高能源利用效率,降低能源消耗。②回收利用生产过程中产生的余热、余压及可燃气体。③对炉窑、工艺装置及热力管网系统分别采取有效的保温措施。④合理利用热能,尽可能避免生产工艺中能量的不合理转换。例如,单台容量20吨/小时及以上、热负荷年利用大于4 000小时的工业锅炉应采用热电联产。关于热电联产应遵循原国家计委、国家经贸委、建设部和国家环保总局发布的《关于发展热电联产的规定》。

(二)能耗指标分析

采取节能措施后,还应对拟建项目的能耗指标进行分析。具体方法是:计算单位产品消耗各种能源的实物量,折算成标煤消耗量,进行分析对比。能耗指标一般应达到国内外同行业先进水平。另外,对于技术改造项目,还应详细说明企业能源利用现状,以及改造后合理利用能源、降低能耗的效果。

三、节能审查

为促进固定资产投资项目科学合理地利用能源,从源头上杜绝能源浪费,提高能源利用效率,加强能源消费总量管理,根据《中华人民共和国节约能源法》《中华人民共和国行政许可法》《公共机构节能条例》,于2016年11月27日颁布了《固定资产投资项目节能审查办法》,自2017年1月1日起施行。2010年9月17日颁布的《固定资产投资项目节能评估和审查暂行办法》(国家发展和改革委员会令第6号)同时废止。该办法规定,固定资产投资项目节能审查意见是项目开工建设、竣工验收和运营管理的重要依据。对于政府投资项目,建设单位在报送项目可行性研究报告前,需取得节能审查机关出具的节能审查意见。对于企业投资项目,建设单位需在开工建设前取得节能审查机关出具的节能审查意见。未按本办法规定进行节能审查,或节能审查未通过的项目,建设单位不得开工建设,已经建成的不得投入生产、使用。

（一）节能审查

固定资产投资项目节能审查由地方节能审查机关负责。国家发展改革委核报国务院审批以及国家发展改革委审批的政府投资项目，建设单位在报送项目可行性研究报告前，需取得省级节能审查机关出具的节能审查意见。国家发展改革委核报国务院核准以及国家发展改革委核准的企业投资项目，建设单位需在开工建设前取得省级节能审查机关出具的节能审查意见。年综合能源消费量 5 000 吨标准煤以上（改扩建项目按照建成投产后年综合能源消费增量计算，电力折算系数按当量值，下同）的固定资产投资项目，其节能审查由省级节能审查机关负责。其他固定资产投资项目，其节能审查管理权限由省级节能审查机关依据实际情况自行决定。

年综合能源消费量不满 1 000 吨标准煤，且年电力消费量不满 500 万千瓦时的固定资产投资项目，以及用能工艺简单、节能潜力小的行业（具体行业目录由国家发展改革委制定并公布）的固定资产投资项目，应按照相关节能标准、规范建设，不再单独进行节能审查。

（二）节能报告编制

建设单位应编制固定资产投资项目节能报告。项目节能报告应包括下列内容：分析评价依据；项目建设方案的节能分析和比选，包括总平面布置、生产工艺、用能工艺、用能设备和能源计量器具等方面；选取节能效果好、技术经济可行的节能技术和管理措施；项目能源消费量、能源消费结构、能源效率等方面的分析；对所在地完成能源消耗总量和强度目标、煤炭消费减量替代目标的影响等方面的分析评价。

（三）节能违规处罚

该办法规定，对未按办法进行节能审查，或节能审查未获通过，擅自开工建设或擅自投入生产、使用的固定资产投资项目，由节能审查机关责令停止建设，或停止生产、使用，限期改造；不能改造或逾期不改造的生产性项目，由节能审查机关报请本级人民政府按照国务院规定的权限责令关闭；并依法追究有关责任人的责任。

以拆分项目、提供虚假材料等不正当手段通过节能审查的固定资产投资项目，由节能审查机关撤销项目的节能审查意见。

未落实节能审查意见要求的固定资产投资项目，节能审查机关责令建设单位限期整改。不能改正或逾期不改正的，节能审查机关按照法律法规的有关规定进行处罚。

负责审批政府投资项目的工作人员，对未进行节能审查或节能审查未获通过的项目，违反本办法规定予以批准的，依法给予处分。

节能审查机关对建设单位、中介机构等的违法违规信息进行记录，将违法违规信息纳入全国信用信息共享平台和投资项目审批监管平台，在“信用中国”网站向社会公开。

第六节　节水措施分析

在分析技术方案、设备方案、工程方案时，对水资源消耗量大的项目应提出节水措施，并对水耗指标进行分析。

一、项目建设节水的原则与要求

（一）项目建设节水的原则

全面节水是缓解水资源短缺的重要途径，也是关系到我国实现资源永续利用、经济和社会可持续发展的一项战略任务。我国1978年颁布的根本大法《宪法》中就已载明“国家保护环境和自然资源”。1984年原国家经委和原城乡建设环境保护部制定了《工业用水定额（试行）》，规定了不同行业、不同规模的用水定额，在促使建设项目合理利用水资源、减少水消耗、降低生产成本等方面发挥了积极作用。1988年颁布的《中华人民共和国水法》中规定“国家实行计划用水、厉行节约用水”。1993年国家实行取水许可制度，从此结束无序取水的历史，标志着我国水资源管理进入法制化阶段。2002年5月，原国家计委和水利部颁布《建设项目水资源论证管理办法》，实行更加严格的水资源政策，要求项目建设必须充分评估水资源的承受能力，合理使用水资源。2014年国务院发布了《水污染防治计划》，严格环境准入，优化空间布局，推进循环发展，加强工业水循环利用，控制用水总量，实施严格的水资源管理，严控地下水超采，提高用水效率。可以预见，国家将进一步完善节水法规和节水管理办法，加紧组织修订重点行业用水定额，强化节水的基础工作，为水资源的高效利用和优化配置提供依据。

（二）对项目建设节水的具体要求

对项目建设节水的具体要求包括：①按照《建设项目水资源论证管理办法》的规定，从2002年5月1日起，凡是直接从江河、湖泊或地下取水的新建、改建、扩建的建设项目，如需申请取水许可证，必须委托有相应资质的单位，对其进行水资源论证，内容包括：取水水源有无保证，用水是否高效合理、是否符合节水要求，对其他用水户权益是否产生影响，等等，作为水行政主管部门审批取水许可证的依据。②项目评估报告必须依据国家和地方政府制定的主要行业用水定额标准，合理确定建设项目的用水量。③项目评估报告应按照政府提出的工业用水重复利用率的要求，采取有效的技术措施，提高水的重复利用率，降低水的消耗量。

二、节水措施

采取有效的节水措施，对于项目建设和运营来说，十分重要，尤其对于水资源消耗量大的项目，更应进行重点研究和评估。对项目节水措施的评估，可以从宏观和微观两个方面进行考察。宏观主要是从国家宏观政策上进行把握，微观主要就项目本身可能采取的一些措施进行考察。

（一）宏观方面

1. 推进循环发展

推进循环发展主要包括加强工业用水循环利用、促进再生水利用和推进海水利用等。推进矿井水综合利用，煤炭矿区的补充用水、周边地区生产和生态用水应优先使用矿井水，加强洗煤废水循环利用。鼓励钢铁、纺织印染、造纸、石油石化、化工、制革等高耗水企业废水深度处理回用。

以缺水及污染严重地区城市为重点，完善再生水利用设施，工业生产、城市绿化、道路清扫、车辆冲洗、建筑施工以及生态景观等用水，要优先使用再生水。对于具备使用再生水条件但未充分利用的钢铁、火电、化工、制浆造纸、印染等项目，不得批准其新增取水许可。

在沿海地区电力、化工、石化等行业，推行直接利用海水作为循环冷却等工业用水。在有条件的城市，加快推进淡化海水作为生活用水补充水源。

2. 控制用水总量

控制用水总量主要包括实行最严格的水资源管理和严控地下水超采。健全取用水总量控制指标体系，加强相关规划和项目建设布局水资源论证工作，国民经济和社会发展规划以及城市总体规划的编制、重大建设项目的布局，应充分考虑当地水资源条件和防洪要求。对取用水总量已达到或超过控制指标的地区，暂停审批其建设项目新增取水许可。对纳入取水许可管理的单位和其他用水大户实行计划用水管理。新建、改建、扩建项目用水要达到行业先进水平，节水设施应与主体工程同时设计、同时施工、同时投运。建立重点监控用水单位名录。

在地面沉降、地裂缝、岩溶塌陷等地质灾害易发区开发利用地下水，应进行地质灾害危险性评估。严格控制开采深层承压水，地热水、矿泉水开发应严格实行取水许可和采矿许可。依法规范机井建设管理，排查登记已建机井，未经批准的和公共供水管网覆盖范围内的自备水井，一律予以关闭。编制地面沉降区、海水入侵区等区域地下水压采方案。开展华北地下水超采区综合治理，超采区内禁止工农业生产及服务业新增取用地下水。京津冀区域实施土地整治、农业开发、扶贫等农业基础设施项目，不得以配套打井为条件。

3. 提高用水效率

提高用水效率主要包括建立用水效率评估体系和抓好工业用水。建立万元国内生产总值水耗指标等用水效率评估体系，把节水目标任务完成情况纳入地方政府政绩考核。将再生水、雨水和微咸水等非常规水源纳入水资源统一配置。

制定国家鼓励和淘汰的用水技术、工艺、产品和设备目录，完善高耗水行业取用水定额标准。开展节水诊断、水平衡测试、用水效率评估，严格用水定额管理。

（二）微观方面

1. 提高水资源利用率

项目建设应选用节水型生产工艺技术和设备，降低水的耗用量，用有限的水资源生产出更多、更好的产品；必须强制淘汰落后的卫生器具、设备和管道材料；采用高效节水型新工艺、新技术、新设备、新材料，节约水资源；供水系统须采取防渗、防漏措施，以避免水资源无效消耗。

2. 提高工业用水回收率和重复利用率

尽管各行各业情况和条件差别很大，要求各不一样，但节约用水的潜力是很大的。应推广采用一水多用、循环利用、逆流回用等措施。

3. 提高再生水回收率

积极稳妥地推行污水再生利用，是节水措施之一，也是缓解水资源短缺的有效途径，对资源型缺水地区尤为重要。工业和市政污水经过适当处理后，可根据回用水的用途和水质要求，有针对性地进行再补充处理，作为再生水资源（中水）用于农业灌溉用水、工业冷却水或工艺生产用水以及其他杂项用水。

4. 有条件的项目应采用海水替代技术和设备

地处沿海地区的项目应尽可能地采用海水替代技术和设备,以达到节约水资源的目的。

三、水耗指标分析

采用节水措施后,还应对拟建项目的水资源消耗量进行分析,计算单位产品的耗水量、水耗指标和水的重复利用率。水耗指标一般应达到国内外同行业先进水平,水的重复利用率应达到当地政府规定的指标。技术改造项目应详细说明企业水资源利用现状,以及改造后提高水资源利用率的效果。

本章小结

项目建设条件和生产条件分析主要是指对项目建设有关的场(厂)址选择和项目环境保护条件所进行的评价。项目生产条件分析主要是指对项目建成或交付使用后的生产经营条件所进行的评价,其内容包括:资源条件评价,原材料、燃料动力供应条件评价,节能措施分析和节水措施分析。

项目评估阶段的场(厂)址选择,是根据可行性研究报告提出的场(厂)址推荐意见,进行场(厂)址方案的最终选择。项目选择场(厂)址需要分析的主要内容包括:场(厂)址位置;占地面积;地形地貌;气象条件;地震情况;原材料供应;动力供应;交通运输条件;给水排水;工程地质水文地质条件;征地拆迁移民安置条件;人力资源;环境保护条件;法律支持条件;生活设施依托条件;施工条件。通过上述分析,对多个场(厂)址方案进行工程条件和经济性条件的比较。

环境保护条件评价是在分析确定场(厂)址方案和技术方案过程中,调查分析环境条件,识别和分析拟建项目影响环境的因素,提出治理和保护环境的措施,比较、遴选和优化环境保护方案。在项目评估报告中,应对项目的环境保护做专题论述。论述的主要内容应包括:①建设地区的环境现状;②主要污染源和主要污染物;③资源开发可能引起的生态变化;④采用的环境保护标准;⑤控制污染和生态变化的初步方案;⑥环境保护投资估算;⑦环境影响评价的结论或环境影响分析;⑧存在的问题与建议。

根据国家相关政策,在项目评估阶段进行环境保护方案设计时应遵循的原则有:预防为主和环境影响最小化原则;资源消耗减量化原则;优先使用可再生资源原则;资源循环利用原则;工程材料无害化原则。

环境保护方案设计的要求包括:控制污染源,使污染物的产生降低到最低限度;控制污染排放;综合利用,减少排放。环境保护方案设计的内容包括:对建设地区环境质量现状进行调查、描述并进行原因分析,主要调查地表水、环境空气和声学环境质量现状。设计环境保护治理措施方案,首先应明确环境保护治理措施方案设计执行的标准;然后根据项目的污染源和排放污染物的性质,采用不同的治理措施;最后对环境治理的各局部方案和总体方案进行技术经济比较,并做出综合评价。

从不同角度对资源进行分类,可以分为:可再生资源与不可再生资源;可枯竭资源和不可枯竭资源;物质资源与生态资源。自然资源一般具有有限性和分布不均衡性两方面的特点。资源开发利用的基本要求包括:符合资源总体开发规划的要求;符合资源综合利用的要求;符合节约资源和可持续发展的要求;资源储量和品质的勘探深度应达到规定要求。资源条件评价主要是对拟开发利用资源的合理性、可利用量、自然品质、赋存条件、开发价值进行评价。

主要原材料供应方案分析的内容包括:分析确定原材料品种、质量和数量;分析确定供应来源与方式;分析确定运输方式;分析选取原材料价格。

燃料动力供应条件评价的主要内容包括:分析和评价项目所需燃料的需求量能否得到满足;分析和评价供水条件;分析和评价供电条件;分析和评价其他动力供应条件。

节约能源是指通过技术进步、合理利用、科学管理和经济结构合理化等,以最小的能源消耗取得最大的经济效益。节能措施主要包括:采用先进的技术和设备,提高能源利用效率,降低能源消耗;回收利用生产过程中产生的余热、余压及可燃气体;对炉窑、工艺装置及热力管网系统分别采取有效的保温措施;合理利用热能,尽可能避免生产工艺中能量的不合理转换。按照国家发展改革委员会颁布的《固定资产投资项目节能评估和审查暂行办法》的要求,在项目审批核减或开工建设之前,投资者必须进行节能评估,并报送相关评估文件报各级政府发展改革部门进行审查。

对项目建设节水的具体要求为:凡是直接从江河、湖泊或地下取水的新建、改建、扩建的建设项目,如需申请取水许可证,必须委托有相应资质的单位,对其进行水资源论证,作为水行政主管部门审批取水许可证的依据;必须依据国家和地方政府制定的主要行业用水定额标准,合理确定建设项目的用水量;应按照政府提出的工业用水重复利用率的要求,采取有效的技术措施,提高水的重复利用率,降低水的消耗量。

对项目节水措施的评估,可以从宏观和微观两个方面进行考察。宏观主要是从国家宏观政策上进行把握,微观主要就项目本身可能采取的一些措施进行考察。宏观上要把握推进循环发展;控制用水总量;提高用水效率。微观上要考察提高水资源利用率;提高工业用水回收率和重复利用率;提高再生水回收率;有条件的项目应采用海水替代技术和设备。

复习思考题

1. 项目场(厂)址选择的基本原则是什么?
2. 场(厂)址选择应分析哪些内容?
3. 场(厂)址方案比较、遴选应考虑哪些内容?
4. 环境保护的评价内容是什么?
5. 环境保护方案设计应遵循哪些原则?
6. 环境保护方案设计的要求是什么?
7. 环境保护方案设计的内容是什么?
8. 资源条件评价应包括哪些内容?
9. 原材料供应方案分析包括哪些内容?
10. 燃料及动力供应条件评价应包括哪些内容?

11. 从不同角度对资源进行分类可分为哪几种?
12. 自然资源的特点是什么?
13. 项目节能措施包括哪些内容?
14. 项目节能审查包括哪些内容?
15. 项目节水措施包括哪些内容?

第七章

技术条件分析

本章要点

本章共分四个部分，即技术条件分析概述、工艺技术方案分析、设备选择方案分析和工程设计方案分析。在技术条件分析概述部分，主要介绍技术的分类、技术条件分析的意义、技术方案分析的内容、技术方案选择的一般程序和方法。在工艺技术方案分析部分，主要介绍工艺技术方案的研究内容、工艺技术方案的获得途径与获得方式的选择。在设备选择方案分析部分，主要介绍设备选择的内容及要求，主要设备选择时应考虑的因素，设备方案选择的内容和比选方法。在工程设计方案分析部分，主要介绍工程技术方案选择的基本要求，总图布置方案分析和主要工程设计方案分析。

第一节　技术条件分析概述

技术条件分析是项目评估不可或缺的一个环节，主要是针对项目的技术、工艺、设备方案的先进性、经济性和可行性等做出全面的评价。在项目评估和可行性研究中，技术条件分析涵盖的范围很广，包括可影响项目实施的一切技术因素，如工艺流程方案、设备选择方案、工程设计方案、建设条件、建设规模、节能节水以及环保方案等。在本书内容编排中，本章内容仅涉及普通意义的技术条件分析，即工艺技术方案分析、设备选择方案分析和工程设计方案分析三部分，其余部分则在其他章节单独阐述。

一、技术的分类

从资源（人力、物力、财力）的占用、科技和信息含量的高低角度，可以把技术分为以下几种：

（一）资金密集型技术

像汽车制造、钢铁、石油化工等规模经济效应明显的行业，新上马的项目如果没有相当的生产规模就不具备行业竞争能力。因此，这些行业的投资项目需要大量的资金投入，与其对应的生产技术称为资金密集型技术。

资金密集型技术具有两个特点：一是占用资金较多、资金周转速度较慢、投资回收期较长；二是这类技术往往具有一定的先进性，吸收的劳动力较少，单位劳动力效率较高；三是具有规模经济的优势，即资源消耗低、成本低、市场竞争能力强。

可以看出，由于资金密集型产业的寡头垄断特征明显，进入成本高，项目的实施对产品市场和主要竞争对手影响巨大，是否进入，一般应综合考虑项目产品市场情况和企业自身实力后审慎决定。

（二）劳动密集型技术

纺织业、餐饮娱乐等服务行业属于垄断竞争行业，对劳动力需求大，此类行业项目对应的技术称为劳动密集型技术。劳动密集型技术的特点是，一般对劳动力素质要求不高，对资金的占用较少，对生产设备的性能要求一般也不高，行业进入门槛低。由于劳动力需求大且成本低是该行业最明显的优势，因此特别适合在人口众多、经济发展水平较低的地区发展此类项目。

（三）技术密集型技术

技术密集型技术的机械化、自动化程度较高，一般占用劳动力比较少，如精密的数控组合机床、合成材料技术、集成电路芯片等高科技产品生产线等。这种技术的突出特点表现为：一是对劳动力技术水平和熟练程度要求较高，可以完成传统和常规技术无法完成的技术生产活动；二是可以提供新的技术、材料、能源和工艺，并把劳动生产率提高到一个新的水平。有些情况下，由于某种技术的研发或引进，还可以改善一个行业的产品工艺水平落后、产品质量低下的现状，有利于产业结构的调整。例如，我国汽车齿轮生产普遍采用金属切削技术，不仅费材、费料、费时，而且许多不规则齿轮不能生产。虽然我国现有骨干齿轮生产厂家200多家，年产值250多亿元，但技术落后，产业结构不合理。某公司拟建一条摆动碾压冷锻加工生产线生产汽车齿轮，利用该项技术可以使齿轮生产一次成型，大大节省了原材料和工时，而且汽车转向器和后桥上的部分传统工艺不能生产的齿轮，也可以通过摆碾方法直接摆碾出来，同时，产品的强度也将大大提高。该项技术的引进，可以有效缩小国产汽车配件与国外先进水平的差距，有利于改善国产齿轮质量低下的现状，有利于促进汽车齿轮业的产业结构调整。

（四）知识密集型技术

知识密集型技术高度凝结先进的现代化技术成果，如航天技术和核能技术等，一般存在于高新技术领域。该领域的核心竞争力是人才优势，具体体现在开发的产品或使用的技术具有较高的科技含量，较市场同类竞争者有较大的技术和人才优势。

知识密集型技术的特点在于：第一，从事这种技术活动的多是中高级科学、技术人员和经济管理人员；第二，技术设备精密、复杂，设备投资和单位人力成本费用高。但是，由于此类技术单位劳动力创造的价值远大于其他行业，消耗材料少且一般不会造成环境污染，因此具有市场竞争优势，前景好。

二、技术条件分析的意义

随着科技的发展，知识和技术的更新速度加快，新技术的生命周期变得越来越短，实现同样功能的技术解决方案和手段则越来越多。技术方案的多样性、复杂性和较强的时效性，使得项目实施过程存在多个可行性方案，对其进行有效的鉴别和遴选，找出最适合项目的满意方案就变得非常重要。此外，从经济学的角度来看，资源的稀缺性及方案选择的机会成本使我们在进行技术方案选择和评估时，必须寻找能够最充分地利用现有资源，对实现本系统目标最为有利的技术方案。任何国家、地区或者企业都必须根据自身的目标与条件进行技术选择。

技术方案分析是整个项目评估的一个中间环节，起到承上启下的作用。项目建设必要性分析、市场分析、建设生产条件、生产规模分析是技术分析的基础，而技术方案分析又是财务和经济效益分析的依据。一个项目只有当技术方案确定后，才能以此为依据进行投资额、产品成本和各项技术经济指标的估算。利用这些指标和其他经济参数，才能进行有效的项目财务和经济效益分析。因此，技术方案分析如果确定不可行，那么项目的财务评估和经济评估就将变得毫无意义。

另外，在考察项目技术方案的可行性、经济性和合理性的同时，还需要与项目所处行业、地区的现实条件相适应。而且，技术方案分析在就项目本身进行系统、全面分析以外，还应考虑项目技术的社会效益以及对上下游企业的影响。技术方案分析对于项目评估非常重要，应当给予充分的认识和重视。

三、技术方案分析的内容

技术方案选择一般应通过对项目拟采用技术方案的先进性、成熟性、适用性、经济性和局限性等多个方面进行考察，选择满足项目要求的最满意的方案。

（一）先进性

技术的先进性是决定项目产品市场竞争能力的重要因素，是项目的核心竞争力。采用新工艺、新方法生产全新的产品，技术领先优势越大，产品的各项性能指标越好，市场竞争优势就越大。应用高新技术或先进工艺进行生产，不但可以有效确保项目拟定的生产规模的实现，甚至可以通过市场替代功能，获得传统产品的市场份额。技术的先进性主要表现在相同条件下能生产质量更好、原材料消耗更少、产量更多、功能更全和环保性能更佳的产品，即"性能费用比"更好的产品。

（二）适用性

对技术适用性的考虑，主要包括以下三个方面：

1.资源条件的适用性

项目所采用的技术是否与当地的资源条件相适应，一是看与当地经济发展水平是否相适应，二是看与可能得到的原材料、燃料、主要辅助材料或半成品是否相适应。项目应尽量选择当地可利用的优势资源。

2.设备的适用性

项目技术采用的各种设备是否适用，一是看国内能否生产。如果设备专用性很强，又必须从国外引进，那么该项目的实施成本将会很高，而且相关零配件或原辅材料也可能不易获得。二是看设备投入的性能费用比是否合理，其相应的生产能力是否能够被充分利用等。

3.人力资源的适用性

评价项目人力资源是否适用，主要看是否有合格的劳动力和足够高的管理水平与拟采用的技术方案相匹配。如果项目生产所需劳动力的素质和技能要求很高，而当地却缺乏足够的专业技术人员和操作工人，那么，即使设备供应方可以提供技术和技能培训，也并不一定能够确保项目生产的正常进行。大型项目一般需要严谨、科学和先进的管理理念来指导项目的实施，如果企业缺乏能够承担项目管理职能的团队和制度，则这样的技术方案也是不可行的。

（三）成熟性

技术方案的成熟性应当考察5个方面：①产品的各项技术指标是否达标和满足相关行业标准，性能是否稳定可靠。②生产对生产作业人员的人身安全是否构成威胁。③生产过程中产生的废弃物或伴随的粉尘、烟雾和噪音等的处理，及其对人员和环境带来的危害的防范。④对原材料的消耗及设备的损耗是否正常。⑤是否已具备大规模生产的条件等。

只有能够同时通过上述5个方面考察指标的技术方案才能认为是成熟的技术方案。

（四）局限性

分析技术方案的局限性是指考察技术方案的应用范围受到哪些条件的制约。制约因素越少，该技术的局限性就越小，也就越容易得以实施和推广。例如，近年来在计算机领域发展迅猛的LINUX系统，由于采用了完全开放的源代码，所有资源都可以在全球范围内共享，基于LINUX系统开发的各种应用软件和系统的可移植性极强，其中不少软件可以不用修改任何代码就可以在Windows、Unix、Windows NT等其他操作系统上使用，因此，LINUX 技术被市场广泛看好。

可以从以下几个方面考察技术方案的局限性：

1. 对资源条件的要求

这主要是考察项目实施所需资源是否充足，若不足，是否可通过其他途径获得，成本是否合理。例如，水泥产品是量大、价低的大宗建筑材料，通常运输半径不宜超过 500 公里。对于水泥生产企业而言，若附近没有足够的石灰岩矿等主要原料，那么，即使项目采用了先进技术，但由于原材料的运输成本大幅上升，也将导致产品的市场竞争力大大降低。

2. 相关产品的生产和技术发展水平的制约

应用一项新技术，必须考察与该技术相关的产品的市场状况，如下游产品和互补产品的技术发展水平。若这些产品技术与该项目技术不匹配，则该技术方案不适用。例如，目前在 PC 机上应用极为普遍的光盘刻录机，其理论和生产工艺早在数年前就已成熟，但制约其应用的关键因素是刻录光盘的成本居高不下。近年来，由于刻录光盘的生产成本大幅降低，使得光盘刻录机从 PC 机的高档配置很快就变为标准配置。

3. 采用的技术方案在环境保护方面有无约束

技术方案是否环保是方案选择的必要条件之一，应尽可能采用环保型生产技术，这不仅仅是产业发展和政策扶持的方向，更是企业应当承担的社会责任。有些技术或许能降低投资，或许有较低的运营成本，但会带来严重的环境污染，这种技术方案是绝不能采用的。例如，在水泥生产中，早期建成的湿法窑、立筒预热器窑、中空窑及立波尔窑等，在生产时原材料消耗大、环保不达标，不能长期稳定生产，已被社会所淘汰。一些小水泥厂排放出大量的粉尘等有害物质，成为各地区的主要公害，对此，国家已勒令这些污染严重的小水泥厂关闭。新上马的水泥生产项目应鼓励采用先进的、达到环保要求的窑外分解技术，其规模一般应在 1 000T/D 以上。

4. 主要目标市场对产品性能的要求

产品性能必须满足主要目标市场的要求，即使该技术方案需要较多投资，只要投资回报能够高于判别标准，则该方案就可以考虑实施。例如，我国是牛羊肉生产大国，但每年出口却不到产量的 1%。这一方面是由于我国肉用牛羊种畜的品质低下，另一方面是由于我国屠宰加工行业达不到国际标准，出口产品卫生检疫不能过关。特别是欧盟检疫标准更为严格，如果一个屠宰加工项目的目标市场确定为欧盟市场，则引进的屠宰加工生产线就必须符合欧盟的卫生标准。

由此可以看出，在技术方案选择时，应当多方面考虑影响该技术应用的约束条件，局限性越小，采用该技术方案就越有利。

（五）经济合理性

技术方案的经济合理性是考察和选择在相同投入条件下获得最大经济效益，或是在获取同等经济效益的前提下投入最小的技术方案。技术和设备并非是越先进、越精密越好。从经济学的角度看，边际效用最大或是“费用效益比”最好的技术方案是最优方案，而并非总效用最大的方案为最优，因为我们在考察获得效用的同时必须兼顾为此付出的成本。

此外,技术方案选择还要有一定的前瞻性,也就是说要对该技术发展的可持续性、时效性和经济性有一个综合衡量。某项技术在现阶段具有先进性、成熟性、适用性和经济性等优势,但如果存在理论、工艺或其他制约因素,并且可以预见该技术发展空间受限,那么,就应当重新审视项目的投资规模,并对财务经济效益作更为保守的估算。例如,20 世纪 90 年代末出现的 ISDN 技术与当时流行的拨号上网技术相比,各方面都具有明显优势,但由于 ADSL 宽带技术理论决定了 ISDN 技术只不过是一种过渡技术而已,一旦 ADSL 实用技术成熟,必将很快被应用和普及,进而取代 ISDN 技术。现实情况是,短短三四年时间,ISDN 技术就基本从应用市场上销声匿迹了。因此,对于类似ISDN这种可持续发展空间不大、投资回报期短、时效性强的技术,对其进行技术分析时尤需注意。

四、技术方案选择的一般程序

在实际工作中,由于项目的千差万别,导致项目技术方案的选择方法也不尽相同。虽然各项目均有不同的专业背景,复杂程度也不尽相同,但技术方案的选择一般还是有规律可循的,大体可以分为以下几个阶段:

(一)初步认识阶段

这一阶段是对所应用的技术方案可行性的初步考察。首先是对该技术应用进行广泛的信息收集,确定该技术是否属于创新技术,是否有在其他项目上应用的先例,在实际应用过程中有何优势,存在什么风险,投资回报情况如何等等。但要注意,在收集信息时要确认信息来源的可靠性并加以筛选。

(二)分析和整理阶段

完成了技术信息的收集和初步分析后,本阶段应当进一步分析技术的发展趋势,包括对此项技术的发展前景、技术产品的生命周期、替代产品及技术的发展的预测。同时,本阶段对项目相关产品的关联性、实施该项技术的资源条件是否具备、条件是否成熟等也应进行深入研究。

这一阶段的技术论证,除组织企业内部有关技术专家进行分析研究外,还可以邀请行业专家、学者或技术权威机构等协助论证,以期获得明确和可靠的结论。

(三)项目备选技术方案的分析和选择阶段

这一阶段是技术分析的核心。要从企业自身条件出发,从拟建项目的实际情况着手,依据项目技术方案选择的基本原则进行初选,然后通过对技术方案的先进性、成熟性、适用性、局限性和经济性等方面的全面考察,结合财务分析手段和结论,从中选出相对满意的技术方案。

备选方案不宜过多,在方案初选阶段就应尽快将不符合条件的方案淘汰,或是将差别细微的方案进行合并。要善于抓住主要矛盾,通常情况下,工艺技术、工艺流程、主要生产设备和关键性的零配件等是工业项目技术评估的主要对象。通过筛选,节省了论证时间,也就相应提高了工作效率,同时也降低了评估的成本。

(四)结论、问题和建议阶段

通过上述几个阶段的分析、选择,应当明确做出技术方案评估的结论。同时,对拟建项目使用该技术方案时可能发生的问题也要及时指出,对于解决问题的方法应提出合理的建议,以求防患于未然,确保项目的顺利实施。

五、技术方案选择的方法

技术方案选择的方法很多,一般而言,只要是用于方案评估的指标具有可比性和一致性,通过该项指标评估的结果就有意义。如果时间和成本允许的话,可以采用不同评估方法进行比较,综合考虑各种方法的评估结果,最终对技术方案进行选择。比较常用的有评分法和投资效益评价法。

(一)评分法

评分法又有总分法和加权平均法两种。

1. 总分法

将技术方案应当具备的主要性能或是应当（便于）考察的重要指标列出，根据指标值的高低确定一个分值范围。然后根据每个方案中技术的作用打分，将各项性能的得分相加，其总分就是方案的综合得分，分数越高则该方案越优良。其数学表达公式为：

$$M = \sum m_i$$

式中:m_i——第 i 项性能指标的得分;

M——方案的综合得分。

总分法简单易行,但由于没有考虑各项性能指标的重要程度的差异,因此,当所考察的各项技术性能指标对最终方案的贡献差异很大时,容易产生决策失误。

2. 加权平均法

由于在方案比较过程中,不同技术指标对方案的影响程度是不同的,也即重要程度不同,考察时应加以区分,这就是加权平均法的主导思想。加权平均法根据各项指标的重要程度不同,赋予其一个权重。权重大说明该指标的重要程度高,权重小则说明该指标的重要程度相对较小。加权平均法可以分为两种形式. 是权重根据具体技术方案而定,对其数值没有约束;二是对权重有一个约束,即所有指标的权重之和等于1。

与总分法相比,加权平均法考虑了各项指标对方案的影响程度,因而对技术方案的评估也更客观、更合理,其计算公式如下:

$$M = \sum W_i m_i$$

式中:M——该备选方案的评价总分;

m_i——第 i 项评价标准的评分值;

W_i——加权系数。

若是加权平均法的第二种形式,则上式还须有以下约束条件:

$$\sum W_i = 1$$

下面通过一个具体例子说明加权平均法的具体应用。

【例 7-1】 某项目拥有四种技术备选方案,每一种方案可以通过四个不同的技术指标进行考察。具体评价参数的确定详见表 7-1。

表 7－1 各技术方案的基本评价参数

	方案一	方案二	方案三	方案四
指标 A 评分	9	9	9	8
权重 WA_1	15	16	16	16
权重 WA_2	0.5	0.5	0.4	0.4
指标 B 评分	8	8	9	8
权重 WB_1	10	6	4	8
权重 WB_2	0.3	0.2	0.2	0.2
指标 C 评分	8	8	9	9
权重 WC_1	3	7	8	4
权重 WC_2	0.1	0.2	0.2	0.2
指标 D 评分	8	7	7	10
权重 WD_1	3	6	8	8
权重 WD_2	0.1	0.1	0.2	0.2

根据表 7－1 中各方案的评分和权重，可以得到的结论见表 7－2：

表 7－2 技术方案评价结果

	方案一	方案二	方案三	方案四
总分法	33	32	34	35
排 名	3	4	2	1
加权平均法一	263	290	308	308
排 名	3	2	1	1
加权平均法二	8.5	8.4	8.6	8.6
排 名	2	3	1	1

根据表 7－2 可知，若按总分法进行评价和决策，则方案四为最佳；若按加权平均法评价，方案三与方案四在两种加权平均法评价时得分均相同，为并列最佳方案。由于用总分法评价时方案四占优，具体决策时可能考虑此因素而选择方案四为最优，也有可能认为指标 A 的权重最大，因此对项目的实施影响程度最大，由此认为方案三为最优。这样的选择在实际评价中应视具体情况而定。

另外，在评分法中还有乘法评分法、加乘混合评分法等。各种方法在实际应用中各有利弊，评估时可根据具体情况自行选择或进行组合。不同方法下评价结果可能不同的矛盾，也许会为技术方案评价带来一定的困难，此时可视具体情况和要求而定，在此不再赘述。

（二）投资效益评价法

实际评估过程中有可能出现这样的情况：技术方案的各项技术参数评价指标相差

不大，而且均能满足项目生产的各项要求，即技术指标不是决定项目能否实施的关键因素。而一般情况下，选择不同的技术方案，项目实施后其产量、原材料消耗、项目产生的现金流情况会有所不同，此时通过投资效益法进行分析和评价就变得更为合理。投资效益评价法是通过经济学的常用评价方法，以其相应的择优标准进行选择的方法。常用的评价方法有如下三种：

1. 效用成本法

投资效益评价时，除非已经选定了以效用最大或是成本最低原则来做决策，否则，任何方案都必须同时兼顾效用和成本费用两方面，将单位成本带来的效用，即经济效果指数作为判别标准，该数值越大越好。具体公式如下：

$$经济效果指数(\mathrm{I})=\frac{效益}{耗费}$$

$$经济效果指数(\mathrm{II})=效益-耗费$$

前者是相对指标，后者为绝对指标。当指数（Ⅰ）大于1或指数（Ⅱ）大于0时，方案可取，并且数值最大者为优；反之，则不可取。

2. 现值法

如果可以预测不同技术方案在项目实施后各年中为项目带来的现金流的话，那么可以采用现值法。现值法是将预测的各技术方案带来的计算期内各年的现金流，按一定的折现率（如行业的基本收益率或银行利率）折成现值，数值较大的方案为最优方案。

3. 内部收益率法

使用经济效果指数法时，会面临贴现率不易确定的问题，通常用内部收益率来解决。内部收益率就是在备选方案的计算期内，使效益的现值和费用的现值相等时的贴现率。将此贴现率与实际利率（或行业利率）相比，如小于实际利率则舍弃；如大于实际利率，再比较各方案的内部收益率，数值大者为优。

第二节　工艺技术方案分析

工艺技术方案分析是整个技术条件分析的核心和基础。工艺技术方案是设备选择方案的依据，同时，在生产规模等因素确定的前提下，工程设计方案也要依据工艺技术方案的要求进行厂区的总图运输及公用辅助工程的设计和布局。

一、工艺技术方案的研究内容

工艺技术方案的考察是以技术方案决策依据为基本方法，也即通过对备选工艺技术方案在可靠性、合理性、适用性、经济性、安全性以及环保性能等多方面的考察，选择符合项目实际资金、市场、技术及人力情况的、具有较好经济效益的工艺方案。工艺技术方案的选择除应遵循技术条件分析的一般原则外，还应重点考察如下方面：

（一）工艺技术方案的可靠性和成熟性

成熟可靠是项目工艺技术方案选择的首要条件。可靠、成熟的工艺意味着该技术方案已经过实验室研究和中间试验阶段，并获得有关专家或权威部门的检验认证，同时必须生产一定数量的产品并通过一段时间的检验,即必须经过试运行。只有符合这些条件的工艺技术方案才是真正意义上成熟可靠的方案。

成熟可靠的技术方案是产品质量的保证。这里的质量具有两方面含义:一是指生产的单个产品的技术参数指标合格;二是指该方案连续生产时产品质量的稳定性,也即正品率的高低。

另外,对于国家限制的行业,如消防、压力容器和航空器材等行业的技术方案,需通过行业有关部门的相关检测和批准后方可以生产,实际工作中需要注意。

(二)工艺流程的合理性

工艺流程亦称工艺线路,是指劳动者使用生产工具改变劳动对象的形状和性能,使其具有特定使用价值的过程。在项目评估中,对工艺流程合理性的分析可以通过对不同工艺的流程图和技术经济指标的对比来进行。合理的工艺流程应符合下列要求:

第一,产品能满足技术方案的要求。技术方案确定了对产品的基本要求,如各项产品性能指标应当达到的标准,单位时间生产的产量和原材料消耗的比例等。因此,工艺流程方案选择的基本必要条件是,生产的产品要能够满足技术方案的要求。

第二,原材料从其投入到形成成品的过程流畅、便捷且具有连续性,以便提高劳动生产率、设备利用率。研究工艺流程的合理安排,应使其既能保证主要工序生产的稳定性,又能根据市场需要的变化,使生产的产品在品种规格上保持一定的灵活性。研究工艺流程各工序之间的合理衔接,要做到工艺流程顺畅、便捷。生产方法和原料路线确定后,即要开始工艺流程的选择。同一种生产方法,同一条原料路线,其工艺流程却不尽相同,要对多个流程进行比较,选出物料之间、工序之间走向合理、顺畅,管线短、操作方便的工艺流程。

第三,应达到经济合理性要求。即研究选择先进合理的物料消耗定额,提高收益率。物料消耗定额是指生产单位(以每吨或每小时)产品对物料(原材料、辅助材料及动力等)的需求量。一般而言,消耗定额低、成本低,则经济效益好。但也不尽然,如果为了降低消耗定额而增加了很多设备,提高了操作难度,降低了产品生产效率,致使投资增加,效益率降低,那么它显然就不是一条好途径,是不可行的。所以,选择先进、适用的物料消耗定额,是选择工艺流程必不可少的条件。

二、工艺技术方案的获得

项目工艺生产技术并不一定必须通过企业自身的研发获得,可以通过购买、许可证交易和合作开发等多种方式取得,实际应用中需要根据企业自身战略规划、资金实力和项目实际情况等加以选择。

(一)取得工艺技术的途径

工艺技术可以通过自身研制开发、许可证交易、购买工艺技术和合资经营等途径取得。

1. 自身研制开发

实力雄厚的大企业或是技术领先的中小企业,往往在其主营业务上具有一定的研发能力。加强自身工艺技术的研究,可以获得或巩固技术领先优势,形成企业自身独特的核心竞争力。但需要注意的是,自身研发不但要消耗大量的人力、物力,对企业的资金实力也是较大的考验。因为一项工艺技术的研发,可能包括从理论研究、实验室研究到中试阶段,再到规模化生产的过程,需经历相当长的一段时间并占用大量的资金,同时企业还需要承担技术研发失败的风险。是否采取这种方式,需视企业自身条件和环境而定。

2. 许可证交易

在工艺技术贸易中,工艺许可证交易已经发展成为一种普遍而有效的方法。根据相互协议的条款,一份许可证可能给予持有者使用专利工艺的权利。这类似于商业连锁经营中的特许经营权交易。这种方式在获得工艺生产方法和出让方的技术支持的同时,可以减除由于购买整套工艺带来的资金压力和市场风险。其不足之处在于,由于工艺技术拥有者同样可以将工艺许可证出让给其他企业,因此,企业获得的工艺技术不具备垄断或区域性垄断的优势。在市场容量较大,或是市场的地域特征和地域优势明显时,由于竞争压力较小,项目采用该方式显得较为有利。

3. 工艺技术的购买

在某些情况下,最好是通过整套采购来取得工艺技术,因为一次性获得整套生产工艺,有利于企业快速投产和抢占市场。在项目投资许可时,"一次性"工艺权或非专利技术可以采购到,况且工艺的升级和技术支持对出让方的依赖程度较小时,企业采取整套采购的方式是合理的。

4. 合资经营

合资经营指工艺供应者提供工艺技术参与企业项目的经营,即工艺技术作价入股,与技术引进企业共同开发经营。其好处在于,企业可以获得长期的工艺技术支持;共享原工艺技术拥有者的市场供需渠道;共同分担新产品的市场风险;项目投资资金紧张时,或是购买工艺技术所需资金较多,且市场存在不确定因素时,可有效节省前期投资和分散市场风险,迅速启动项目。其不足之处在于,企业运营管理存在协调问题。若合作双方在企业文化、经营理念等方面存在冲突将会面临一定风险;由于没有获得工艺技术的核心,技术支持和技术升级均会不同程度地受制于人。因此,一旦协调不好,项目运营将面临危机。

(二)工艺技术获得方式选择的主要考虑因素

对于项目拟采用的工艺技术的获得,企业应当从如下几方面进行综合权衡:

1. 企业战略

工艺技术的取得方式首先取决于企业战略。如果企业想通过该项目的实施,获得行业领先的优势,或是快速扩张、尽可能多地抢占市场份额,实现企业利润最大化,而对于前期投入考虑较少,那么企业可以考虑购买成套技术。如果企业在该行业具有一定经济、技术实力,也可以考虑加大研发投入,尽快开发出新的工艺技术。

2. 企业资金实力和项目总投资控制

企业目前的现金流状况也是一个重要的制约因素。如果企业拥有充足的现金流,项目总投资较为宽松,则可以考虑自主研发或购买;若资金链紧张,又严格控制了项目的总投资,则应考虑许可证交易或合资经营的方式。

3. 经济性

无论何种情况下,均应对企业获取工艺技术的各种途径进行可靠的经济性分析,期望通过相对小的成本及风险获得更多的收益。具体分析时,可首先分析各种可能的风险因素及其发生概率,同时确认每一种方式产生的现金流,然后计算其净现值和期望净现值,比较期望净现值并加以选择。期望净现值大的方式为优先考虑的方式。

分析估算选择的工艺时还应注意有关技术服务的成本和付款条件。可能增加的技术服务成本会加大项目的现金流出,而不同付款方案体现了不同的货币时间价值,这对于估算结果将产生一定的影响。

总之,应综合考虑上述影响因素,选择符合企业战略发展、经济效用最大、风险相对较小的工艺技术获得方式。

第三节 设备选择方案分析

一、设备选择的比较内容及要求

在工艺生产方案确定以后,就应着手考虑与工艺生产方案相适应的设备方案的选择。设备和工艺是相互依存的,设备的选择要以工艺的要求为主导。设备的比较和选择就是要完成对主要设备的型号、规格、数量、技术性能指标和价格等因素的考察,即主要比较和选择各设备方案对建设规模的满足程度、对产品质量和生产工艺要求的保证程度、设备使用寿命、物料消耗指标、操作要求、备品备件保证程度、安装试车技术服务以及所需的设备投资等,并据此选择可以达到既定的生产能力所需要的、最佳的和高效能的设备类型。

所选择的主要设备方案应当满足以下基本要求:首先,选用的设备应符合国家和有关部门颁布的相关技术标准要求;其次,主要设备方案应与拟选的建设规模和生产工艺相适应,主要设备之间、主要设备与辅助设备之间相互配套,以满足投产后生产(或使用)的要求;再次,设备质量可靠、性能成熟,以保证生产产品质量的稳定;最后,设备选择应在保证性能质量的前提下,力求经济合理。

二、主要设备选择时应当考虑的因素

选择主要设备的基本原则是技术上先进、经济上合理。一般应考虑以下几个方面的因素:

(一)可靠地满足工艺需求

符合工艺技术方案的要求是设备选择的最基本原则。如加热设备要满足产品工艺的最高、最低温度的要求,温度均匀性和温度控制精度的要求等。可靠性是指系统、设备在规定的时间和条件下完成规定功能的能力。选择设备可靠性时要求设备平均无故障时间越长越好,具体说是从设备设计选择的安全系数、贮备设计(也称冗余设计,即对完成规定功能而设计额外附加的系统或手段,使其中一部分出现故障时整台设备仍能正常工作)、耐环境(日晒、温度、湿度、沙尘、腐蚀、振动等)设计、元器件稳定性、故障保护措施、人机因素(不易造成操作差错,发生操作失误时防止设备发生故障)等方面进行分析。

（二）经济性

对设备选择经济性的要求是：初始投资少、生产效率高、耐久性长、能耗及原材料消耗少、维修和管理费用少、节省劳动力等。

最初投资包括设备购置及安装费、运输费和辅助设施费等。在工艺及生产规模能够满足的前提下，初始投资较少，能够快速启动项目的设备投资方案是优选方案。

设备生产效率应与企业的战略方针及规划、生产计划、运输能力、技术力量、劳动力、动力和原材料供应等相适应。生产率并非简单地越高越好，一般而言，生产率高的设备，往往自动化程度高、投资多、能耗大、维修复杂，如果服务供应配套工作跟不上，就不能达到设计产量，设备生产力不能全部发挥，平均单位产品的成本就会增高。

耐久性是指零部件使用过程中物质磨损允许的自然寿命。一般来说，设备寿命越长，创造价值越多，综合经济效益就越高。但耐久性不能一概而论，不同行业对设备的耐久性有不同的要求。如精密、重型设备由于初始投资大，技术更新换代不易，因此应选择耐久性好、寿命长的设备，而像IT和通信等技术更新极快的行业，除非有特殊需要，否则不必要求设备有太长的自然寿命，因为这类设备往往在其自然寿命未到时就已面临淘汰。

考察设备的能耗及原材料消耗，就是要选择消耗相同的资源生产产品多，或是生产相同的产品消耗资源少的设备方案。能耗是单位产品能源的消耗量。耗能低的设备能有效地节约能源，降低成本，这也是今后技术发展的主要方向之一。以2002年为例，我国能源消耗强度为1.18吨标准煤/千美元GDP，远远高于发达国家，是美国的3倍、德国的5倍、日本的近6倍；我国吨钢综合能耗比世界先进水平高15%～30%，耗水量是世界先进水平的2.7倍。在资源消耗上，生产同等资源产品，我国要比日、美等发达国家多用1～2倍的矿产资源，如果再加上冶炼损失，我国消耗得更多。由此可见，我国的快速发展是以大量资源消耗为代价的，而我国属于人均资源占有量较低的国家，为了确保国民经济的可持续发展，无论在原材料的消耗上，还是辅助材料及能源的消耗上，拟建项目都应优先选用资源节约型设备方案。

设备是否具有维修性是指系统、设备等在进行修理时，能否以最小的资源消耗或最小的成本，在正常条件下顺利完成维修的可能性。可靠性可以确保设备在正常时间内的生产，而维修性则决定在设备发生故障时为恢复正常状态所需要支付的成本。维修性好，则综合维修及运营成本小。

是否节省劳动力也是设备选择需要考虑的经济性因素中的一个方面。选择节省劳动力的设备方案，有利于降低劳动力成本。

（三）安全性

设备安全性是指设备使用时若有必要的、可靠的安全防护设施，则使用者及整个生产是安全的。如在设备操作运转过程中应避免高空坠物，消除或减少对操作者有害的物质的释放，设备的防火、防漏电、防高温等性能均应符合行业安全生产标准，不能满足上述要求的设备不宜使用。

（四）符合环境保护的要求

设备的噪声、三废（废水、废气、废料）的排放、放射性污染等可能对人和周围环境造成负面影响，选用的设备要符合有关环境保护规范的要求。

(五)适应性和灵活性

科学技术的发展使产品的更新换代日趋加快,产品的生命周期越来越短,市场竞争压力日益增大,这就要求设备方案应具有较大的适应性和灵活性。有些专用设备往往是按某一特定工艺技术要求而专门设计和制造的,专用设备的专业性很强,一旦工艺改变或产品更新,其寿命也就终止了,因此,对专业设备进行比选时,应充分考虑其生产更多规格的同类产品的可能性。对于可变的加工对象,如大规模定制生产,则要选用具有多种加工性能的设备,因为这样可以使设备有更大的适应性,可以满足多品种生产的要求,不至于因产品规格型号的改变而不能使用。设备适应性的提高一般需要以增加投资作为代价,是否采取灵活性较大的设备,需要对产品市场的现状及发展趋势进行经济性分析后再作决定。

三、设备方案选择

(一)考察的内容

根据设备选择考察的五个方面,即设备方案对产品质量和生产工艺要求的可靠和满足程度,设备的经济性、安全性、环保性能以及适应性和灵活性等,结合定性和定量分析方法进行评价,给出推荐设备方案。

(二)设备方案比选方法

1. 投资回收期法

设备的投资成本主要包括设备的价格、运输、安装等费用。在新设备投入使用之后,会由于提高劳动生产率,提高质量,降低能源消耗而带来投资节约额。把投资成本与年节约额相比,即可求得投资回收期。公式如下:

$$投资回收期(T)=\frac{投资额(I)}{年节约额(C)}$$

上式中,投资回收期越短,投资效果越好。在其他条件相同的情况下,投资回收期最短的设备可作为优选方案。

2. 差额投资分析法

差额投资分析法分为差额投资回收期法和差额投资内部收益率法。在方案比较时,往往采用差额投资回收期法。差额投资回收期法是将两个设备方案的运营成本的差额与设备投资的差额相比,计算差额投资回收年限。若估算年限少于预期投资回收期,则投资额大的方案为优。差额投资内部收益率法是计算两个备选方案的净现金流差额的内部收益率,如果大于基准折现率,则现金流大的方案为优选方案。

【例7-2】 某工业生产项目有两种主要设备方案A和B可供选择。方案A是主要技术和设备都从国外引进;方案B为全部选用国产设备。两个方案各有优缺点:A方案技术先进,设备性能和产品质量比B方案好,产品销售价格也略高,但设备购置费和维护成本要较B方案高。根据两个方案的具体条件,可通过经济因素的全面比较,即根据两个方案的建设投资、流动资金、营业收入、经营成本等估算数据,分别编制两个方案的项目财务现金流量表,在两个方案都能满足财务评价要求的前提下,比较两个方案净现金流量的差额,计算差额投资内部收益率。计算结果如表7-3所示。

表 7-3 项目现金流量表(差额投资) 单位:万元

序号	比较项目	建设期		投产期		达产期	
		1	2	3	4	5~17	18
	生产负荷(%)			70	100	100	100
1	A 方案净现金流量	-9 828.5	-12 205	3 057	8 233	9 545	10 647
2	B 方案净现金流量	-8 899	-10 894	2 798	7 866	8 976	9 966
3	差额净现金流量	-929.5	-1 311	259	367	569	681

根据差额投资现金流量表计算出来的差额投资内部收益率 $\Delta FIRR = 19\%$,大于折现率 12%,则现金流量大的方案为优选方案,故应选择 A 方案。

3. 投资收益率法

设备的投资收益率法考虑了设备的折旧,公式为:

$$投资收益率(R) = \frac{投资总收益(C)}{设备投资额(I)}$$

在其他条件相同的情况下,设备投资收益率高的设备是优选设备,应优先选用。

4. 费用效率分析法

费用效率分析法的基本原理是:在比选设备方案时,主要考虑设备系统效率和设备寿命周期总费用两个因素,以此计算出费用效率,用于各方案的比较。其计算公式为:

$$费用效率 = \frac{系统效率}{寿命周期总费用}$$

上式中,系统效率是指设备的营运效益,它既可用容易计量的产量、营业收入等指标来表示,也可用难以计量的各种功能(如起动性、舒适性、灵活性等)来表示,寿命周期总费用由设备购置费和营运费两部分构成。

第四节 工程设计方案分析

工程设计方案是在建设规模、工艺技术方案和设备方案确定的基础上,研究论证主要建筑物、构筑物的建造方案和辅助设施的布置方案。

一、工程技术方案选择的基本要求

工程技术方案应当满足如下四点基本要求:一是项目工程规模、建筑面积和建筑结构应与生产和使用的要求相适应,对分期建设的项目,应留有适当的发展空间和余地;二是适应已选定场(厂)址、线路走向的要求,在已选定的场(厂)址、线路走向的范围内,合理布置建筑物、构筑物及地下管线的位置;三是建筑物、构筑物的基础、结构和所采用的建筑材料应符合国家和有关部门颁布的工程标准规范要求;四是工程方案的设计在满足使用功能、确保质量的前提下,力求降低造价,节约建设投资资金,在既定投资规模下,选择更利于项目实施的工程方案。

二、总图布置方案分析

项目总图布置就是根据拟建项目的生产工艺流程或使用功能的需要及其相互关系,结合场地自然条件和外部环境条件,经多方案比较后,对项目各个组成部分的位置进行统一布局,合理地规划和安排建设场地内功能区之间、各建筑物、构筑物之间和各种通道之间的平面位置关系,以使整个项目形成布置紧凑、流程顺畅、经济合理、使用方便的格局。

项目总图布置方案是以项目总平面图形式表现,并按一定比例尺绘制而成的。在图中应标明:各种主要建筑物、构筑物的位置和尺寸;各种主要设备和装置的布置,与场外路网和运输设施的连接点;场内水、电、煤气、排水、电话等管线的布置及与场外管线的连接点;为将来发展而预留的扩建区等。

在分析评估时,应注意总图布置的合理性,主要从以下几方面分析:是否能够满足生产工艺的要求,工艺流程是否流畅,生产系统是否完整;是否符合国土规划、土地管理和城市规划的要求;布置是否紧凑,各功能区的边界和面积是否合理;场内外运输、供水、供电等线路的布置及走向是否合理;主要货流和主要人流能否有效避免交叉;是否符合卫生和安全生产的要求;能否节约用地,节约投资;是否经济合理等。

总图布置方案的比较可以通过土地利用系数、建筑系数、绿化系数、占地面积分析以及土石方量、挖填工程量等一系列技术指标,以及由此估算的各项工程发生的费用来综合评价,择优选择。具体参见表 7－4 和表 7－5。

表 7－4　总图布置方案技术指标比较

序号	指　标	总图布置方案		
		方案 A	方案 B	方案 C
1	场(厂)区占地面积(m^2)			
2	建、构筑物占地面积(m^2)			
3	道路、铁路占地面积(m^2)			
4	绿化面积(m^2)			
5	绿化系数			
6	建筑系数			
7	土地利用系数			
8	土石方挖填量(m^3)			
9	地上地下管线工程量(m^3)			
10	防洪措施工程量(m^3)			
11	不良地质处理工程量(m^3)			
12	……			

表 7－5　总图布置方案费用比较　　　　人民币单位：万元

序号	指　标	总图布置方案		
		方案 A	方案 B	方案 C
1	土石方费用			
2	地基处理费用			
3	地下管线费用			
4	防洪抗震费用			
5	……			
	合　计			

三、主要工程设计方案分析

主要工程设计方案是指土建工程设计方案。土建工程包括：地基工程、一般土建工程、工业管道工程、电气及照明工程、给排水工程、采暖工程及通风工程等。土建工程的内容非常广泛，在项目的投资费用中所占的比例较大，在评估时应认真分析其主要工程内容，并估算其主要工程量。

（一）建筑工程方案分析

建筑工程方案分析的内容主要包括：

建筑物的平面布置和楼层高度要适应工艺和设备的需要，正确选择厂房建筑的层数和层高，按工艺要求合理布置设备，按车间设备的平面布置安排柱网和工作空间等。

按照适用、经济的原则选用建筑结构方案，在实践中，还应根据生产工艺和设备的需要、厂房的大小和项目所在地等具体条件合理选用。

在评估时，应判别项目适应的建筑标准。若项目采用的标准过高，将造成不必要的浪费；标准过低，既不安全又会降低使用质量。

非主要建筑物和构筑物工程可不作详细研究。估算投资时，可参考已建成的同类项目的相似工程估算工程量。

（二）施工组织设计分析

1. 施工方案分析

施工方案分析是指对主要单项工程、公用设施、配套工程的施工方法和工程量的估算。要重点分析影响施工进度和工程质量的关键工程部位的施工方法。在明确全部单项工程施工方法的基础上，制定整个项目的施工方案。

2. 施工进度分析

项目工程实施进度常用甘特图和网络图两种方法表示。

（1）甘特图。甘特图又称为横道图，在工程项目可行性研究和项目评估中常用于表示工程的进度安排。优点是简单明了、实用有效，可以表示出各工序之间的交叉衔接和延续时间长短，便于确定项目的合理工期；其缺点是反映的信息较为有限，并难以体现并行任务之间的内在联系。常见的用甘特图表示的工程进度安排如表 7－6 所示。

表 7－6　工程进度安排

序号	项目名称	2004 年		2005 年												2006 年				
		11	12	1	2	3	4	5	6	7	8	9	10	11	12	1	2	3	4	5
1	项目可研	—																		
2	项目设计		—	—	—															
3	拆迁安置				—															
4	土石方工程					—	—													
5	地下室工程						—	—												
6	主体工程							—	—	—	—	—	—	—	—					
7	设备安装工程													—	—	—	—	—	—	
8	室内装修工程										—	—	—	—	—	—	—	—	—	
9	室外装修工程													—	—	—	—	—	—	
10	室外工程											—	—	—	—	—	—	—	—	
11	竣工验收																			—

(2)网络图。网络图技术有多种,如关键路线规划、关键路线分析与计划评审(PERT)等。网络图技术的最基本思想是用图来表示执行项目的各种活动之间的顺序关系,其目的是在一开始尚不清楚活动完成的具体时间时,就能画出一张工序安排图(与甘特图相比,网络图只有在活动日期或者至少是活动顺序确定以后才能够画出)。通过网络图最终要找出或是计算出关键路线。所谓关键路线就是工期最长的路线,而且这一路线上任何任务的工期变化都将影响总工期。

(三)工程投资估算

工程方案经比选后,应编制推荐方案的建筑物、构筑物工程一览表,并估算建筑安装工程量和建筑材料用量,以作为投资估算的依据,由此估算固定资产投资总额并汇总。汇总表参见表 7－7。

表 7－7　固定资产投资汇总表

序号	工程费用名称	估算价值			
		建筑费用	设备购置及安装费用	其他费用	合计
1	土建工程				
2	装修工程				
3	设备购置及安装工程				
4	工程建设的其他费用				
4.1	工程监理费				
4.2	招投标管理费				
4.3	勘察、设计费				
4.4	建设单位管理费				

续表

序号	工程费用名称	估算价值			
		建筑费用	设备购置及安装费用	其他费用	合计
4.5	管网配套费				
4.6	供热集资费				
4.7	水电增容费				
4.8	……				
	合　计				

本章小结

项目技术评估是针对项目的技术条件是否合理和是否满足标准而进行的综合分析评价。技术方案选择应遵循先进性、适用性、成熟性、经济性和局限性等原则。

技术评估的主要内容是对工艺技术方案、设备选择方案和工程设计方案进行分析评价。进行工艺选择应考虑其可靠性、流程的合理性、对产品质量的保证程度、与原材料的适应性和经济性等因素,可以通过自主研制开发、许可证交易、工艺购买、合资经营等方法取得工艺。

设备和工艺的选择是相互依存的。在评估时,应当根据工厂的生产能力和所选择的生产工艺,确定对设备的要求。工业项目的设备一般包括生产设备、辅助设备和服务设备三大类。在项目评估中,主要是对生产设备和辅助设备进行分析评价。设备选择评估应从以下几个方面进行:工艺需求、经济性、安全性、可靠性、环保性能、适应性和灵活性等。分析评价设备经济合理性可采用投资回收期法、差额投资分析法、投资收益率法和费用效率分析法等。

由于项目总平面布置方案是以项目总平面图表现的,因此,对总平面布置方案的分析必须以项目总平面图提供的数据为依据。主要工程设计方案是指土建工程设计方案,具体包括:地基工程、一般土建工程、工业管道工程、电气及照明工程、给排水工程、采暖工程及通风工程等。项目工程实施进度常用的表示方法有甘特图和网络图两种。

复习思考题

1. 如何理解技术条件分析作为项目评估的中间环节所起的作用?
2. 技术方案分析考察哪些方面的内容?
3. 工艺技术的获取应考虑哪些方面的问题?
4. 设备选择应考察哪些方面的因素?
5. 总图布置方案应当考察哪些方面的问题?
6. 甘特图与网络图在应用上有何差别?

第八章

投资估算

本章要点

本章共分三个部分，即投资估算概述、投资估算方法和案例分析。在投资估算概述部分，主要介绍投资估算的范围及内容，估算的深度、要求、依据和作用。在投资估算方法部分，分别介绍建设投资、建设期利息和流动资金的构成及估算方法。在案例分析部分，给出了估算投资的详细过程。

第一节　投资估算概述

投资估算是在对项目的建设规模、工艺技术方案、设备选择方案、工程设计方案及项目进度计划等进行研究并初步确定的基础上，估算项目投入总资金（包括建设投资、建设期利息和流动资金）的过程。

一、投资估算的范围及内容

（一）项目总投资的含义及构成

项目总投资是指从投资项目筹建开始到项目报废为止所发生的全部投资费用。新建项目的总投资由建设期和筹建期投入的建设投资、建设期利息和项目建成投产后所需的流动资金三大部分组成。估算项目总投资时，需对建设投资、建设期利息和流动资金各项内容分别进行估算。

项目计算期（经济评价中为进行动态分析所设定的期限）分为建设期和运营期两个阶段。其中，项目建设期是指从项目开始建设年份起到竣工投产为止所经历的时间，建设期长短一般根据同类项目经验数据结合拟建投资项目的具体情况加以确定，或者参照项目建设的合理工期或项目的建设进度计划合理确定。项目的运营期是指从项目建成投产年份起至项目报废为止所经历的时间，分为投产期和达产期。在财务分析中，一般以项目主要固定资产的经济寿命期作为确定项目运营期的主要依据，也可以根据项目特点参照项目的合理经济寿命予以确定。

（二）项目总投资估算的内容

如上所述，项目的总投资包括建设投资、建设期利息和流动资金。根据资本保全原则和企业资产划分的有关规定，投资项目在建成交付使用时，项目投入的全部资金分别形成固定资产、无形资产、流动资产和其他资产。项目总投资的构成及其资产形成如图8－1所示。

固定资产是指使用期限在一年以上，单位价值在国家规定的限额标准以内，并在使用过程中保持原有实物形态的资产，包括房屋及建筑物、机器设备、运输设备以及其他与生产经营活动有关的工具、器具等。在投资项目评估中，可将工程费用、预备费和工程建设其他费用中，除应计入无形资产和其他资产价值以外的全部待摊投资费用计入固定资产原值，并将预备费也计入固定资产原值。

无形资产是指企业能长期使用而没有实物形态的有偿使用的资产，包括专利权、商标权、土地使用权、非专利技术、商誉和著作权等。它们通常代表企业所拥有的一种法定权或优先权，或者是企业所具有的高于平均水平的获利能力。无形资产是有偿取得的资产，对于外购及其他依法取得的无形资产的支出，一般都予以资本化，并在其受益期内分期摊销。在投资项目评估中可将工程建设其他费用中的土地使用权及技术转让费作为企业的初始投资计入无形资产价值中。

其他资产是指不能计入工程成本，应当在运营期内一次计入的各项其他费用，包

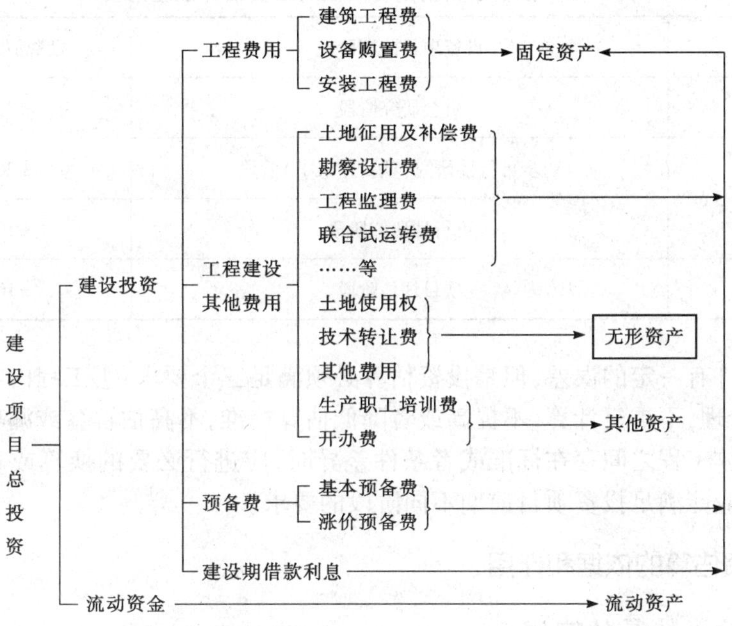

图 8－1 项目总投资构成与资产形成图

括开办费和以经营租赁方式租入的固定资产改良工程支出等。在投资项目评估中可将工程建设其他费用中的开办费、职工培训费、样品样机购置费等计入其他资产价值。

按照费用归集的形式,建设投资可按概算法或形成资产法分类。根据项目评估对投资估算精度的要求、行业特点及相关规定,可选用相应的投资估算方法。

建设期利息是指项目建设期发生的银行借款和其他债务资金在建设期内的应计利息以及其他融资费用。其他融资费用是指某些债务融资中发生的手续费、承诺费、管理费和信贷保险费等融资费用,一般情况下应单独计算并计入建设期利息。建设期利息一般计入固定资产原值。建设投资借款由于资金来源不同,其建设期利息的计算方法也不同。西方学者一般将建设期利息称为资本化利息。

流动资产是指可以在一年内或超过一年的一个营业周期内变现或运用的资产,包括现金及各种存款、存货、应收及预付款项等。

二、投资估算的深度与要求

投资项目前期工作可以概括为机会研究、初步可行性研究(项目建议书)、可行性研究、项目评估四个阶段。由于不同阶段工作深度和掌握的资料不同,投资估算的准确程度也就不同。因此在前期的不同工作阶段,投资估算的深度和准确度不同。随着工作的进展,项目条件的逐步明确和细化,投资估算会不断地深入,准确度会逐步提高,从而对项目投资起到有效的控制作用。项目前期的不同阶段对投资估算的允许误差率如表 8－1 所示。

表 8-1 投资项目前期各阶段对投资估算误差的要求

序号	投资项目前期阶段	投资估算的误差率
1	机会研究阶段	±30% 以内
2	初步可行性研究(项目建议书)阶段	±20% 以内
3	可行性研究阶段	±10% 以内
4	项目评估阶段	±10% 以内

尽管允许有一定的误差,但是投资估算必须满足三个要求:①工程内容和费用构成齐全,计算合理,不重复计算,不提高或者降低估算标准,不高估冒算或漏项少算。②选用指标与具体工程之间存在标准或者条件差异时,应进行必要的换算或者调整。③投资估算精度应能满足投资项目前期不同阶段的要求。

三、投资估算的依据和作用

(一)投资估算的依据

建设投资估算应做到方法科学,依据充分,其主要依据有:①专门机构发布的建设工程造价费用构成、估算指标、计算方法以及其他有关计算工程造价的文件。②专门机构发布的工程建设其他费用计算办法和费用标准以及政府部门发布的物价指数。③部门或行业制定的投资估算办法和估算指标。④拟建项目所需设备、材料的市场价格。⑤拟建项目各单项工程的建设内容及工程量。

(二)投资估算的作用

1. 投资估算是投资项目建设前期的重要环节

投资估算是投资项目建设前期工作中制定融资方案、进行财务效益分析的基础,以及其后编制初步设计概算的依据。因此,按照项目建设前期不同阶段所要求的内容和深度,完整、准确地进行投资估算是项目投资决策分析阶段必不可少的重要工作。尤其是在项目评估阶段,投资估算的准确与否,是否符合工程的实际情况,不仅决定着能否正确评价项目的可行性,同时也决定着融资方案设计的基础是否可靠。因此投资估算不仅是项目可行性研究报告的主要内容,同时也是项目评估报告的关键内容之一。

2. 满足工程设计招投标及城市建筑方案设计竞选的需要

在工程设计的投标书中,除了包括方案设计的图文说明以外,还应包括工程的投资估算。在城市建筑方案设计竞选过程中,咨询单位编制的竞选文件也应包括投资估算。因此,合理的投资估算也是满足工程招投标及城市建筑方案设计竞选的需要。

第二节 投资估算方法

一、建设投资的构成与估算

(一)建设投资的构成

建设投资是指建设单位在项目建设期与筹建期间所花费的全部费用。根据我国现行项目投资管理的规定,建设投资由建筑工程费、设备及工器具购置费、安装工程费、工程建设其他费用、基本预备费、涨价预备费构成。其中,建筑工程费、设备及工器具购置费、安装工程费形成固定资产;工程建设其他费用可分别形成固定资产、无形资产、其他资产;为简化计算,在项目评估阶段可将基本预备费和涨价预备费一并计入固定资产。

1. 工程费用

工程费用是指直接构成固定资产实体的各种费用,包括建筑工程费、设备及工器具购置费和安装工程费等。

2. 工程建设其他费用

工程建设其他费用是指按规定应在项目投资中支付,并列入投资项目总造价的费用。它主要包括土地征用与补偿费(或土地使用权出让金)、建设单位管理费(含建设单位开办费和经费)、研究试验费、人员培训费、办公及生活家具购置费、联合试运转费、勘察设计费、工程监理费、施工机构迁移费、引进技术和设备的其他费用、专利权、商标权等。

3. 预备费

预备费是指在投资估算时用以处理实际费用与计划耗费不相符而追加的费用,包括基本预备费和涨价预备费两部分。前者是为自然灾害可能造成的损失,或是施工阶段必须增加的工程和费用而设计;后者是因在建设期间物价上涨而引起的投资费用的增加。

(二)建设投资简单估算法

建设投资估算方法有简单估算法和分类估算法。建设投资简单估算法分为单位生产能力估算法、生产能力指数法、比例估算法、系数估算法和指标估算法等。前四种估算方法估算准确度相对不高,主要适用于投资机会研究和初步可行性研究阶段。在项目评估阶段一般应采取指标估算法和分类估算法。

1. 单位生产能力估算法

单位生产能力估算法根据已建成的、性质类似的项目的单位生产能力投资(如元/吨、元/千瓦)乘以拟建项目的生产能力,来估算拟建项目的投资额,其计算公式为:

$$Y_2 = \frac{Y_1}{X_1} \times X_2 \times CF$$

式中:Y_2——拟建项目的投资额;

Y_1——已建类似项目的投资额;

X_1——已建类似项目的生产能力;

X_2——拟建项目的生产能力;

CF——不同时期、不同地点的定额、单价、费用变更等的综合调整系数。

该方法将项目的建设投资与其生产能力的关系视为简单的线性关系，估算简便迅速，但精确度较差。使用这种方法要求拟建项目与所选取的已建项目类似，仅存在规模大小和时间上的差异。

【例8-1】 已知2005年建设污水处理能力10万立方米/日的污水处理厂的建设投资为10 000万元，2010年拟建一个污水处理能力为15万立方米/日的污水处理项目，工程条件与2005年已建项目类似，调整系数CF为1.25，试采用单位生产能力估算法估算该拟建项目的建设投资额。

【解】 根据公式，该项目的建设投资为：

$$Y_2=\frac{Y_1}{X_1}\times X_2\times CF=\frac{10\ 000}{10}\times 15\times 1.25=18\ 750(\text{元})$$

2. 生产能力指数法

该方法根据已建成的、性质类似的项目的生产能力和投资额，以及拟建项目的生产能力，来估算拟建项目的投资额，其计算公式为：

$$Y_2=Y_1\times\left(\frac{X_2}{X_1}\right)^n\times CF$$

式中：n——生产能力指数；

其他符号含义同前。

该公式表明，项目的投资额与生产能力呈非线性关系。运用该方法估算拟建项目建设投资的重要条件，是要有合理的生产能力指数。不同性质的项目，n 的取值是不同的。在正常情况下，$0\leqslant n\leqslant 1$。若已建类似项目的规模和拟建项目的规模相差不大，Y_1 与 Y_2 的比值在0.5~2，则指数 n 的取值近似为1；一般认为 Y_1 与 Y_2 的比值在2~50，且拟建项目规模的扩大仅靠增大设备规模来达到时，则 n 取值约为0.6~0.7；若靠增加相同规格设备的数量来达到时，则 n 取值为0.8~0.9；高温高压的工业生产项目，n 则取值于0.3~0.5。

采用生产能力指数法，计算简单、速度快，但要求类似项目的资料可靠，条件基本相同，否则误差就会增大。因此这种方法多适用于工艺过程比较简单、工程内容比较固定的单项工程或项目。对于建设内容复杂多变的项目，实践中往往应用分类估算法。

【例8-2】 已知2005年建设的年产50万吨聚酯项目的装置投资为100 000万元，2010年拟建年产100万吨聚酯项目，工程条件与已建成项目类似，生产能力指数 n 设定为0.8，调整系数CF设定为1.1，试采用生产能力指数法估算该拟建项目的装置投资。

【解】 根据公式，该项目的装置投资为：

$$Y_2=Y_1\times\left(\frac{X_2}{X_1}\right)^n\times CF=100\ 000\times\left(\frac{100}{50}\right)^{0.8}\times 1.1=191\ 400(\text{万元})$$

3. 比例估算法

比例估算法可分为以下两种：

（1）以拟建项目的设备购置费为基数进行估算。该方法是以拟建项目的设备购置费为基数，根据已建成的同类项目的建筑工程费和安装工程费占设备购置费的百分比，求出相应的建筑安装工程费，再加上拟建项目其他费用（包括工程建设其他费用和预

备费等),其总和即为拟建项目的建设投资。计算公式为:

$$C=E(1+f_1P_1+f_2P_2)+I$$

式中:C——拟建项目的建设投资;

E——拟建项目根据当时当地价格计算的设备购置费;

P_1,P_2——已建项目中建筑工程费和安装工程费占设备购置费的百分比;

f_1,f_2——由于时间因素引起的定额、价格、费用标准等综合调整系数;

I——拟建项目的其他费用。

【例8-3】 某拟建项目设备购置费为18 000万元,根据已建同类项目统计资料,建筑工程费占设备购置费的25%,安装工程费占设备购置费的11%,该拟建项目的其他有关费用估算为3 200万元,调整系数f_1为1.1,f_2为1.2,试估算该拟建项目的建设投资。

【解】 根据公式,该项目的建设投资为:

$$C=E(1+f_1P_1+f_2P_2)+I=18\ 000\times(1+25\%\times1.1+11\%\times1.2)+3\ 200=28\ 526(\text{万元})$$

(2)以拟建项目的工艺设备投资为基数进行估算。该方法以拟建项目中最主要、投资比重较大并与生产能力直接相关的工艺设备的投资为基数,根据同类型的已建项目的有关资料,各专业工程(总图、土建、暖通、给排水、管道、电气、电信及自控等)占工艺设备投资(包括运杂费和安装费)的百分比,求出拟建项目各专业工程的投资,然后把各部分投资(包括工艺设备投资)相加求和,再加上拟建项目的其他有关费用,即为拟建项目的建设投资。计算公式为:

$$C=E(1+f_1P_1'+f_2P_2'+f_3P_3'+\cdots)+I$$

式中:E——拟建项目根据当时当地价格计算的工艺设备投资;

P_1',P_2',P_3'——已建项目各专业工程费用占工艺设备投资的百分比;

其他符号含义同前。

4. 系数估算法

系数估算法也可分为两种方法:

(1)朗格系数法。该方法以设备购置费为基础,乘以适当系数来推算项目的建设投资。计算公式为:

$$C=E(1+\sum K_i)K_c$$

式中:C—— 建设投资;

E—— 设备购置费;

K_i—— 管线、仪表、建筑物等项费用的估算系数;

K_c—— 管理费、合同费、应急费等间接费在内的总估算系数。

建设投资与设备购置费之比为朗格系数K_L。即:

$$K_L=(1+\sum K_i)K_c$$

运用朗格系数法估算投资,方法比较简单,但由于没有考虑项目(或装置)规模大小、设备材质的影响以及不同地区自然、地理条件差异的影响,所以估算的准确度不高。

(2)设备及厂房系数法。该方法在拟建项目工艺设备投资和厂房投资估算的基础上,其他专业工程参照类似项目的统计资料,与设备关系较大的按设备投资系数计算,与厂房土建关系较大的则按厂房土建投资系数计算,两类投资加起来,再加上拟建项目的其他有关费用,即为拟建项目的建设投资。

【例8-4】 某项目工艺设备及其安装费用估算为1 800万元,厂房土建费用估算为3 200万元,参照类似项目的统计资料,其他各专业工程投资系数如表8-2所示,其他有关费用为2 000万元,试采用设备及厂房系数法估算该拟建项目的建设投资。

表8-2

工艺设备	1.00	厂房土建(含设备基础)	1.00
起重设备	0.08	给排水工程	0.04
加热炉及烟道	0.11	采暖通风	0.03
气化冷却	0.01	工业管道	0.02
余热锅炉	0.05	电气照明	0.01
供电及转动	0.16		
自动化仪表	0.02		
系数合计	1.43	系数合计	1.10

【解】 根据上述方法,则该项目的建设投资为:

$$1\ 800\times1.43+3\ 200\times1.10+2\ 000=8\ 094(\text{万元})$$

5.指标估算法

估算指标是比概算指标更为扩大的单项工程指标或单位工程指标。指标估算法是以单项工程或单位工程为对象,综合项目建设中的各类成本和费用,具有较强的综合性和概括性。

单项工程指标一般以单项工程生产能力单位投资表示,如工业窑炉砌筑以元/立方米表示;变配电站以元/千伏安表示;锅炉房以元/蒸汽吨表示。单位工程指标一般以如下方式表示:房屋区分不同结构形式,以元/平方米表示;道路区分不同结构层、面层,以元/平方米表示;管道区分不同材质、管径,以元/米表示。

因为地区、时期不同,设备、材料及人工的价格均有差异,所以,使用估算指标应根据不同地区、不同时期的实际情况进行适当的调整。

(三)建设投资分类估算方法

1.估算步骤

建设投资分类估算的步骤如下:

(1)分别估算各单项工程所需的建筑工程费、设备及工器具购置费、安装工程费;

(2)在汇总各单项工程费用的基础上,估算工程建设其他费用;

(3)估算基本预备费和涨价预备费;

(4)加总求得建设投资总额。

2.建筑工程费估算

建筑工程费是指为建造永久性建筑物和构筑物所需要的费用,如场地平整,建造厂房、仓库、电站、设备基础、工业窑炉、桥梁、码头、堤坝、隧道、涵洞、铁路、公路、水库、水坝,灌区管线敷设、矿井开凿、露天剥离等项工程的费用。建筑工程费估算一般采用以下方法:

(1)单位建筑工程投资估算法。这种方法以单位建筑工程所用投资乘以建筑工程总量计算。一般工业与民用建筑以单位建筑面积(平方米)的投资,工业窑炉砌筑以单位容积(立方米)的投资,水库以水坝单位长度(米)的投资,铁路路基以单位长度(公里)的投资,矿山掘进以单位长度(米)的投资,乘以相应的建筑工程总量计算建筑工程费。

(2)单位实物工程量投资估算法。这是以单位实物工程量的投资乘以实物工程总量计算。土石方工程以每立方米投资,矿井巷道衬砌工程以每平方米投资,路面铺设工程以每平方米投资,乘以相应的实物工程总量计算建筑工程费。

(3)概算指标投资估算法。对于没有上述估算指标且建筑工程费占总投资比例较大的项目,可采用概算指标估算法。采用这种估算法,应拥有较为详细的工程资料,了解详细的建筑材料价格情况和工程费用指标,所需投入的时间和工作量较大。具体估算方法见有关专门机构发布的概算编制办法。

3. 设备及工器具购置费估算

设备及工器具购置费,包括设备的购置费、工器具及办公家具购置费。在生产性项目中,设备及工器具购置费占建设投资比重增大,意味着生产技术的进步和资本有机构成的提高。

(1)设备购置费。设备购置费是指为投资项目购置或自制的达到固定资产标准的各种国产或进口设备、工具、器具所支出的费用。它由设备原价和设备运杂费构成。设备原价指国产设备或进口设备的原价;设备运杂费指除设备原价之外的设备采购、运输、途中包装及仓库保管等方面支出的费用的总和。国产设备和进口设备购置费应分别估算。

第一,国产设备原价的构成及计算。国产设备原价一般指的是设备制造厂的交货价,即出厂价或订货合同价。国产设备原价分为国产标准设备原价和国产非标准设备原价。

国产标准设备原价是指按照主管部门颁布的标准图纸和技术要求,由我国设备生产厂批量生产的,符合国家质量检测标准的设备交货价。有的国产标准设备原价有两种,即带有备件的原价和不带有备件的原价。在计算时,一般采用带有备件的原价。国产标准设备原价可通过查询相关价格目录或向设备生产厂家询价得到。

国产非标准设备原价是指国家尚无定型标准,各设备生产厂不可能在工艺过程中采用批量生产,只能按一次订货,并根据具体的设计图纸制造的设备原价。非标准设备原价有多种不同的计算方法,如成本计算估价法、系列设备插入估价法、分步组合估价法、定额估价法等。按成本计算估价法,非标准设备的原价由材料费、加工费、辅助材料费、专用工具费、废品损失费、外购配套件费、包装费、利润、税金(主要指增值税)、非标准设备设计费组成。

第二,进口设备原价的构成及计算。进口设备购置费由进口设备货价、进口从属费用及国内运杂费组成。进口设备货价按交货地点和方式的不同,分为离岸价(FOB)与到岸价(CIF)两种价格。进口从属费用包括国外运费、国外运输保险费、进口关税、进口环节消费税、进口环节增值税、外贸手续费和银行财务费等。国内运杂费包括运输费、装卸费、运输保险费等。

进口设备按离岸价计价时,应先计算设备运抵我国口岸的国外运费和国外运输保险费,再得出到岸价。计算公式为:

进口设备到岸价 = 离岸价 + 国外运费 + 国外运输保险费

其中　　国外运费=离岸价×运费率

或　　国外运费=单位运价×运量

国外运输保险费=(离岸价+国外运费)×国外保险费率

进口设备的其他几项从属费用通常按下面公式估算:

进口关税=进口设备到岸价×人民币外汇牌价×进口关税率

$$进口环节消费税=\frac{进口设备到岸价\times人民币外汇牌价+进口关税}{1-消费税率}\times消费税率$$

进口环节增值税=(进口设备到岸价×人民币外汇牌价+进口关税+消费税)×增值税率

外贸手续费=进口设备到岸价×人民币外汇牌价×外贸手续费率

银行财务费=进口设备货价×人民币外汇牌价×银行财务费率

国内运杂费按运输方式,根据运量或者设备费金额估算。

(2)工具、器具及生产家具购置费。工具、器具及生产家具购置费,是指按照有关规定,为保证新建或扩建项目初期的正常生产,必须购置的没有达到固定资产标准的设备、仪器、工卡模具、器具、生产家具等的购置费用。一般以设备购置费为计算基数,按照部门或行业规定的工具、器具及生产家具购置费率计算。

4. 安装工程费估算

需要安装的设备应估算安装工程费,包括各种机电设备装配和安装工程费用,与设备相连的工作台、梯子及其装设工程费用,附属于被安装设备的管线敷设工程费用,安装设备的绝缘、保温、防腐等工程费用,单体试运转和联动无负荷试运转费用等。

安装工程费通常按行业或专门机构发布的安装工程定额、收费标准和指标估算投资。具体计算可按安装费率、每吨设备安装费或者每单位安装实物工程量的费用估算,即:

安装工程费=设备原价×安装费率

安装工程费=设备吨位×每吨安装费

安装工程费=安装实物工程量×安装费用指标

5. 工程建设其他费用估算

工程建设其他费用是指从项目筹建开始到工程竣工验收交付使用止的整个建设期间,除建筑安装工程费用和设备及工器具购置费以外的,为保证工程建设顺利完成和交付使用后能够正常发挥效用而发生的各项费用。工程建设其他费用按内容大体可分为三类:第一类指与土地使用有关的费用;第二类指与工程建设有关的其他费用;第三类指与未来企业生产经营有关的其他费用。

(1)与土地使用有关的费用。建设项目要取得建设用地,须支付土地征用及迁移补偿费或土地使用权出让金。

第一,土地征用及迁移补偿费。土地征用及迁移补偿费是建设项目通过划拨方式取得土地使用权时,依据《中华人民共和国土地管理法》等规定需支付的费用,具体内容包括:①土地补偿费。征用耕地的土地补偿费,为该耕地被征用前3年平均年产值的6~10倍;征用其他土地的土地补偿费,由各省、自治区、直辖市参照征用耕地的标准规定;征用城市郊区的菜地,用地单位应当缴纳新菜地开发建设基金。②安置补助费。征用耕地的安置补助费,按照需要安置的农业人口数计算。需要安置的农业人口数,按照被征用的耕地数量除以征地前被征用单位平均每人占有耕地的数量计算。每一个需要安置的农业人口的安置补助费标准，为该耕地被征用前3年平均年产值的4～6倍。但是，每公顷被征用耕地的安置补助费，最高不得超过被征用前3年平均年产值的15倍。征用其他土地的安置补助费，由各省、自治区、直辖市参照征用耕地的安置补助费标准规定执行。③地上附着物和青苗补偿费。被征用土地上的房屋、水井、树木等地上附着物和青苗的补偿标准，由各省、自治区、直辖市规定。

第二，土地使用权出让金。土地使用权出让金是指建设单位为取得有限制的土地使用权，依照《中华人民共和国城镇国有土地使用权出让和转让暂行条例》，向国家支付的土地使用费。

第三，根据国家发改委和建设部发布的《"建设项目经济评价方法"编写说明》的要求，对于土地使用权可进行如下特殊处理：在尚未开发或建造自用项目前，土地使用权作为无形资产核算，房地产开发企业开发商品房时，将其账面价值转入开发成本；企业建造自用项目时，将其账面价值转入在建工程成本。因此，为了与以后的折旧和摊销计算相协调，在建设投资的算表中通常可将土地使用权直接列入固定资产其他费用中。

(2)与工程建设有关的其他费用。这包括建设单位管理费、勘察设计费、可行性研究费、环境影响评价费、劳动职业安全卫生健康评价费、研究试验费、场地准备及临时设施费、工程建设监理费、引进技术和进口设备其他费用、工程保险费和市政公用设施建设及绿化补偿量等。

第一，建设单位管理费。建设单位管理费是指建设项目从立项至竣工验收交付使用的建设全过程中进行管理所需的费用，内容包括建设单位经费和建设单位开办费。其中，建设单位经费包括工作人员的基本工资、工资性补贴、职工福利费、劳动保护费、劳动保险费、办公费、差旅费、工会费、职工教育费、固定资产使用费、工具用具使用费、工程招标费、合同契约公证费、工程质量监督检测费、工程咨询费、法律顾问费、审计费、业务招待费、排污费、竣工交付使用清理及竣工验收费等，另外，还包括应计入设备、材料预算价格的建设单位采购及保管设备材料所需的费用。建设单位开办费是新建项目为保证筹建和建设工作正常进行所需的办公设备、生活家具、用具、交通工具等的购置费用。

建设单位管理费按照单项工程费用之和(包括设备工器具购置费和建筑安装费)乘以建设单位管理费率计算。建设单位管理费率按照建设项目的不同性质、不同规模确定。计算公式为：

$$建设单位管理费 = 工程费用 \times 建设单位管理费率$$

$$工程费用 = 建筑安装工程费用 + 设备工器具购置费用$$

第二，勘察设计费。勘察设计费是指委托勘察设计单位进行工程水文地质勘察、工程设计等所需的费用。具体包括：工程勘察费、初步设计费、施工图设计费以及设计模型制作费等。

根据原国家计委、建设部发布的《工程勘察设计收费管理规定》(计价格〔2002〕10号)，工程勘察和工程设计收费须根据建设项目投资额的不同情况，分别实行政府指导价和市场调节价。建设项目总投资估算额500万元及以上的工程勘察和工程设计收费实行政府指导价；建设项目总投资估算额500万元以下的工程勘察和工程设计收费实行市场调节价。

实行政府指导价的工程勘察和工程设计收费,其基准价根据《工程勘察收费标准》或者《工程设计收费标准》计算;实行市场调节价的工程勘察和工程设计收费,由发包人和勘察人、设计人协商确定收费额。

第三,可行性研究费。可行性研究费是指编制和评估项目建设书、初步可行性研究报告、可行性研究报告所需的费用。可参照国家发展改革委员会的有关规定计算。

第四,研究试验费。研究试验费是指为本建设项目提供参数、数据、资料等进行的必要的研究试验所需的费用,以及设计规定在施工中必须进行试验、验证和支付国内专利、技术成果一次性使用费所需的费用。

第五,环境影响评价费。环境影响评价费是指为评价项目对环境可能产生的污染或造成的影响所需的费用,包括编制和评估环境影响评价报告书、环境影响评价报告表等所发生的费用。可参照国家发展改革委员会和生态环境部的有关规定计算。

第六,场地准备及临时设施费。场地准备及临时设施费是指建设期间建设场地的准备费和临时设施的搭设、维修、摊销费用或租赁费。临时设施包括临时宿舍、文化福利、公用事业房屋与构筑物、仓库、办公室、加工厂以及规定范围内的道路、水、电、管线等。新建项目一般按建筑安装工程费用的1%计取,改、扩建项目按建筑安装工程费用的0.6%计取。

第七,工程建设监理费。工程建设监理费是指建设单位委托工程监理单位对工程实施监理工作所需的费用。其收费方法有两种:①参照国家物价局、建设部《关于发布工程建设监理费有关规定的通知》(〔1992〕价费字479号),按所监理工程概预算的百分比计收;②按参与监理工作的人员工日计收;③不宜按这两项办法收费的,由建设单位和监理单位按商定的其他方法,以这两项办法规定的建设监理收费标准为指导,具体的收费标准由建设单位和监理单位在规定的幅度内协商确定。对于中外合资、中外合作、外商独资的建设工程,工程建设监理费由双方参照国际标准协商确定。

第八,引进技术和进口设备其他费用。这些费用是指引进技术和进口设备发生的未计入设备购置费的费用,包括出国人员费用、国外工程技术人员来华费用、技术引进费、分期或延期付款利息、担保费以及进口设备检验鉴定费等。

第九,工程保险费。工程保险费是指项目在建设期间根据需要对建筑工程安装工程、机器设备和人身安全投保而发生的保险费用,包括建筑工程一切保险、进口设备财产保险和人身意外伤害险等。

第十,市政公用设施建设及绿化补偿费。市政公用设施建设及绿化补偿费是指使用市政公用设施的项目,按照项目所在省、自治区、直辖市政府有关规定,建筑市政公用设施和绿化工程或缴纳市政公用设施建设配套费用及绿化工程补偿费用。

(3)与未来企业生产经营有关的其他费用。这包括联合试运转费、生产准备费、办公及生活家具购置费等。

第一,联合试运转费。联合试运转费是指新建企业或新增加生产工艺流程的扩建企业在竣工验收前,按照设计规定的工程质量标准,进行整个车间的负荷或无负荷联合试运转,发生的费用支出大于试运转收入的亏损部分。费用支出包括购买试运转所需的原料、燃料、油料和动力的费用,机械使用费,低值易耗品及其他物品的购置费和施工单位参加联合试运转人员的工资等。试运转收入包括试运转所生产产品的营业收入和其他收入。联合试运转费不包括应由设备安装工程费项下开支的单台设备调试费及试车费。联合试运转费一般根据不同性质的项目按需要试运转车间的工艺设备购置费的百分比计算。

第二,生产准备费。生产准备费是指新建企业或新增生产能力的企业,为保证竣工交付使用而进行必要的生产准备所发生的费用,包括生产人员培训费,生产单位提前进厂参加施工、设备安装、调试的费用,以及熟悉工艺流程及设备性能等人员的工资、福利、差旅交通等费用。生产准备费一般根据需要培训和提前进厂人员的人数及培训时间按生产准备费指标计算。

第三,办公及生活家具购置费。办公及生活家具购置费是指为保证新建、改建、扩建项目初期的正常生产、使用和管理,购置办公和生活家具、用具等必须支出的费用。该项费用一般按照设计定员人数乘以综合指标计算。

工程建设其他费用的具体科目及收费标准经常会变动,应根据各级政府物价部门有关规定并结合项目的具体情况确定。

6. 基本预备费估算

基本预备费是指在项目实施中为了防止可能发生的难以预料的支出,需要事先预留的费用,又称工程建设不可预见费,主要指设计变更及施工过程中可能增加的工程量的费用。基本预备费以建筑工程费、设备及工器具购置费、安装工程费及工程建设其他费用之和为计算基数,按行业主管部门规定的基本预备费率计算。计算公式为:

基本预备费 =(建筑工程费 + 设备及工器具购置费 + 安装工程费 + 工程建设其他费用)× 基本预备费率

7. 涨价预备费估算

涨价预备费是针对建设工期较长的项目在建设期内可能发生材料、设备、人工等价格上涨引起投资增加的情况而需要事先预留的费用,亦称价格变动不可预见费。涨价预备费以建筑工程费、设备及工器具购置费、安装工程费之和为计算基数。计算公式为:

$$PC = \sum_{t=1}^{n} I_t[(1+f)^t - 1]$$

式中:PC——涨价预备费;

I_t——第 t 年的建筑工程费、设备及工器具购置费、安装工程费之和;

f——建设期价格上涨指数;

n——建设期。

对建设期价格上涨指数,政府部门有规定的按规定执行,没有规定的由项目评价人员预测。

完成了建设投资估算后,可编制“建设投资估算表”(见本章附表 8-1A 和 8-1B)。

二、建设期利息的构成与估算

建设期利息是在完成建设投资估算和分年投资计划的基础上,根据筹资方式、金额及筹资费率等进行计算。在投资项目评估中,无论各种外部借款是按年计息还是按季、月计息,均可简化为按年计息,即将名义利率折算为有效年利率,其计算公式如下:

$$R = \left(1 + \frac{r}{m}\right)^m - 1$$

式中：R——有效年利率；

r——名义年利率；

m——每年计息次数。

当建设期用自有资金按期支付利息时，可不进行换算，直接采用名义年利率计算建设期利息。

计算建设期利息时，为了简化计算，通常假定借款均在每年年中支用，借款当年按半年计息，其余各年按全年计息，计算公式为：

各年应计利息 =（年初借款本息累计 + 本年借款额 ÷ 2）× 年利率

有多种借款资金来源，且每笔借款的年利率各不相同的项目，既可分别计算每笔借款的利息，也可先计算出各笔借款加权平均的年利率，再以此利率计算全部借款的利息。

完成了建设期利息估算后，可以编制"建设期利息估算表"（见本章附表 8－2）。

三、流动资金的构成与估算

（一）流动资金的构成

流动资金是指项目建成后在企业运营过程中处于生产和流通领域、供日常周转使用的资金。项目建成后，为保证企业正常生产经营的需要，必须有一定量的流动资金维持其周转，如用以购置企业日常生产经营所需的原材料、燃料、动力，支付职工工资，以及作为生产中的周转资金而被占用于在制品、半成品、产成品上的，在项目投产前须预先垫支的资金。流动资金在周转过程中不断地改变自身的实物形态，其价值也随着实物形态的变化而转移到新产品中，并随着产品销售的实现而回收。流动资金属于企业在生产经营中用于周转的长期占用资金。

在投资项目经济评价中所考虑的流动资金，是伴随固定资产投资而发生的永久性流动资产投资，其数额等于项目投产后所需全部流动资产扣除流动负债后的余额。

在项目评估的财务分析中，流动资产主要考虑应收账款、现金和存货，流动负债主要考虑应付账款。由此看出，这里所解释的流动资金的概念，实际上就是投资项目必须准备的最基本的营运资金。流动资金估算一般采用分项详细估算法，项目决策分析的初级阶段或者小型项目可采用扩大指标法。

（二）流动资金的估算

不同类型的项目，其流动资金的需要量差异较大，一般可根据项目的类型及同类项目的经验数据加以估算。流动资金常用的估算方法主要有以下几种：

1. 扩大指标估算法

扩大指标估算法是按照流动资金占某种资金基数的比率来估算流动资金。一般常用的基数有营业收入、经营成本、总成本费用和固定资产价值、单位产量等，究竟采用何种基数，依行业习惯而定。所采用的比率可以根据经验确定，也可以根据现有同类企业的实际资料确定，或依据行业、部门给定的参考值确定。扩大指标估算法简便易行，但准确度不高，适用于项目建议书阶段流动资金的估算，具体又有以下 4 种算法：

(1)营业收入资金率法。营业收入资金率是指项目流动资金需要量与一定时期(通常为一年)内营业收入的比率。使用营业收入资金率法估算流动资金需要量的计算公式如下：

流动资金需要量=项目年营业收入×营业收入资金率

式中,项目年营业收入取项目正常运营年份的数值,营业收入资金率根据同类项目的经验数据加以确定。

一般加工工业项目多采用营业收入资金率法进行流动资金的估算。

(2)总成本(或经营成本)资金率法。总成本(或经营成本)资金率是指一定时期(通常为一年)内项目流动资金需要量与总成本(或经营成本)的比率。使用总成本(或经营成本)资金率法估算流动资金需要量的计算公式如下：

流动资金需要量=项目年总成本(或经营成本)×总成本(或经营成本)资金率

式中,项目年总成本(或经营成本)取正常运营年份的数值,总成本(或经营成本)资金率根据同类项目的经验数据加以确定。

一般采掘项目多采用总成本(或经营成本)资金率法进行流动资金的估算。

(3)固定资产价值资金率法。固定资产价值资金率是指项目流动资金需要量与固定资产价值的比率。用固定资产价值资金率法估算流动资金的计算公式如下：

流动资金需要量=固定资产价值×固定资产价值资金率

式中,固定资产价值根据前述方法得出,固定资产价值资金率根据同类项目的经验数据加以确定。

某些特定的项目(如火力发电厂、港口项目等)可采用固定资产价值资金率法进行流动资金的估算。

(4)单位产量资金率法。单位产量资金率是指项目单位产量所需的流动资金金额。用单位产量资金率法估算流动资金需要量的计算公式如下：

流动资金需要量=达产期年产量×单位产量资金率

式中,单位产量资金率根据同类项目经验数据加以确定。

某些特定的项目(如煤矿项目)可采用单位产量资金率法进行流动资金估算。

2. 分项详细估算法

分项详细估算法是将各类流动资金分项估算,然后加总获得企业总流动资金的需要量。它是国际上通行的流动资金估算方法。运用此法计算的流动资金数额大小,主要取决于企业每日平均生产消耗量和定额最低周转天数或周转次数,为此,必须事先计算出产品的生产成本和各项成本年费用消耗量,然后分别估算出流动资产和流动负债的各项费用构成,据以求得项目所需年流动资金额。一般可以根据“流动资金估算表”(见本章附表8-3)对各项流动资金进行估算。计算公式如下：

流动资金=流动资产-流动负债

流动资产=现金+应收账款+存货

流动负债=应付账款

流动资金本年增加额=本年流动资金-上年流动资金

估算时应首先计算各类流动资产和流动负债的年周转次数,然后再分项估算占用资金额。具体步骤如下：

(1)周转次数计算。周转次数等于360天除以最低周转天数。存货、现金、应收账款和应付账款的最低周转天数，可参照同类企业的平均周转天数并结合项目特点确定。

（2）应收账款估算。应收账款是指企业已对外销售商品、提供劳务尚未收回的资金，包括若干科目。在项目评估时，只计算应收销售款。计算公式为：

应收账款 = 年营业收入 ÷ 应收账款周转次数

（3）存货估算。存货是企业为销售或者生产耗用而储备的各种货物，主要有原材料、辅助材料、燃料、低值易耗品、维修备件、包装物、在产品、自制半成品和产成品等。为简化计算，仅考虑外购原材料、燃料、在产品和产成品，并分项进行计算。计算公式为：

存货 = 外购原材料 + 外购燃料 + 在产品 + 产成品

外购原材料 = 年外购原材料 ÷ 按种类分项周转次数

外购燃料 = 年外购燃料 ÷ 按种类分项周转次数

在产品 =（年外购原材料 + 年外购燃料动力 + 年工资及福利费 + 年修理费 + 年其他制造费用）÷ 在产品周转次数

产成品 = 年经营成本 ÷ 产成品周转次数

（4）现金需要量估算。项目流动资金中的现金是指货币资金，即企业运营活动中停留于货币形态的那部分资金，包括企业库存现金和银行存款。计算公式为：

现金需要量 =（年工资及福利费 + 年其他费用）÷ 现金周转次数

年其他费用 = 制造费用 + 管理费用 + 销售费用 －（前三项费用中所含的工资及福利费、折旧费、维简费、摊销费、修理费）

（5）流动负债估算。流动负债是指在一年或者超过一年的一个营业周期内，需要偿还的各种债务。在项目评估中，流动负债的估算只考虑应付账款一项。计算公式为：

应付账款 =（年外购原材料 + 年外购燃料）÷ 应付账款周转次数

根据我国各家商业银行的有关规定，新建、扩建项目要有 30% 的自有铺底流动资金，其余部分为银行贷款。对于自有铺底流动资金不足 30% 的项目，如补充计划能落实，并能在一两年内补足，经济效益好的，可由银行发放特种贷款（利率上浮）。项目借入的流动资金长期占用，全年计息，流动资金利息应计入总成本费用的财务费用中，在项目计算期末收回全部流动资金时，再偿还流动资金借款。

为简化计算，流动资金一般根据运营负荷（产品或服务的数量）投入，或在投产期按高于运营负荷 10 个百分点来考虑投入。

（三）流动资金估算需要注意的问题

第一，当投入物和产出物采用不含税价格时，估算中应注意将销项税额和进项税额分别包含在相应的收入和成本支出中。

第二，流动资金一般应在项目投产前开始筹措并占用，为了简化计算，流动资金可从投产第一年开始安排，并随运营负荷的增长而增长。但采用分项详细估算法估算流动资金时，运营期各年的流动资金额应以各年的经营成本为基础，依照上述公式分别进行估算，不能简单地按 100% 运营负荷下的流动资金额乘以投产期运营负荷安排投产期的流动资金。

第三节　案例分析

一、背景

某公司拟投资建设一个化工厂，基础数据如下：

（一）项目实施计划

该项目建设期为 3 年，实施计划进度为：第一年完成项目全部投资的 20%，第二年完成项目全部投资的 55%，第三年完成项目全部投资的 25%，第四年全部完工投产。投产当年项目的运营负荷达到设计生产能力的 70%，第五年项目的运营负荷达到设计生产能力的 90%，第六年项目的运营负荷达到设计生产能力的 100%。项目的运营期总计为 15 年。

（二）建设投资估算

该项目工程费与工程建设其他费用的估算额为 52 180 万元，预备费按工程费与工程建设其他费用之和的 10% 计算。

（三）建设资金来源

该项目的建设资金来源为自有资金和贷款。贷款总额为 40 000 万元，其中外汇贷款为 2 300 万美元，外汇牌价为 1 美元兑换 6.3 元人民币。人民币贷款的年利率为 6.24%（按季计息），外汇贷款年利率为 5%（按年计息），建设期每年的各种贷款支用额与全部投资完成的进度比例相同。

（四）营业收入估计

该项目达产期各年营业收入均为 28 000 万元。

（五）生产经营费用估计

投资项目达到设计生产能力以后，全厂定员为 1 100 人，工资和福利费按照每人每年 7 200 元估算。每年的其他费用为 860 万元（其中：其他制造费用为 660 万元）。年外购原材料、燃料及动力费估算为 19 200 万元，年经营成本为 21 000 万元，年修理费占年经营成本的 10%。各项流动资金的最低周转天数分别为：应收账款 30 天，现金 40 天，应付账款 30 天，存货 40 天。

二、问题

（1）估算建设期利息。

（2）用分项详细估算法估算项目的流动资金。

（3）估算项目的总投资。

三、分析要点

本案例所考核的内容涉及了投资项目投资估算类问题的主要内容和基本知识点。对于这类案例分析题的解答，首先要注意充分了解背景给出的各项基本条件和数据，分析这些条件和数据之间的内在联系。

(1)建设投资估算中,应弄清名义利率和有效年利率的概念与换算方法。在计算建设期利息前,首先要将名义利率换算为有效年利率后才能计算。

(2)估算流动资金时,要掌握分项详细估算流动资金的方法。

(3)根据项目总投资的构成内容,计算项目总投资。

四、解析

(一)建设期贷款利息计算

1.人民币贷款有效年利率计算

$$人民币有效年利率 = \left(1+\frac{r}{m}\right)^m - 1 = (1+6.24\% \div 4)^4 - 1 = 6.39\%$$

2.每年投资的贷款额计算

人民币部分: 贷款总额为:40 000 − 2 300 × 6.3 = 25 510(万元)

第一年为:25 510 × 20% = 5 102(万元)

第二年为:25 510 × 55% = 14 030.50(万元)

第三年为:25 510 × 25% = 6 377.50(万元)

美元部分: 贷款总额为:2 300(万美元)

第一年为:2 300 × 20% = 460(万美元)

第二年为:2 300 × 55% = 1 265(万美元)

第三年为:2 300 × 25% = 575(万美元)

3.每年应计利息计算

每年应计利息 = (年初借款本息累计 + 本年借款额 ÷ 2) × 有效年实际利率

(1)人民币建设期贷款利息计算:

第一年贷款利息 = (0 + 5 102 ÷ 2) × 6.39% = 163.01(万元)

第二年贷款利息 = (5 102 + 163.01 + 140 306 ÷ 2) × 3.39% = 784.71(万元)

第三年贷款利息 = (5 102 + 163.01 + 140 306 + 784.71 + 6 377.50 ÷ 2) × 6.39%
= 1 486.89(万元)

人民币贷款利息合计 = 163.01 + 784.71 + 1 486.89 = 2 434.61(万元)

(2)外币贷款利息计算:

第一年外币贷款利息 = (0 + 460 ÷ 2) × 5% = 11.50(万美元)

第二年外币贷款利息 = (460 + 11.50 + 1 265 ÷ 2) × 5% = 55.20(万美元)

第三年外币贷款利息 = (460 + 11.50 + 1 265 + 55.20 + 575 ÷ 2) × 5% = 103.96(万美元)

外币贷款利息合计 = 11.50 + 55.20 + 103.96 = 170.66(万美元)

(3) 建设期贷款利息总计 = 2 434.61 + 170.66 × 6.3 = 3 509.77(万元)

(二)用分项详细估算法估算流动资金

应收账款 = 年营业收入 ÷ 年周转次数 = 28 000 ÷ (360 ÷ 30) = 2 333.33(万元)

现金 = (年工资福利费 + 年其他费用) ÷ 年周转次数
= (1 100 × 0.72 + 860) ÷ (360 ÷ 40) = 183.56(万元)

外购原材料、燃料动力 = 年外购原材料、燃料动力费 ÷ 年周转次数
= 19 200 ÷ (360 ÷ 40) = 2 133.33(万元)

$$在产品 = \left(\begin{matrix}年工资\\福利费\end{matrix} + \begin{matrix}年其他\\制造费用\end{matrix} + \begin{matrix}年外购原材料、\\燃料动力费\end{matrix} + 年修理费\right) \div 年周转次数$$

= (1 100 × 0.72 + 660 + 19 200 + 21 000 × 10%) ÷ (360 ÷ 40) = 2 528(万元)

产成品 = 年经营成本 ÷ 年周转次数

= 21 000 ÷ (360 ÷ 40) = 2 333.33(万元)

存货 = 2 133.33 + 2 528 + 2 333.33 = 6 994.66(万元)

流动资产 = 应收账款 + 现金 + 存货

= 2 333.33 + 183.56 + 6 994.66 = 9 511.55(万元)

应付账款 = 年外购原材料、燃料动力费 ÷ 年周转次数

= 19 200 ÷ (360 ÷ 30) = 1 600(万元)

流动负债 = 应付账款 = 1 600(万元)

流动资金 = 流动资产 − 流动负债 = 9 511.55 − 1 600 = 7 911.55(万元)

(三)根据投资项目总投资的构成内容,计算拟建项目的总投资

项目总投资估算额 = 建设投资 + 建设期利息 + 流动资金

= (工程费 + 工程建设其他费 + 预备费) + 建设期利息 + 流动资金

= 52 180 × (1 + 10%) + 3 509.77 + 7 911.55

= 57 398 + 3 509.77 + 7 911.55 = 68 819.32(万元)

本章小结

项目总投资是指在建设期和运营期投入项目的全部资金,由建设投资、建设期利息和流动资金三部分组成。

建设投资是指建设单位在项目建设期与筹建期间所花费的全部费用。根据我国现行项目投资管理规定,建设投资由建筑工程费、设备及工器具购置费、安装工程费、工程建设其他费用、基本预备费、涨价预备费构成。其中,建筑工程费、设备及工器具购置费、安装工程费形成固定资产;工程建设其他费用可分别形成固定资产、无形资产、其他资产;为简化计算,在项目评估阶段,可把基本预备费和涨价预备费一并计入固定资产原值中。

建设投资的估算一般是按照其构成分别估算,然后再加以汇总。其中建筑工程费用估算主要是采取概算指标估算法分项进行估算;设备及工器具购置费根据项目主要设备表及价格、费用资料估算;安装工程费通常按安装工程定额、收费标准和指标估算投资;工程建设其他费用按各项费用科目的费率或者收费标准估算;预备费可按基本预备费和涨价预备费分别估算。

建设期利息是指项目建设期发生的银行借款和其他债务资金在建设期内的应计利息,以及其他融资费用。在项目评估中,建设期利息采用复利法按年计息,假定各种外部借款均在年中支用,即当年借款支用额按半年计息,上年借款按全年计息。

流动资金是指项目建成后在企业运营过程中处于生产和流通领域、供周转使用的资金,它是流动资产与流动负债的差额。流动资金属于长期性资金,被企业长期占用,在项目计算期末全部收回。流动资金可采用扩大指标估算法和分项详细估算法估算。流动资金一般按运营负荷投入。

复习思考题

1. 项目总投资由哪些内容构成?
2. 投资项目前期各阶段分别对投资估算误差有哪些要求?
3. 建设投资由哪些内容构成?
4. 建设投资简单估算方法有哪几种？各适用于投资决策的哪些阶段?
5. 建设投资分类估算的步骤是什么?
6. 设备交货价主要有哪几种形式?
7. 进口设备购置费一般包括哪些内容?
8. 固定资产原值由哪几部分构成?
9. 怎样估算建设期利息?
10. 流动资金分项详细估算法的思路是什么?
11. 流动资金估算需要注意哪些问题?

附表 8－1A 建设投资估算表(概算法)

人民币单位:万元，外币单位:

序号	工程或费用名称	估算价值(万元)						比例(%)	备注
		建筑工程	设备购置	安装工程	其他费用	合计	其中外币		
1	工程费用								
1.1	主体工程								
1.1.1	×××								
	……								
1.2	辅助工程								
1.2.1	×××								
	……								
1.3	公用工程								
1.3.1	×××								
	……								
1.4	服务性工程								
1.4.1	×××								
	……								
1.5	厂外工程								
1.5.1	×××								
	……								
1.6	×××								
2	工程建设其他费用								
2.1	×××								
	……								
3	预备费								
3.1	基本预备费								
3.2	涨价预备费								
4	建设投资合计								
	比例(%)							100%	

注:1. 本表适用于新设法人项目与既有法人项目的新增投资的估算。

2. “工程或费用名称”可依不同行业的要求进行调整。

附表 8－1B　建设投资估算表(形成资产法)

人民币单位:万元，外币单位:

序号	工程或费用名称	建筑工程费	设备购置费	安装工程费	其他费用	合计	其中:外币	比例(%)
1	固定资产费用							
1.1	工程费用							
1.1.1	×××							
1.1.2	×××							
1.1.3	×××							
	……							
1.2	固定资产其他费用							
	×××							
	……							
2	无形资产费用							
2.1	×××							
	……							
3	其他资产费用							
3.1	×××							
	……							
4	预备费							
4.1	基本预备费							
4.2	涨价预备费							
5	建设投资合计							
	比例(%)							

注:1.“比例”分别指各主要科目的费用(包括横向和纵向)占建设投资的比例。

2. 本表适用于新设法人项目与既有法人项目的新增建设投资的估算。

3.“工程或费用名称”可依不同行业的要求进行调整。

附表 8-2 建设期利息估算表

人民币单位:万元，外币单位:

序号	项目	合计	建设期					
			1	2	3	4	…	n
1	借款							
1.1	建设期利息							
1.1.1	期初借款余额							
1.1.2	当期借款							
1.1.3	当期应计利息							
1.1.4	期末借款余额							
1.2	其他融资费用							
1.3	小计(1.1+1.2)							
2	债券							
2.1	建设期利息							
2.1.1	期初债务余额							
2.1.2	当期债务余额							
2.1.3	当期应计利息							
2.1.4	期末债务余额							
2.2	其他融资费用							
2.3	小计(2.1+2.2)							
3	合计(1.3+2.3)							
3.1	建设期利息合计(1.1+2.1)							
3.2	其他融资费用合计(1.2+2.2)							

注:1. 本表适用于新设法人项目与既有法人项目的新增建设期利息的估算。

2. 原则上应分别估算外汇和人民币债务。

3. 如有多种借款或债券,必要时应分别列出。

4. 本表与财务分析表“借款还本付息估算表”可二表合一。

附表 8-3 流动资金估算表

人民币单位:万元，外币单位:

序号	项目	最低周转天数	周转次数	投产期		达到设计能力生产期				合计
				3	4	5	6	…	n	
1	流动资产									
1.1	应收账款									
1.2	存货									
1.2.1	原材料									
1.2.2	燃料									
1.2.3	在产品									
1.2.4	产成品									
1.2.5	其他									
1.3	现金									
2	流动负债									
2.1	应付账款									
3	流动资金(1-2)									
4	流动资金本年增加额									

注:1. 原材料、燃料项目应分别列出具体名称,分别计算。

2. 本表适用于新设法人项目与既有法人项目的“有项目”“无项目”和增量流动资金的估算。

3. 表中科目可视行业变动。

4. 如发生外币流动资金,应另行估算后予以说明,其数额应包含在本表数额内。

第九章

项目融资方案与资金使用计划分析

本章要点

本章共分两个部分，即项目融资方案分析和资金投入及使用计划的编制。在融资方案分析部分，主要介绍融资组织形式选择、融资渠道选择、资本金筹措、债务资金筹措和融资方案的综合分析等内容。在资金投入及使用计划的编制部分，主要介绍编制资金投入及使用计划的方法和应注意的几个问题。

第一节　项目融资方案分析

一、融资组织形式选择

分析融资方案，首先应明确融资主体，由融资主体进行融资活动，并承担融资责任和风险。项目融资组成形式主要有既有法人融资和新设法人融资两种。

（一）既有法人融资形式

既有法人融资是指依托现有法人进行的融资活动，又称公司融资，其特点有：一是拟建项目不组建新的项目法人，由既有法人统一组织融资活动并承担融资责任和风险；二是拟建项目一般是在既有法人的资产和信用的基础上进行的，并形成增量资产，融资可以不依赖项目投资形成的资产，不依赖项目未来的收益和权益，而是依赖于已经存在的公司本身的资信；三是从既有法人的整体财务状况考察融资后的偿债能力，贷款和其他债务虽然实际上是用于项目，但是由公司承担债务偿还责任，项目的投资运营是公司运营的一部分，公司以其全部的资产及现金流提供债务偿还的保证。

（二）新设法人融资形式

新设法人融资是指新组建项目法人进行的融资活动，又称项目融资，其特点有：一是项目投资由新设法人筹集的资本金和债务资金构成；二是由新设法人承担投融资及运营责任和风险；三是从项目投产后的经济效益情况考察偿债能力，以项目投资所形成的收益或权益作为建立项目融资信用的基础，取得债务融资。在这种融资方式下，交易切断了项目对于投资人的风险，实现所谓"无追索权"或"有限追索权"的借款融资，即项目的股本投资方不对项目的借款提供担保或只提供部分担保。

二、融资渠道选择

在估算出项目所需要的资金量后，应根据资金的可得性、供应的充足性、融资成本的高低选择融资渠道。可能的融资渠道是构造项目融资方案的基础，各种融资渠道取得资金的条件对于融资渠道的选择有着决定性的影响。融资渠道主要有：项目法人自有资金；政府财政性资金；国内外银行等金融机构的信贷资金；国内外证券市场资金；国内外非银行金融机构的资金，如信托投资公司、投资基金公司、风险投资公司、保险公司、租赁公司等机构的资金；外国政府、企业、团体和个人资金；国内企业、团体和个人资金。

三、资本金筹措

现代公司的资本金来源构成分为两大部分：股东权益资金及负债。以权益方式投资于公司的资金取得公司的产权；以负债方式筹集的资金，提供资金方只取得对于公司的债权。债权人优先于股权受偿，但对于公司没有控制权。

项目资本金是指由项目的发起人、股权投资人（或称投资者）以获得项目财产权和控制权的方式投入的资金，对项目来说是非债务资金，也是获得债务资金的信用基础，因为项目的资本金后于负债受偿,可以降低债权人债权回收的风险。

为了建立投资风险约束机制,有效地控制投资规模,提高投资效益,国家对于固定资产投资实行资本金制度。根据国务院发布的规定,从1996年开始,国有单位或集体单位的投资项目必须首先落实资本金才能进行建设。个体和私营企业的经营性投资项目参照执行。公益性投资项目不实行资本金制度。根据国务院的规定,投资项目资本金占总投资的最低比例要求,根据不同行业和项目的经济效益等因素确定,1996年的规定如表9-1所示。

表9-1 项目资本金占项目总投资的比例(1996年)

序号	投资行业	项目资本金占项目总投资的比例
1	交通运输、煤炭	35%及以上
2	钢铁、邮电、化肥	25%及以上
3	电力、机电、建材、化工、石油加工、有色金属、轻工、纺织、商贸及其他行业	20%及以上

2004年,国务院对部分行业的项目资本金占项目总投资的比例进行了微调,钢铁项目调整为40%,水泥、电解铝行业的项目和房地产开发项目(不含经济适用房)调整为35%,其他行业维持1996年的规定。

2009年,国务院对各行业项目资本金占总投资的最低比例做了较大的调整,钢铁、电解铝项目调整为40%,水泥项目维持在35%,煤炭、电石、铁合金、烧碱、焦炭、黄磷、玉米深加工、机场、港口、沿海及内河航运、其他房地产开发项目调整为30%,铁路、公路、城市轨道交通、化肥(钾肥除外)项目调整为25%,保障性住房和普通商品住房、其他项目调整为20%。2015年,为进一步解决当前重大民生和公共领域投资项目融资难、融资贵问题,增加公共产品和公共服务供给,补短板、增后劲,扩大有效投资需求,促进投资结构调整,保持经济平稳健康发展,国务院决定对固定资产投资项目资本金制度进行调整和完善,如表9-2所示。

表9-2 项目资本金占项目总投资的比例(2015年)

序号	投资行业	项目资本金占项目总投资的比例
1	钢铁、电解铝	40%及以上
2	水泥	35%及以上
3	煤炭、电石、铁合金、烧碱、焦炭、黄磷、多晶硅	30%及以上
4	港口、沿海及内河航运、机场、其他房地产开发项目、化肥(钾肥除外)	25%及以上
5	铁路、公路、城市轨道交通、保障性住房和普通商品住房、玉米深加工、电力等其他	20%及以上

项目资本金的具体比例,由项目审批单位根据投资项目的经济效益以及银行贷款意愿和评估意见等情况,在审批可行性研究报告时核定。经国务院批准,对个别情况特

殊的国家重点建设项目,可以适当降低资本金比例。作为计算资本金基数的总投资是指投资项目的建设投资、建设期利息与流动资金之和。

外商投资项目目前不执行上述项目资本金制度,而是按照外商投资企业的有关法规执行。按照目前有关法规,要求外商投资企业的注册资金与生产经营规模相适应,明确规定了注册资金占投资总额的最低比例,见表9-3。这里的投资总额是指投资项目的建设投资、建设期利息与流动资金之和。

表9-3 外商投资项目注册资金占投资总额的最低比例

序号	投资总额	注册资金占投资总额的最低比例	附加条件
1	300万美元以下	70%	
2	300~1 000万美元	50%	其中投资总额在420万美元以下的,注册资金不低于210万美元
3	1 000~3 000万美元	40%	其中投资总额在1 250万美元以下的,注册资金不低于500万美元
4	3 000万美元以上	1/3	其中投资总额在3 600万美元以下的,注册资金不低于1 200万美元

在项目评估阶段,应根据新设法人融资或既有法人融资组织形式的特点,分析资本金筹措方案。

(一)新设法人融资项目的资本金筹措

采取项目融资方式筹措的项目资本金是新建法人的资本金,是项目发起人和投资者为拟建项目提供的资本金。为项目投资而组建的新法人大多是企业法人,包括有限责任公司、股份有限公司、合作制公司等。有些公用设施项目建设也可能新组建事业法人实施。项目的投资者对新组建的企业或事业法人提供资金可以采取多种形式。

企业法人的资本金通常以注册资金的方式投入。有限责任公司和股份有限公司的注册资金由企业的股东按股权比例认缴,合作制公司的注册资金由合作投资方按预先约定的金额投入。股东投入企业的资金超过注册资金的部分,通常以资本公积的形式记账。有些情况下投资者还可以以准资本金方式投入资金,包括优先股和可转换债等。这些投资是否视为项目的资本金,需要按照投资的回收或偿还方式考察。按有关规定,通常来说,优先股应视为项目资本金,可转换债应视为项目债务资金。

新组建公司项目资本金的来源主要有:各级政府预算内资金、预算外资金及各种专项建设基金;国家授权投资机构入股的资金;国内外企业入股的资金;社会团体、个人入股的资金;受赠予的资金;项目法人通过发行股票从证券市场上筹集的资金。

资本金出资形态可以是现金,也可以实物、工业产权、非专利技术、土地使用权、资源开采权等作价出资。用作资本金的实物、工业产权、非专利技术、土地使用权、资源开采权等,其作价必须经过有资格的资产评估机构评估。项目评估中应对资本金的出资人、出资方式、资本金来源及比例和资本金认缴进度等进行分析。

（二）既有法人融资项目的资本金筹措

采取传统的公司融资方式筹措的项目资本金来自公司的自有资金。公司用于一个投资项目的自有资金来自五个方面：①企业可用于项目的现有现金，即库存现金和银行存款等可用于项目投资的资金。②未来生产经营中获得的可用于项目的资金。在项目建设期间，企业可以从生产经营中获得新的现金，扣除生产经营开支及其他日常开支之后，剩余部分可用于项目投资。③资产和资产经营权变现的资金，即变卖现有资产或转让资产经营权获得的资金。④企业增资扩股筹集的资金。企业可通过原有股东增资以及吸收新股东增资扩股，包括国家股、企业法人股、个人股和外资股。⑤也可以直接使用非现金资产。

在项目评估报告中，应说明资本金的各种来源和数量，并考察主要投资方的出资能力。

四、债务资金筹措

债务资金筹措亦称负债融资，是项目投资中除资本金外，以负债方式取得的资金。债务资金来源主要有商业银行贷款、政策性银行贷款、出口信贷、外国政府贷款、国际金融机构贷款、银团贷款、发行债券及可转换债、融资租赁等。

（一）商业银行贷款

银行贷款是企业和新建项目筹集债务资金的一个重要渠道。我国的银行贷款分为政策性银行贷款和商业银行贷款。境外的商业银行也是得到银行贷款的来源。我国加入 WTO 后，逐步放宽了外国银行进入我国开办商业银行的条件，允许获得批准的外国商业银行在我国设立分行，或者以合资或独资方式设立子银行，并逐步允许在我国的外资商业银行开展外汇及人民币贷款业务。

按照贷款期限，商业银行贷款分为短期贷款、中期贷款和长期贷款。贷款期限在 1 年以内的为短期贷款，1 年以上至 3 年的为中期贷款，3 年以上的为长期贷款。商业银行贷款通常不超过 10 年，超过 10 年的，商业银行须特别报经中国人民银行备案。

项目申请中长期银行贷款，银行要进行独立的项目评估。银行依据投资者提供的可行性研究报告对项目进行评估，评估内容主要包括：项目建设内容、建设必要性、产品市场需求、项目建设及生产条件、工艺技术及主要设备、投资估算与筹资方案、财务盈利性、偿债能力、贷款风险、保证措施。银行的项目评估可由银行内部承担，有时也委托专业的咨询公司承担。

国内商业银行的贷款利率目前受中国人民银行调控，中国人民银行不定期地对贷款利率进行调整。商业银行的贷款利率以中国人民银行的基准利率为基数，可以有一定幅度的上下浮动。国外商业银行的贷款利率有浮动利率和固定利率两种形式。浮动利率通常以国际金融市场的某种利率为基础，加上一个固定的加成率构成。

（二）政策性银行贷款

为了支持一些特殊的生产、贸易、基础设施建设项目，国家政策性银行可以提供政策性银行贷款。政策性银行贷款一般期限较长，利率较低，并配合国家产业政策的实施，采取各种优惠政策。

我国的政策性银行有国家开发银行、进出口银行、农业发展银行。国家开发银行主要提供基础设施建设及重要的生产性建设项目的长期贷款,贷款期限较长。进出口银行主要为产品出口提供贷款支持,提供的出口信贷利率通常低于一般的商业银行贷款利率。农业发展银行主要为农业、农村发展项目提供贷款,贷款利率通常较低。

(三)出口信贷

项目建设需要进口设备的,可以使用设备出口国的出口信贷。设备出口国政府为了支持和扩大本国产品的出口,提高国际竞争力,以对本国的出口提供利率补贴及信贷担保的方法,鼓励本国的银行对出口商或设备进口国的进口商提供优惠利率贷款。

按照获得贷款资金的对象,出口信贷分为买方信贷和卖方信贷。买方信贷以进口商为借款人。作为借款人的设备进口商取得贷款资金用于支付进口设备货款,同时对银行还本付息。买方信贷可以通过进口国的一家商业银行转贷款,也可以不通过本国商业银行转贷。卖方信贷以设备出口商为借款人,从设备出口国的银行取得贷款,设备出口商则给予设备的购买方以延期付款。

出口信贷一般不对设备价款全额贷款,通常只能提供设备价款85%的贷款,其余的15%价款需要由进口商以现金支付。出口信贷利率通常要低于国际上商业银行的贷款利率,且贷款指定用途。出口信贷通常需要支付一定的附加费用,如管理费、承诺费、信贷保险费等。

(四)外国政府贷款

外国政府贷款是一国政府向另一国政府提供的贷款,它具有政府间开发援助的性质,其赠予成分一般在35%以上。目前我国可利用的外国政府贷款主要有:日本国际协力银行贷款、日本能源贷款、美国国家开发署贷款、加拿大国际开发署贷款以及德国、法国等国的政府贷款。这种贷款通常在利率和期限上有很大的优惠,期限长、利率低,有的甚至无息。一般年利率为2%~4%,还款平均年限为20~30年,最长可达50年。项目使用外国政府贷款需要得到我国政府的安排和支持,我国各级财政可以为其提供担保,按照财政担保方式分为三类:财政部担保、地方财政厅(局)担保、无财政担保。外国政府贷款经常与出口信贷混合使用,即在贷款中,政府贷款一般占三分之一,其余三分之二为出口信贷。外国政府贷款通常有限制性条件,如限制贷款必须用于购买贷款国的设备,或用于某类项目建设。

(五)国际金融机构贷款

国际金融机构贷款是国际金融机构按照章程向其成员国提供的各种贷款。提供项目贷款的全球性国际金融机构主要有世界银行、国际货币基金组织、国际清算银行等,影响较大的区域性国际金融机构有亚洲开发银行、欧洲复兴开发银行、非洲开发银行、美洲开发银行等。目前与我国关系最为密切的国际金融机构是国际货币基金组织、世界银行和亚洲开发银行。国际金融机构的贷款通常带有一定的优惠性,贷款利率低于商业银行贷款利率,贷款期限很长。贷款通常需要按照这些机构拟定的贷款政策提供,只有被这些机构认为应当支持的发展项目才能得到贷款,并且要按照这些机构的要求提供资料,按照规定的程序和方法进行。

1. 国际货币基金组织贷款

国际货币基金组织的贷款只限于成员国财政和金融当局,不与任何企业发生业务,贷款用途限于国际收支逆差或用于经常项目的国际支付,期限为1~5年。

2. 世界银行贷款

世界银行贷款具有如下特点:

(1)贷款期限较长。世界银行贷款期限一般为20年左右,最长可达30年,宽限期为5年。

(2)贷款利率实行浮动利率,随金融市场利率的变化定期调整,但一般低于市场利率。对已订立贷款契约而未使用的部分,要按年征收0.75%的承诺费。

(3)世界银行通常对其资助的项目只提供货物和服务所需要的外汇部分,约占项目投资的30%~40%,个别项目可达50%。但在某些特殊情况下,世界银行也提供项目所需要的部分国内费用。

(4)贷款程序严密,审批时间较长。借款国从提出项目到最终同世界银行签订贷款协议获得资金,一般要一年半到两年时间。

3. 亚洲开发银行贷款

亚洲开发银行贷款分为硬贷款、软贷款和赠款。硬贷款是由亚洲开发银行普通资金提供的贷款,贷款期限为10~30年,含2~7年的宽限期,贷款利率实行浮动利率,每年调整一次。软贷款又称优惠利率贷款,是由亚洲开发银行开发基金提供的贷款,贷款期限为40年,含10年宽限期,不收利息,仅收1%的手续费,此种贷款只提供给还款能力有限的发展中国家。赠款资金由技术援助特别基金提供。

(六)银团贷款

银团贷款是指多家银行组成一个集团,由一家或几家银行牵头,采用同一贷款协议,按照共同约定的贷款计划,向借款人提供贷款的贷款方式。大型建设项目的融资,由于融资金额巨大,一家银行难以独立承担贷款的风险,可以由多家甚至几十家银行组成银团贷款。通常,需要有一家或数家牵头安排银行,负责联络其他的参与银行,研究考察项目,代表银团成员谈判和拟定贷款条件、起草法律文件。贷款银团中还需要有一家或数家代理银行,负责监管借款人的账户,监控资金,划收及转付贷款本息。银团贷款过程周期长,并且,除支付利息外,按照国际惯例,通常还要支付承诺费、管理费和代理费等。

以上是信贷融资的方式。在项目评估中对信贷融资方案应说明拟提供贷款的机构及其贷款条件,包括支付方式、贷款期限、贷款利率、还本付息方式及其他附加条件等。

(七)发行债券及可转换债券融资

债券融资是指项目法人以自身的财务状况和信用条件为基础,通过发行企业债券和国际债券筹集资金,用于项目建设的融资方式。债券融资可以从资金市场直接获得资金,资金成本(利率)一般低于向银行借款。除了一般债券融资外,还有可转换债券融资。在预先约定的期限内,可转换债的债券持有人有权选择按照预先规定的条件将债权转换为发行人公司的股权。如果股价上涨,持有者可将之换成股票,从股价上涨中获益;若股价下跌,债券持有者可保留债券获取利息,避免股市不景气造成的损失。在项目评估阶段,应对拟采用的债券融资方式进行分析、论证。

(八)融资租赁

融资租赁是一种金融、贸易与租赁相结合,以租赁物品的所有权与使用权相分离为特征的一种新型的信贷方式。它不同于传统的经营性租赁,而是集融资和融物于一体、兼有金融与贸易双重职能的融资方式。采取这种租赁方式,由承租人选定需要的设备,由出租人购置后租赁给承租人使用,承租人向出租人支付租金,承租人租赁取得的设备按照固定资产计提折旧,租赁期满设备一般由承租人所有,由承租人以事先约定的很低的价格以向出租人收购的形式取得设备的所有权。采用融资租赁,通常承租人可以对设备的全部价款进行融资,融资额度比使用银行贷款要大,租赁费中所含的利息也比贷款利息要高。

五、融资方案综合分析

在初步确定项目的融资主体和资金来源的基础上,应进一步对融资方案进行分析,内容包括融资方案资金来源的可靠性、资金结构的合理性、融资成本高低和融资风险大小的分析,比较、遴选并推荐资金来源可靠、资金结构合理、融资成本低、融资风险小的方案。

(一)资金来源可靠性分析

资金来源可靠性分析主要是分析项目建设所需总投资和分年所需投资能否得到足够的、持续的资金供应,即资本金和债务资金供应是否落实可靠。应力求使筹措的资金、币种及投入时序与项目建设进度和投资使用计划相匹配,确保项目建设顺利进行;分析资金来源是否正当、合理,是否符合国家的政策规定。

根据国家发改委和建设部发布的《建设项目经济评价方法》的要求,资金来源可靠性分析应包括以下内容:

1.既有法人内部融资的可靠性分析

(1)通过调查了解既有企业资产负债结构、现金流量状况和盈利能力,分析企业的财务状况、可能筹集到并用于拟建项目的现金数额及其可靠性。

(2)通过调查了解既有企业资产负债结构现状及其与拟建项目的关联性,分析企业可能用于拟建项目的非现金资产数额及其可靠性。

2.项目资本金的可靠性分析

(1)采用既有法人融资方式的项目,应分析原有股东增资扩股和吸收新股东投资的数额及其可靠性。

(2)采用新设法人融资方式的项目,应分析各投资者认缴的股本金数额及其可靠性。

(3)采用上述两种融资方式,如通过发行股票筹集资本金,应分析其获得批准的可能性。

3.项目债务资金的可靠性分析

(1)采用债券融资的项目,应分析其能否获得国家有关主管部门的批准。

(2)采用外国政府贷款或国际金融组织贷款的项目,应核实项目是否列入利用外资备选项目。

(二)资金结构合理性分析

现代项目的融资是多渠道的,将多渠道的资金按照一定的资金结构结合起来,是制定项目融资方案的主要任务。在项目融资方案分析中,资金结构的分析是一项重要内容。项目的资金结构是指项目筹集资金中股本资金、债务资金的形式、各种资金的占比、资金的来源，包括项目资本金与负债融资比例、资本金结构、债务资金结构等。在分析融资方案的组合结构中，最重要的是考虑资本金与债务资金的配比。

资金结构有三种：一是总资金结构，是指无偿资金、有偿股本、准股本、负债融资分别占总资金需求量的比例；二是资本金结构，指政府股本、商业投资股本占比与国内股本、国外股本占比；三是负债结构，指短期借贷、中期借贷、长期借贷占比与内外资借贷占比。融资方案的资金结构分析主要是分析项目融资方案中的资本金与债务资金的比例、股本结构比例和债务资金结构比例是否合理，并分析其实现条件。

1. 资本结构分析

资本金与债务资金的比例，是项目资金结构的一个基本比例，称为项目的资本结构。从投资者的角度考虑，项目融资的资金结构追求以较低的资本金投资争取较多的负债融资，同时要争取尽可能低的对股东的追索；而提供债务融资的债权人，则希望债权得到有效的风险控制。通常，项目有较高的资本金比例可以承担较高的市场风险。在一般情况下，项目资本金比例越高，则贷款的风险越低，贷款的利率也越低；反之贷款利率越高。当资本金比例降低到银行不能接受的水平时，银行将会拒绝贷款。进行资本结构分析，应根据项目特点，合理确定项目资本金与债务资金的比例。

2. 股本结构分析

股本结构包含两方面内容：投资产权结构和资本金比例结构。投资人以资本金形式向项目或企业投入资金称为“权益投资”，权益投资者拥有对项目或企业产权的所有权、控制权、收益权。通常，企业的权益投资以“注册资金”形式投入，注册资金是企业投资人对企业出资金额的责任限度。除注册资金之外，投资人也可以以其他形式对企业投入资本金，包括资本公积、企业留存利润等形式。权益投资可以有许多种方式，不同的投资方式构成了不同的投资产权结构。项目的投资产权结构是指项目投资形成的资产所有权结构，是指项目的股权投资人对项目资产的拥有和处置形式、收益分配关系。现代社会主要的权益投资方式有三种：股权式合资结构、契约式合资结构、合伙制结构。投资产权结构的选择要服从项目实施目标的要求，要能够最大限度地实现项目目标。

股本结构反映了项目股东各方的出资额和相应的权益，现代企业制度需要避免一股独大的绝对控股公司形式。各方投资比例需要考虑各方的利益需要、资金及技术能力、市场开发能力、已经拥有的权益等。各个投资人之间的优势互补可以使项目的成功得到更好的保障。在股本结构分析中，应根据项目特点和主要股东参股意愿，合理确定参股各方的出资比例。

3. 债务资金结构分析

债务资金结构反映项目债权各方为项目提供的债务资金的比例，包括负债的方式及债务期限的配比。合理的债务资金结构需要考虑融资成本、融资风险，合理设计融资方式、币种、期限、偿还顺序及保证方式。

(1)债务期限配比。在项目负债结构中，长短期借款需要合理搭配。短期借款利率低于长期借款，适当安排一些短期融资可以降低总的融资成本，但如果短期融资过多，会使项目公司的财务流动性不足，项目的财务稳定性下降，产生过高的财务风险。长期负债融资的期限应当与项目的经营期限相协调。

(2)境内外借贷占比。境内外借贷的占比主要取决于项目使用外汇的额度,同时主要由借款取得的可能性及方便程度决定。项目投资中如果有国外采购,可以附带寻求国外的政府贷款、出口信贷等优惠融资。

(3)外汇币种选择。不同币种的外汇汇率总是在不断地变化,如果条件许可,项目使用外汇贷款需要仔细选择外汇币种。外汇贷款的借款币种与还款币种有时是可以不同的,通常应当主要考虑还款币种。为了降低还款成本,一般选择币值较为软弱的币种作为还款币种。这样,当这种外汇币值下降时,还款金额就相对降低了。当然,币值软弱的外汇贷款利率通常较高,这就需要在汇率变化与利率差异之间做出预测、权衡和抉择。

(4)偿债顺序安排。偿债顺序安排包括偿债的时间顺序及偿债的受偿优先顺序。通常,在多种债务中,对于借款人来说,在时间上应当先偿还利率较高的债务,后偿还利率较低的债务。由于有汇率风险,通常应当先偿还硬货币债务,后偿还软货币债务。项目融资安排应当尽可能地使所有的债权人对于受偿优先顺序均感到满意。

(三)融资成本经济性分析

融资成本亦称资金成本,它是指项目为筹集和使用资金而支付的费用,包括资金筹集费和资金占用费。资金筹集费是指资金筹集过程中支付的一次性费用,如承诺费、手续费、担保费、代理费等;资金占用费是指资金使用过程中发生的经常性费用,如利息、股息等。融资成本的高低是判断项目融资方案是否合理的重要因素之一。

为了便于分析比较,资金成本通常以相对数表示。项目占用资金所负担的费用同筹集资金净额的比率,称为资金成本率(一般亦称为资金成本)。用公式表示为:

$$资金成本率 = \frac{资金占用费用}{筹集资金总额 - 资金筹集费用} \times 100\%$$

资金成本是资金使用者向资金所有者和中介人支付的占用费和筹资费,是市场经济条件下资金所有权和使用权分离的必然结果。分析资金成本的作用在于:首先,资金成本是评价投资项目可行性的主要经济标准,是衡量一个项目是否可行的重要依据,只有项目的预期收益足以弥补资金成本时,项目才可以考虑接受。其次,资金成本是选择资金来源、设计筹资方案的依据。资金来源渠道很多,不同的筹资方式,其资金成本也不同,可以通过比较各种资金来源的成本,合理调整资本结构,以达到综合资金成本最低的目的。

1. 债务资金融资成本分析

债务资金融资成本是使用债务资金而需支付的费用率。任何一种筹资方式都会使企业立即得到一笔资金,同时企业也要在未来定期向债权人支付利息,资金成本就是使未来现金流出的现值与现在的现金流入相等的折现率。因此,可以给出计算资金成本的公式如下:

$$P = \frac{c_1}{(1+k)} + \frac{c_2}{(1+k)^2} + \cdots + \frac{c_n}{(1+k)^n} = \sum_{t=1}^{n} c_t (1+k)^{-t}$$

式中:P——某种筹资方式使企业现时获得的资金净收入;

c_t——第 t 年的现金流出(利息、租金或本金);

k——该种筹资方式的税前贴现率,即该种资金的税前资金成本率。

借贷的筹资费用和利息支出均在所得税税前支付,对于股权投资方,可以取得所得税递减的好处。税后资金成本率的计算公式为：

税后资金成本率＝税前资金成本率×(1－所得税率)

在比较、遴选融资方案时，应分析各种债务资金融资方式的利率水平、利率计算方式（固定利率或者浮动利率）、计息（单利、复利）和付息方式，以及偿还期和宽限期，计算债务资金的综合利率，并进行不同方案的比较、遴选。

2. 资本金融资成本分析

资本金融资成本是根据投资者希望从企业获得的报酬确定的。投资者决定是否投资的判断依据是他们自己最低的可接受收益率，当预期的收益率高于最低的可接受收益率时，投资者才愿意投资。

对于股份制企业，投资者购买、保有或出售股票的依据是普通股的市场价格，而这个价格是股票持有者所期望的未来收入的现值。股票的资金成本就是能使普通股的市场价格保持不变的最小收益率。即：

$$P=\frac{C_1}{(1+k)}+\frac{C_2}{(1+k)^2}+\cdots+\frac{C_n}{(1+k)^n}+\frac{S}{(1+k)^n}$$

式中：P——投资的现值，即普通股的目前市场价格；

k——投资者最低的可接受收益率，即股票资金的成本；

C_t——股票在投资期内第 t 年末的现金股息，$t=1,2,\cdots,n$；

S——第 n 年末股票的市场价格。

以上是计算股票资金成本的通用公式。在实际工作中，如果假定资金筹集后使用资金的时间较长，即筹集长期资金，则股票资金成本可采用下列方法进行简单计算：

(1)优先股资金成本率的计算公式：

$$k_p=\frac{D_p}{P_p(1-f)}$$

式中：k_p——优先股资金成本率；

D_p——优先股年股息支出总额；

P_p——优先股股金总额；

f——筹资费率。

(2)普通股资金成本率的计算公式：

$$k_c=\frac{D_c}{P_c(1-f)}+G$$

式中：k_c——普通股资金成本率；

D_c——预计当年发放的普通股股利总额；

P_c——普通股股金总额；

G——普通股股利预计每年增长率；

f——筹资费率。

3. 综合资金成本的计算

企业从不同渠道筹集资金，其成本各不相同。由于种种制约，企业不可能只从某种资金成本较低的渠道筹集资金，多渠道取得资金以形成各种筹资方式的组合可能更为有利。为了进行筹资决策和投资决策，就需要计算全部资金来源的综合资金成本，即加权平均资金成本。

$$k_w = \sum_{j=1}^{n} w_j k_j$$

式中：k_w——综合资金成本；

w_j——第 j 种资金来源占全部资金的比重；

k_j——第 j 种资金来源资金成本，一般指税后资金成本；

n——筹资方式的种类。

（四）融资风险分析

融资方案在实施过程中会受到各种风险的影响。为了使融资方案稳妥可靠，需要对下列可能发生的风险进行识别、预测。

1. 资金供应风险

资金供应风险是指融资方案在实施过程中，可能出现的由于资金不落实，导致建设工期拖长、工程造价升高、原定投资效益目标难以实现的风险。主要表现有：

（1）原定筹资额全部或部分落空。例如，已承诺出资的投资者中途变故，不能兑现承诺。

（2）原定发行股票或债券的计划不能实现。

（3）公司融资项目由于企业经营状况恶化，无力按原定计划出资。

（4）其他资金不能按建设进度足额、及时到位。

2. 利率风险

利率水平会随着金融市场情况的变动而发生变动，如果融资方案中采用浮动利率计息，则应分析贷款利率变动的可能性及其对项目可能造成的风险和损失。

3. 汇率风险

汇率风险是指在国际金融市场中进行外汇交易结算而产生的风险，包括人民币对各种外币币值的比价变动风险和各外币之间比价变动的风险。利用外资数额较大的投资项目应对外汇汇率的走势进行分析，估算汇率发生较大变动时，对项目造成的风险和损失。

进行项目的融资方案研究，需要充分调查项目的运行环境和投融资环境，需要向政府或潜在的投资方、融资方征求意见，不断修改完善，最终拟定出一套或几套可行方案。在项目评估中，应对最终提出的融资方案进行分析评价，主要从能够保证公平性和融资效率、风险可接受、方案可行等方面进行分析。

第二节　投资使用与资金筹措计划的编制

在项目融资方案确定以后，应根据项目实施进度计划的要求，编制投资使用与资金筹措计划，以便在保证完成项目规划任务的基础上，更合理有效地利用资金。在编制资金使用计划时，必须注意把资金使用的计划安排和融资方案结合起来，使其相互匹配，以保证资金的使用能够满足项目实施进度规划的要求。在编制资金使用计划时，应以前面述及的分年投资计划为基础。编制投资使用与资金筹措计划，必须注意如下两点：

第一,项目的投资计划应涵盖项目的建设期及建成后的投产试运行期和正式的生产经营期。项目的资金筹措需要满足项目各阶段投资资金使用的要求。

第二,新组建公司的项目,资金筹措计划通常应当先安排使用资本金,后安排使用负债融资,这样既可以降低项目建设期间所承担的利息负担,同时更重要的是有利于建立资信,便于顺利取得债务融资。实践中也有项目的资本金与负债融资同比例到位的安排,或者先投入一部分资本金,剩余的资本金与债务融资同比例到位。

一个完整的项目资金筹措方案,主要由两部分构成:一是项目资本金及债务融资资金来源的构成,每一项资金来源条件均以文字和表格加以详细说明;二是编制分年投资使用与资金筹措计划,使资金的需求与筹措在时序、数量两方面都能达到平衡。

投资使用与资金筹措计划表是为了连接投资估算、融资方案两部分内容,用来平衡投资使用计划及资金筹措计划。下面表9-4是新设法人投资项目的投资使用与资金筹措计划表,表9-5是既有法人投资项目的投资使用与资金筹措计划表。

表9-4 投资使用与资金筹措计划表(新设法人项目)

人民币单位:万元

序号	年份 / 项目	建设期		投产期	达产期	合计
		1	2	3	4	
1	投资使用					
1.1	建设投资					
1.2	建设期利息					
1.3	流动资金					
2	资金筹措					
2.1	资本金					
2.1.1	股东A					
2.1.2	股东B					
2.2	借款					
2.2.1	长期借款					
	X银行借款					
	Y银行借款					
2.2.2	流动资金借款					
2.2.3	其他短期借款					
2.3	发行债券					
2.4	融资租赁					

表 9-5　投资使用与资金筹措计划表(既有法人项目)

人民币单位:万元

序 号	年份 / 项目	建设期		投产期	达产期	合 计
		1	2	3	4	
1	投资使用					
1.1	建设投资					
1.2	建设期利息					
1.3	流动资金					
2	资金筹措					
2.1	资本金					
2.1.1	自有资金					
	其中:利用原有资产					
2.1.2	股东增加股本投资					
2.2	增加长期借款					
	X 银行借款					
	Y 银行借款					
2.3	增加流动资金借款					
2.4	增加短期借款					
2.5	发行债券					
2.6	融资租赁					

本章小结

项目的融资渠道可以分为资本金和债务资金两部分。资本金是指项目投资中由投资者提供的资金,在项目评估阶段,应根据新设法人融资或既有法人融资组织形式的特点,研究资本金的筹措方案。债务资金筹措亦称负债融资,是项目投资中除资本金外,以负债方式取得的资金。债务资金来源主要有商业银行贷款、政策性银行贷款、出口信贷、外国政府贷款、国际金融机构贷款、银团贷款、发行债券及可转换债、融资租赁。在项目评估中,要对融资方案进行分析,分析资金来源的可靠性、资金结构的合理性、融资成本的经济性和发生各种融资风险的可能性。在项目评估中,应对最终提出的融资方案进行分析评价,主要从能够保证公平性和融资效率、风险可接受、方案可行等方面进行分析。

在项目融资方案确定以后,应根据项目实施进度计划的要求,编制资金使用计划,以便在保证完成项目任务的基础上,更合理有效地利用资金。为此,在资金使用计划的编制过程中,必须把资金使用的计划安排和融资方案结合起来,使其相互衔接,并且保证资金的使用能够满足项目实施进度规划的要求。一个完整的项目资金筹措方案,主要由两部分内容构成：一是项目资本金及债务资金的构成，每一项资金的来源和条件都以文字和表格加以详尽说明；二是编制分年投资使用与资金筹措计划，使资金的需求与筹措在时序、数量两方面都能达到平衡。

投资使用与资金筹措计划表是为了联结投资估算、融资方案两部分内容，用于平衡投资使用及资金筹措计划。

复习思考题

1. 各行业项目资本金占项目总投资的比例要求有哪些？
2. 债务资金的主要来源有哪些？
3. 新设法人融资主体的组织形式有几种？
4. 融资方案分析的主要内容是什么？
5. 新设法人融资的特点是什么？
6. 既有法人融资的特点是什么？
7. 既有法人融资的自有资金包括哪些来源？
8. 资金结构分析的主要内容是什么？
9. 债务资金结构分析的主要内容是什么？
10. 融资风险分析的内容包括哪些？
11. 资金成本的性质和作用是什么？
12. 编制资金使用计划和筹措计划时应注意哪些问题？

第十章

财务效益与费用估算

本章要点

本章共分六个部分，即财务效益与费用估算的基本问题、运营期估算、总成本费用估算、营业收入与税金及附加和增值税估算、利润总额及其分配估算、借款还本付息估算。在财务效益与费用估算的几个问题部分，主要介绍财务效益与费用估算的概念、范围及内容，财务效益与费用估算的原则和程序，财务效益与费用估算表及其相互关系。在运营期估算部分，主要介绍固定资产寿命期的几种类型和项目运营期的估算方法。在总成本费用估算部分，主要介绍总成本费用的构成和估算方法。在营业收入与税金及附加和增值税估算部分，分别介绍营业收入、税金及附加和增值税的估算方法。在利润总额及其分配估算部分，主要介绍利润总额、所得税和税后净利润的估算方法，以及税后净利润分配顺序。在借款还本付息估算部分，主要介绍还本付息的资金来源、还款方式和还款顺序安排，以及贷款利息的计算方法。

第一节　财务效益与费用估算的基本问题

一、财务效益与费用估算的概念、范围及内容

(一)财务效益与费用估算的概念

财务效益与费用估算是指在项目市场、资源、技术条件分析评价的基础上,从项目(或企业)的角度出发,依据现行的法律法规、价格政策、税收政策和其他有关规定,对一系列有关的财务效益与费用数据进行调查、搜集、整理和测算,并编制有关的财务效益与费用估算表的工作。财务效益与费用估算是项目财务分析、经济分析、不确定分析和风险分析的基础和重要依据,它不仅为上述分析提供必需的数据,而且对其分析的结果、所采取的分析方法以及最后的决策意见,都会产生决定性的影响。在项目评估中,财务效益与费用估算是一项非常重要的工作。

(二)财务效益与费用估算的范围和主要内容

1. 财务效益与费用估算的范围

财务分析涉及的效益与费用项目很多,按其作用可以分为两类:一类是计算用数据和参数;另一类是判别用参数,或称基准参数。计算用数据和参数,可分为初级数据和派生数据两类。财务分析需要大量的初级数据,它们大多是通过调查研究、分析、预测,或是通过相关专业人员提供的信息来确定,如人员数量和工资,固定资产折旧和摊销年限,成本计算需用的各种费率、税率、汇率、利率,计算期的长短和运营负荷等。成本费用、营业收入、税金及附加、增值税等进行财务分析所用的数据,是通过初级数据计算出来的,可以称为派生数据。初级数据是最为关键的数据,它们的确定是否合理,将直接影响成本费用、营业收入等派生数据的估算,进而影响到财务分析结果的准确性和可信度。因此,在进行财务分析之前,必须做好初级数据收集等基础性工作。判别用参数,是指用于判别项目效益是否满足要求的基准参数,如基准收益率或最低可接受收益率、基准投资回收期、基准投资利润率以及偿债备付率等。判别用参数需要通过专门分析和测算得到,或者直接采用有关部门或行业发布的标准值,或者由投资者自行确定。这类基准参数决定着对项目效益的判断,是取舍项目的依据。

2. 财务效益与费用估算的主要内容

财务效益与费用估算包括对项目计算期内各年的经济活动情况及全部财务收支结果的估算。其主要内容包括项目总投资和投资资金来源与筹措的估算、项目运营期的确定、总成本费用估算、营业收入与税金及附加和增值税的估算、利润总额及其分配的估算、贷款还本付息的估算等内容。考虑到投资估算和投资资金来源与筹措的估算内容比较多,又自成体系,所以,分别在第八、第九章专述这部分内容。

二、财务效益与费用估算的原则

（一）以现行经济法律、法规为依据的原则

在进行财务效益与费用估算时，必须严格执行国家有关部门制定和颁布的经济法规、条例、制度和规定。坚持这一原则的目的在于保证财务测算工作的合法性和可行性。项目评估人员应随时注意收集和掌握一定时期的相关法律、法规和规章制度。

（二）真实性原则

财务效益与费用估算，必须体现严肃性、科学性和现实性的统一，应本着实事求是的精神，真实地反映客观情况。对比较重要的数据和参数，项目评估人员应从不同方面进行调查和核实，根据各种可靠的信息，测算效益与费用，不应以假设作为测算的基础。

（三）准确性原则

财务效益与费用估算的准确与否直接关系到经济分析结论的正确与否。因此，项目评估人员必须把握准确性原则。在数据选择上，要注意客观性；在预测和分析时，要注意防止主观性和片面性，还应考虑比较重要的效益与费用数据和参数在项目计算期内的变动趋势，以保证财务效益与费用数据预测和经济分析结果的准确性。

（四）"有无对比"的原则

"有无对比"是国际上项目评价通用的效益与费用识别的基本原则。所谓"有（项目）"是指实施项目后的将来状况；"无（项目）"是指不实施项目时的将来状况。在识别项目的效益与费用时，须注意只有"有无对比"的差额才是由于项目的建设增加的效益与费用。

（五）效益与费用对应一致的原则

在合理确定的项目范围之内，应该对等地估算财务主体的直接效益以及相应的直接费用，避免高估或低估项目的净效益。

三、财务效益与费用估算的程序

财务效益与费用估算是一项繁杂的工作，为保证工作效率和测算数据的准确性及可靠性，一般可按下列程序进行：

（一）熟悉项目概况，制定财务效益与费用估算工作计划

由于各个投资项目的背景、条件，以及内部因素和外部配套条件等各不相同，项目评估人员必须对项目的基本概况做全面的了解，针对其特点，制定出财务效益与费用估算的工作计划，以明确估算的重点、时间安排和人员安排等。

（二）收集资料

财务效益与费用的估算涉及的范围很广，需要收集大量的资料，主要是有关部门批准的相关文件，如选址意见书、土地转让的批复等；国家法律、法规、政策、规章制度、办法和标准等；同类项目的有关基础资料。

（三）进行财务效益与费用估算

在收集、整理和分析有关资料的基础上，测算各项财务效益与费用数据，并按有关规定编制相应的财务效益与费用估算表。

四、财务效益与费用估算表及其相互联系

财务效益与费用估算表主要有:建设投资估算表;投资使用与资金筹措计划表;流动资金估算表;总成本费用估算表;原材料能源成本估算表;固定资产折旧估算表;无形资产与其他资产摊销估算表;营业收入与税金及附加和增值税估算表;利润与利润分配估算表;借款还本付息估算表。这些估算表依其作用可归纳为三类:①与项目资金的来源和使用有关的报表。包括建设投资估算表、流动资金估算表、投资使用与资金筹措计划表。②与项目生产经营有关的报表。包括总成本费用估算表、营业收入与税金及附加和增值税估算表、利润与利润分配估算表,以及为完成总成本费用估算表,附设的外购原材料能源成本估算表、固定资产折旧估算表、无形资产与其他资产摊销估算表和工资及福利费估算表等辅助报表。③与项目还本付息有关的报表。包括借款还本付息估算表等。

投资估算和融资方案是财务效益与费用估算的基础,因此根据估算出的投资额和确定的融资方案即可编制第一类报表。根据第一类报表的有关数据和预测的项目市场、规模以及生产经营条件,可以编制第二类报表。通过这类报表可以反映出项目生产经营期的生产经营成果。利用前两类估算表中的有关数据,即可得出项目的建设投资借款数额和偿还借款的资金来源。通过编制项目借款还本付息估算表即可完成项目的还本付息计划。各类财务效益与费用估算表之间的关系,如图 10 - 1 所示。

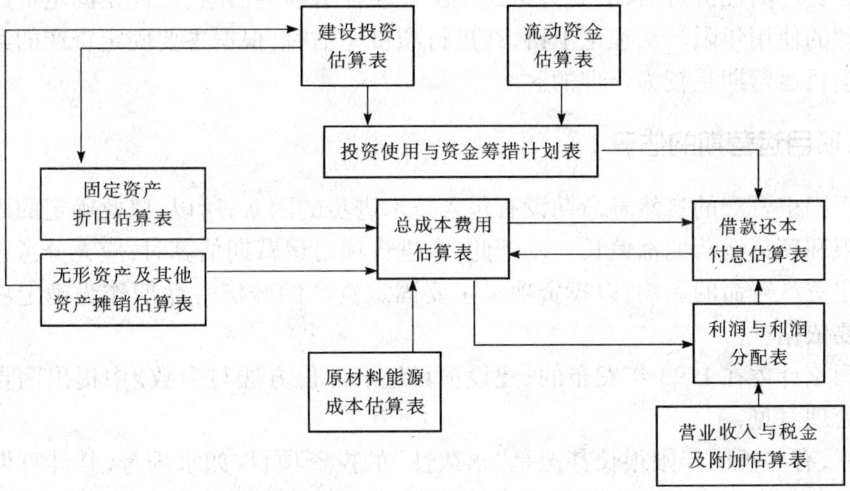

图 10 - 1 财务效益与费用估算表关系图

第二节 运营期估算

项目运营期是指项目从建成投产年份起至项目报废为止所经历的时间。拟建项目所包括的固定资产种类繁多,使用年限也有很大的差异。一般来讲,项目的运营期主要取决于项目主要固定资产(如主要设备)的经济寿命期。

一、固定资产寿命期的几种类型

固定资产的寿命期(亦称使用年限)有自然寿命期和经济寿命期之分。

(一)自然寿命期

自然寿命期是指固定资产从投入使用到不能修理、修复而最终报废为止所经历的时间。随着科学技术的不断发展,固定资产的自然寿命期趋于延长,特别是维修水平的提高,有助于延长固定资产的自然寿命。但是,虽然固定资产自然寿命期不断延长,但是,随着固定资产不断老化,用于维修方面的费用也逐渐增加,这样就会逐步进入恶性使用阶段,即经济上不合理的使用阶段。因此,在项目评估时,一般不能只依据固定资产的自然寿命期来确定项目的运营期。

(二)经济寿命期

经济寿命期是指固定资产从投入使用到因继续使用不经济而需要提前更新所经历的时间。固定资产在使用过程中的磨损有两种,即有形磨损和无形磨损。前者是由生产因素或自然因素引起的;后者是由非使用和非自然因素引起的固定资产价值的损失,如技术进步会使生产同种设备的成本降低,从而使原设备价值降低,或者由于技术进步出现新技术、新设备,从而引起原来低效率、技术落后的旧设备贬值或报废,等等。

固定资产的经济寿命期,充分考虑了上述两种磨损的因素,因此是固定资产在经济上最合理的使用年限。从理论上讲,在进行项目评估时,根据主要固定资产的经济寿命期确定项目运营期是较为合理的。

二、项目运营期的估算

由于固定资产的自然寿命期没有包含技术进步的因素,所以,以此确定的固定资产折旧年限和项目运营期都偏长。基于此,在进行项目运营期估算时,应充分考虑技术进步对固定资产寿命的影响,以投资项目主要固定资产的经济寿命期作为确定项目运营期的主要依据。

原国家计委在1993年发布的《建设项目经济评价方法与参数》中提出两点关于生产期的处理意见:

第一,有些折旧年限很长甚至是“永久性”的投资项目,如水坝等,其计算期中的运营(使用)期可低于其折旧年限。此时在现金流量表及资金来源与资金运用表中最末一年“回收固定资产余值”栏内填写该年的固定资产净值。

第二,计算期不宜太长。除建设期应根据实际需要确定外,一般来说,运营期不宜超过20年,因为按折现法计算,把20年后的收益金额计算为现值,为数甚微,对评价结论不会产生关键性的影响。

对于某些水利、交通运输等服务年限很长的特殊项目,经营期的年限可适当延长,如25年甚至30年以上。具体计算期,可由项目根据本部门或行业的特点自行确定。

一般工业项目的运营期分为两个阶段:第一阶段是投产期,即项目投入生产,但实际产量没有达到设计能力时的过渡时期;第二阶段是达产期,即生产能力达到设计能力的时期。

第三节　总成本费用估算

工业项目总成本费用是指项目在一定时期内（一般为一年）为生产、销售产品或提供服务而花费的全部成本费用。

一、总成本费用的构成

一般通过分析总成本费用的构成估算总成本费用，通常有以下两种方法：

（一）制造成本加期间费用

总成本费用 = 制造成本 + 期间费用

制造成本 = 直接材料 + 直接工资 + 其他直接支出 + 制造费用

采用这种方法一般需要先分别估算各种产品的制造成本，然后与估算的期间费用相加。

1. 制造成本的构成

制造成本亦称生产成本，是指企业生产经营过程中实际消耗的直接材料、直接工资、其他直接支出和制造费用。

(1)直接材料。直接材料包括企业生产经营过程中实际消耗的原材料、辅助材料、设备配件、外购半成品、燃料、动力、包装物、低值易耗品以及其他直接材料。

(2)直接工资。直接工资包括企业直接从事产品生产人员的工资、奖金、津贴和补贴等。

(3)其他直接支出。其他直接支出包括直接从事产品生产人员的职工福利费等。

(4)制造费用。制造费用是指企业各个生产单位（分厂、车间）为组织和管理生产所发生的各项费用，包括生产单位（分厂、车间）管理人员的工资、职工福利费、折旧费、修理费、物料消耗、低值易耗品摊销、劳动保护费、水电费、办公费、差旅费、运输费、保险费、租赁费（不包括融资租赁费）、设计制图费、试验检验费、环境保护费以及其他制造费用。

2. 期间费用的构成

期间费用是指在一定会计期间发生的与生产经营没有直接关系或关系不密切的费用，包括管理费用、财务费用和营业费用。期间费用不计入产品的生产成本，直接体现为当期损益。

(1)管理费用。管理费用是指企业行政管理部门为管理和组织经营活动发生的各项费用，包括公司经费（工厂总部管理人员工资、职工福利费、差旅费、办公费、折旧费、修理费、物料消耗、低值易耗品摊销以及其他公司经费）、工会经费、职工教育经费、劳动保险费、董事会费、咨询费、顾问费、交际应酬费、税金（企业按规定支付的房产税、车船使用税、土地使用税和印花税等）、土地使用费（海域使用费）、技术转让费、无形资产摊销、开办费摊销、研究发展费以及其他管理费用。

(2)财务费用。财务费用是指企业为筹集资金而发生的各项费用，包括企业生产经营期间的利息净支出（减利息收入）、汇兑损失（减汇兑收益）、相关手续费以及筹资发生的其他财务费用。

(3)营业费用。营业费用是指企业在销售产品、自制半成品和提供劳务等过程中发生的各项费用以及专设销售机构的各项经费,包括应由企业负担的运输费、装卸费、包装费、保险费、委托代销费、广告费、展览费、租赁费(不包括融资租赁费)和销售服务费用、销售部门人员工资、职工福利费、差旅费、办公费、折旧费、修理费、物料消耗、低值易耗品摊销以及其他经费。

(二)生产要素估算法

总成本费用 = 外购原材料 + 外购燃料动力 + 工资及福利费 + 修理费 + 折旧费 + 摊销费 + 利息支出 + 其他费用

这种方法是通过估算各种生产要素的费用汇总得到项目总成本费用,而不管其具体应归集到哪个产品上。即将生产和销售过程中消耗的全部外购原材料、辅助材料、燃料、动力、人工工资及福利、修理等费用要素,加上当年应计提的折旧、摊销、利息支出和其他费用,得到项目的总成本费用。采用这种估算方法,不必计算项目内部各生产环节的成本结转,同时也较容易计算经营成本、可变成本、固定成本和进项税额。在财务分析中通常采用生产要素法估算总成本费用。总成本费用估算内容详见附表 10-1。

按现行会计制度,制造费用、管理费用和营业费用中均包括多项费用,且行业间不尽相同。为了估算简便,财务分析中将其归类估算,如上式其他费用是指由这三项费用中分别扣除折旧费、摊销费、工资及福利费、修理费以后的其余部分。如果管理费用中含有技术转让费、技术开发费和土地使用费等数额较大的费用时,应放在其他费用之外,单独估算。

二、总成本费用的估算

下面以生产要素估算法为例,分步说明总成本费用的估算。

(一)外购原材料成本估算

外购原材料成本是总成本费用的重要组成部分,其估算公式如下:

外购原材料成本 = 全年产量 × 单位产品外购原材料成本

式中,全年产量可根据设计生产能力和预计的投产期各年的生产负荷加以确定,单位产品外购原材料成本可依据原材料消耗定额和单价确定。

工业项目生产所需要的外购原材料种类繁多,在分析评价时,可根据具体情况,选取耗用量较大的、主要的外购原材料为估算对象,依据国家有关规定和经验数据估算外购原材料成本。

(二)外购燃料动力成本估算

外购燃料动力成本的估算公式为:

外购燃料动力成本 = 全年产量 × 单位产品外购燃料动力成本

式中有关数据的确定方法同上。

以上两种成本可依据“外购原材料能源成本估算表”(见附表 10-1-1)进行估算。

(三)工资及福利费估算

如前所述,工资及福利费包括在制造成本、管理费用、营业费用之中。财务分析中的工资及福利费是指企业为获得职工提供的服务而给予各种形式的报酬及相关支出，通常包括职工工资、奖金、津贴和补贴，职工福利费，以及医疗保险费、养老保险费、失业保险费、工伤保险费、生育保险费等社会保险费和住房公积金中内职工个人缴付的部分。在估算时，可把职工工资、奖金、津贴和补贴作为工资进行估算，其他部分均作为福利费进行估算。为便于计算和进行项目分析与评价，需将工资及福利费单独估算。

1. 工资估算

工资的估算可以采取以下两种方法：

(1)按全厂职工定员数和人均年工资额计算年工资总额。其计算公式为：

年工资总额 = 全厂职工定员数 × 人均年工资额

(2)按照不同的工资级别对职工进行划分，分别估算同一级别职工的工资，然后再加以汇总。这一般可划分为五个级别，即高级管理人员、中级管理人员、一般管理人员、技术工人和一般工人等。若有国外的技术和管理人员，要单独列出。工资总额一般可通过编制“工资及福利费估算表”(见附表 10 - 1 - 2)完成。

2. 福利费估算

福利费一般可按照职工工资总额的一定百分比计算。

(四)折旧费估算

1. 计提折旧的固定资产范围和固定资产原值

计提折旧的固定资产范围是企业的房屋、建筑物；在用的机器设备、仪器仪表、运输车辆、工具器具；季节性停用和在修理停用的设备；以经营租赁方式租出的固定资产；以融资租赁方式租入的固定资产。

计算折旧需要先计算固定资产原值。固定资产原值包括项目投产时按规定由投资形成固定资产的部分，主要有工程费用、工程建设其他费用中应计入固定资产原值的部分、预备费和建设期利息。

用生产要素估算法估算总成本费用时，折旧的计算需要以项目全部固定资产原值为基础。如前所述，折旧费包括在制造费用、管理费用、营业费用中，为便于进行财务分析，也需要将折旧费单独估算和列出。

2. 固定资产折旧方法

固定资产在使用过程中会有磨损，其价值损失通常通过提取折旧的方式加以补偿。计提折旧，是企业回收固定资产投资的一种手段。按照国家规定的折旧制度，企业把已发生的资本性支出转移到产品成本费用中去，然后通过产品的销售，逐步回收初始的投资费用。我国现行财税制度允许企业逐年提取固定资产折旧，符合税法的折旧费允许在所得税前列支。固定资产折旧方法可在税法允许的范围内由企业自行确定，一般采用直线法，包括年限平均法和工作量法。税法也允许采用某些快速折旧法，如双倍余额递减法和年数总和法。

固定资产折旧年限和预计净残值率可在税法允许的范围内由企业自行确定，与所采用的折旧方法无关。项目评价一般应采用税法明确规定的分类折旧年限，也可按行业规定的综合折旧年限，要视项目的具体情况而定。计算方法主要有如下几种：

(1)年限平均法。年限平均法亦称直线法，即根据固定资产的原值、估计的净残值率和折旧年限计算折旧。计算公式为：

$$年折旧额=\frac{固定资产原值\times(1-预计净残值率)}{折旧年限}$$

预计净残值率是预计的企业固定资产净残值与固定资产原值的比率。根据行业会计制度规定,企业净残值率按照固定资产原值的3%~5%确定。特殊情况下,净残值率低于3%或高于5%的,由企业自主确定,并报主管财政机关备案。在项目评估中,由于折旧年限是根据项目固定资产的经济寿命期决定的,因此固定资产的残余价值较大,净残值率一般可选择10%,个别行业如港口等可选择更高比率。

折旧年限,是国家有关部门在考虑到现代生产技术的发展,世界各国实行加速折旧的情况下,为能适应资产更新和资本回收的需要,对各类固定资产折旧的最短年限做出的规定。其中,房屋、建筑物的折旧年限为20年;火车、轮船、机器、机械和其他生产设备的折旧年限为10年;电子设备,火车、轮船以外的运输工具以及与生产、经营业务有关的器具、工具、家具等的折旧年限为5年。若采用综合折旧,项目的生产期即为折旧年限。在项目评估中,对轻工、机械、电子等行业的折旧年限,一般可确定为8~15年;有些项目的折旧年限可确定为20年;对港口、铁路、矿山等项目的折旧年限可超过20年。

(2)工作量法。工作量法又分两种,一是按照行驶里程计算折旧;二是按照工作小时计算折旧。

交通运输企业和其他企业专用车队的客货运汽车,按照行驶里程计算折旧费。计算公式如下:

$$单位里程折旧额=\frac{原值\times(1-预计净残值率)}{总行驶里程}$$

$$年折旧额=单位里程折旧额\times年行驶里程$$

大型专用设备可根据工作小时计算折旧费。计算公式如下:

$$每工作小时折旧额=\frac{原值\times(1-预计净残值率)}{总工作小时}$$

$$年折旧额=每工作小时折旧额\times年工作小时$$

(3)加速折旧法。加速折旧法又称递减折旧费用法,是指在固定资产使用前期提取折旧较多,在后期提取较少,固定资产价值在使用年限内可以尽早得到补偿的折旧计算方法。它是国家的一种鼓励投资的措施,先让利给企业,让企业加速回收投资,增强企业的还贷能力,促进技术进步。因此,只对某些确有特殊原因的企业,才准许采用加速折旧。加速折旧的方法很多,有双倍余额递减法和年数总和法等。2014年10月,财政部、国家税务总局发布《关于完善固定资产加速折旧企业所得税政策的通知》(财税〔2014〕75号令),规定对生物药品制造业,专用设备制造业,铁路、船舶、航空航天和其他运输设备制造业,计算机、通信和其他电子设备制造业,仪器仪表制造业,信息传输、软件和信息技术服务业6个行业的企业2014年1月1日后新购进的固定资产,可缩短折旧年限或采取加速折旧的方法。2015年9月,财政部、国家税务总局《关于进一步完善固定资产加速折旧企业所得税政策的通知》(财税〔2015〕106号)规定,对轻工、纺织、机械、汽车四个领域重点行业企业2015年1月1日后新购进的固定资产(包括自行建造),允许缩短折旧年限或采取加速折旧方法。2019年4月,财政部、税务总局联合发布《关于扩大固定资产加速折旧优惠政策适用范围的公告》(财政部、税务总局公告2019年第66号),规定为支持制造业企业加快技术改造和设备更新,自2019年1月1日起,适用《财政部 国家税务总局关于完善固定资产加速折旧企业所得税政策的通知》

（财税〔2014〕75 号）和《财政部 国家税务总局关于进一步完善固定资产加速折旧企业所得税政策的通知》（财税〔2015〕106 号），规定固定资产加速折旧优惠的行业范围扩大至全部制造业领域。

双倍余额递减法是以年限平均法确定的折旧率的双倍乘以固定资产在每一会计期间的期初账面净值，从而确定当期应提折旧的方法。计算公式为：

$$年折旧率 = \frac{2}{折旧年限} \times 100\%$$

$$年折旧额 = 年初固定资产账面净值 \times 年折旧率$$

实行双倍余额递减法的固定资产，应在其固定资产折旧年限到期前两年内，将固定资产净值扣除预计净残值后的净额平均摊销。

年数总和法是以固定资产原值扣除预计净残值后的余额作为计提折旧的基础，按照逐年递减的折旧率计提折旧的一种方法。采用年数总和法的关键是每年都要确定一个不同的折旧率。计算公式为：

$$年折旧率 = \frac{折旧年限 - 已使用年数}{折旧年限 \times (折旧年限 + 1) \div 2} \times 100\%$$

$$年折旧额 = (固定资产原值 - 预计净残值) \times 年折旧率$$

在项目评估中，一般采用年限平均法和工作量法计算折旧费。

在计算折旧时，如果采用综合计算折旧的方式，可根据固定资产原值和折旧年限计算出各年的折旧费，一般来讲，运营期各年的折旧费是相等的。如果采用分类计算折旧的方式，要根据“固定资产折旧估算表”（见附表 10－1－3）计算各类固定资产的折旧，然后将其相加，即可得出运营期各年的固定资产折旧费。

（五）修理费估算

修理费是指为保持固定资产的正常运转和使用，充分发挥其使用效能，对其进行必要修理所发生的费用。按照修理范围的大小和修理时间间隔的长短，修理费可以分为大修理和中小修理。按现行的财务制度规定，发生的修理费用直接在成本费用中列支，若数额较大可实行预提或摊销的办法。

与折旧费相同，修理费也包括在制造费用、管理费用、营业费用之中。在估算总成本费用时，可以单独计算修理费。

在项目评估中，修理费可直接按固定资产原值（扣除所含的建设期利息）的一定百分比估算，百分数的选取应考虑行业和项目特点。实践中，也可以按照折旧费的一定百分比计算，该百分比可参照同类项目的经验数据加以确定。在生产运营的各年中，修理费率的取值一般采用固定值。根据项目特点也可以间断性地调整修理费率，开始取较低值，以后取较高值。

（六）摊销费估算

摊销费是指无形资产和其他资产在一定期限内分期摊销的费用。无形资产和其他资产的原始价值要在规定的年限内，按年度或产量转移到产品的成本费用之中，这一部分被转移的无形资产和其他资产的原始价值，称为摊销。摊销的方法是不留残值，采用直线法计算。企业通过计提摊销费，回收无形资产及其他资产的资本支出。

无形资产摊销的关键是确定摊销期限。无形资产应按规定期限分期摊销，即法律和合同或者企业申请书分别规定有法定有效期和受益年限的，按照法定有效期与合同或者企业申请书规定的受益年限孰短的原则确定;没有规定期限的,按不少于10年的期限分期摊销。

其他资产按照财务制度的规定在投产当年一次摊销。这里的其他资产摊销主要是指开办费摊销。

无形资产和其他资产发生在项目建设期或筹建期间,却在运营期分期平均摊入管理费用中,在估算总成本费用时,可单独列出。

若各项无形资产摊销年限相同,可根据全部无形资产的原值和摊销年限计算出各年的摊销费;若各项无形资产摊销年限不同,则要根据"无形资产与其他资产摊销估算表"(见附表10-1-4)计算各项无形资产的摊销费,然后将其相加,即可得到生产期各年的无形资产摊销费。

(七)利息支出估算

按照财务、会计制度规定,财务费用包括利息净支出、汇兑净损失以及相关的手续费等。在大多数项目的财务分析中,通常只考虑利息支出。利息支出是指筹集资金而发生的各项费用,包括生产经营期间发生的利息净支出,即在运营期所发生的建设投资借款利息、流动资金借款利息和短期借款利息之和。

建设投资借款在运营期发生的利息计算公式为:

$$每年支付利息 = 年初本金累计额 \times 年利率$$

为简化计算,还款当年按年末偿还,全年计息。

也可以选择等额还本付息方式或等额还本利息照付方式来计算建设投资借款在运营期发生的利息,计算公式和方法见本章第六节中的"国外贷款利息的计算"。

流动资金借款利息计算公式为:

$$年流动资金借款利息 = 年初流动资金借款余额 \times 年利率$$

(八)其他费用估算

如前所述,其他费用是指在制造费用、管理费用、财务费用和营业费用中扣除工资及福利费、折旧费、修理费、摊销费、利息支出后的费用。

在项目评估中,其他费用一般是根据总成本费用中前6项(外购原材料成本、外购燃料动力成本、工资及福利费、折旧费、修理费、摊销费)之和的一定百分比计算的,其比率应按照同类企业的经验数据加以确定。

也可以分别计算其他制造费用、其他管理费用和其他营业费用。其他制造费用可以按固定资产原值(扣除所含的建设期利息)的百分比估算;也可以按人员定额估算。具体估算方法可从行业规定。其他管理费用可以按人员定额或取工资及福利费总额的倍数估算。若管理费用中的技术转让费、研发费用与土地使用税等数额较大,应单独核算后并入其他管理费,或单独列项。其他营业费用可以按照营业收入的百分比估算。另外,对于不能抵扣的进项税额,应计入总成本费用的其他费用或单独列项。

将上述各项合计,即得出运营期各年的总成本费用,可根据"总成本费用估算表(生产要素法)"(见附表10-1)进行估算。

(九)经营成本估算

经营成本是指项目总成本费用扣除折旧费、摊销费和利息支出以后的成本费用,即:

经营成本 = 总成本费用 − 折旧费 − 摊销费 − 利息支出

或　　经营成本 = 外购原材料费 + 外购燃料动力费 + 工资及福利费 + 修理费 + 其他费用

经营成本是工程经济学特有的概念，它涉及产品生产及销售、企业管理过程中的物料、人力和能源的投入费用，反映企业的生产和管理水平。同类企业的经营成本具有可比性。在项目评估的财务分析中，它被应用于现金流量分析。

计算经营成本之所以要从总成本费用中剔除折旧费、摊销费和利息支出，主要是基于如下两点理由：

第一，现金流量表反映项目在计算期内逐年发生的现金流入和流出。与常规会计方法不同，现金收支何时发生就在何时计算，不做分摊。由于投资已按其发生的时间作为一次性支出被计入现金流出，所以不能再以折旧和摊销的方式计为现金流出，否则会发生重复计算。因此，作为经常性支出的经营成本中不包括折旧费和摊销费。

第二，各项目的融资方案不同，利率也不同，因此，项目投资现金流量表不考虑投资资金来源，利息支出也不作为现金流出。资本金现金流量表中已将利息支出单列，因此，经营成本中也不包括利息支出。

（十）固定成本与变动成本的估算

从理论上讲，成本按其性态分类可分为固定成本、变动成本和混合成本三大类。

固定成本是指在一定的产量范围内不随着产量变化而等比例变化的成本费用，如按直线法计提的固定资产折旧费、计时工资及修理费等。

变动成本是指随着产量增减而成比例变化的各项成本费用，如外购原材料费用、外购燃料动力费用等。

混合成本是指介于固定成本和变动成本之间，即随产量变化又不成正比例变化的成本费用，故又被称为半固定、半变动成本。在线性盈亏平衡分析时，要求对混合成本进行分解，以区分出其中的固定成本和变动成本，并分别计入固定成本和变动成本总额之中。

在项目评估中，为了简化计算，一般将总成本费用中的前两项（即外购原材料费用和外购燃料动力费用）视为变动成本，而其余各项均视为固定成本。之所以要把总成本费用划分为固定成本和变动成本，主要目的是为盈亏平衡分析提供数据。

经营成本、固定成本和变动成本根据“总成本费用估算表（生产要素法）”（见附表 10 − 1）直接计算。

第四节　营业收入与税金及附加和增值税估算

一、营业收入的估算

（一）营业收入估算

工业项目的营业收入是指项目在一定时期内（通常为一年）销售产品或者提供服

务等所取得的收入。

营业收入是项目建成投产后补偿总成本费用、上缴税金、偿还债务、保证企业再生产正常进行的前提。它是进行利润总额和税金估算的基础数据。营业收入的计算公式如下：

营业收入 = 产品销售单价 × 产品年销售量

式中，产品销售单价一般采用出厂价格，也可根据需要采用送达用户的价格或离岸价格。产品年销售量等于年产量。这里值得注意的是，在现实经济生活中，产值不一定等于营业收入，这主要是因市场波动而存在库存变化所引起的产量与销售量的差别。但在项目评估阶段，项目评估人员难以准确地估算出由于市场波动而引起的库存量的变化，因此做了这样的假设，即不考虑项目的库存情况，假设当年生产出来的产品当年全部售出，从而使项目的销售量等于项目的产量，项目的营业收入也就等于项目的产值。这样就可以根据投产后各年的生产负荷确定销售量。如果项目的产品比较单一，用产品单价乘以产量即可得到每年的营业收入；如果项目的产品种类比较多，要根据"营业收入、税金及附加和增值税估算表"（见附表 10－2）进行估算，即首先计算每一种产品的年营业收入，然后再汇总在一起，求出项目运营期的各年营业收入。如果产品部分销往国外，应计算外汇收入，并按外汇牌价折算成人民币，然后再计入项目的年营业收入总额中。

（二）销售价格选择

在项目评估中，产品销售价格是一个很重要的因素，因为项目的经济效益变化对它是最敏感的，所以要慎重选择。一般可有三种选择办法：

1. 选择口岸价格

如果项目产品是直接出口产品，替代进口产品，或间接出口产品，则或者直接以口岸价格定价，或者以口岸价格为基础，参考其他有关因素确定销售价格。以口岸价格定价时，出口产品和间接出口产品可选择离岸价格，替代进口产品可选择到岸价格。

2. 选择国内市场价格

如果同类产品或类似产品已在市场上销售，并且这种产品既与外贸无关，也不是计划控制的范围，可选择现行市场价格作为项目产品的销售价格。当然，也可以现行市场价格为基础，根据市场供求关系及未来的变化趋势，上下浮动作为项目产品的销售价格。

3. 根据预计成本、利润和税金确定价格

如果拟建项目的产品属于新产品，那么可根据产品的计划成本、计划利润和税金计算出厂价格，作为产品销售价格。计算公式如下：

产品出厂价格 = 产品成本费用 ×（1 + 成本利润率）

当确定拟采用的价格时，要对价格的合理性进行说明。当难以确定采用哪一种价格时，可考虑选择可供选择方案中价格最低的一种作为项目产品的销售价格。

（三）按制定的销售（运营）计划计算营业收入

上述计算营业收入是按照依据经验确定的负荷率计算营业收入，在进行财务分析时，也可以根据制定的销售（运营）计划计算营业收入。相对而言，这种做法更具合理性，国际上也多采用。主要做法是：根据市场预测的结果，结合项目性质、产出特性和市场的开发程度制定分年运营计划，进而确定各年产出数量，再乘以选定的价格，得出运营期各年的营业收入。

二、税金及附加估算

销售中的税金及附加是根据商品买卖或劳务服务的流转额征收的税金，属于流转税的范畴。主要包括消费税、城市维护建设税、资源税，在财务分析中，一般将教育费附加并入该税金项内，视同税金及附加处理。

（一）消费税估算

消费税是对工业企业生产、委托加工和进口的部分应税消费品按差别税率或税额征收的一种税。消费税是在普遍征收增值税的基础上，根据消费政策、产业政策的要求，有选择地对部分消费品征税。

消费税的估算有从价定率和从量定额两种方法，黄酒、啤酒、汽油、柴油采用从量定额；其他消费品均为从价定率，税率从3%到45%不等。

若是从价定率，则应纳税额按下式计算：

$$
\begin{aligned}
\text{应纳税额} &= \text{应税消费品销售额} \times \text{适用税率} \\
&= \text{组成计税价格} \times \text{消费税率} \\
&= \frac{\text{营业收入（含增值税）}}{1+\text{增值税率}} \times \text{消费税率}
\end{aligned}
$$

若是从量定额，则应纳税额按下式计算：

$$\text{应纳税额} = \text{应税消费品销售数量} \times \text{单位税额}$$

应税消费品的销售额是指纳税人销售应税消费品向买方收取的全部价款和价外费用，不包括向买方收取的增值税税款。销售数量是指应税消费品数量。

（二）城市维护建设税估算

城市维护建设税是以纳税人实际缴纳的流转税额为计税依据征收的一种税，按纳税人所在地区实行差别税率：项目所在地为市区的，税率为7%；项目所在地为县城或镇的，税率为5%；项目所在地为乡村或矿区的，税率为1%。

城市维护建设税以纳税人实际缴纳的增值税、消费税总额为计税依据，分别与上述三种税同时缴纳。其应纳税额计算公式为：

$$\text{应纳税额} = \text{（增值税}+\text{消费税）的实纳税额} \times \text{适用税率}$$

（三）资源税估算

资源税是国家对在我国领域及管辖海域开采应税矿产品或者生产盐的单位和个人征收的一种税。它是针对由于资源生成和开发条件存在差异而客观形成级差收入的情况而征收的。资源税的征收对象为矿产品（如原油、天然气、煤炭、金属矿产品和其他非金属矿产品）和盐（包括固体盐、液体盐）。

资源税的应纳税额，按照从价定率或者从量定额的办法计征。

采用从价定率办法计征的应纳税额的计算公式为：

$$\text{应纳税额} = \text{应税产品的销售额} \times \text{比例税率}$$

采用从量定额办法计征的应纳税额的计算公式为：

$$\text{应纳税额} = \text{应税产品的销售数量} \times \text{定额税率}$$

纳税人开采或者生产应税产品，自用于连续生产应税产品的，不缴纳资源税；自用于其他方面的，视同销售，仍需缴纳资源税。

资源税的税目、税率依据2011年国务院修订的《中华人民共和国资源税暂行条例》中的《资源税税目税率表》及财政部的有关规定执行。

（四）教育费附加估算

教育费附加是为了加快地方教育事业的发展，扩大地方教育经费的资金来源而开征的。教育费附加收入纳入预算管理，作为教育专项基金，主要用于各地改善教学设施和办学条件。教育费附加从1986年起在全国开征，1990年经修改而进一步完善、合理。凡缴纳消费税、增值税的单位和个人，都是教育费附加的缴纳人。教育费附加随消费税、增值税同时缴纳，由税务机关负责征收。

教育费附加的计征依据是各缴纳人实际缴纳的消费税、增值税的总额，税率由地方确定，一般为3%。其计算公式为：

$$\text{应纳教育费附加额}=(\text{消费税}+\text{增值税})\text{实纳税额}\times\text{费率}$$

三、增值税估算

增值税是对中华人民共和国境内销售货物或提供加工、修理修配服务，以及进出口货物的单位和个人，就其商品流转的增值额为课税依据征收的一种流转税。所谓增值额，是指纳税人从事应税货物生产经营或提供劳务而新增加的价值额，大体上相当于购销价差。

（一）增值税的计标方法

财务分析应按税法计算增值税，但需要注意的是：当采用含（增值）税价格计算营业收入和外购原材料、燃料动力成本时，利润和利润分配表以及现金流量表中应单列增值税科目；采用不含（增值）税价格计算时，利润和利润分配表以及现金流量表中不包括增值税科目。在计算营业收入和增值税时，应明确说明是何种计价方式。

增值税按增值额计税，可按下列公式计算：

$$\text{增值税应纳税额}=\text{销项税额}-\text{进项税额}$$

$$\text{销项税额}=\text{销售额}\times\text{增值税率}=\frac{\text{营业收入(含税销售额)}}{1+\text{增值税率}}\times\text{增值税率}$$

$$\text{进项税额}=\frac{\text{外购原材料、燃料及动力费}}{1+\text{增值税率}}\times\text{增值税率}$$

增值税税目税率依据《2014年营改增后的增值税税目税率表》执行。

（二）增值税的转型

增值税转型是指增值税由生产型转为消费性，即允许企业将购置设备的增值税如同购置原材料一样全额抵扣。增值税按其税基大小可分为三种：①生产型增值税。政府不允许企业扣除购入固定资产折旧中所含的税款，税基最大。②收入型增值税。政府只允许企业扣除固定资产折旧部分的税款，税基次之。③消费型增值税。政府允许企业将购入的固定资产中所含的税款一次性全部扣除，税基最小。国务院决定，自2009年1月1日起，在全国所有地区、所有行业推行增值税转型改革，允许企业抵扣新购入设备所含的增值税，同时取消进口设备免征增值税和外商投资企业采购国产设备增值税退税政策，将小规模纳税人的增值税征收率统一调低至3%，将矿产品增值税税率恢复到17%。

我国增值税采用发票法抵扣,所以,“在全国所有地区、所有行业推行增值税转型改革”中的“所有行业”是指所有征收增值税的行业,并不包括第一产业和除批发零售业外的其他第三产业纳税人。购进设备进项税额的抵扣必须满足两个条件:①取得合法的增值税进项税抵扣凭证,如增值税专用发票或海关抵扣凭证等;②申请购进设备进项税抵扣者应是增值税一般纳税人,也就是说增值税小规模纳税人即使取得购进设备增值税抵扣凭证仍然不能抵扣。

按照上述改革政策,我国从 2009 年 1 月起,所有增值税一般纳税人的外购项包括购进原材料、机器设备所含税金都允许作为进项税额在销项税额中扣除。

第五节 利润总额及其分配估算

一、利润总额的估算

利润是企业在一定时期内生产经营活动的最终成果在财务上的体现,它集中反映了企业生产经营各方面的效益。利润总额的估算公式为:

利润总额 = 产品营业收入 - 税金及附加(- 增值税) - 总成本费用 + 补贴收入

根据利润总额可计算所得税及净利润的分配。在财务分析中,利润总额还是计算总投资收益率和项目资本金净利润率指标的基础数据。

二、补贴收入

某些项目还应按有关规定估算企业可能得到的与收益相关的政府补贴收入。这包括先征后返的增值税、按销量或工作量等依据国家规定获得的补助、定额计算并按期给予的定额补贴以及属可扶持而获得的其他形式的补贴等。以上几类补贴收入,应根据财政、税务部门的规定,分别计入或不计入应税收入。

三、所得税及税后净利润分配的估算

根据税法的规定,企业取得利润后,先向国家缴纳所得税,剩余部分在企业、投资者、职工之间分配。

(一)所得税估算

凡在我国境内实行独立经营核算的各类企业或者组织,其在我国境内、境外的生产经营所得和其他所得,均应依法缴纳企业所得税。

纳税人每一纳税年度的收入总额减去准予扣除项目的余额,为应纳税所得额。

纳税人发生年度亏损的,可以用下一纳税年度的所得弥补;下一纳税年度的所得不足弥补的,可以逐年延续弥补,但是延续弥补期最长不得超过 5 年。

企业所得税的应纳税额按照应纳税所得额和所得税率的乘积计算,应纳税额的计算公式为:

应纳税额 = 应纳税所得额 × 所得税率

在项目评估中，一般按照利润总额和25%的所得税率计算。若符合法律、法规和国务院有关规定给予减免税的，依照法律或规定执行。

(二)净利润的分配顺序

营业收入、成本、税金和利润的关系如图10－2所示。

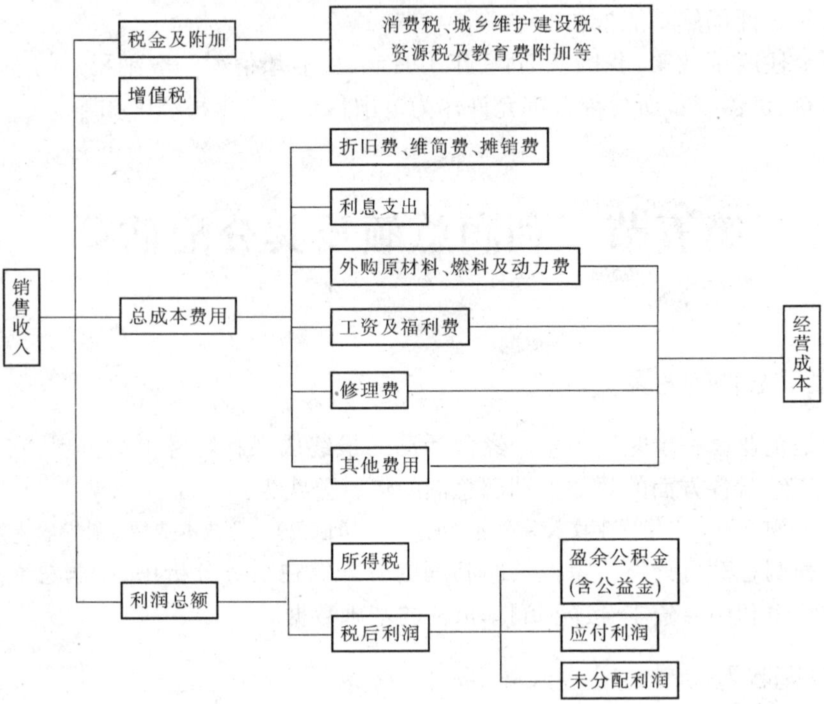

图10－2　营业收入、成本、税金和利润关系图

在图10－2中，利润总额中应加上补贴收入(如有的话)；利润总额减去所得税即为净利润，再加上期初未分配利润即为可供分配的利润；再从可供分配的利润中提取法定盈余公积金，即可得到可供投资者分配的利润；投资者考虑应付优先股股利，并提取任意盈余公积金，然后按投资比例支付普通股股利，剩余的为未分配利润。利润与利润分配的估算，可采用第十一章财务分析中的附表11－4进行。

第六节　借款还本付息估算

借款还本付息估算主要是测算各年应偿还的本金和利息，从而考察项目的偿还能力和收益，为财务分析和项目决策提供依据。

一、还本付息的资金来源

根据国家现行财税制度的规定，偿还借款本息的资金来源主要是项目投产后所取得的利润和摊入成本费用中的折旧费、摊销费以及其他资金来源。

（一）利润

用于归还借款的利润，一般是指未分配利润。项目投产初期，如果用规定的资金来源归还贷款的缺口较大，也可暂不提取盈余公积金、公益金，但这段时间不宜过长，否则将影响到企业的扩展能力。

（二）固定资产折旧

项目投产初期还无须固定资产更新，所提取的折旧基金作为固定资产重置准备金，暂时处于闲置状态。为了有效地利用一切可能的资金，以缩短还款期限，可以使用部分新增折旧基金作为偿还贷款的来源之一。一般来说，投产初期可以利用的折旧基金在全部折旧基金中的比例较大，随着时间的推移，可利用的折旧基金比例逐步减小，最终所有被挪用的折旧基金，将由未分配利润还贷后的余额回垫，以保证折旧基金从总体上不被挪作他用，在还清贷款后恢复其原有的经济属性。

（三）无形资产及其他资产摊销费

按现行的财务制度，无形资产及其他资产摊销费计入项目总成本费用，但这笔资金并无具体的用途规定，处于闲置状态，因此可以作为还款来源之一。

（四）其他还款资金

其他还款资金主要是指按有关规定可以减免的税金。进行估算时，如果没有明确的依据，这种还款来源可以暂不考虑。

项目在建设期借入的全部建设投资贷款本金及其在建设期发生的借款利息（即资本化利息）构成项目的贷款总额，在项目投产后可由上述资金来源偿还。

在运营期内，建设投资和流动资金的贷款利息，按现行的财务制度均应作为财务费用计入项目总成本费用。

二、还款方式

项目贷款的还款方式应根据不同贷款协议中规定的还款条件来确定。

（一）国外借款的还款方式

按照国际惯例，贷款协议中一般对贷款本息的偿还期限均有明确的规定，要求借款方在规定的期限内按规定的数量还清全部贷款的本金和利息，一般采用等额还本付息或等额还本利息照付两种方式。

（二）国内借款的还款方式

目前国内的借贷双方虽然也在有关的贷款合同或协议中规定了还款期限，但是在实际操作中，主要还是根据项目还款资金的来源情况进行确定，即按实际偿还能力确定。一般做法是先偿付当年需偿还的外汇借款本金，然后用剩余的资金来源按先贷的先还、后贷的后还，利息高的先还、利息低的后还的偿还顺序，或按双方的贷款协议，归还国内借款。每年国内借款偿还额的计算公式为：

$$人民币还本额 = 当年还本资金来源 - 外汇当年还本额$$

三、贷款利息的计算

（一）国内贷款利息的计算

1. 建设期贷款利息

因事先无法确定每笔贷款的实际发生时间，所以近似地假定当年贷款均发生在年中，按半年计息，转入以后年度则按全年计息。其计算公式见本书第八章相关内容。

2. 运营期贷款利息

还款假定都在当年年末，因此还款当年按全年计息，其近似计算公式为：

运营期贷款年应计利息＝年初借款累计×年利率

（二）国外贷款利息的计算

建设投资国外借款利息应根据不同的还款方式采用不同的计算方法。

1. 在规定的期限内等额还本付息

等额还本付息是指在还款期内，每年偿付的本金和利息之和是相等的，但每年支付的本金数和利息数均各不相等。具体可按下列步骤计算：

（1）计算建设期末或宽限期末的累计借款本金与未付资本化利息之和（I_c）。

（2）根据等值计算原理，采用资金回收系数计算每年等值的还本付息额 A。计算公式为：

$$A=I_c\times(A/p,i,n)=I_c\times\frac{i(1+i)^n}{(1+i)^n-1}$$

式中：i——借款利率；

$(A/p,i,n)$——资金回收系数，可通过查表求得；

n——规定的还款期。

（3）计算每年应支付利息。计算公式为：

每年应支付利息＝年初借款余额×年利率

年初借款余额＝I_c－本年以前各年偿还的本金累计

（4）计算每年偿还的本金。计算公式为：

年偿还本金＝A－每年支付利息

由于此法要求各年还本付息的总额相等，使每年偿还的本金额及支付的利息是不等的，其中利息将随本金的逐渐偿还而逐年减少，相反需要偿还的本金部分却由于利息减少而逐年加大。因此，此法适用于投产初期效益相对较差，而后期效益较好的项目。

2. 在规定的期限内每年等额还本利息照付

等额还本利息照付是指在还款期内每年偿还的本金相等，而利息不等，从而每年还本付息的总和也不相等。具体可按下列步骤计算：

（1）计算建设期末或宽限期末的累计借款本金与未付资本化利息之和（I_c）。

（2）计算在规定偿还年限内，每年应偿还的本金 A'。计算公式为：

$$A'=\frac{I_c}{n}（等额）$$

（3）计算每年应支付的利息额。计算公式为：

每年支付利息＝年初借款本金累计×年利率

(4)计算各年的还本付息额(A'_t):

$$A'_t = \frac{I_c}{n} + I_c \times \left(1 - \frac{t-1}{n}\right) \times i$$

式中 i 和 n 的含义同上。

由于此法每年偿还的本金是确定的,计算简便,但是投产初期还本付息额相对较大。因此,此法适用于投产初期效益较好的项目,如果效益不好则需用短期贷款来偿还。

本章小结

财务效益与费用估算是指在项目市场、资源、技术条件分析评价的基础上,从项目(或企业)的角度出发,依据现行的经济法规和价格政策,对一系列有关的财务效益与费用进行调查、搜集、整理和测算,并编制有关的财务效益与费用估算表的工作。

财务效益与费用的估算包括项目计算期内各年的经济活动情况及全部财务收支情况,具体包括项目运营期的确定、总成本费用估算、营业收入与各项税金的估算、利润与利润分配的估算、贷款还本付息的估算等内容。

项目运营期是指项目从建成投产年份起至项目报废为止所经历的时间。拟建项目所包括的固定资产种类繁多,使用年限也有很大的差异。一般来讲,项目的运营期主要取决于项目主要固定资产的寿命期。固定资产的寿命期(亦称使用年限)有自然寿命期和经济寿命期之分,从理论上讲,根据主要固定资产的经济寿命期确定项目运营期较为合理。

工业企业总成本费用是指项目在一定时期内(一般为一年)为生产和销售产品而花费的全部成本费用。总成本费用的构成和计算通常运用两种方法,即制造成本加期间费用和生产要素估算法。

用生产要素估算法估算总成本费用,要分别估算外购原材料费、外购燃料动力费、工资及福利费、折旧费、修理费、摊销费、利息支出和其他费用,最后再加以汇总。

经营成本是指项目总成本费用扣除折旧费、摊销费和利息支出以后的成本费用。

工业项目的营业收入是指项目在一定时期内(通常为一年)销售产品或者提供劳务等所取得的收入。营业收入是项目建成投产后补偿总成本费用、上缴税金、偿还债务、保证企业再生产正常进行的前提,也是进行利润总额及其分配估算的基础数据。

税金及附加是根据商品买卖或劳务服务的流转额征收的税金,属于流转税的范畴。包括消费税、城市维护建设税、资源税和教育费附加。在计算增值税时,应考虑增值税的转型问题。

利润是企业在一定时期内生产经营活动的最终成果在财务上的体现,集中反映了企业生产经营的效益。

利润总额是营业收入减去总成本费用和税金及附加,再加上补贴收入后的余额。根据利润总额可计算所得税及估算净利润的分配。在财务分析中,利润总额还是计算总投资收益率、项目资本金净利润率等静态投资收益率指标的基础数据。

在项目评估中,净利润可按照下列顺序分配:净利润加上期初未分配利润即为可供分配的利润,再从可供分配的利润中提取法定盈余公积金,即可得到可供投资者分配的利润。投资者考虑应付优先股股利,并提取任意盈余公益金,然后按投资比例支付普通股股利,剩余的为未分配利润。

根据国家现行财税制度的规定,偿还建设投资借款的资金来源主要是项目投产后取得的利润和暂时闲置的折旧费、摊销费以及其他来源。项目在建设期借入的全部建设投资贷款本金及其在建设期发生的借款利息(即资本化利息)两部分构成项目总投资的贷款总额,在项目投产后可由上述资金来源偿还。

国外借款的还款方式,按照国际惯例,债权人一般对贷款本息的偿还期限均有明确的规定,要求借款方在规定的期限内按规定的数量还清全部贷款的本金和利息。按协议的要求,国外借款的偿还一般采用等额还本付息或等额还本利息照付两种方法。国内借款的还款方式,主要是根据项目的还款资金来源情况进行确定,即按实际偿还能力确定。

复习思考题

1. 财务效益与费用估算应遵循哪些原则?
2. 固定资产有几种寿命期?确定项目运营期应当依据哪一种寿命期?为什么?
3. 生产成本由哪几部分构成,各有什么内容?
4. 期间费用由哪几部分构成,各有什么内容?
5. 计算经营成本为什么要从总成本费用中剔除折旧费、摊销费和利息支出?
6. 项目产品销售价格有几种选择?
7. 税金及附加包括哪些内容?
8. 增值税转型的主要内容是什么?
9. 财务效益与费用按其作用分为哪两类?各包括哪些数据?
10. 按照年限平均法提取折旧时应考虑哪些因素?
11. 计算利润总额对财务效益分析有哪些作用?
12. 在项目评估中,净利润是如何进行分配的?
13. 建设投资国外借款偿还的两种方式的不同点是什么?
14. 建设投资借款本金偿还的主要来源有哪些?

附表 10－1 总成本费用估算表(生产要素法) 人民币单位:万元

序号	项 目	运营期						合 计
		3	4	5	6	…	n	
1	外购原材料							
	⋮							
2	外购燃料及动力							
	⋮							
3	工资及福利费							
4	折旧费							
5	修理费							
6	摊销费							
7	利息支出							
8	其他费用							
9	总成本费用(1＋2＋…＋8)							
	其中:1. 固定成本 2. 变动成本							
10	经营成本(9 － 4 － 6 － 7)							

注:本表适用于新设法人项目与既有法人项目的“有项目”“无项目”和增量成本费用的估算。

附表 10－1－1 外购原材料能源成本估算表 人民币单位:万元

序号	项 目	规格	单位	消耗定额	单价	成本金额
1	原材料					
	A					
	B					
	C					
	⋮					
2	能源					
	D					
	E					
	F					
	⋮					

注:本表适用于新设法人项目与既有法人项目的“有项目”“无项目”和增量外购原材料能源成本的估算。

附表 10-1-2 工资及福利费估算表 人民币单位:万元

序号	项目	合计	计算期					
			1	2	3	4	…	n
1	工人							
	人数							
	人均年工资							
	工资额							
2	技术人员							
	人数							
	人均年工资							
	工资额							
3	管理人员							
	人数							
	人均年工资							
	工资额							
4	工资总额(1+2+3)							
5	福利费							
6	合计(4+5)							

注:本表适用于新设法人项目工资及福利费的估算,以及既有法人项目的“有项目”“无项目”和增量工资及福利费的估算。

附表 10-1-3 固定资产折旧估算表 人民币单位:万元

序号	项目	折旧年限	运营期					
			3	4	5	6	…	n
	固定资产合计							
	原值							
	折旧费							
	净值							
1	房屋及建筑物							
	原值							
	折旧费							
	净值							
2	××设备							
	原值							
	折旧费							
	净值							

续表

序号	项　目	折旧年限	运　营　期					
			3	4	5	6	…	*n*
3	××设备							
	原值							
	折旧费							
	净值							

注:本表适用于新设法人项目固定资产折旧费的估算,以及既有法人项目的"有项目""无项目"和增量固定资产折旧费的估算。当估算既有法人项目的"有项目"固定资产折旧费时,应将新增和利用原有部分固定资产分别列出,并分别计算折旧费。

附表 10-1-4　无形资产与其他资产摊销费估算表

人民币单位:万元

序号	项　目	折旧年限	原值	运　营　期					
				3	4	5	6	…	*n*
1	无形资产小计								
1.1	土地使用权								
	摊销								
	净值								
1.2	专有技术和专利权								
	摊销								
	净值								
1.3	其他无形资产								
	摊销								
	净值								
2	递延资产(开办费)								
	摊销								
	净值								
3	无形及其他资产合计(1+2)								
	摊销								
	净值								

注:本表适用于新设法人项目无形资产和其他资产摊销费的估算,以及既有法人项目的"有项目""无项目"和增量摊销费的估算。当估算既有法人项目的"有项目"摊销费时,应将新增和利用的原有部分无形资产和其他资产分别列出,并分别计算摊销费。

附表 10－2 营业收入、税金及附加和增值税估算表 人民币单位:万元

序号	项　目	合 计	计 算 期					
			1	2	3	4	…	n
1	营业收入							
1.1	产品 A 营业收入							
	单价							
	数量							
	销项税额							
1.2	产品 B 营业收入							
	单价							
	数量							
	销项税额							
	……							
2	税金与附加							
2.1	消费税							
2.2	资源税							
2.3	城市维护建设税							
2.4	教育费附加							
3	增值税							
	销项税额							
	进项税额							

注:1. 本表适用于新设法人项目与既有法人项目的“有项目”“无项目”和增量的营业收入、税金及附加和增值税估算。

2. 根据行业或产品的不同可增减相应税收科目。

第十一章

财务分析

本章要点

本章内容共分三个部分，即财务分析概述、财务分析报表的编制和财务分析指标的计算。在财务分析概述部分，主要介绍财务分析的概念和作用、目标和程序、价格体系。在财务分析报表的编制部分，主要介绍各层次现金流量表、利润与利润分配估算表和借款还本付息估算表的编制方法，以及各种报表之间的相互关系。在财务分析指标计算部分，主要分析财务分析指标体系，介绍反映项目盈利能力和反映项目偿债能力指标的计算方法。

第一节 财务分析概述

一、财务分析的概念及作用

(一)财务分析的概念

财务分析是在国家现行会计制度、税收制度和价格体系的前提下,从项目的角度出发,预测估计项目的财务效益与费用,编制财务报表,计算评价指标,分析考察项目财务盈利能力、偿债能力和财务生存能力,据以评价和判定项目在财务上的可行性的一种经济评价方法。

财务分析可分为融资前分析和融资后分析,一般宜先进行融资前分析,在融资前分析结论满足要求的情况下,初步设定融资方案,再进行融资后分析。融资前分析主要是考察项目整个计算期内的现金流入和现金流出,编制项目投资现金流量表,计算项目投资财务内部收益率、财务净现值和投资回收期等指标。

融资前分析排除了融资方案变化的影响,从项目投资总获利能力的角度考察项目方案设计的合理性。融资后分析应以融资前分析和初步的融资方案为基础,考察项目在拟定融资条件下的盈利能力、偿债能力和财务生存能力,判断项目方案在融资条件下的可行性。融资后分析用于比选融资方案,帮助投资者或金融机构做出融资决策。

(二)财务分析的作用

1. 财务分析是投资决策的重要组成部分

对投资项目的评价应从多角度、多方面进行,无论是对投资项目的前评价、中评价、后评价,财务分析都是必不可少的重要内容。在投资决策的各个阶段中,无论是机会研究、初步可行性研究、可行性研究还是项目评估阶段,财务分析都是其中重要的组成部分。

2. 财务分析是投资决策的重要决策依据

在项目决策的范围内,财务分析虽然不是唯一的决策依据,但却是重要的决策依据。在市场经济条件下,绝大部分项目的有关各方根据财务分析结果进行决策,尤其是项目评估阶段财务分析的结果,直接决定了投资于该项目的债权人是否贷款给项目,各级项目审批部门是否批准该项目。可见,财务分析结论是投资决策的重要决策依据之一。具体说来,财务分析中的盈利能力分析结论是投资决策的基本依据,其中项目资本金盈利能力分析结论同时也是融资决策的依据;偿债能力分析结论不仅是债权人决定贷款与否的依据,也是投资人确定融资方案的重要依据。

二、财务分析的目标与程序

(一)财务分析的目标

财务分析的主要目标是投资项目的盈利能力、偿债能力和财务生存能力。

1. 盈利能力

盈利能力主要考察投资项目的盈利水平，是反映项目在财务上可行程度的基本标志。投资项目的盈利能力分析，应当考察拟建项目建成投产后是否有盈利，盈利多少。项目的盈利能力分析主要分析项目各年度投资盈利能力，以及项目在整个寿命期内的盈利水平。

2. 偿债能力

投资项目的偿债能力是指项日按期偿还其债务的能力。项目的偿债能力通常表现为建设投资借款偿还期的长短，利息备付率和偿债备付率的高低，这些指标也是银行进行贷款决策的重要依据。

3. 财务生存能力

在项目运营期间，确保从各项经济活动中得到足够的净现金流量是项目能够持续生存的条件。财务分析中应根据财务计划现金流量表，综合考察项目计算期内各年的投资活动、融资活动和经营活动产生的各项现金流入和流出，计算净现金流量和累计盈余资金，分析项目是否有足够的净现金流量维持正常运营，实现财务可持续性。财务生存能力分析亦可称为资金平衡分析。

（二）财务分析的程序

投资项目的财务分析是在项目市场分析和实施条件分析的基础上进行的，它主要是利用有关的基础数据，通过编制财务分析报表，计算各项财务分析指标，进行项目的财务分析，得出评价结论。具体包括以下几个步骤：

1. 财务基础数据的准备

根据项目市场分析和实施条件分析的结果，以及现行的有关法律、法规和政策，对项目总投资、资金筹措方案、产品成本费用、营业收入、税金和利润，以及其他与项目有关的一系列基础数据进行分析和估算，并将所得的数据编制成辅助财务报表。

2. 编制财务分析基本报表

将分析和估算所得的基础数据进行汇总，编制出现金流量表、利润与利润分配表、资产负债表及借款还本付息估算表等财务分析基本报表。财务分析基本报表是反映项目盈利能力、偿债能力和财务生存能力等财务分析指标的基础。

3. 计算与分析财务效益指标

根据编制的财务分析基本报表，直接计算一系列反映项目盈利能力、偿债能力和财务生存能力的指标。反映项目财务盈利能力的指标包括静态分析指标（总投资收益率、资本金净利润率和投资回收期等）和动态分析指标（财务内部收益率、财务净现值等）；反映项目偿债能力的指标包括借款偿还期、利息备付率和偿债备付率等。

4. 进行不确定性分析与风险分析

通过盈亏平衡分析和敏感性分析等不确定性分析和风险分析方法，评价项目可能面临的风险及在不确定条件下适应市场变化的能力和抗风险的能力，得出项目在不确定条件下的财务分析结论或建议。

5. 得出财务分析结论

将上述确定性分析和不确定性分析的结果，与国家有关部门公布的基准值，或与经验标准、历史标准和目标标准等加以比较，并从财务的角度做出项目可行与否的结论。

三、财务分析的价格体系

（一）财务分析涉及的价格体系

影响价格变动的因素很多，但归纳起来不外乎两类：一类是相对价格变动因素；另一类是绝对价格变动因素。

相对价格是指商品间的价格比例关系。导致商品相对价格发生变化的因素很复杂，例如，供应量的变化、价格政策的变化、劳动生产率的变化等，都可能引起商品间比价的改变；消费水平变化、消费习惯改变、可替代产品的出现等引起供求关系发生变化，从而使供求均衡价格发生变化，也可以引起商品间比价的改变等。

绝对价格是指用货币单位表示的商品价格水平。绝对价格变动一般体现为物价总水平的变化，即因货币贬值（通货膨胀）引起的所有商品价格的普通上涨，或因货币升值（通货紧缩）引起的所有商品价格的普遍低落。

在投资项目财务分析中，要对项目整个计算期内的价格进行预测，这必然会涉及如何处理价格变动的问题，包括通货膨胀因素问题。在整个计算期的若干年内，是采用同一个固定价格，还是各年都变动以及如何变动？这也就是投资项目的财务分析采用什么价格体系的问题。

财务分析涉及的价格体系有三种，即固定价格体系、实价体系和时价体系。相应涉及三种价格，即基价、时价和实价。

基价是指以基年价格水平表示的，不考虑其后价格变动的价格，也称固定价格。如果采用基价，项目计算期内各年价格都是相同的，就形成了财务分析的固定价格体系。一般选择评价工作进行的年份为基年，也有选择预计开始建设年份的。例如，某项目财务分析在2002年进行，则一般选择2002年为基年，若某货物A在2002年的价格为100元，那么其基价为100元，是以2002年价格水平表示的。基价是确定项目涉及的各种货物预测价格的基础，也是估算建设投资的基础。

时价，顾名思义是指某一时期当时的市场价格。它包含了相对价格变动和绝对价格变动的影响，以当时的价格水平表示。以基价为基础，按照预计的各种货物的不同价格上涨率（可称为时价上涨率），分别求出它们在计算期内任何一年的时价。假定货物A的时价上涨率为2%，在2002年基价100元的基础上，2003年的时价应为100 ×（1 +2%）=102元。若2004年货物A的时价上涨率为3%，则2004年货物A的时价为100 ×（1 +2%）×（1 +3%）=105.06元。设基价为P_b，时价为P_c，各年的时价上涨率为$c_i(i=1,\cdots,n)$，c_i可以各年相同，也可以不同，则第n年的时价为：

$$P_{c_n}=P_b\times(1+c_1)\times(1+c_2)\times\cdots\times(1+c_n)$$

若各年c_i相同，则有：

$$P_{c_n}=P_b\times(1+c_i)^n$$

实价是以基年价格水平表示的，只反映相对价格变动因素影响的价格。可以在时价中扣除通货膨胀因素影响来求得实价。若通货膨胀率（严格说，只有当物价总水平上涨超过某个幅度时,才称为通货膨胀,故称物价总水平上涨率更合适些)为 3.571 4%,则 2003 年货物 A 的实价为 102 ÷ (1 + 3.571 4%) = 98.5 元。这可以说明,虽然看起来 2003 年 A 的价格比 2002 年上涨了 2%,但扣除通货膨胀影响后,货物 A 的实际价格反而比 2002 年降低了,这有可能是由于某种原因使得其相对价格发生了变动。如果把实际价格的变化率称为实价上涨率,那么货物 A 的实价上涨率为:

$$[(1+2\%)\div(1+3.571\,4\%)]-1=-1.5\%$$

只有当时价上涨率大于通货膨胀率时,该货物的实价上涨率才会大于 0,此时说明该货物价格上涨超过物价总水平的上涨。设第 i 年的实价上涨率为 r_i,通货膨胀率为 f_i,各年的时价上涨率 r_i 和通货膨胀率 f_i 都不变,则有:

$$r_i=\left(\frac{1+c_i}{1+f_i}\right)^i-1$$

如果货物间的相对价格保持不变,即实价上涨率为零,那么实价就等于基价,同时意味着各种货物的时价上涨率相同,也即各种货物的时价上涨率等于通货膨胀率。

(二)财务分析的取价原则

1. 财务分析应采用预测价格

财务分析是基于对拟建项目未来数年或更长年份的效益与费用的估算,而无论投入还是产出的未来价格都会发生各种各样的变化,为了合理反映项目的效益和财务状况,财务分析应采用预测价格。预测价格应是在选定的基年价格基础上,选择评价当年为基年。至于采用何种价格体系,要视具体情况决定。

2. 现金流量分析原则上应采用实价体系

现金流量分析原则上应采用实价体系。采用实价计算净现值和内部收益率,进行现金流量分析是国际上比较通行的做法。这样做,便于投资者考察投资的实际盈利能力。因为实价排除了通货膨胀因素的影响,消除了因通货膨胀(物价总水平上涨)带来的"浮肿利润",能够相对真实地反映投资的盈利能力,为投资决策和贷款决策提供较为可靠的依据。如果采用含通货膨胀因素的时价进行盈利能力分析,特别是当对投入和产出采用同一时价上涨率时,就有可能使未来收益大大增加,因此形成"浮肿利润",夸大项目的盈利能力。

3. 偿债能力分析原则上应采用时价体系

偿债能力分析原则上应采用时价体系。用时价进行财务预测,编制利润与利润分配估算表和资产负债表,有利于描述项目计算期内各年当时的财务状况,相对合理地进行偿债能力分析,这是国际上比较通行的做法。

为了满足实际投资的需要,在投资估算中必须包含通货膨胀因素引起投资增长的部分,一般通过计算涨价预备费来体现。同样,在融资计划中也应包括这部分费用,在投入运营后的还款计划中自然包括该部分费用的偿还。因此,只有采用既包含相对价格变化,又包含通货膨胀影响在内的时价表示投资费用和融资数额,并在其基础上进行计算,才能真实反映项目的偿债能力。

4. 对财务分析采用价格体系的简化

在实践中,并不要求对所有项目,或在所有情况下,都必须全部采用上述价格体系进行财务分析,多数情况下允许根据具体情况适当简化,可以考虑采取以下几种简化方法：

(1)在建设期间，既考虑通货膨胀因素，又考虑相对价格变化。在建设投资估算中价格总水平变动是通过涨价预备费来体现。

(2)在项目运营期内，盈利能力分析和偿债能力分析可以采用同一套价格，即预测的运营期初价格。运营期各年采用同一的不变价格。

(3)在项目运营期内，也可根据项目和产出的具体情况，选用固定价格(项目运营期内各年价格不变)或考虑相对价格变化的变动价格(项目运营期内各年价格不同，或某些年份价格不同)。

(4)当有明确要求或通货膨胀严重时，项目偿债能力分析要采用时价体系。

第二节　财务分析报表的编制

财务分析的主要报表有现金流量表、利润与利润分配估算表、资产负债表和借款还本付息估算表等。

一、现金流量表

(一)现金流量表的概念与作用

现金流量是现金流入与现金流出的统称，它是以项目作为一个独立系统，反映项目在计算期内实际发生的流入和流出的现金活动及其流动数量。项目在某一时间内支出的费用称为现金流出，记为 CO；取得的收入称为现金流入，记为 CI；现金流入与现金流出统称为现金流量；同一时点的现金流入与现金流出之差($CI-CO$)称为净现金流量。

现金流量表是指反映项目在计算期内各年的现金流入、现金流出和净现金流量的计算表格。按照国家规定，项目的现金流量分析分为三个层次：第一层次为项目投资现金流量分析；第二层次为项目资本金现金流量分析；第三层次为投资各方现金流量分析。因此，现金流量表也可分为项目投资现金流量表、资本金现金流量表和投资各方现金流量表。编制上述现金流量表的主要作用是计算不同层次的财务内部收益率、财务净现值和投资回收期等分析指标。另外，为了进行项目财务生存能力分析，还应该编制财务计划现金流量表。

此外，现金流量表只反映项目在计算期内各年实际发生的现金收支，不反映非现金收支(如折旧费、应收及应付账款等)。

(二)现金流量表的结构

1. 项目投资现金流量表

项目投资现金流量表是指在确定项目融资方案前，对投资方案进行分析，用以计算投资项目所得税前后的财务内部收益率、财务净现值及投资回收期等财务分析指标的表格。

项目投资现金流量表的现金流入包括营业收入、补贴收入、回收固定资产余值和回收流动资金。现金流出包括建设投资、流动资金、经营成本、税金及附加和维持运营投资等。项目投资现金流量表见附表11－1。

某些项目在运营期需要投入一定的固定资产才能得以维持正常运营，例如，设备更新费用、油田的开发费用和矿山的井巷开拓延伸费用等。不同类型和不同行业的项目投资的内容可能不同，发生维持运营投资时，应将其列入现金流量表作为现金流出，参与指标的计算；同时，也应该将其反映在财务计划现金流量表中，参与财务生存能力的分析。该投资是否能予以资本化，取决于其是否能为企业带来经济效益且该固定资产的成本是否能够可靠地计量。如果该投资投入后延长了固定资产的使用寿命，或使产品质量有实质性提高，或成本有实质性降低等，即应计入固定资产原值，并计提折旧；否则，该投资只能费用化，不形成新的固定资产原值。在项目投资现金流量表和项目资本金现金流量表中，都要把维持运营投资作为现金流出。

2.项目资本金现金流量表

为了全面考察项目的盈利能力，除了对融资前的项目投资现金流量进行分析外，还需要进行项目资本金现金流量分析，其实质是进行项目融资后的财务分析。

项目资本金现金流量表的净现金流量包括了项目在缴税和还本付息后所剩余的收益（含投资应分得的利润），也即项目的净收益，又是投资者的权益性收益。通过项目资本金现金流量表，可以计算资本金的财务内部收益率，通过资本金财务内部收益率能够从投资者整体角度考察项目的盈利能力。

项目资本金现金流量表与项目投资现金流量表的现金流入内容相同。现金流出包括项目投入的资本金、借款本金偿还、借款利息支付、经营成本、税金及附加、所得税和维持运营投资等。项目资本金现金流量表见附表11－2。

3.投资各方现金流量表

对于某些项目，为了考察投资各方的具体收益，还需要编制从投资各方角度出发的现金流量表，这就是投资各方现金流量表。

通过投资各方现金流量表可以计算投资各方财务内部收益率。投资各方的财务内部收益率，实际上是相对次要的财务效益评价指标。因为在普通股本比例分配利润和分担亏损与风险的原则下，投资各方的利益一般是均等的，只有在投资者中的各方有股权之外的不对等的利益分配时，投资各方的收益率才会有差异。此外，不按比例出资和分配的合作经营项目，投资各方的收益率也可能会有差异。计算投资各方的财务内部收益率，可以看出投资各方收益的不均衡性是否在合理水平上，有助于促成投资各方达成平等互利的投资方案，从而确定是否值得投资。

投资各方现金流量表的现金流入包括实分利润、资产处置收益分配、租赁费收入、技术转让或使用收入和其他现金流入。现金流出包括实缴资本、租赁资产支出和其他现金流出。投资各方现金流量表见附表11－3。

4.财务计划现金流量表

财务计划现金流量表反映项目计算期内各年的投资、融资及经营活动的现金流入和流出，用于计算累计盈余资金，分析项目的财务生存能力。财务计划现金流量表见附表11－4。

二、利润与利润分配表

（一）利润与利润分配表的概念与作用

利润与利润分配表是反映项目计算期内各年的利润总额、所得税及净利润的分配情况，用以计算总投资收益率和项目资本金净利润率等静态财务分析指标的表格。

（二）利润与利润分配表的结构

1.利润总额

利润总额是项目在一定时期内实现盈亏总额，即营业收入扣除税金及附加和总成本费用再加上补贴收入之后的数额。用公式表示为：

利润总额＝产品营业收入－税金及附加－总成本费用＋补贴收入

营业收入和税金及附加依据“营业收入与税金及附加和增值税估算表”填列，总成本费用依据“总成本费用估算表”填列。

2.项目亏损及亏损弥补的处理

项目在上一个年度发生亏损，可用当年获得的所得税前利润弥补；当年所得税前利润不足弥补的，可以在5年内用所得税前利润延续弥补；延续5年未弥补的亏损，用缴纳所得税后的净利润弥补。

3.所得税的计算

利润总额按照现行财务制度规定进行调整（如弥补上年的亏损）后，作为计算项目应缴纳所得税税额的计税基数。用公式表示为：

应纳税所得额＝利润总额－弥补以前年度亏损

所得税税率按照国家规定执行。国家对特殊项目有减免所得税规定的，按国家主管部门的有关规定执行。用公式表示为：

所得税＝应纳税所得额×所得税税率

4.所得税后净利润的分配

(1)当期实现的净利润，加上期初未分配利润（或减去期初未弥补亏损）为可供分配的利润。

(2)以当年净利润为基数计算并提取法定盈余公积金，一般为10%，用可供分配的利润减去提取的法定盈余公积金后为可供投资者分配的利润。

(3)可供投资者分配的利润，按下列顺序分配：

应付优先股股利（若有优先股的话），它是指企业按照利润分配方案分配给优先股股东的现金股利；

提取任意盈余公积金，它是指按规定提取的任意盈余公积金，提取比例一般由企业自行决定；

应付普通股股利，它是指企业按照利润分配方案分配给普通股股东的现金股利，企业分配给投资者的利润也在此核算；

经过上述分配后的剩余部分为未分配利润。

另外，还要计算出息税前利润和息税折旧摊销前利润。

息税前利润＝利润总额＋利息支出

息税折旧摊销前利润＝息税前利润＋折旧＋摊销

利润与利润分配表见附表11－5。

三、借款还本付息估算表

（一）借款还本付息估算表的概念与作用

借款还本付息估算表是反映项目借款偿还期内借款支用、还本付息和可用于偿还借款的资金来源情况，用以计算借款偿还期或者偿债备付率和利息备付率指标，进行偿债能力分析的表格。

按现行财务制度规定，归还建设投资借款的资金来源主要是当年可用于还本的折旧费和摊销费、当年可用于还本的未分配利润等。由于流动资金借款本金在项目计算期末一次性回收，因此不必考虑流动资金的偿还问题。

（二）借款还本付息估算表的结构

1. 借款还本付息估算表的结构

借款还本付息估算表的结构包括两大部分，即各种债务的借款及还本付息和偿还各种债务本金的资金来源。在借款尚未还清的年份，当年偿还本金的资金来源等于本年还本的数额；在借款还清的年份，当年偿还本金的资金来源等于或大于本年还本的数额。

2. 借款还本付息估算表的填列

（1）借款。在项目的建设期，年初借款本息累计等于上年借款本金和建设期利息之和；在项目的运营期，年初借款本息累计等于上年尚未还清的借款本金。本年借款和建设期本年应计利息应根据“投资使用与资金筹措计划表”填列；运营期本年应计利息为当年的年初借款本息累计与借款年利率的乘积；本年还本可以根据当年偿还借款本金的资金来源填列；年末本息余额为年初本息余额与本年还本数额的差。

（2）债券。借款还本付息估算表中的债券是指通过发行债券来筹措建设资金，因此债券的性质应当等同于借款。两者之间的区别是，通过债券筹集建设资金的项目，是向债权人支付利息和偿还本金，而不是向贷款的金融结构支付利息和偿还本金。

（3）还本资金来源。当年可用于还本的未分配利润和可用于还本的以前年度结余资金，可根据“利润与利润分配表”填列，当年可用于还本的折旧和摊销可根据“总成本费用估算表”填列。借款还本付息估算表见附表 11－6。

四、财务报表之间的相互关系

财务分析基本原理就是从财务报表中取得数据，计算财务分析指标，然后与基准值和目标标准值等基本参数进行比较，根据一定的评价标准，决定项目是否可以考虑接受。由此可见，财务报表的编制，是项目财务分析体系中重要的组成部分，并且各种财务报表之间有着密切的内在联系。各财务报表之间的相互关系如图 11－1 所示。

“利润与利润分配表”和“现金流量表”都是为进行项目盈利能力分析提供基础数据的报表，所不同的是，“利润与利润分配表”是主要为计算反映项目盈利能力的静态分析指标提供数据，而“现金流量表”是主要为计算反映项目盈利能力的动态分

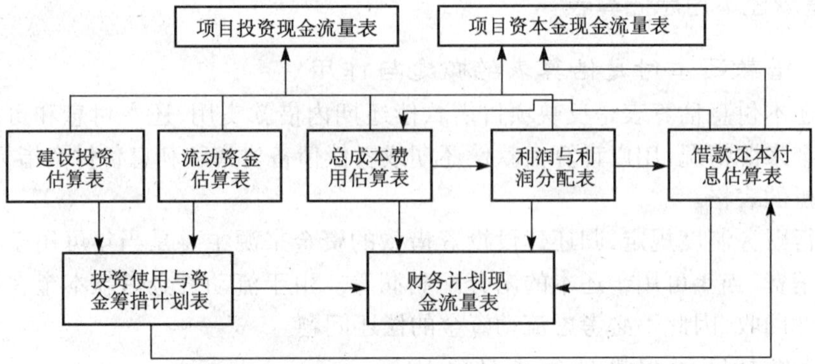

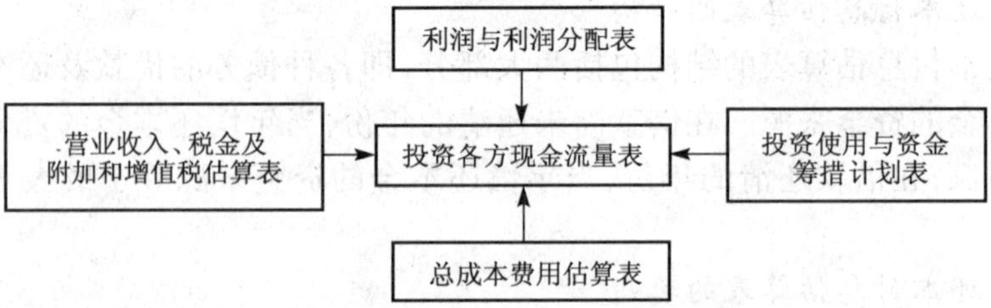

图 11－1 财务报表之间的相互关系

析指标提供数据，同时“利润与利润分配表”也为“现金流量表”的填列提供了一些基础数据。

“借款还本付息估算表”是为进行项目偿债能力分析提供基础数据的报表。根据“借款还本付息估算表”可以计算借款偿还期、利息备付率和偿债备付率等偿债能力指标。

第三节 财务分析指标的计算

一、财务分析指标体系

投资项目财务分析的结果，一方面取决于基础数据的可靠性；另一方面则取决于所选取的指标体系的合理性。只有选取正确的指标体系，项目的财务分析结果才能与客观实际情况相吻合，才具有实际意义。一般来讲，投资者的投资目标不只是一个，因此项目财务指标体系也不是唯一的。根据不同的评价深度要求和可获得资料的多少，以及项目本身所处条件与性质的不同，可选用不同的指标。这些指标也有主次之分，可从不同侧面反映项目的经济效益状况。

财务分析指标体系根据不同的标准，可作不同的分类。

（一）按是否考虑资金时间价值因素进行分类

按是否考虑资金时间价值因素或是否采取折现方式处理数据进行分类，财务分析指标可分为静态分析指标和动态分析指标,见图 11－2。

- 财务分析指标
  - 静态分析指标
    - 总投资收益率
    - 资本金净利润率
    - 投资回收期
    - 借款偿还期
    - 利息备付率
    - 偿债备付率
  - 动态分析指标
    - 财务内部收益率
    - 财务净现值

图 11－2 财务分析指标分类之一

（二）按指标的性质进行分类

按指标的性质进行分类,财务分析指标可分为时间性分析指标、价值性分析指标和比率性分析指标,见图 11－3。

- 财务分析指标
  - 比率性指标
    - 总投资收益率
    - 资本金净利润率
    - 财务内部收益率
    - 利息备付率
    - 偿债备付率
  - 价值性指标:财务净现值
  - 时间性指标
    - 借款偿还期
    - 投资回收期

图 11－3 财务分析指标分类之二

（三）按财务分析的目标进行分类

按财务分析的目标进行分类,财务分析指标可分为反映盈利能力的指标和反映偿债能力的指标,见图 11－4。

- 财务分析指标
  - 盈利能力指标
    - 总投资收益率
    - 资本金净利润率
    - 财务内部收益率
    - 财务净现值
    - 投资回收期
  - 偿债能力指标
    - 借款偿还期
    - 利息备付率
    - 偿债备付率

图 11－4 财务分析指标分类之三

上述指标可以通过相应的财务分析报表直接或间接求得,这些财务分析指标同财务报表的关系如表 11－1 所示。

表 11－1 财务分析指标与基本报表的关系

分析内容	基本报表	静态指标	动态指标
盈利能力分析	项目投资现金流量表	投资回收期	项目财务内部收益率 项目财务净现值
	项目资本金现金流量表		资本金财务内部收益率
	投资各方现金流量表		投资各方财务内部收益率
	利润与利润分配表	总投资收益率 资本金净利润率	
偿债能力分析	借款还本付息估算表	借款偿还期 利息备付率 偿债备付率	
其他		价值指标或实物指标	

二、反映项目盈利能力的指标

按照是否考虑资金的时间价值或是否采取折现方式处理数据划分，反映项目盈利能力的指标可分为静态分析指标和动态分析指标。静态盈利能力指标主要根据现金流量表和利润与利润分配表计算。

（一）静态盈利能力指标的计算

静态盈利能力指标是指不考虑资金时间价值因素的影响或者是不采取折现方式处理数据而计算的反映盈利能力的指标，主要包括总投资收益率、资本金净利润率和项目投资回收期等。静态盈利能力指标可以根据“建设投资估算表”“投资使用与资金筹措计划表”“利润与利润分配表”“现金流量表”中的有关数据计算。

1. 总投资收益率（ROI）

总投资收益率是指项目达到设计能力后正常年份的年息税前利润或运营期内平均年息税前利润与项目总投资之比，它是考察单位投资盈利能力的静态分析指标。计算公式为：

$$ROI = \frac{EBIT}{TI} \times 100\%$$

式中：$EBIT$——项目正常年份的年息税前利润或运营期内平均年息税前利润；

TI——项目总投资。

总投资收益率高于同行业的收益率水平，表明用总投资收益率表示的盈利能力满足要求。

2. 资本金净利润率（ROE）

资本金净利润率是项目达到设计能力后正常年份的年净利润或运营期内平均年净利润与项目资本金之比。计算公式为：

$$ROE = \frac{NP}{EC} \times 100\%$$

式中：NP——项目正常年份的年净利润或运营期内平均年净利润；

EC——项目资本金。

项目资本金净利润率高于同行业的净利润率水平，表明用项目资本金净利润率表示的盈利能力满足要求。

3. 项目投资回收期

项目投资回收期是指以项目的净收益回收项目全部投资所需要的时间，一般以年为单位，并从项目建设起始年算起。若从项目投产开始年计算，应予以特别说明。其表达式为：

$$\sum_{t=1}^{P_t}(CI-CO)_t=0$$

式中：P_t——投资回收期；

CI——现金流入量；

CO——现金流出量；

$(CI-CO)_t$——第 t 年的净现金流量。

若项目每年的净收益基本相同，可用下式计算，即：

$$项目投资回收期=\frac{总投资}{各项效益之和}$$

若各年的净收益数额差别较大，项目投资回收期可借助项目现金流量表计算，项目现金流量表中累计净现金流量由负值变为零的时点，即为项目的投资回收期。计算公式为：

$$项目投资回收期=累计净现金流量出现正值的年份-1+\frac{上年累计净现金流量的绝对值}{当年净现金流量}$$

或

$$P_t=T-1+\frac{\left|\sum_{i=1}^{T-1}(CI-CO)_i\right|}{(CI-CO)_T}$$

式中：T——累计净现金流量首次为正值或零的年数。

计算出的项目投资回收期要与行业规定的基准投资回收期或同行业平均投资回收期进行比较，如果计算出的项目投资回收期小于或等于基准投资回收期或同行业平均投资回收期，则认为项目是可以考虑接受的。

总之，静态的盈利能力指标的计算比较简单，但由于没有考虑资金的时间价值，因此在进行项目评估时，还需计算动态盈利能力指标。

（二）动态盈利能力指标的计算

动态盈利能力指标是指考虑资金时间价值因素的影响或者是采取折现方式处理数据而计算的盈利能力指标，主要包括财务净现值和财务内部收益率。动态指标需要借助现金流量表计算。

1. 财务净现值（FNPV）

财务净现值是指按设定的折现率（一般采用基准折现率 i_c），将项目计算期内各年净现金流量折现，求现值之和。计算公式为：

$$FNPV=\sum_{t=1}^{n}(CI-CO)_t(1+i_c)^{-t}$$

式中：n——计算期；

i_c——设定的折现率；

$(1+i_c)^{-t}$——第 t 年的折现系数。

一般情况下，财务盈利能力分析只计算项目投资财务净现值。财务净现值是评价项目盈利能力的绝对指标，它反映项目在满足按设定折现率要求的盈利能力之外，获得的超额盈利的现值。计算出的财务净现值可能有三种结果,即 $FNPV>0$,$FNPV=0$ 或$FNPV<0$。当 $FNPV>0$ 时,说明项目的盈利能力超过了按设定的基准折现率计算的盈利能力,从财务角度考虑,项目可以被接受;当 $FNPV=0$ 时,说明项目的盈利能力刚好达到按设定的基准折现率计算的盈利能力,项目可以考虑被接受;当 $FNPV<0$ 时,说明项目的盈利能力达不到按设定的基准折现率计算的盈利能力,一般从财务角度判断项目是不可行的。

财务净现值指标计算简便,只要编制了现金流量表,确定好折现率,净现值的计算仅是一种简单的算术方法。另外,该指标的计算结果稳定,不会因算术方法的不同而带来任何差异。

财务净现值虽然考虑了项目计算期的经济数据,全面地反映了项目的盈利能力,但财务净现值指标也有不足,主要体现在两个方面:第一,财务净现值指标是一个绝对数指标,只能反映项目是否有盈利,并不能反映拟建项目的实际盈利水平;第二,需要事先确定 i_c,i_c 一般采用部门或行业的基准收益率,或者也可以是项目事先设定的一个基准收益率,作为计算净现值的折现率。在项目所有经济数据不变的情况下,我们使 i_c 从小到大变化,就会发现作为 i_c 的函数,同一现金流量的净现值随着 i_c 的增大,发生由大到小的变化。如图 11-5 所示。

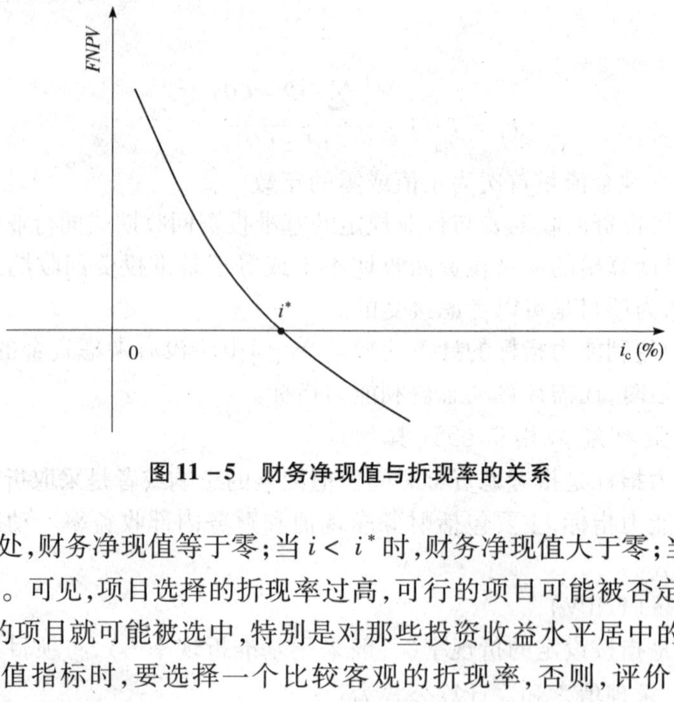

图 11-5 财务净现值与折现率的关系

在 $i_c=i^*$ 处,财务净现值等于零;当 $i<i^*$ 时,财务净现值大于零;当 $i>i^*$ 时,财务净现值小于零。可见,项目选择的折现率过高,可行的项目可能被否定;选择的折现率过低,不可行的项目就可能被选中,特别是对那些投资收益水平居中的项目。所以,在运用财务净现值指标时,要选择一个比较客观的折现率,否则,评价的结果往往“失真”,可能造成决策失误。

为了克服利用财务净现值指标评价方案或筛选方案时可能产生的误差,在财务分析中,往往选择财务内部收益率作为主要的评价指标。

2. 财务内部收益率(FIRR)

财务内部收益率是指项目在整个计算期内各年净现金流量现值之和为零时的折现率,也就是使计算期内各年净现值之和等于零时的折现率。它是评价项目盈利能力的一个重要动态评价指标,其表达式为:

$$\sum_{t=1}^{n}(CI-CO)_t(1+FIRR)^{-t}=0$$

项目投资财务内部收益率、项目资本金财务内部收益率和投资各方财务内部收益率都依据上式计算，但所用的现金流入与现金流出不同。

财务内部收益率与财务净现值的表达式基本相同，但计算程序却截然不同。在计算财务净现值时，应预先设定折现率，并以此折现率将各年净现金流量折算成现值，然后累加得出净现值。在计算财务内部收益率时，要经过多次试算，使得净现金流量现值累计等于零。财务内部收益率的计算比较繁杂，一般可借助专用软件的财务函数或有特定功能的计算器完成，如果用手工计算，应先采用试算法，后采用插入法。

运用手工计算财务内部收益率的基本步骤是：

第一步，用估计的某一折现率对拟建项目整个计算期内各年财务净现金流量进行折现，并得出净现值。如果得到的净现值等于零，则所选定的折现率即为财务内部收益率。如所得财务净现值为一正数，则再选一个更高一些的折现率再次进行试算，直至正数财务净现值接近零为止。

第二步，在第一步的基础上，再继续提高折现率，直至计算出接近零的负数财务净现值为止。

第三步，根据上两步计算所得的正、负财务净现值及其对应的折现率，运用插入法计算财务内部收益率。因为内部收益率与净现值之间不是线性关系，如果两个折现率之间的差太大，计算结果会有较大的误差，所以，为保证计算的准确性，一般规定两个折现率之差最好是在5%之内。

插入法是将试算法得出的数据代入插入法计算公式来求财务内部收益率的一种方法。插入法的计算公式推导如下：设折现率为 i_1 时，$FNPV_1>0$；折现率为 i_2 时，$FNPV_2<0$。如图 11-6 所示，将 i_1，i_2，$FNPV_1$，$FNPV_2$ 表示在直角坐标系中，连接 A，C 与纵轴相交于 D 点，在这一点上，$FNPV=0$，即在此点的折现率就是财务内部收益率，用 $FIRR$ 表示。过 $C(FNPV_1,i_1)$ 点引一条平行于横轴的直线，过 $A(FNPV_2,i_2)$ 点引一条平行于纵轴的直线，两条直线相交于 $B(FNPV_2,i_1)$ 点。

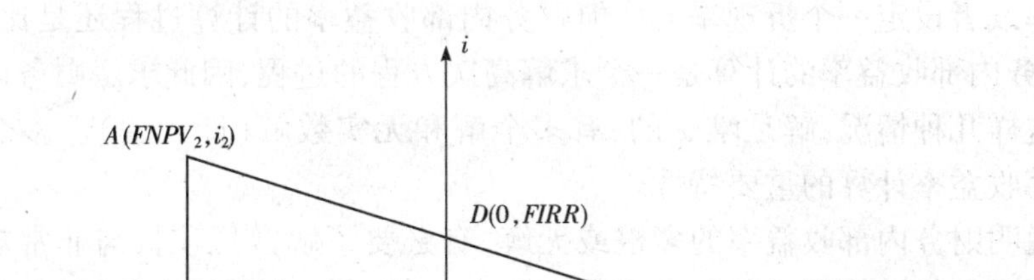

图 11-6 财务内部收益率的计算

$\triangle ABC$ 与 $\triangle DEC$ 是两个相似三角形，其对应边成比例，则有：

$$\frac{FIRR-i_1}{i_2-i_1}=\frac{FNPV_1}{FNPV_1+|FNPV_2|}$$

将上式整理,得

$$FIRR = i_1 + (i_2 - i_1)\frac{FNPV_1}{FNPV_1 + |FNPV_2|}$$

式中:i_1——偏低折现率;

i_2——偏高折现率;

$FNPV_1$——正的净现值;

$FNPV_2$——负的净现值。

项目投资财务内部收益率是考察项目确定融资方案前,缴纳所得税前后整个项目的盈利能力。计算出的项目财务内部收益率要与行业发布或财务分析人员设定的基准折现率,或投资者的目标收益率(i_c)进行比较。如果计算的 $FIRR$ 大于或等于 i_c,则说明项目的盈利能力能够满足要求,因而是可以考虑被接受的;否则,不能满足项目盈利能力的要求,认为该项目从财务角度分析是不可行的。

资本金财务内部收益率是以项目资本金为计算基础,考察所得税税后资本金可能获得的收益水平。它反映从投资者整体权益角度考察盈利能力的要求,也即从项目发起人(或企业)角度对盈利能力进行判断的要求。在依据融资前分析的指标对项目基本获利能力有所判断的基础上,项目资本金内部收益率指标体现了在一定的融资方案下,投资者整体所能获得的权益性收益水平。该指标可用来对融资方案进行比较和取舍,是投资者整体做出最终融资决策的依据,也可进一步帮助投资者做出最终出资决策。项目资本金内部收益率的判别基准是项目投资者整体对投资获利的最低期望值,亦即最低可接受收益率。当计算的项目资本金财务内部收益率大于或等于该最低可接受收益率时,说明投资获利水平大于或达到了要求,是可以接受的。

投资各方财务内部收益率是以投资各方出资额为计算基础,考察投资各方可能获得的收益水平。投资各方财务内部收益率也应与出资方最低可接受收益率对比,判断投资方的收益水平。一般来讲,最低可接受收益率的确定主要取决于当时的资本收益水平以及投资者对权益资金收益的要求。它与资金机会成本和投资者对风险的态度有关。

财务内部收益率的概念明晰,反映了项目的实际盈利率,并且计算时不用事先确定基准收益率或者设定一个折现率 i_1。但财务内部收益率的计算过程还是比较烦琐的,特别是,财务内部收益率的计算是一个求解高次方程的过程,因此求解财务内部收益率可能出现这样几种情况:解是唯一的、有多个解和无实数解(即无解)。多个解与无解是财务内部收益率计算的重要特性。

为了说明财务内部收益率的多根或无解,有必要了解常规项目与非常规项目的区别。常规项目是指计算期内各年净现金流量在开始一年或数年为负值,在以后各年为正值的项目;非常规项目是指计算期内各年净现金流量的正负符号的变化超过一次的项目。一般来讲,常规项目有唯一实数内部收益率,非常规项目可能会出现多根内部收益率或无实数内部收益率。例如,某拟建项目各年净现金流量如下:

年份	1	2	3
净现金流量	-100	320	-240

直觉告诉我们,该项目是一个亏损项目,因为其累计净现金流量为 -20,亦即该项

目在既定的时期内无法收回全部投资，更谈不上有什么盈利。然而，计算结果表明，该项目有两个财务内部收益率20%和100%。对于任何大于20%而小于100%的折现率，其净现值为正值。当折现率为60%时，净现值达到极大值。

因此，使用财务内部收益率指标，需持慎重态度。如果项目有多根财务内部收益率或无实数财务内部收益率，则运用财务内部收益率指标将会使投资决策误入歧途，在此情况下，应当运用其他财务分析指标。

总之，由于动态分析指标考虑了资金的时间价值，因此在项目财务分析过程中，应作为主要的盈利能力评价指标，同时辅以静态指标进行分析。在动态分析指标中，主要指标是项目投资财务内部收益率、项目投资财务净现值和资本金财务内部收益率，其他指标可根据项目的特点及财务分析的目的、要求等选用。

三、反映项目偿债能力的指标

投资项目的偿债能力分析，是指根据有关财务报表，计算反映偿债能力的指标，考察项目借款偿还能力的过程。反映项目偿债能力的指标包括借款偿还期、利息备付率和偿债备付率。采用最大能力偿还方式偿还建设投资借款的项目，计算借款偿还期指标；对于预先设定借款偿还期的项目，即采用等额还本利息照付和等额还本付息偿还方式进行建设投资借款和建设期利息偿还的项目，计算利息备付率和偿债备付率指标。

（一）借款偿还期

借款偿还期是以项目投产后获得的可用于还本付息的资金来源，还清建设投资借款本息所需要的时间，一般以年为单位。偿还借款的资金来源包括按照国家规定当年可用于还本的折旧、摊销费、未分配利润、以前年度结余可用于还本的资金、用于还本的短期借款和其他可用于还款的资金等。借款偿还期依据“借款还本付息估算表”计算。

借款还本付息估算表可依据“投资使用与资金筹措计划表”“总成本费用估算表”“利润与利润分配表”的有关数据，通过计算进行填列。借款偿还期的计算公式为：

$$\text{借款偿还期} = \text{偿还借款本金的资金来源大于年初借款本息累计的年份} - \text{开始借款年份} + \frac{\text{当年偿还借款数}}{\text{当年可用于还款的资金额}}$$

或

$$\text{借款偿还期} = \text{偿还借款本金的资金来源大于年初借款本息累计的年份} - \text{开始借款年份} + \frac{\text{当年年初借款本息累计}}{\text{当年实际偿还借款本金的资金来源}}$$

计算出借款偿还期后，要与贷款机构的要求期限进行对比，等于或小于贷款机构提出的要求期限，即认为项目有足够的偿债能力。否则，认为项目的偿债能力不足，可认为项目从偿债能力角度考虑是不可行的。

计算借款偿还期指标，目的是计算项目的最大偿还能力，因此这一指标适用于尽快偿还贷款的项目，不适用于已经约定偿还借款期限的项目，如项目借款中涉及国外借款时，一般采取等额还本付息照付或等额还本付息的方式。如果借款偿还期限是约定的，则无须计算借款偿还期指标。

对于已经约定借款偿还期限的项目，应采用利息备付率和偿债备付率指标分析项目的偿债能力。

（二）利息备付率（ICR）

利息备付率是指项目在借款偿还期内，各年可用于支付利息的息税前利润与当期应付利息费用的比值，它从付息资金充裕性的角度反映项目偿付债务利息的能力。其计算公式为：

$$利息备付率=\frac{息税前利润}{当期应付利息费用}$$

式中，息税前利润是指“利润与利润分配表”中未扣除利息费用和所得税之前的利润；当期应付利息费用是指记入总成本本期发生的全部应付利息。

或

$$ICR=\frac{EBIT}{PI}$$

式中：$EBIT$——息税前利润；

PI——计入总成本费用的应付利息。

利息备付率表示项目的利润偿付利息的保证倍率，利息备付率高，说明利息偿付的保证度大。对于正常运营的企业，利息备付率应当大于2，利息备付率低于1，表示没有足够资金支付利息，偿债风险很大。

利息备付率可以按年计算，也可以按整个借款期计算，最好是分年计算。分年的利息备付率更能反映项目的偿债能力。

（三）偿债备付率（DSCR）

偿债备付率是指项目在借款偿还期内，各年可用于还本付息的资金与当期应还本付息金额的比值。其计算公式为：

$$偿债备付率=\frac{可用于还本付息资金}{当期应还本付息金额}\times 100\%$$

或

$$DSCR=\frac{EBITDA-T_{AX}}{FD}$$

式中：$EBITDA$——息税前利润加折旧和摊销；

T_{AX}——企业所得税；

FD——应还本付息金额。

可用于还本付息的资金，包括可用于还款的折旧、摊销和可用于还款的利润等。当期应还本付息金额包括当期应还贷款本金及计入总成本费用的利息。

偿债备付率可以按年计算，也可以按整个借款期计算。偿债备付率表示项目可用于还本付息的资金偿还借款本息的保证倍率。对于正常运营的企业，最好分年计算，分年计算的偿债备付率更能反映偿债能力。

偿债备付率表示可用于还本付息的资金偿还借款本息的保证倍数。正常情况下，偿债备付率应当大于1，且越高越好。偿债备付率低，说明还本付息的资金不足，偿债风险大。当指标值小于1时，表示当年资金来源不足以偿还当期债务，需要通过短期借款偿付已到期的债务。

四、财务生存能力分析

如前所述，财务生存能力分析应该编制财务计划现金流量表，通过考察项目计算期内的投资、融资和经营活动所产生的各项现金流入和流出,计算净现金流量和累计盈余资金,分析项目是否有足够的净现金流量维持正常运营,以实现财务可持续性。

财务生存能力分析应结合偿债能力分析进行,如果拟安排的还款期过短,致使还本付息负担过重,导致为维持资金平衡必须筹措的短期借款过多,可以调整还款期,以减轻各年还款负担。通常因运营期前期的还本付息负担较重,故应特别注重运营期前期的财务生存能力分析。

通过以下相辅相成的两个方面可具体判断项目的财务生存能力:

其一,拥有足够的经营净现金流量是财务可持续性的基本条件,特别是在运营初期。一个项目具有较大的经营净现金流量,说明项目方案比较合理,实现自身资金平衡的可能性大,不会过多地依赖短期融资来维持运营;反之,维持项目正常运营会遇到财务上的困难,项目方案缺乏合理性,实现自身资金平衡的可能性小,有可能要依赖短期融资来维持运营。

其二,各年累计盈余资金不出现负值是项目财务生存的必要条件。在整个运营期间,允许个别年份的净现金流量出现负值,但不能容许任一年份的累计盈余资金出现负值。一旦累计盈余资金出现负值,应适时进行短期融资,并应体现在财务计划现金流量表中,同时,短期融资的利息也应纳入总成本费用和其后的各项计算。较大或较频繁的短期融资,有可能导致以后的累计盈余资金无法实现正值,从而使项目难以持续运营。

财务分析的内容和步骤以及与财务效益与费用估算的关系,见图11－7。

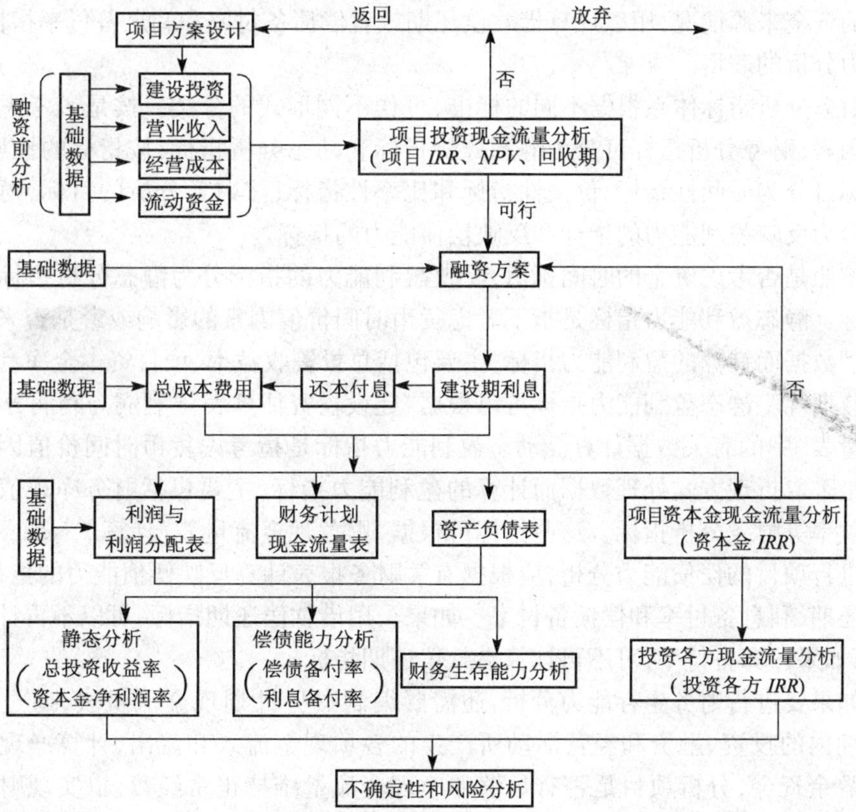

图11－7 财务分析图

本章小结

财务分析是在国家现行会计制度、税收制度和价格体系的前提下，从项目的角度出发，预测、估计项目的财务效益与费用，编制财务报表，计算评价指标，分析考察项目财务盈利能力、偿债能力和财务生存能力，据以判断项目财务上的可行性。财务分析是项目评估的核心内容，其评价结论是项目取舍的重要依据。

财务分析的主要目标是分析项目的盈利能力、偿债能力和财务生存能力。投资项目财务分析的具体程序为：获取财务分析的基础数据；编制财务报表；计算与分析财务指标；进行不确定性分析和风险分析；得出财务分析结论。

财务分析的主要报表有现金流量表、利润与利润分配表、资产负债表和借款还本付息估算表等。

现金流量表是指反映项目在计算期内各年的现金流入、现金流出和净现金流量的计算表格。根据投资计算基础不同，现金流量表可分为项目投资现金流量表、项目资本金现金流量表和投资各方现金流量表。编制现金流量表的主要作用是计算财务内部收益率、财务净现值和投资回收期等财务分析指标。

利润与利润分配表是反映项目计算期内各年的利润总额、所得税及税后净利润的分配情况，用以计算总投资收益率和项目资本金净利润率等静态财务分析指标的表格。

借款还本付息估算表是反映项目借款偿还期内借款支用、还本付息和可用于偿还借款的资金来源情况，用以计算借款偿还期或者偿债备付率和利息备付率指标，进行偿债能力分析的表格。

财务分析指标体系根据不同的标准，可作不同形式的分类。按是否考虑货币时间价值因素，财务分析指标可分为静态分析指标和动态分析指标；按指标的性质，财务分析指标可分为时间性指标、价值性指标和比率性指标；按财务分析的目标，财务分析指标可分为反映盈利能力的指标和反映偿债能力的指标。

按照是否考虑资金的时间价值，反映盈利能力的指标分为静态分析指标和动态分析指标。静态盈利能力指标是指不考虑货币时间价值因素的影响或者是否采取折现方式处理数据而计算的盈利能力指标，主要包括总投资收益率、项目资本金净利润率和投资回收期等。静态盈利能力指标可以根据“建设投资估算表”“利润与利润分配表”“现金流量表”中的有关数据计算。动态盈利能力指标是指考虑货币时间价值因素的影响或者是采取折现方式处理数据而计算的盈利能力指标，主要包括财务净现值和财务内部收益率等财务分析指标。这些指标可根据“财务现金流量表”计算。

进行项目的偿债能力分析，应根据有关财务报表计算反映偿债能力的指标，包括借款偿还期、利息备付率和偿债备付率。如果采用借款偿还期指标，可以不再计算备付率指标；如果计算备付率，可不再计算借款偿还期指标。

如果要进行财务生存能力分析，还需要编制财务计划现金流量表，通过考察项目计算期内的投资、融资和经营活动所产生的各项现金流入和流出，计算净现金流量和累计盈余资金，分析项目是否有足够的净现金流量维持正常经营，以实现财务的可持续性。

复习思考题

1. 财务分析的主要目标是什么?
2. 财务分析有哪些财务报表?
3. 净现值指标有哪些优缺点?
4. 净现值与折现率有什么联系?
5. 财务内部收益率指标有哪些优缺点?
6. 怎样计算内部收益率?
7. 如何确定折现率?
8. 反映项目盈利能力的指标有哪些?
9. 反映项目偿债能力的指标有哪些?
10. 怎样进行项目财务生存能力分析?

附表 11－1 项目投资现金流量表（新设法人项目） 人民币单位：万元

序号	项目	计算期								合计
		1	2	3	4	5	6	…	n	
	生产负荷（%）									
1	现金流入									
1.1	营业收入									
1.2	补贴收入									
1.3	回收固定资产余值									
1.4	回收流动资金									
2	现金流出									
2.1	建设投资									
2.2	流动资金									
2.3	经营成本									
2.4	税金及附加									
2.5	维持运营投资									
3	所得税前净现金流量（1－2）									
4	累计所得税前净现金流量									
5	调整所得税									
6	所得税后净现金流量（3－5）									
7	累计所得税后净现金流量									

计算指标：所得税前：财务内部收益率　　%　　所得税后：财务内部收益率　　%

财务净现值（i_c =　　%）　　万元　　财务净现值（i_c =　　%）　　万元

投资回收期　　年　　投资回收期　　年

附表 11－2 资本金现金流量表（新设法人项目） 人民币单位：万元

序号	项目	计算期								合计
		1	2	3	4	5	6	…	n	
	生产负荷（%）									
1	现金流入									
1.1	营业收入									
1.2	补贴收入									
1.3	回收固定资产余值									

续表

序号	项目	计算期								合计
		1	2	3	4	5	6	…	n	
1.4	回收流动资金									
2	现金流出									
2.1	项目资本金									
2.2	借款本金偿还									
2.3	借款利息支付									
2.4	经营成本									
2.5	税金及附加									
2.6	所得税									
2.7	维持运营投资									
3	净现金流量(1－2)									
计算指标:资本金财务内部收益率 %										

注:1. 项目资本金包括用于建设投资、建设期利息和流动资金的资本金。

2. 本表适用于新设法人项目与既有法人项目“有项目”的现金流量分析。

附表 11－3 投资各方现金流量表 人民币单位:万元

序号	项目	计算期								合计
		1	2	3	4	5	6	…	n	
1	现金流入									
1.1	实分利润									
1.2	资产处置收益分配									
1.3	租赁费收入									
1.4	技术转让或使用收入									
1.5	其他现金流入									
2	现金流出									
2.1	实缴资本									
2.2	租赁资产支出									
2.3	其他现金流出									
3	净现金流量(1－2)									
计算指标:投资各方财务内部收益率 %										

注:本表可按不同投资方分别编制。

附表 11－4 财务计划现金流量表 人民币单位:万元

序号	项目	合计	计算期					
			1	2	3	4	…	n
1	经营活动净现金流量(1.1－1.2)							
1.1	现金流入							
1.1.1	营业收入							
1.1.2	增值税销项税额							
1.1.3	补贴收入							
1.1.4	其他流入							
1.2	现金流出							
1.2.1	经营成本							
1.2.2	增值税进项税额							
1.2.3	税金及附加							
1.2.4	增值税							
1.2.5	所得税							
1.2.6	其他流出							
2	投资活动净现金流量(2.1－2.2)							
2.1	现金流入							
2.2	现金流出							
2.2.1	建设投资							
2.2.2	维持运营投资							
2.2.3	流动资金							
2.2.4	其他流出							
3	筹资活动净现金流量(3.1－3.2)							
3.1	现金流入							
3.1.1	项目资本金投入							
3.1.2	建设投资借款							
3.1.3	流动资金借款							
3.1.4	债券							
3.1.5	短期借款							

续表

序号	项　　目	合计	计算期					
			1	2	3	4	…	n
3.1.6	其他流入							
3.2	现金流出							
3.2.1	各种利息支出							
3.2.2	偿还债务本金							
3.2.3	应付利润(股利分配)							
3.2.4	其他流出							
4	净现金流量(1+2+3)							
5	累计盈余资金							

注:1. 对于新设法人项目,本表投资活动的现金流入为0。

2. 对于既有法人项目,可适当增加科目。

3. 必要时,现金流出中可增加应付优先股股利科目。

附表 11-5　利润与利润分配表　　　　人民币单位:万元

序号	项　　目	合计	计算期					
			1	2	3	4	…	n
1	营业收入							
2	税金及附加							
3	总成本费用							
4	补贴收入							
5	利润总额(1-2-3+4)							
6	弥补以前年度亏损							
7	应纳税所得额(5-6)							
8	所得税							
9	净利润(5-8)							
10	期初未分配利润							
11	可供分配的利润(9+10)							
12	提取法定盈余公积金							
13	可供投资者分配的利润(11-12)							

续表

序号	项目	合计	计算期					
			1	2	3	4	…	*n*
14	应付优先股股利							
15	提取任意盈余公积金							
16	应付普通股股利(13－14－15)							
17	各投资方利润分配:							
	其中:××方							
	××方							
18	未分配利润(16－17)							
19	息税前利润(利润总额＋利息支出)							
20	息税折旧摊销前利润(息税前利润＋折旧＋摊销)							

注:1. 对于外商出资项目,由第11项减去储备基金、职工奖励与福利基金和企业发展基金后,得出可供投资者分配的利润。

2. 第14~16项根据企业性质和具体情况选择填列。

3. 法定盈余公积金按净利润计提。

附表11－6 借款还本付息估算表 人民币单位:万元

序号	项目	合计	计算期					
			1	2	3	4	…	*n*
1	借款1							
1.1	期初借款余额							
1.2	当期还本付息							
	其中:还本							
	付息							
1.3	期末借款余额							
2	借款2							
2.1	期初借款余额							
2.2	当期还本付息							
	其中:还本							

续表

序号	项　目	合计	计算期					
			1	2	3	4	…	n
	付息							
2.3	期末借款余额							
3	债券							
3.1	期初债务余额							
3.2	当期还本付息							
	其中:还本							
	付息							
3.3	期末债务余额							
4	借款和债券合计							
4.1	期初余额							
4.2	当期还本付息							
	其中:还本							
	付息							
4.3	期末余额							
计算指标	利息备付率(%)							
	偿债备付率(%)							

注:1. 本表与财务分析辅助表“建设期利息估算表”可合二为一。

2. 本表直接适用于新设法人项目,如有多种借款或债券,必要时应分别列出。

3. 对于既有法人项目,在按有项目范围进行计算时,可根据需要增加项目范围内原有借款的还本付息计算;在计算企业层次的还本付息时,可根据需要增加项目范围外借款的还本付息计算;当简化直接进行项目层次新增借款还本付息计算时,可直接按新增数据进行计算。

4. 本表可另加流动资金借款的还本付息计算。

第十二章

不确定性及风险分析

本章要点

本章共分四个部分，即不确定性及风险分析概述、盈亏平衡分析、敏感性分析和风险分析。在不确定性及风险分析概述部分，主要介绍不确定性和风险的含义及其关系、不确定性和风险产生的原因，以及不确定性和风险分析方法的选择等。在盈亏平衡分析部分，主要介绍盈亏平衡分析的基本原理、线性盈亏平衡分析的方法和盈亏平衡分析的局限性等。在敏感性分析部分，主要介绍敏感性分析的基本原理、单因素敏感性分析的方法和敏感性分析的局限等。在风险分析部分，主要介绍风险因素的识别、风险评估方法和风险防范对策等。

第一节　不确定性及风险分析概述

前面研究的财务分析是在确定条件下进行的,由于项目财务分析所采用的数据大部分是由预测和估算取得的,因而有一定程度的不确定性。为了分析不确定性因素对投资项目经济效益的影响,必须在财务分析的基础上,进行不确定性和风险分析。

一、不确定性与风险

(一)不确定性与风险的含义

1. 不确定性的含义

在进行财务分析时,项目评估人员首先要在占有一定信息资料的基础上,进行财务效益与费用(包括投资和资金筹措方案)的估算,然后计算有关指标,分析、评价项目从财务角度看是否可行,而这些基础数据(如投资、成本、产量、价格等)由于受政治、文化、社会因素、经济环境、资源与市场条件、技术发展情况等因素的影响不断发生变化,并且这些影响因素也是随着时间、地点、条件的改变而不断变化的。因而,尽管在项目评估中,不论是收入和利润,还是投资、成本和税金,都是在确定性条件下估算出来的,但在现实情况中,这些基础数据在预测期是会发生变化的,这种变化是未知的,何况还受评估人员主观预测能力的局限。这些都会使对这些基础数据的估算与预测不可避免地存在误差,从而使投资项目经济效益的预期值与实际值也可能出现偏差。因此可以这样认为,所谓不确定性就是指一种决策可能有一种以上的可能结果。

2. 风险的含义和分类

风险是指未来结果是不确定的,但未来结果出现的可能性,即概率分布是已知或可以估计的。投资项目常见的风险因素主要有:

(1)政策风险。政策风险是指由于政府政策调整,使项目原定目标难以实现可能造成的损失,如税收、金融、环保、产业政策等的调整和税率、利率、汇率、通货膨胀率等的变化都会对项目经济效益带来影响。

(2)市场风险。市场风险是竞争性项目常遇到的重要风险。它的损失主要表现在项目产品销路不畅、产品价格低迷等,以致产量和营业收入达不到预期的目标。细分起来,市场方面涉及的风险因素较多,主要来自三个方面:一是市场供求总量的实际情况与预测值有偏差;二是项目产品缺乏市场竞争能力;三是实际价格与预测价格有偏差。

对市场供求总量偏差进行分析,首先将市场分为供方市场和需方市场,然后各自进一步分解为国内和国外市场。市场风险可能来自区域因素、替代品的出现以及经济环境对购买力的影响等。产品竞争力风险因素,又可细分为品质风险、生产成本风险以及竞争对手风险等。价格偏差因素可分解为诸多影响国内价格和国际价格的因素,随着项目和产品的不同可能有很大的不同。

(3)技术风险。在进行项目评估过程中,虽然对拟采用技术的先进性、可靠性、适用性和可得性进行了必要的论证分析,选定了认为合适的技术,但是由于各种主观和客观原因，仍然可能会发生预想不到的问题，使投资项目遭受损失。

(4)资源风险。在项目评估过程中，我们对地下的资源和地质结构情况尽管有所了解，但限于技术能力的局限性，对地下情况有可能认识不足，使之成为项目的风险源。例如，对于矿山、油气开采等资源开发项目来说，资源因素是个很重要的风险因素。矿山和油气开采等项目的设计规模，一般是根据国家矿产储量委员会批准的地质储量设计的，对于地质结构比较复杂的地区，加之受勘探技术、时间和资金的限制，实际储量可能会有较大的出入，致使矿山和油气开采等项目产量降低。项目建在水资源短缺地区，或者项目本身耗水量大，则水资源风险因素应予以重视。对于制造业或某些基础设施项目，外购原材料和燃料的来源存在可靠性风险问题，运输条件的保障程度也可能是风险因素之一。

(5)工程风险。对于矿山、铁路、港口、水库以及部分加工工业项目，工程地质或水文地质情况十分重要，但限于技术水平，有可能勘探不清，致使在项目的生产运营甚至施工中就出现问题，造成经济损失。因此，在地质情况复杂的地区，这方面的风险因素分析是尤为重要的。

(6)投资风险。投资方面的风险因素可以细分为：由于工程量预计不足、设备材料价格上升导致投资估算不敷需要；由于计划不周或外部条件等因素导致建设工期拖延；外汇汇率的不利变化导致投资增加等。这其中有人为因素也有客观因素，应予以仔细识别。

(7)融资风险。投资项目的经济效益与项目的融资成本有关，凡影响融资成本的因素都应仔细识别。此外，资金来源的可靠性、充足性和及时性也应予考虑。

(8)配套条件的风险。投资项目需要外部配套设施，如供水排水、供电供气、公路铁路、港口码头以及上下游企业、产品的配套等。对此项目规划中虽都做了考虑，但实际上仍然可能存在外部配套设施没有如期落实的问题，致使投资项目不能发挥应有的效益，从而带来风险。

(9)环境与社会风险。对于许多项目，外部环境因素包括自然环境和社会环境因素等都会对其造成影响。如项目选址不当，对项目对社区、生态环境的影响估计不足，或项目环保措施不当，在项目建成后，可能对社区和生态带来严重的影响，导致社区居民和社会的反对，造成直接经济损失等。

(10)其他风险。对于某些项目，还要考虑其特有的风险因素。例如，对于中外合资项目，要考虑合资对象的法人资格和资信问题，还有合作的协调性问题；对于农业投资项目，还要考虑因气候、土壤和水利等条件的变化对收成不利影响的风险因素；等等。

(二)不确定性与风险的关系

投资活动中，"风险"是一个被人们广泛运用的概念。提到风险，人们自然会联想到不确定性。不确定性与风险既有紧密的联系，又有区别。两者的关系可归纳为以下几个方面：

1. 不确定性是风险的起因

人们对未来事物认识的局限性、可获信息的不完全性以及未来事物本身的不确定性，使得未来经济活动的实际结果可能会偏离预期目标，这就形成了投资活动结果的不确定性，从而使投资活动的主体可能得到的收益高于或低于预期，甚至遭受一定的损失，导致经济活动"有风险"。

2. 不确定性与风险相伴而生

正是由于不确定性是风险的起因，不确定性与风险总是相伴而生。如果不是从定义上去刻意区分，往往会将它们混为一谈。即使从理论上刻意区分，实践中这两个名词也常常混合使用。

3. 不确定性与风险的区别

不确定性的结果可能高于预测，也可能低于预测，而普遍的认识是结果可能低于预期，甚至遭受损失，人们将其称为“有风险”。此外，还可以用是否得知发生的可能性来区分不确定性与风险，即不知发生的可能性时，称之为不确定性；而已知发生的可能性，就称之为风险。

4. 投资项目的不确定性与风险

在经济活动中，风险不以人们的意志为转移而客观存在着，投资项目风险也不例外。正如前文所述，尽管在项目评估的全过程中已尽可能地对基本方案的各个方面进行了详尽的研究，但由于预测结果的不确定性，项目将来经营的状况可能会与设想发生偏离，项目实施后的实际结果可能与预测的基本方案结果产生偏差，有可能使实际结果低于预期，因而使投资项目面临潜在的风险。

二、不确定性与风险产生的原因

由于投资项目评价是建立在评价人员对未来事件的预测、估算和判断的基础上的，所以就会使得投资方案的经济效益评价产生不确定性和风险，即实际情况可能偏离预期目标，产生误差。因此，项目的不确定性可能出于项目内部，也可能出于它的外部，存在于项目构成及对它的评估之中。

（一）不确定性与风险产生的主观原因

1. 信息的不完全性与不充分性

分析者掌握的信息是有限的，在质和量两个方面不能完全或充分地满足预测未来的需要，因此，要在此基础上进行推断、预测并得出结论，就不得不做大量假设。此外，为获取完全或充分的信息，需要耗费大量的金钱与时间，这些情况都会影响评估人员及时地做出决策，增加了项目评估中的不确定性。

2. 人的有限理性

人的有限理性决定了人不可能准确无误地预测未来的一切。由于人的能力等主观因素的限制，再加上预测工具以及工作条件的限制，决定了预测结果与实际情况不可避免地存在着或大或小的偏差，即具有不确定性。

（二）不确定性与风险产生的客观原因

1. 市场供求变化的影响

项目的建设期比较长，投产后的经济寿命也较长。在市场经济条件下，商品供求关系主要靠价值规律调节，人们的需求结构、需求数量、产品供给结构和供给数量变化频繁，难以预测，尽管可以通过分析目前的投入及投入结构来预测未来市场的供给，但要真正做到这点是很困难的。因此，由于市场供求引起的项目投入与产出品价格的变化，成为影响项目经济分析结论的最重要因素。

2. 技术变化的影响

当今我们处于知识经济的时代，现代科学技术日新月异，新材料、新技术、新工艺不断涌现，尽管投资者在投资时所采用的技术工艺是最先进的，但可能很快就有更新的技术、工艺来替代它,每一种新技术都会给某些行业带来新的市场机会,同时也会给另一些行业造成生存威胁。因此,在项目评价时,预测技术发展变化的趋势,是一种降低投资风险的手段,但不可能对新技术的出现及其影响做出准确的预测,这就造成了项目的不确定性。

3. 经济环境变化的影响

在市场经济条件下,国家的宏观经济调控政策、各种改革措施以及社会经济发展本身对投资项目都有着重要影响,都会影响投资项目的效益,使投资项目具有不确定性。

4. 社会、政策、法律、文化等方面的影响

社会、政治、法律、文化等因素构成投资项目的一般环境,尤其是政治因素对项目的影响很大。政治比较稳定的时期,实现项目预期效益的可能性就大;反之,就会影响项目预期效益的实现。我国正处于市场经济制度不断完善的时期,大量新的经济法规公布实施,旧的法规或是重新修订,或是淘汰,这些法规的变化都是影响项目效益的主要因素。因此,在项目评价时,应尽可能考虑这些因素的影响。

5. 自然和资源条件的影响

投资项目的建设,必然需要一定的自然条件和一定的资源供给,因此,项目评估必须对项目建设所在地的自然条件以及项目所需资源的供给条件进行认真的分析研究,必须注意分析自然和资源条件变化对项目产生的影响。

当然,还有其他的因素也会影响项目的效益。在不确定性分析中,要找出对项目财务效益和经济效益影响较大的因素,并分析其对工程项目的影响程度,研究预防和应变措施,减少和消除对项目的不利影响,以保证项目顺利实施,实现预期的效益,这是进行不确定性分析更积极的目的。不同类型的项目,其不确定性因素不尽相同,影响的程度也不同。项目评估分析人员应善于根据各项目的特点,以及客观环境变化的趋势,抓住关键因素,做出正确判断,提高分析水平。

三、不确定性与风险分析的方法

(一)不确定性与风险分析的概念

通过分析投资项目各个技术经济变量(不确定性因素)的变化对投资项目经济效益的影响(还应进一步研究外部条件变化如何影响这些变量),分析投资项目对各种不确定性因素变化的承受能力,进一步确认项目在财务和经济上的可靠性,这个过程称为不确定性与风险分析。对投资项目进行不确定性和风险分析,有助于加强项目风险管理与控制,避免在变化面前束手无策。同时,在不确定性与风险分析基础上做出的决策,可在一定程度上避免决策失误导致的巨大损失,有助于决策的科学化。

因此,不确定性与风险分析就是在完成对投资项目基本方案的财务分析和经济分析之后,分析在不确定性条件下,投资项目效益的可能变化的过程。不确定性与风险分析已经成为项目评估的一个重要内容,也是项目风险管理的前提与基础。在项目评估过程中,必须进行不确定性与风险分析。

(二)不确定性与风险分析方法的选择

常用的不确定性分析方法主要有盈亏平衡分析和敏感性分析等。在具体应用时,要综合考虑项目的类型、特点、决策者的要求,相应的人力、物力和财力,项目对社会经

济的影响程度等进行选择。一般来讲,盈亏平衡分析只适用于项目的财务分析,敏感性分析既适用于财务分析,同时也适用于经济分析。

由于投资项目所涉及的风险因素有些是可以量化的,可以通过定量分析的方法对它们进行估计和分析,但同时在客观上也存在着许多不可量化的风险因素,它们有可能给项目带来更大的风险,有必要对不可量化的风险因素进行定性描述。因此,风险分析应采用定性描述与定量分析相结合的方法,对项目面临的风险做出全面估计。另外,投资项目风险分析可根据项目的具体情况和要求选用不同的方式和方法,既可以针对单个风险因素进行分析,也可以针对项目整体进行风险分析,还可以两者兼而有之。从可操作性的角度分析,投资项目风险分析常采用的定量分析方法是概率分析法。

第二节　盈亏平衡分析

一、盈亏平衡分析的基本原理

(一)盈亏平衡分析的含义

盈亏平衡是指当年的营业收入扣除税金及附加以及增值税后等于总成本费用,在这种情况下,项目的经营结果既无盈利又无亏损。

盈亏平衡分析是通过计算盈亏平衡点(简称 BEP)来分析拟建项目费用与效益的平衡关系,判断拟建项目适应市场变化的能力和风险大小的一种分析方法。所以,盈亏平衡分析也称量本利分析。

盈亏平衡点是项目盈利与亏损的分界点,它标志着项目不盈不亏的生产经营临界水平,反映在一定的生产经营水平时投资项目的效益与费用的平衡关系。盈亏平衡分析的主要目的在于通过盈亏平衡分析计算,找出和确定一个盈亏平衡点,以及进一步突破此点后增加销售数量、提高价格、增加利润、提高盈利的可能性。盈亏平衡分析有助于发现企业增加盈利的潜力和确定各个有关因素变动对利润的影响程度。

盈亏平衡分析分为线性盈亏平衡分析和非线性盈亏平衡分析。在项目评估中,一般使用线性盈亏平衡分析,所以,这里只介绍线性盈亏平衡分析的理论和方法。

(二)盈亏平衡点的表现形式

盈亏平衡点的表现形式有很多种,可以用盈亏平衡时的产量、产品的销售价格、单位变动成本和年总固定成本等绝对量表示,也可以用某些相对值表示,如盈亏平衡时的生产能力利用率等。在项目评估中,常用的是以产量、生产能力利用率和销售价格表示的盈亏平衡点。以产量、生产能力利用率以及产品的销售价格表示的盈亏平衡点越低,说明投资项目建成投产后,适应市场变化的能力越强,抵御风险的能力也越强。

(三)总成本费用的划分

要进行线性盈亏平衡分析,首先要按照成本的形态进行总成本费用的划分。所谓成本形态,是指成本总额与产量的依存关系。当产量变化后,各项成本有不同的形态,大体可以分为固定成本、变动成本和混合成本。固定成本是指不受产量影响的成本,如企业的固定资产折旧;变动成本是随产量增长而成正比例增长的成本,如原材料的消耗;混合成本是指随产量增长而增长,但不成正比例变化的成本。混合成本介于固定成本和变动成本之间,可以根据具体情况,将其分解成固定成本和变动成本,这样就可以将项目建成投产后各生产年份的总成本费用分为固定成本和变动成本。

当然,对成本的划分不是一成不变的,从长期看,不存在任何固定成本,固定成本不受产量变动影响是有前提条件的,即产量在一定的范围内变动,如果产量超过这一范围,固定成本就会发生跳跃性的变动。

二、线性盈亏平衡分析

所谓线性盈亏平衡分析是指项目的效益与费用都是产量的线性函数。

(一)线性盈亏平衡分析的假设条件

进行线性盈亏平衡分析需要有一些假设条件,这些假设条件都是以上述产品成本的形态分析为基础前提的,具体包括多个条件:①成本是生产量或销售量的函数;②生产量等于销售量;③单位变动成本随产量等比例变化;④在所分析的产量范围内,固定成本保持不变;⑤某一产品或产品组合的销售价格,在任何销售水平上都是相同的,因此,营业收入是销售价格和销售数量的线性函数;⑥所采用的数据均为正常年份(即达到设计能力生产期)的数据。

(二)线性盈亏平衡分析图和平衡点

根据上述假设条件和有关产品成本的形态分析资料,我们可以形象地用图示的方法,把项目的营业收入、总成本费用和产量三者之间的变动关系反映出来,从而便于比较和分析。

项目的产量、成本、利润之间的制约关系可用图 12-1 表示。

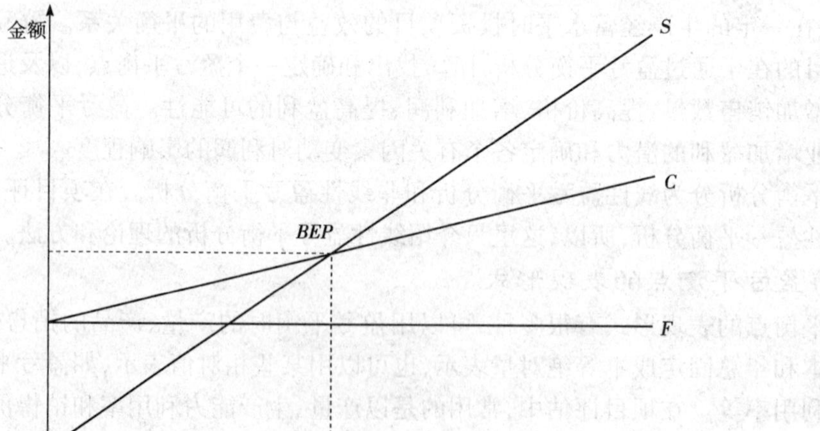

图 12-1 盈亏平衡图

图中:F——固定成本曲线;

C——总成本曲线;

S——营业收入曲线。

盈亏平衡图用横坐标表示产量，纵坐标表示收入或成本金额。先确定固定成本线，再在图上做出总成本和营业收入线。在营业收入线与总成本线的相交处，即为盈亏平衡点；从盈亏平衡点画一条垂直线与横坐标相交处，即以产量表示的盈亏平衡点；从盈亏平衡点画一条垂直线与纵坐标相交处，即以金额表示的盈亏平衡点。在盈亏平衡点右侧，营业收入线与总成本线之间的区域，表示企业可能获得利润的区域。在盈亏平衡点左侧，营业收入线与总成本线之间的区域，表示企业可能发生亏损的区域。

由于项目在取得营业收入的同时，要缴纳增值税以及税金及附加，因此，必须对图12－1进行修正，见图12－2。

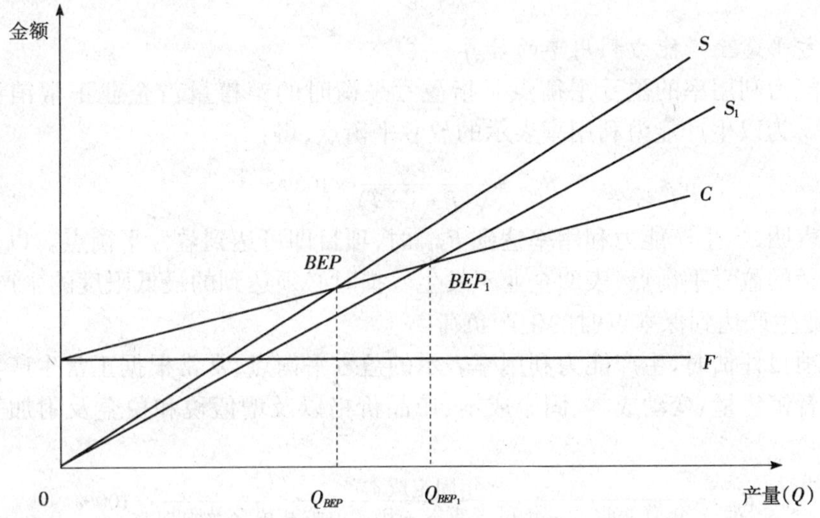

图12－2 修正的盈亏平衡图

图中，S_1 为扣税后的营业收入曲线。

S,F,C 曲线含义同图12－1。

（三）线性盈亏平衡的计算

1. 盈亏平衡产量的计算

从图12－1可以看出，当企业在小于 Q_{BEP} 的产量下组织生产，则项目亏损；在大于 Q_{BEP} 的产量下组织生产，则项目盈利。显然，Q_{BEP} 是项目盈亏平衡点的一个重要的表现形式。

根据前述假设条件可知：

$$S = P \times Q$$

$$C = F + V \times Q$$

式中：S——产品营业收入；

C——产品总成本费用；

P——产品单价；

Q——年产量；

F——年固定总成本；

V——单位产品变动成本。

设 T 为盈亏平衡点处的单位产品的增值税和税金及附加。由于处在盈亏平衡点上的项目效益正好抵偿其成本费用,因而可得基本损益方程式:

$$S = C + T \times Q$$

则

$$P \times Q = F + V \times Q + T \times Q$$

将上式整理,并以 Q_{BEP} 替代 Q,得 $Q_{BEP} = \dfrac{F}{P - V - T}$

上式表明,当产量达到 Q_{BEP} 时,项目即可达到盈亏平衡。以产量表示的盈亏平衡点,表明企业不发生亏损时必须达到的最低限度的产量,即 Q_{BEP} 是企业生产达到保本点时的产量。

2. 盈亏平衡生产能力利用率的计算

生产能力利用率的盈亏平衡点是指盈亏平衡时的销售量占企业正常销售量的比例。设 R_{BEP} 为以生产能力利用率表示的盈亏平衡点,得:

$$R_{BEP} = \frac{F}{Q(P - V - T)} \times 100\%$$

上式表明,当生产能力利用率达到 R_{BEP} 时,项目即可达到盈亏平衡点。以生产能力利用率表示的盈亏平衡点,表明企业不发生亏损时必须达到的最低限度的生产能力,即 R_{BEP} 是企业生产达到保本点时的生产负荷。

进行项目评估时,生产能力利用率表示的盈亏平衡点,常常根据正常生产年份的产品产量或者销售量、变动成本、固定成本、产品价格以及增值税和税金及附加等数据计算,即:

$$R_{BEP} = \frac{\text{年固定成本}}{\text{年营业收入} - \text{年可变成本} - \text{年增值税和税金及附加}} \times 100\%$$

3. 盈亏平衡价格的计算

如果按项目设计生产能力进行生产和销售的话,盈亏平衡还可以由价格的盈亏平衡点表示。

由基本损益方程式可知:

$$P \times Q = F + V \times Q + T \times Q$$

将上式整理,并以 P_{BEP} 替代 P,得:

$$P_{BEP} = \frac{F}{Q} + V + T$$

以销售价格表示的盈亏平衡点,表明企业不发生亏损时必须保持的最低价格,即 P_{BEP} 是企业生产达到保本点时的价格。

4. 盈亏平衡单位产品变动成本的计算

如果按项目设计生产能力进行生产和销售,固定成本和单价为预计值时,盈亏平衡还可以由变动成本的盈亏平衡点表示。

由基本损益方程式可知:

$$P \times Q = F + V \times Q + T \times Q$$

将上式整理,并以 V_{BEP} 替代 V,得:

$$V_{BEP} = P - T - \frac{F}{Q}$$

以变动成本表示的盈亏平衡点,表明不发生亏损时企业允许单位变动成本增加的最大值，若单位变动成本小于 V_{BEP}，企业即可盈利，因此 V_{BEP} 是企业生产达到保本点时的变动成本。

以产量、生产能力利用率和销售价格表示的盈亏平衡点低，说明项目生产少量产品即可不发生亏损，表示项目适应市场变化的能力、抗风险能力都比较强，获利能力大。以变动成本表示的盈亏平衡点高，说明项目生产的单位变动成本的变化幅度可以很大，表示项目适应市场变化的能力和抵抗风险的能力都比较强，获利空间比较大。

通过上述分析我们可以看出，项目的固定成本、产品销售价格和变动成本是确定盈亏平衡点的决定性因素。

【例 12-1】　某项目年设计能力为 5 万台，市场预测售价每台为 500 元，年增值税和税金及附加合计为 300 万元，年总成本费用为 1 600 万元，其中固定成本为 500 万元。假定项目的营业收入、总成本费用均与产量呈线性关系，计算该项目的盈亏平衡点。

根据题意，可知：

$$V=\frac{1\ 600-500}{5}=220(\text{元/台})$$

$$T=\frac{300}{5}=60(\text{元/台})$$

故

$$Q_{BEP}=\frac{F}{P-V-T}=\frac{500\times 10\ 000}{500-220-60}=22\ 727(\text{台})$$

$$R_{BEP}=\frac{Q_{BEP}}{Q}\times 100\%=\frac{22\ 727}{50\ 000}\times 100\%=45.45\%$$

$$P_{BEP}=\frac{F}{Q}+V+T=\frac{500}{5}+220+60=380(\text{元/台})$$

$$V_{BEP}=P-T-\frac{F}{Q}=500-60-\frac{500}{5}=340(\text{元/台})$$

通过以上盈亏平衡分析，可以判断项目不发生亏损的条件为三个：

如果产品价格、变动成本和固定成本保持不变，则年销售量或者年产量应满足大于 22 727 台，生产能力利用率应不低于 45.45%。由此可以看出，该项目以产量和生产能力利用率表示的盈亏平衡点是比较低的，项目的抗风险能力是比较强的。

如果按设计能力进行生产，且项目的总成本不发生变动，则项目的销售价格应满足不低于 380 元，即销售价格的变动幅度不大于 24%，项目可以实现盈利。

如果按设计能力进行生产，且项目的销售价格保持不变，则项目的单位变动成本应满足不超过 340 元，即单位变动成本的增加幅度不大于 54.55%，项目可以实现盈利。

三、盈亏平衡分析的局限性

通过盈亏平衡分析，可以了解产量、成本、营业收入三者的关系，预测经济形势变化带来的影响，分析项目抗风险的能力，从而为投资方案的优劣分析与决策提供重要的科学依据。但是，盈亏平衡分析也有其局限性，具体表现为：

第一，由于盈亏平衡分析特别是线性盈亏平衡分析，是建立在一系列假设条件基础上的，如果假设条件与实际出入很大，那么分析结果很难准确。

第二，盈亏平衡分析仅仅是分析价格、产量、成本等不确定因素的变化对投资项目盈利水平的影响，却不能从分析中判断项目实际盈利能力的大小。

第三，盈亏平衡分析虽然能对项目的风险进行分析，但难以定量测度风险的大小。

第四，盈亏平衡分析是一种静态分析，没有考虑资金的时间价值因素和项目计算期的现金流量的变化，因此，其计算结果和结论是比较粗略的。

尽管盈亏平衡分析具有很大的局限性，但由于它的计算方法比较简单，在项目评估过程中，仍然是一种被广泛使用的方法，但需要与其他方法结合使用，从而提高不确定性分析的准确性。

第三节　敏感性分析

一、敏感性分析的基本原理

（一）敏感性分析的基本概念

敏感性分析是在确定性分析的基础上，进一步分析、预测项目主要不确定因素的变化对项目评价指标的影响，从中找出敏感性因素，确定评价指标对该因素的敏感程度和项目对其变化的承受能力。敏感性分析也称为灵敏度分析。

敏感性分析侧重于对最敏感的关键因素（即不利因素）及其敏感程度进行分析。通常是分析单个因素变化，必要时也可分析两个或多个不确定因素的变化对项目经济效益指标的影响程度。因此，敏感性分析除了单因素敏感性分析以外，还可采用多因素敏感性分析。在项目评估中，一般使用单因素敏感性分析，所以下面只介绍单因素敏感性分析。

（二）敏感性分析的作用

一个投资项目在其建设与生产经营的过程中，由于内外部环境的变化，许多影响因素都会发生变化。一般将产品价格、产品成本、产品数量（生产负荷）、主要原材料价格、建设投资、建设期、汇率等作为考察的不确定因素。

通过敏感性分析，可以研究各种不确定因素变动对项目经济效益的影响程度，了解投资项目的风险根源和风险大小，还可筛选出若干最为敏感的因素，有利于集中力量对它们进行研究，重点调查和收集资料，尽量降低因素的不确定性，进而减少方案风险。因此，敏感性分析可以帮助决策者了解不确定因素对评价指标的影响，从而提高决策的准确性。

另外，通过敏感性分析，还可以确定不确定因素在什么范围内变化能使项目的经济效益情况最好，在什么范围内变化使项目的经济效益情况最差等这类最乐观和最悲观的边界条件或边界数值，从而可以启发评估人员对那些敏感的因素重新进行分析研究，以提高预测的准确性。

二、单因素敏感性分析

单因素敏感性分析是指在每次只有一个因素的数值发生变化时，估算单个因素的变化对项目效益产生的影响。

（一）单因素敏感性分析的步骤

1. 敏感性分析中不确定因素的选取

不确定因素是指那些在项目评估过程中，对项目效益有一定影响的基本因素。敏感性分析不可能也不需要对项目涉及的全部因素进行分析，而只需对那些可能对项目效益影响较大的、重要的不确定因素进行分析。具体地，在影响投资项目效益的多个不确定因素中，可以根据以下两条原则选择主要的不确定因素进行敏感性分析：一是预计在可能的变动范围内，该因素的变动将会极大地影响项目效益；二是对在确定性分析中所采用的该因素的数据来源的可靠性、准确性把握不大。对于一般的工业项目，敏感性分析的不确定因素常从下列因素中选定：建设投资、产品价格、产品产销量、经营成本、项目寿命期、寿命期内资产残值和折现率等。不确定因素的选取也可以结合行业和项目特点，根据经验数据加以判断。

2. 敏感性分析中效益指标的选取

由于敏感性分析是在确定性分析的基础上进行的，故一般敏感性分析指标应与确定性分析所使用的指标相一致。投资项目有一整套的指标体系，敏感性分析可选取其中一个或者几个主要指标进行。最基本的分析指标是内部收益率（*IRR*），根据项目的实际情况也可选择净现值（*NPV*）和投资回收期（P_t）等指标。必要时可同时针对两个或两个以上的指标进行敏感性分析。

3. 研究并设定不确定因素的变动范围

敏感性分析通常是针对不确定因素的不利变化进行，为绘制敏感性分析图的需要也可考虑分析不确定因素的有利变化。一般地，令所选择的不确定因素按照一定的变化幅度（如 ±5%，±10%，±15% 和 ±20% 等）发生变化，通常选择 ±10%；对于那些不便用百分数表示的因素，例如建设期，可采用延长一段时间表示，通常延长 1 年。

4. 敏感性分析的计算指标

敏感性分析的计算指标包括敏感度系数和临界点。

（1）敏感度系数。敏感度系数也称灵敏度，是指项目效益指标变化的百分率与不确定因素变化的百分率之比。敏感度系数高，表示项目效益对该不确定因素敏感程度高，提示应重视该不确定因素对项目效益的影响。敏感度系数计算公式为：

$$敏感度系数=\frac{评价指标相对基本方案的变化率}{不确定因素变化率}\times 100\%$$

敏感度系数的计算结果可能受到不确定因素变化百分率取值不同的影响，即随着不确定因素变化百分率取值的不同，敏感度系数的数值会有所变化。但其数值大小并不是计算该项指标的目的，重要的是各不确定因素敏感度系数的相对值，借此了解各不确定因素的相对影响程度，以选出敏感度较大的不确定因素。因此，虽然敏感度系数有以上缺陷，但在判断各不确定因素对项目效益的相对影响力大小上仍然具有一定的作用。

（2）临界值。临界值也称临界点，它是指不确定因素的极限变化值。以内部收益率为例，即指该不确定因素使项目内部收益率等于基准收益率或净现值变为零时的变化百分率。临界值也可用该百分率对应的具体数值表示。当不确定因素的变化超过了临界点所表示的不确定因素的极限变化时，项目内部收益率指标将会转而低于基准收益率,表明项目由可行变为不可行。

临界点的高低与设定的基准收益率有关,对于同一个投资项目,随着设定基准收益率的提高,临界点就会变低(即临界点表示的不确定因素的极限变化变小)。而在一定的基准收益率下,临界点越低,说明该不确定因素对项目效益指标影响越大,项目对该因素就越敏感。

可以通过敏感性分析图求得临界点的近似值,但由于项目效益指标的变化与不确定因素变化之间不是直线关系,有时误差较大,因此最好采用计算机的专用函数来求解临界值。

5. 确定敏感性因素

各因素的变化都会引起效益指标的一定变化,但其影响程度却各不相同。有些因素小幅度的变化,就能引起评价指标发生较大幅度的波动;而另一类因素即使发生了较大幅度的变化,对评价指标的影响也不是很大。我们把前一类因素称为敏感性因素,后一类因素称为非敏感性因素。敏感性分析的目的就是要找出哪些不确定因素是敏感性因素,哪些是非敏感性因素。敏感性因素的确定,可以采取上面介绍的两种方法:一是求敏感度系数,也称相对测定法;二是求各个不确定因素变动的临界值,也称绝对测定法。在实践中,通常是将这两种方法结合起来使用。

6. 提出敏感性分析的结论和建议

结合确定性分析与敏感性分析的结果,可以粗略预测项目可能的风险,对项目做进一步评价,并为下一步风险分析打下基础,同时还可以进一步寻找相应的控制风险的对策。如果进行敏感性分析的目的是对不同的投资项目或方案进行比选,一般应选择敏感度小,承受风险能力强,可靠性大的项目或方案。

(二)单因素敏感性分析图

敏感性分析图是通过在坐标图上做出各个不确定性因素的敏感性曲线,进而确定各个因素的敏感程度的一种图解方法。其基本作图方法如下:

第一,以纵坐标表示项目的经济评价指标(项目敏感性分析的对象),横坐标表示各个不确定因素的变化幅度(以百分数表示)。

第二,根据敏感性分析的计算结果做出各个变量因素的变化曲线,其中与横坐标相交角度较大的变化曲线所对应的因素就是敏感性因素。

第三,在坐标图上做出项目评价指标的临界曲线(如 $FNPV = 0$,$FIRR = i_c$ 等),求出变量因素的变化曲线与临界曲线的交点,则交点处的横坐标就表示该变量因素允许变化的最大幅度,即项目由盈到亏的极限变化值。

图 12-3 是以内部收益率为经济评价指标绘制的敏感性分析图。

【例 12-2】 某项目设计年生产能力为 10 万吨,建设投资为 1 800 万元,建设期 1 年,投资期初一次性投入,产品销售价格为每吨 63 元,年经营成本为 250 万元,项目运营期为 10 年,期末预计设备残值收入为 60 万元,基准折现率为 10%。试就建设投资、产品价格(营业收入)和经营成本等不确定因素对该投资方案进行敏感性分析。

解　选择净现值为敏感性分析的对象,根据净现值的计算公式可计算出项目的净现值,即:

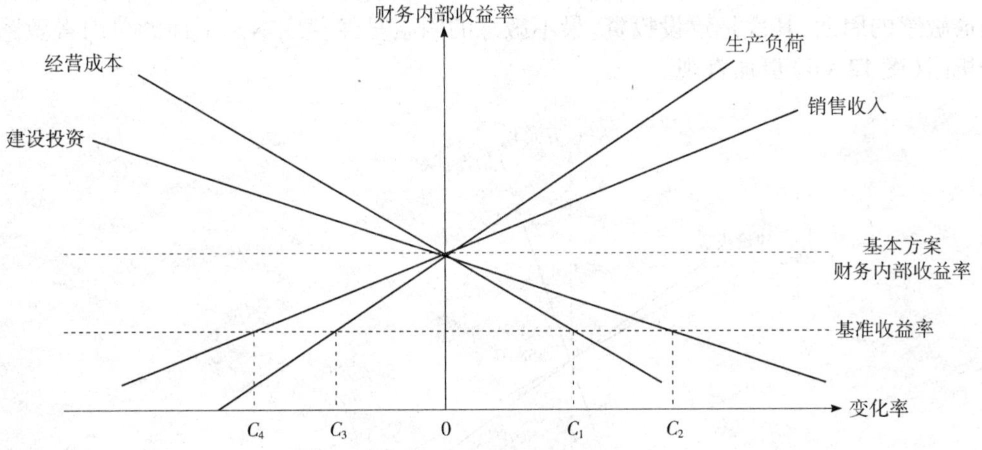

图 12－3 敏感性分析图

$$FNPV = -1\,800 + (63 \times 10 - 250)(P/A, 10\%, 10) + 60(P/F, 10\%, 10)$$
$$= 558.07(\text{万元})$$

由于 $FNPV>0$，从财务分析角度，该项目是可行的。

下面进行敏感性分析：

第一步，选定三个不确定因素：建设投资、产品价格和经营成本。

第二步，为简单起见，选定 $FNPV$ 作为项目效益分析指标。

第三步，确定不确定因素的变动范围为 ±10%。

第四步，分别计算相对应的净现值的变化情况，得出结果。

第五步，绘制敏感性分析图，计算临界值和敏感度系数。分析结果见表 12－1。

表 12－1 敏感性分析表

序号	调 整 项 目			分 析 结 果		
	建设投资	营业收入	经营成本	FNPV(万 元)	平均 +1%	平均 -1%
0				558.07		
1	+10%			378.07	-3.23%	
2	-10%			738.07		+3.23%
3		+10%		945.17	+6.94%	
4		-10%		170.96		-6.94%
5			+10%	404.45	-2.75%	
6			-10%	711.98		+2.75%

从表 12－1 可以看出，当其他因素均不发生变化时，营业收入每下降 1%，净现值下降 6.94%；当其他因素均不发生变化时，建设投资每增加 1%，净现值将下降3.23%；在其他因素均不发生变化时，经营成本每上升 1%，净现值下降 2.75%。因此，在各个

不确定因素变化率相同的情况下,营业收入的变动对净现值的影响程度最大,营业收入是最敏感的因素,其次是建设投资,最不敏感的因素是经营成本。下面的单因素敏感性分析图(图 12-4)更加直观。

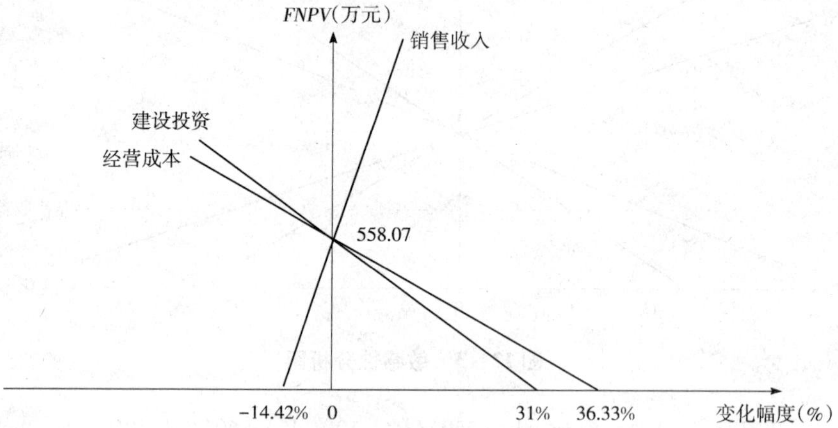

图 12-4 单因素敏感性分析图

从图 12-4 可以看出,当产品价格下降幅度超过 14.42% 时,净现值由正变负,也即项目由可行变为不可行;当建设投资增加的幅度超过 31% 时,净现值由正变负,项目变为不可行;当经营成本上升幅度超过 36.33% 时,净现值由正变负,项目变为不可行。因此,通过图 12-4 的敏感性分析就可以计算出允许不确定因素变动的临界值,即营业收入的下降不能超过 14.42%,建设投资的增加不能超过 31%,经营成本的增加不能超过 36.33%。如果这三个不确定因素的变化超过上述极限,项目就变为不可行。

第六步,根据敏感性分析的结果,提出建议。

根据敏感性分析得知,营业收入是最敏感的因素,因此从项目决策的角度来讲,应当对产品价格进一步做更准确的测算。因为从项目风险的角度来讲,如果未来营业收入发生变化的可能性较大,则意味着这一项目的风险也较大。

三、敏感性分析的局限性

敏感性分析是项目经济评价时经常用到的一种方法,是投资决策中的一个重要步骤,它在一定程度上对不确定因素的变动对项目投资效益的影响作了定量的描述,得到了维持方案在经济上可行所允许的不确定因素发生不利变动的最大幅度,但是,敏感性分析在使用中也存在着一定的局限性,即它不能说明不确定因素发生变动的可能性是大还是小,也就是没有考虑不确定因素在未来发生变动的概率,而这种概率是与项目的风险大小密切相关的。我们经常会碰到这样的情况,某些因素在未来发生不利变动的可能性很小,虽然它可能是一个敏感因素,但实际上它给项目带来的风险并不大;而另外有一些因素,虽然它们不太敏感,不是敏感因素,但由于它们在未来发生不利变化的可能性很大,因而实际上给项目带来的风险可能比敏感因素还要大。对于此类问题,敏感性分析是无法解决的,需借助于下面介绍的风险分析。

第四节 风险分析

一、风险因素的识别

进行风险因素识别，首先要认识和确定项目究竟可能会存在哪些潜在的风险，这些风险因素会给项目带来什么影响，具体原因又是什么？同时结合对风险程度的估计，确定项目的主要风险因素。

（一）风险识别的原则

第一，具有不确定性和可能造成损失是风险的最基本特征，要从这个基本特征入手去识别风险因素。

第二，投资项目风险具有阶段性，在项目的不同阶段存在的主要风险有所不同，识别风险因素要考虑其阶段性。

第三，投资项目风险依行业和项目不同具有特殊性，风险因素的识别要注意针对性，强调具体项目具体分析。

第四，投资项目风险具有相对性，对于项目的有关各方（不同的风险管理主体）可能会有不同的风险，或者同样的风险对不同主体的影响程度不同，所以识别风险时要注意其相对性。

第五，投资项目的风险因素，有些是独立的，有些具有相关性，识别风险时还要正确判断风险因素间的相关性与独立性。

（二）风险识别的方法

应在对风险特征充分认识的基础上识别项目潜在的风险和引起这些风险的具体风险因素，只有首先把项目主要的风险因素揭示出来，才能进一步对风险进行评估并确定损失程度和发生的可能性，进而找出关键风险因素，提出防范风险的对策。

风险因素识别要采用分析和分解方法，把综合性的风险分解为多层次的风险。常用的方法主要有系统分解法、流程图法、头脑风暴法和情景分析法等。在系统分解法中，常用的方法有概率树分析法，将风险因素层层剖析，尽可能深入到最基本的风险单元，以明确风险的根本来源。

二、风险评估方法

（一）风险等级的划分

为了评估风险的大小，一般都要对风险程度进行分级。风险程度包括风险损失的大小和发生的可能性两个方面，可以综合考虑这两个方面的因素对项目风险程度进行分类。按照风险因素对项目的影响程度和风险发生的可能性大小进行划分，可将风险程度分为一般风险、较大风险、严重风险和灾难性风险四类。

1. 一般风险

风险发生的可能性不大，或者即使发生，造成的损失较小，一般不影响项目的可行性。

2. 较大风险

风险发生的可能性较大,或者发生后造成的损失较大,但造成的损失程度是项目可以承担的。

3. 严重风险

严重风险有两种情况:一是风险发生的可能性大,风险造成的损失大,使项目由可行变为不可行;二是风险发生后造成的损失严重,但是风险发生的概率很小,采取有效的防范措施,项目仍然可以正常实施。

4. 灾难性风险

风险发生的可能性很大,一旦发生将产生灾难性后果,项目无法承担。

(二)风险评估方法

风险因素的识别应与风险评估相结合,才能得知风险程度。风险评估的方法很多,主要有简单估计法和概率树分析法,一般多采用概率树分析法。

1. 简单估计法

简单估计法包括专家评估法和风险因素取值评估法两种方法。

(1)专家评估法。专家评估法是以发函、开会或其他形式向专家进行调查,对项目风险因素及其风险程度进行评定,将多位专家的经验集中起来形成分析结论的一种方法。由于它比一般的经验识别法更具客观性,因此应用更为广泛。采用专家定性评估时,所聘请的专家应熟悉该行业和所评估的风险因素,并能做到客观公正。为减少主观性,专家个数一般应有 20 位左右,至少不低于 10 位。专家评定表的一般格式如表 12－2所示,表中风险种类应随行业和项目特点而异,其层次可视情况进行细分,并同时说明重点。

表 12－2 风险因素和风险程度估计表

序号	风险因素名称	风险程度				说明
		灾难性	严重	较大	一般	
1	政策方面					
	税收政策					
	金融政策					
	环保政策					
	产业政策					
2	市场方面					
	市场需求量					
	竞争能力					
	价格					
3	技术方面					

续表

序号	风险因素名称	风险程度				说 明
		灾难性	严重	较大	一般	
	先进性					
	可靠性					
	适用性					
	可得性					
	匹配性					
4	资源方面					
	资源储量					
	开采成本					
	品位					
	大宗原材料、燃料供应可能性					
	大宗原材料价格					
5	工程方面					
	工程地质					
	水文地质					
6	投资方面					
	工程量					
	价格					
	工期					
7	融资方面					
	汇率					
	利率					
	资金可靠性					
	资金充足性					
8	配套条件					
	水电气配套条件					
	交通运输配套条件					
	其他配套条件					
9	环境与社会					
	经济环境					

续表

序号	风险因素名称	风险程度				说　明
		灾难性	严重	较大	一般	
	自然环境					
	社会环境					
	政策					
10	其他					

(2)风险因素取值评估法。风险因素取值评估法是一种专家定量评定方法,是就风险因素的最乐观估计值、最悲观估计值和最可能值向专家进行调查,计算出期望值,再将期望值的平均值与项目评估所采用的值相比较,求得两者的偏差值和偏差程度,据此判别风险程度。偏差值越大,风险程度越高。

【例 12-3】 若某一项目服从三角形分布,邀请 10 位专家对投资额的最乐观值、最大可能值、最悲观值进行估计,结果如表 12-3 所示。据此计算投资的最乐观值、最可能值、最悲观值,并判断专家意见的分歧程度。

表 12-3　项目建设投资概率专家调查意见汇总表

专家	最乐观值	最可能值	最悲观值
1	950	1 000	1 150
2	950	1 000	1 160
3	1 000	1 050	1 180
4	1 000	1 050	1 100
5	1 050	1 100	1 230
6	1 050	1 100	1 230
7	1 100	1 150	1 250
8	1 100	1 150	1 250
9	950	1 000	1 180
10	950	1 000	1 180

解　根据表 12-3,计算专家估计的平均值,并分别估算各估计值的方差。结果如表12-4所示。

表 12-4　专家估计值处理表

项　　目	最乐观值	最可能值	最悲观值
平均值($\bar{X}$)	1 010	1 060	1 181
方差(S^2)	3 400	3 400	4 849
标准差(S)	58.31	58.31	69.63
离散系数(β)	5.77%	5.50%	5.9%

表中：

$$方差(S^2) = \frac{1}{n}\sum_{i=1}^{n}(x_i - \bar{x})^2$$

$$标准差(S) = \sqrt{S^2}$$

$$离散系数(\beta) = S/\overline{X}$$

从以上计算结果可以看出，该项目的最乐观值、最可能值、最悲观值的离散系数均满足专家调查的一致要求，故不再进行下一轮调查。项目建设投资平均值服从最乐观值1 010万元、最可能值1 060万元和最悲观值1 181万元的三角形分布。

2. 概率树分析法

概率树分析是通过计算项目净现值的期望值及其分布状况，得出净现值大于或等于零时的累计概率。计算出的累计概率值越大，说明项目承担的风险越小。下面举例说明。

【例12-4】 某项目的主要不确定因素有建设投资、年营业收入和年经营成本。它们的估算值分别为85 082万元、35 360万元和17 643万元。经调查认为，每个变量有3种状态，其概率分布如表12-5所示。

表12-5 变量概率分布

不确定性因素 \ 概率 \ 变化值	+20%	0%	-20%
建设投资	0.6	0.3	0.1
营业收入	0.5	0.4	0.1
经营成本	0.5	0.4	0.1

(1)构造概率树。根据表12-5，可以组成27个组合，构造概率树的27个分支，如图12-5所示。圆圈内的数字表示输出变量各种状态发生的概率，如图上第一个分支表示建设投资、营业收入、经营成本同时增加20%的情况，称为第一事件。

(2)计算净现值的期望值。步骤如下：

第一步，分别计算各种可能发生事件的概率。

第一事件发生的概率 $= P_1$(建设投资增加20%) $\times P_2$(营业收入增加20%) $\times P_3$(经营成本增加20%) $= 0.6 \times 0.5 \times 0.5 = 0.15$。

依此类推计算出其他26个可能发生事件的概率，其概率合计数应等于1。

第二步，分别计算可能发生状态的净现值。将建设投资、营业收入、经营成本各年数值分别调增20%，重新计算净现值，得净现值为32 480万元。依此类推计算出其他26个可能发生事件的净现值。

第三步，计算净现值的期望值。将各事件的发生概率与其净现值分别相乘，得出加权净现值，再求和得出净现值的期望值为24 481.83万元。期望值计算表见表12-6。

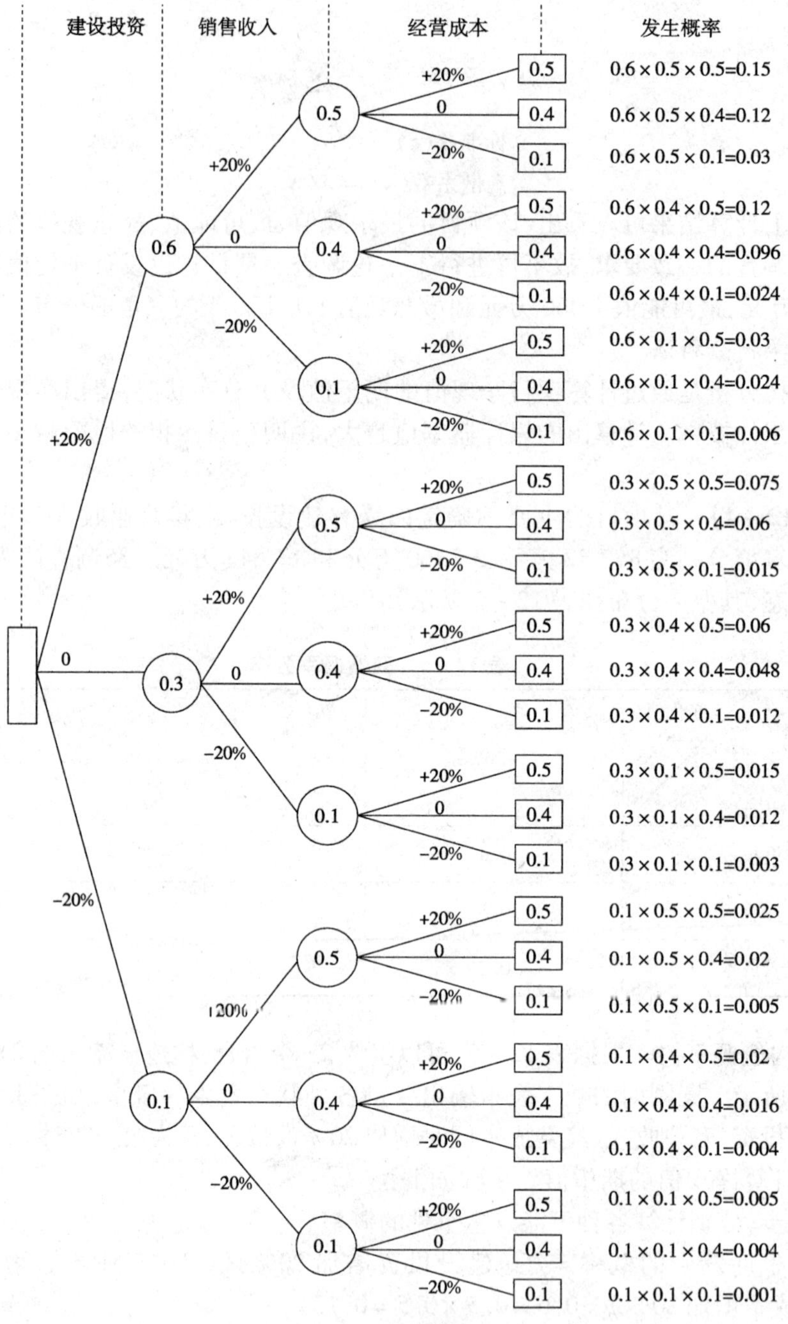

图 12-5　概率树

表 12-6　期望值计算表

事件	建设投资	营业收入	经营成本	概　率	净现值	加权净现值
1	+20%	+20%	+20%	0.15	32 480	4 872
2	+20%	+20%	估计值	0.12	41 133	4 935.96
3	+20%	+20%	-20%	0.03	49 778	1 493.34

续表

事件	建设投资	营业收入	经营成本	概　率	净现值	加权净现值
4	+20%	估计值	+20%	0.12	-4 025	-483
5	+20%	估计值	估计值	0.096	4 620	443.52
6	+20%	估计值	-20%	0.024	13 265	318.36
7	+20%	-20%	+20%	0.03	-40 537	-1 216.11
8	+20%	-20%	估计值	0.024	-31 893	-765.43
9	+20%	-20%	-20%	0.006	-23 248	-139.49
10	估计值	+20%	+20%	0.075	49 920	3 744
11	估计值	+20%	估计值	0.06	58 565	3 513.90
12	估计值	+20%	-20%	0.015	67 209	1 008.14
13	估计值	估计值	+20%	0.060	13 407	804.42
14	估计值	估计值	估计值	0.048	22 051	1 058.45
15	估计值	估计值	-20%	0.012	30 696	368.35
16	估计值	-20%	+20%	0.015	-23 106	-346.59
17	估计值	-20%	估计值	0.012	-14 462	-173.54
18	估计值	-20%	-20%	0.003	-5 817	-17.45
19	-20%	+20%	+20%	0.025	67 351	1 683.78
20	-20%	+20%	估计值	0.02	75 996	1 519.92
21	-20%	+20%	-20%	0.005	84 641	423.21
22	-20%	估计值	+20%	0.02	30 838	616.76
23	-20%	估计值	估计值	0.016	39 483	631.73
24	-20%	估计值	-20%	0.004	48 127	192.51
25	-20%	-20%	+20%	0.005	-5 675	-28.38
26	-20%	-20%	估计值	0.004	2 969	11.88
27	-20%	-20%	-20%	0.001	11 614	11.61
合计				1.000		24 481.83

（3）净现值大于或等于零的概率计算。概率分析应求出净现值大于或等于零的概率，从该概率值的大小可以估计项目承受风险的程度，概率值越接近1，说明项目的风险越小；反之，项目的风险越大。

计算步骤为：将计算出的各种可能发生事件的净现值按数值从小到大的顺序排列，并将各种可能发生事件的概率按同样的顺序累加，求得累计概率，见表12-7。

表12-7　累计概率

事件	净现值	概率	累计概率
7	-40 537	0.03	0.03
8	-31 893	0.024	0.054

续表

事件	净现值	概率	累计概率
9	-23 248	0.006	0.06
16	-23 106	0.015	0.075
17	-14 462	0.012	0.087
18	-5 817	0.003	0.09
25	-5 675	0.005	0.095
4	-4 025	0.12	0.215
26	2 969	0.004	0.219
5	4 620	0.096	0.315
27	11 614	0.001	0.316
6	13 265	0.024	0.34
13	13 407	0.060	0.4
14	22 051	0.048	0.448
15	30 696	0.012	0.46
22	30 838	0.02	0.48
1	32 480	0.15	0.63
23	39 483	0.016	0.646
2	41 133	0.12	0.766
24	48 127	0.004	0.77
3	49 778	0.03	0.8
10	49 920	0.075	0.875
11	58 565	0.06	0.935
12	67 209	0.015	0.95
19	67 351	0.025	0.975
20	75 996	0.02	0.995
21	84 641	0.005	1

根据表 12－7 可求得：净现值小于零的概率 $=0.215+(0.219-0.215)\times\frac{4\,025}{4\,025+2\,969}=0.217$，即项目不可行的概率为 0.217，净现值大于或等于零的概率为 $P(FNPV\geqslant0)=1-P(FNPV<0)=1-0.217=0.783$。

计算得出净现值大于零或等于零的可能性为 78.3%，说明该项目的风险不大。

三、风险防范对策

如前所述，投资项目可能面临各种各样的风险，因此在项目评估过程中，不仅要了解项目可能面临的风险,而且要提出有针对性的防范对策,避免风险的发生或将风险损失降低到最低程度,才能有助于提高投资的安全性,促使项目获得成功。

项目评估中,应考虑的风险防范对策主要有以下几种:

(一)风险回避

风险回避是彻底规避风险的一种做法,即断绝风险的来源。例如,风险分析显示产品市场存在严重风险,若采取回避风险的对策,就会做出缓建(待市场变化后再予以考虑)或放弃项目的决策。但这样做固然避免了可能遭受损失的风险,同时也放弃了投资获利的可能。因此,风险回避对策的采用一般都是很慎重的,只有在对风险的存在与发生,及对风险损失的严重性有把握的情况下才有积极意义。风险回避一般适用于两种情况:一是某种风险可能造成相当大的损失,且发生的频率较高;二是应用其他的风险防范对策代价昂贵,得不偿失。

(二)风险控制

风险控制是针对可控性风险采取的防止风险发生、减少风险损失的对策,也是绝大部分项目采用的主要风险防范对策。风险防范对策应十分重视对风险控制措施的研究,应就识别出的关键风险因素逐一提出技术上可行、经济上合理的预防措施,以尽可能低的风险成本降低风险发生的可能性,并将风险损失控制在最低限度。风险控制措施必须针对项目具体情况提出,既可以是项目内部采取的技术措施、工程措施和管理措施等,也可以采取向外分散的方式来减少项目承担的风险。

(三)风险转移

风险转移是将项目可能面临的风险转移给他人承担,以避免风险损失的一种方法。风险转移有两种方式:一是将风险源转移出去;二是只把部分或全部风险损失转移出去。就投资项目而言,第一种风险转移方式是风险回避的一种特殊形式。第二种风险转移方式又可细分为保险转移方式和非保险转移方式两种。保险转移是采取向保险公司投保的方式将项目风险损失转嫁给保险公司承担,如对某些人力难以控制的灾害性风险就可以采取保险转移方式。非保险转移方式是项目前期工作中涉及较多的风险对策,如采用新技术可能面临较大的风险,可以在技术合同谈判中提出加上保证性条款,如达不到设计能力或设计消耗指标时的赔偿条款等,以将风险损失全部或部分转移给技术转让方,在设备采购和施工合同中也可以采用转嫁部分风险的条款。

(四)风险自担

顾名思义,风险自担就是将风险损失留给项目承担。这适用于两种情况:一是已知有风险但由于可能获利而必须保留和承担这种风险;二是已知有风险,但若采取某种防范措施,其费用支出会大于自担风险的损失,这时常常会选择主动自担风险等。风险自担通常适用于风险损失小、发生频率高的风险。

以上所述的风险防范对策不是互斥的,实践中常常组合使用。在采取措施降低风险的同时,并不排斥其他的风险防范对策,如向保险公司投保等。项目评估中应结合实际情况,研究并选用相应的风险对策。

本章小结

不确定性是指一种决策可能有一种以上的结果，但每种结果可能出现的概率是未知的，甚至对可能出现的结果的概率也是一无所知的。而风险是指未来结果是不确定的，但未来结果出现的可能性，即概率分布是已知或可以估计的。常见的风险因素存在于诸多方面，如政策、市场、技术、资源、工程、投资、融资、配套条件和环境与社会等。

不确定性与风险产生的原因主要分为主观原因和客观原因。其中主观原因主要指信息的不完全性与不充分性和人的有限理性；客观原因主要包括市场供求变化、技术变化、经济环境变化的影响，社会、政策、法律、文化等方面的影响，自然条件和资源方面的影响等。

常用的不确定性分析方法主要有盈亏平衡分析和敏感性分析等。风险分析可根据项目的具体情况和要求选用不同的方法，既可以针对单个风险因素进行分析，也可以对项目整体进行风险分析，还可以两者兼而有之。从可操作性的角度分析，投资项目风险分析常采用的定量方法是概率树分析。

盈亏平衡分析是通过计算盈亏平衡点（简称 BEP），分析拟建项目费用与效益的平衡关系，判断拟建项目适应市场变化的能力和风险大小的一种分析方法。盈亏平衡点的表现形式有很多种，可以用盈亏平衡时的产量、产品的销售价格、单位变动成本和年固定总成本等绝对量表示，也可以用某些相对值表示。在项目评估中，常用产量、生产能力利用率和销售价格等表示盈亏平衡点。

敏感性分析是在确定性分析的基础上，进一步分析、预测项目主要不确定因素的变化对项目评价指标的影响，从中找出敏感性因素，确定评价指标对该因素的敏感程度和项目对其变化的承受能力。敏感性分析也称为灵敏度分析。敏感性分析侧重于对最敏感的关键因素（即不利因素）及其敏感程度进行分析，通常是分析单个因素变化，必要时也可分析两个或多个不确定因素的变化对项目评价指标的影响程度。

风险评估的方法很多，主要有简单估计法和概率树分析法，一般采取概率树分析法。简单估计法包括专家评估法和风险因素取值评估法。概率树分析法可分为三个步骤，即构造概率树、计算净现值的期望值和计算净现值大于或等于零的概率。

投资项目可能面临各种各样的风险，因此在项目评估过程中，不仅要了解项目可能面临的风险，而且要提出有针对性的防范对策，避免风险的发生或将风险损失降至最低，才能有助于提高投资的安全性，促使项目获得成功。风险防范对策主要有风险回避、风险控制、风险转移和风险自担等。

复习思考题

1. 什么是不确定性和风险？它们有什么区别？
2. 常见的项目风险因素有哪些？
3. 不确定性和风险产生的原因是什么？
4. 什么是盈亏平衡分析？盈亏平衡点有哪几种表现形式？
5. 盈亏平衡分析的局限性主要表现在哪几个方面？

6. 什么是敏感性分析？其作用是什么？
7. 单因素敏感性分析有哪些步骤？
8. 什么是敏感度系数和临界点？
9. 敏感性分析的局限性主要表现在哪几个方面？
10. 风险评估有哪些方法？
11. 概率树分析法有哪些步骤？
12. 风险防范对策有哪些？

第十三章

经济分析

本章要点

本章共分六个部分,即经济分析概述、经济分析的基本原理、费用和效益的鉴别与度量、价格调整、经济分析报表和指标及费用—效果分析。在经济分析概述部分,主要论述经济分析的含义和意义,介绍经济分析与财务分析的区别以及经济分析的步骤。在经济分析的基本原理部分,主要介绍费用—效益分析、经济分析参数等内容。在费用和效益的鉴别与度量部分,主要介绍鉴别与度量费用和效益的原则、方法以及转移支付的内容。在价格调整部分,分别提出调价的范围和货物的划分,介绍确定外贸货物、不可外贸货物和特殊投入物的影子价格的理论与方法。在经济分析报表和指标部分,主要介绍经济分析所需要的辅助报表和基本报表,以及盈利能力分析指标的计算和分析方法。在费用—效果分析部分,主要介绍了费用—效果分析的基本原理和基本指标。

第一节　经济分析概述

一、经济分析的含义

经济分析是按照资源合理配置的原则,从整个社会经济的角度出发,用一套经济分析参数分析项目对社会经济的贡献,评价项目在宏观经济上的合理性的经济评价方法。经济分析是项目评估的重要组成部分,是从宏观上决定投资项目是否可行的重要依据。

相对于财务分析,经济分析更为复杂。因为财务分析所使用的数据都是在现行的财务会计制度、现行的市场价格和现行的税收政策等基础上估算出来的,只需要对现行的政策和项目投入物及产出物的未来价格走势进行预测,并据此编制一系列表格,计算一系列有关技术经济指标,据以分析、评价该项目给投资者(企业)带来的商业利润。而经济分析则是按照社会资源合理配置的原则,用科学的方法测算出一系列参数,对估算的财务效益和费用进行调整(或换算),再根据调整(或换算)以后的数据,编制相应的表格,并计算一系列技术经济指标,以衡量该项目对社会经济的净贡献。

一个投资项目是否要进行经济分析,主要取决于该项目的实际情况以及在社会经济和社会发展中的作用。一般来讲,在经济和社会发展中无足轻重的中小型投资项目,可以不做经济分析;而对那些在经济和社会发展中具有重要影响的大型投资项目,一般要求进行经济分析。从另外一个角度讲,如果一个投资项目的价格信息失真,有过多的外部性(外部经济性或外部不经济性),也需要进行经济分析。根据国家发改委和建设部发布的《关于建设项目经济评价工作的若干规定》的要求,对于费用效益的计算比较简单,建设期和运营期比较短,不涉及进出口平衡等的一般项目,如果财务分析的结论能够满足投资决策的需要,可不进行经济分析;对于关系公共利益、国家安全和市场不能有效配置资源的经济和社会发展的项目,除应进行财务分析外,还应进行经济分析;对于特别重大的投资项目,尚应辅以区域经济与宏观经济影响分析方法进行经济分析。在实践中,需要进行经济分析的投资项目,一般是在财务分析的基础上进行经济分析,但有的项目是直接进行经济分析。其实,两者并没有本质的区别,是在财务分析的基础上进行经济分析,还是直接进行经济分析,取决于项目评估人员的不同偏好。经济分析的思路和程序与财务分析基本相同,也是通过编制一系列表格,计算一系列技术经济指标评价项目的经济合理性,所不同的主要是在价格和费用及效益的界定上。

二、经济分析的意义

对于大型的投资项目,特别是一些在社会经济和社会发展中举足轻重的大型投资项目,在项目评估中,仅仅作财务分析是不够的,更重要的是要进行经济分析。主要是基于如下几点考虑:

首先,只有进行经济分析,才能保证比较客观地反映一个投资项目的经济效果。财务分析是用现行价格计算项目的效益和费用的,由于各方面的原因,我国有些现行价格严重“失真”,主要表现为比价不合理。如果用这些价格评价项目,不能保证客观地反映项目的经济效果,即不能保证客观地反映投入的资源给整个社会经济所带来的效益。经济分析用调整过的价格,即一套影子价格计算项目的效益和费用,基本克服了“失真”因素。

其次,财务分析只局限于以现行价格计算的项目自身的效益和费用,而没有考虑因项目建成而使社会经济其他部门产生的效益和付出的代价。也就是说,财务分析只考虑了直接效益和直接费用,而没有考虑项目的外部性,即该投资项目产生的间接效益和间接费用。所以,财务分析不能保证全面地反映项目的经济效果。经济分析是把社会经济作为一个整体来考察项目的,即把该项目放在社会经济“一盘棋”上来进行考察和分析,评价其给整个社会经济带来的效益和社会经济为此而付出的代价。这样,不但考察了项目的直接效益和直接费用,而且考察了项目的外部经济或外部不经济所带来的间接效益或间接费用。

最后,拟建的投资项目在经济上是否可行,投资者是否要投入一定的资源,不但要看它能给企业带来多少商业利润,而且要看它能否满足社会经济平衡发展的需要,能否为整个社会经济带来尽可能大的净效益。实际上,从长远考虑,一个投资项目,只有从宏观上把握其合理性,才能真正为企业带来长期的经济利益。在我国现行价格体制、税收体制和利益协调机制还不尽完善的情况下,实施一个投资项目可能会给企业带来一定的商业利润,但不一定能给整个社会经济带来正的净效益;反之亦然。

根据以上分析可以得出如下结论:对于大型的投资项目进行项目评估,不仅要进行财务分析,而且还要进行经济分析,从微观和宏观两个角度考察项目;既要考察一个投资项目给企业带来多少商业利润,还要考察该项目给整个社会经济带来多少净效益。根据财务分析和经济分析的结果来判断一个投资项目的取舍,可能有四种情况:

第一,如果一个投资项目不仅能给企业带来可观的商业利润,而且可以明显地促进社会经济的增长,那么实施这个投资项目就是十分理想的投资资源配置方式,从经济角度看,该投资项目是可行的。

第二,如果一个投资项目只能给企业创造可观的商业利润,而没有增加社会经济正的净效益,甚至给社会经济带来了负效益,这就违背了经济学的有效率原则,从宏观经济的角度看,该项目是不可行的。因为,该项目可能出现外部不经济,政府也会采取相应的手段进行干预,该项目是不能实施的。

第三,如果一个投资项目没有给企业带来理想的商业利润,但增加了社会经济正的净效益,这说明现行的价格和税收政策有偏差,还没有满足有效率的原则。这种信息的反馈对政府制定政策和进行长远规划都是有帮助的,如果由政府进行决策,该项目是可以实施的。因为,该项目可能出现外部经济性,政府可以通过价格和(或)税收手段对企业进行补偿,使其获得比较理想的投资回报。根据国家发改委和建设部发布的《关于建设项目经济评价工作的若干规定》的要求,对于关系公共利益、国家安全和市场不能有效配置资源的经济和社会发展项目,如果经济分析结论可行,财务分析结论不可行,应重新考虑方案,必要时可提出给予经济优惠的建议,使项目具有财务生存能力。

第四,一个投资项目不但不能使企业取得比较理想的商业利润,而且没有给社会经济带来正的净效益,那么该项目肯定是不可行的,不能实施。

以上四种情况的决策结果如表13-1所示。

表13-1 投资项目评估决策结果

	财务分析	经济分析	决策结果
第一种情况	可行	可行	可以实施
第二种情况	不可行	可行	可以实施
第三种情况	可行	不可行	不能实施
第四种情况	不可行	不可行	不能实施

三、需要进行经济分析的项目范围

根据国家发展改革委员会和建设部发布的《关于建设项目经济评价工作的若干规定》的要求,需要进行经济分析的项目主要包括下面几个方面。

(一)从项目性质角度确定的范围

1. 自然垄断项目

对于电力、电信、交通运输等行业的项目,存在着规模效益递增的产业特征,企业一般不会按照帕累托最优规划进行运作,从而导致市场配置资源失效,需要进行经济分析。

2. 公共产品项目

由于市场价格机制只有通过将那些不愿意付费的消费者排除在该物品的消费之外才能得以有效运作,因此,市场机制对公共产品项目的资源配置失灵。

3. 具有明显外部效果的项目

产生外部效果的行为主体由于不受预算约束,因此常常不考虑外部效果承受者的损益情况。这样,这类行为主体在其行为过程中常常会低效率甚至无效率地使用资源,造成消费者剩余与生产者剩余的损失及市场失灵。

4. 国家控制的战略性资源开发及涉及国家经济安全的项目

对于国家控制的战略性资源开发及涉及国家经济安全的项目,往往具有公共性、外部效果等综合特征,不能完全依靠市场配置资源。

(二)从投资管理角度确定的范围

第一,政府预算内投资(包括国债资金)的用于关系国家安全、国土开发和市场不能有效配置资源的公益性项目和公共基础设施建设项目、保护和改善生态环境项目、重大战略性开发项目。

第二,政府各类专项建设基金投资的用于交通运输、农林水利等基础设施、基础产业建设的项目。

第三,利用国际金融组织和外国政府贷款,需要政府主权信用担保的建设项目。

第四,法律、法规规定的其他政府性资金投资的建设项目。

第五,企业投资建设的涉及国家经济安全,影响环境资源、公共利益,可能出现垄断和涉及整体布局等公共性问题,需要政府核准的建设项目。

四、经济分析与财务分析的主要区别

经济分析与财务分析的主要区别具体体现在经济目标、价值尺度、折现率和汇率等方面。

(一)经济目标不同

财务分析是站在企业的角度上,只考察企业的商业利益,所追求的经济目标是企业利润的最大化,它要识别项目流入实施机构的净现金流量,并且评价该企业是否有能力还本付息以及筹措未来所需的投资资金;经济分析是从整个国家或社会的角度来考察项目,评价项目对整个社会经济的影响。

(二)价值尺度不同

财务分析是计算和分析在现行价格下企业的实际盈利水平,度量费用和效益的价值尺度是现行市场价格,或者说是企业为投入物支付的实际价格以及销售产出物收到的实际价格;经济分析要考虑资源的稀缺性和有效使用,以及社会经济的最佳投资方向和投资结构。另外,国内外市场供求关系和市场价格变化也是经济分析所必须考察的因素。作为价值尺度的价格,应当是满足以上要求的合理的价格,即为反映资源的稀缺性和有效使用,追求社会经济结构的合理化,纳入国内国际市场价格体系,在完全竞争的条件下反映市场供求关系的影子价格。

(三)折现率不同

财务分析采用的是各部门、各行业的基准收益率或者是综合平均利率加风险报酬率或者是投资者的最低可接受收益率;经济分析一般采用社会资本的机会成本,也称社会折现率。并且,财务分析的折现率一般不是唯一的,不同的投资项目有不同的折现率;经济分析采用的是全国统一的、反映政府价值取向的社会折现率。

(四)汇率不同

财务分析使用官方汇率,而经济分析使用的是影子汇率。汇率实质是一种外汇价格,官方汇率体现了现行的外汇价格,所以在财务分析中,用官方汇率换算、度量费用和效益。经济分析要求使用一种反映资源稀缺性和市场供求关系的外汇价格,所以要对现行汇率进行调整,用比较合理的影子汇率进行换算和度量。

(五)分析内容不同

财务分析分别进行盈利能力、偿债能力和财务生存能力分析;经济分析一般只进行经济合理性,即经济效率分析。

为了便于比较,表13-2列出了经济分析与财务分析的主要区别:

表13-2 经济分析与财务分析的主要区别

项目	财务分析	经济分析
目标	企业盈利最大化	经济效益最大化
出发点	投资项目的企业	社会与经济
价格	现行市场价格	影子价格(含影子汇率、影子工资和土地的机会成本等)

续表

项目	财务分析	经济分析
折现率	各部门、各行业的基准收益率或综合平均利率加风险报酬率或投资者的最低可接受收益率	全国统一使用的、反映政府价值取向的社会折现率
外部性	不计入	计入
评价指标	财务内部收益率、财务净现值、投资回收期、借款偿还期、利息备付率和偿债备付率等	经济内部收益率、经济净现值和经济效益费用比等

五、经济分析的步骤

（一）在财务分析的基础上进行经济分析的步骤

1. 效益和费用范围的调整

（1）剔除已计入财务效益和费用中的转移支付。

（2）识别项目的间接效益和间接费用，对能定量的应进行定量计算，不可量化的应进行定性分析。

2. 效益和费用数值的调整

（1）建设投资的调整。剔除属于转移支付的引进设备、原材料等物料投入的关税、消费税和增值税，并用影子汇率和进口费用等参数对引进设备价值进行重新调整，对于国内设备价值则用其影子价格进行调整；根据建筑工程消耗的劳动力、建材、其他大宗材料、电力等，用影子工资及货物、电力的影子价格调整建筑费用，或通过建筑工程影子价格换算系数直接调整建筑费用；若安装费中的材料费占很大比重，或有进口安装材料，也应按材料的影子价格调整安装费用；用土地的影子价格代替占用土地的实际费用；调整其他费用。

（2）流动资金的调整。调整由于流动资金估算基础的变动引起的流动资金占用量的变动。

（3）经营费用的调整。可以先用货物的影子价格、影子工资等参数调整费用要素，然后加总计算出经济分析中的年经营费用。

（4）营业收入调整。先确定项目产出物的影子价格，然后重新计算营业收入。

3. 编制表格与计算指标

编制项目投资经济效益费用流量表（见附表 13－1），并据此计算经济内部收益率和经济净现值指标。

（二）直接进行经济分析的步骤

第一步，识别和计算项目的直接效益。对能为社会经济提供产出物的投资项目，首先，根据产出物的性质确定是否属于外贸货物；其次，根据定价原则确定产出物的影子价格；最后，按照项目的产出物种类、数量及其逐年的增减情况和产出物的影子价格计算项目的直接效益。对能为社会经济提供服务的投资项目，应根据提供服务的数量和用户的受益情况，按照愿支付价格计算项目的直接效益。

第二步，用货物的影子价格、土地的影子费用、影子工资、影子汇率、社会折现率等参数直接进行项目的投资估算。

第三步,流动资金估算。

第四步,根据生产经营的实物消耗和各种货物的影子价格、影子工资、影子汇率等参数计算经营费用。

第五步,识别项目的间接效益和间接费用。能定量的应进行定量计算,难以量化的应作定性分析。

第六步,编制有关表格,计算相应的技术经济指标。

第二节　经济分析的基本原理

一、费用—效益分析

(一)费用—效益分析的原理

费用—效益分析是20世纪四五十年代在西方经济发达国家发展起来的一种分析方法,主要用于公共项目的评价和决策,只是近20多年来才在发展中国家得到应用和推广。我国在进行投资项目的经济分析时也采用费用—效益分析的方法。

费用—效益分析的基本问题是计算影子价格和项目未来的经济效益和费用,估算对未来效益和费用进行折现的社会折现率,并对净效益进行折现,最后对计算出的一系列技术经济指标进行分析和判断。其基本要求是,在费用一定的前提下取得最大的效益,或者是在效益一定的前提下耗用最小的费用。其基本技术经济指标是经济净现值和经济内部收益率等。用社会折现率对各年净效益进行折现,得出经济净现值,只有经济净现值为正值或为零时,该项目才值得实施;经济内部收益率大于或等于社会折现率,方能接受该项目或任何一个实施方案。在费用—效益分析中关键是确定影子价格和社会折现率等。

(二)费用和效益

经济分析是把社会经济作为一个整体,考察项目给其带来的效益或使其付出的代价,所以,经济分析中费用和效益的范围比财务分析中的费用和效益要宽得多。

对一个投资项目来讲,费用是指因项目建设而使社会经济所付出的代价,包括项目自身和社会经济其他部门或其他环节所付出的代价。项目的费用分为直接费用和间接费用。直接费用是指用影子价格计算的项目投入物的经济价值;间接费用是指社会为项目付出了代价,而项目本身并不需要支付的那部分费用。在经济分析中,项目的费用一般要求用机会成本来度量。项目投入物作为一种稀缺的资源,它有多种用途,投到该投资项目上,就失去了用于其他用途获得效益的机会,那么,这种投入物用于该投资项目上,使社会经济所付出的代价就是用于其他用途而可能获得的最大效益。机会成本实质上是被放弃的一种效益。用机会成本度量费用,就可以把项目的效益和费用放在一个共同可比的标准上进行度量和评价,即取得的效益与放弃的效益进行比较,前者大于后者,项目是可以接受的,说明项目所投入的资源得到最佳使用;前者小于后者,项目是不能被接受的,说明项目所投入的资源未得到最佳使用。

项目的效益是指一个投资项目对社会经济所作的贡献。项目效益分为直接效益和间接效益。直接效益是指项目产出物用影子价格计算的经济价值;间接效益是指项目为社会做出了贡献,而该项目的投资者本身并未得到的那部分效益。在经济分析中,项目的效益一般要求用愿支付价格来度量。之所以用愿支付价格来度量,是因为存在着消费者剩余。消费者剩余是消费者愿意为一种商品支付的金额与实际支付金额之间的差额。在有些情况下,一个项目不仅能够增加产品或服务的产出量,而且还可以降低消费者购买它的价格。如果项目所创造的效益等于新产出的数量与新价格的乘积,这一估计值就忽略了消费者剩余,即消费者愿意为购买某种产品或服务支付的最大金额与实际支付金额之差。原则上,增加的消费者剩余应视为项目效益的一部分。在有些情况下,即使不发生价格下降,也有可能产生消费者剩余。如果某种产品是以低于消费者愿意支付的价格定量供应,那么,在保持价格不变的同时增加供给就会增加消费者剩余,即超过消费者为供给增加而实际支付价格的金额(公用事业项目可能出现这种情况)。"之所以会产生剩余,是因为我们'所得到的大于我们所支付的',这种额外的好处根源于递减的边际效用。我们之所以能享受消费者剩余,基本的原因在于:对于我们所购买的某一物品的每一单位,从第一单位到最后一单位,我们所支付的是相同的价格。……但是,根据边际效用递减这一基本规律,对于我们来说,前面的各单位都要比最后一单位具有更高的价值。因此,我们就这样从前面的每一单位中享受到了效用剩余。"①

(三)外部性

1. 外部性及其特点

外部性也称外部效果、外部效应和溢出效应。在生产和消费过程中,当有人被强加了非自愿的成本或利润时,外部性就会产生。更为准确地说,外部性是一个经济机构对他人福利施加的一种未在市场交易中反映出来的影响。如航空公司制造了大量噪音,它们一般不会因干扰了机场附近的居民而向他们进行补偿。而另外一些公司,因为大量投资于研究和开发,会给社会的其他成员带来许多利益,而这些成员对其并没有任何支付。这些案例说明,一项活动(包括经济活动)可能在市场交易之外有助于或有损于他人的利益,也即存在着根本不发生经济支付的经济交易。外部性的特征为:

(1)外部性是经济活动的一种溢出效应,在受影响者看来,这种溢出效应不是自愿接受的,而是对方强加的。

(2)经济活动对他人的影响并不反映在市场机制的运行过程中,而是在市场运行机制之外。市场机制的基本特征是,如果经济主体的活动引起了其他经济主体收益的增减变化,这一经济主体必须以价格形式向对方索要或支付货币。而如果发生了外部性,并不会有表现为价格形式的货币支付。因此说,外部性发生于市场运行机制之外。

(3)从项目经济评价的角度看,外部性的概念容易理解,但很难度量;很容易描述,但很难界定。

2. 外部性的处理方式

外部性表现为多种形式,有些是正的外部性(外部经济性),有些是负的外部性(外部不经济性)。一般说来,对于外部不经济的产品,市场会生产过度;而对于外部经济

① [美]保罗·萨缪尔森,威廉·诺德豪斯. 经济学. 第16版. 北京:华夏出版社,1999:71.

的产品，市场又会生产不足。在经济分析中，要考察项目的外部性。因为，从整个经济的角度，不论是负的效果还是正的效果，都是有项目以后产生的实际的费用和效益，所以在经济分析中应当计入项目的费用或效益。项目所产生的外部经济性作为其间接（外部）效益；项目所产生的外部不经济性作为其间接（外部）费用。一个投资项目的外部性，从项目本身反映不出来，而反映在社会经济的其他部门、其他企业或其他环节。在经济分析中，必须充分考虑项目所产生的外部性，实际上，这也是经济分析的一个主要任务。

项目的外部性可以是有形的，也可以是无形的；有的可量化，有的则不易或不能量化。项目的间接费用是由于项目存在而使项目以外的主体所受到的全部损失，工业项目的“三废”对空气或水的污染就是一个比较典型的例子。工业生产过程中排泄的废物会给社会生产和社会生活带来损失，特别是给周围的农业生产和居民生活造成净损失。项目的间接效益是由于项目存在而使项目以外的主体所享有的利益，例如，在建设一个钢铁厂时修建了一条厂外铁路运输线，这条线路除为钢铁厂服务外，还可以为当地的生产和生活服务，降低了该地区的运输费用，使当地工业、农业和居民得益。又如，有一部分企业由于原材料供不应求而不能充分发挥生产能力，而有一个拟建项目所生产的产品正好属于这种原材料，这样，项目投产以后可缓解市场的紧张局面，使供需达到基本平衡，从而可以提高这部分企业的生产能力利用率，那么，这些企业所增加的效益，其中一部分应算作该项目所带来的间接效益。

从目前情况来看，对项目所带来的外部性还没有一种令人满意的统一的处理办法。但有一点已形成共识，即不能笼统地予以忽略。在进行经济分析时，要设法鉴别它们，如果确实重要，就要尽力衡量其大小。即使确实不能量化，也要阐述其内容，并作定性分析。所谓“不能量化”有两层含义：①已知要产生的但却无法定量的外部性；②不能估价的外部性。在实际工作中，定量和估价的困难通常是并存的。在经济分析中，这种非量化的外部性往往不可忽略。项目评估人员切不可认为可量化的结果比不可量化的结果更重要，因为这样可能会导致决策失误。项目评估报告一定要考虑重要的无法定量和不能估价的外部性，说明它们的性质和范围。虽然经济分析中的效益和费用不能体现这些外部性，但在综合分析中应当考虑到，在某些情况下，它们可能会影响判断和决策。有时，也可以把外部效果内部化，即生产者产生的外部费用或外部效益进入其生产决策，由他们自己承担或“内部消化”，以解决外部性的问题。

二、经济分析参数

经济分析参数是指在投资项目的经济分析中为计算费用和效益，衡量技术经济指标而使用的一些参数。制定经济分析参数，实际上也是政府干预的一种重要方式，所以，从理论上讲，经济分析参数应反映最佳的资源分配、宏观经济目标、政府价值判断和在一定时期的经济政策等。经济分析参数既是数量度量标准，也是价值判别标准，在经济分析中有着重要的作用，直接影响着一个投资项目评价和选择的结果。

原则上，经济分析参数对所有部门、地区和投资项目都应是一致的，只是在非常特殊的条件下才有可能不一致。例如，对于一些由于历史和自然条件等原因而比较落后的地区和那些国家急需发展的或从战略考虑比较重要的部门的投资项目，可能不用统一的经济分析参数。

经济分析参数随着时间进程而应当不断变化。在不同时期,政府有不同的价值判断、经济发展目标和经济政策,相应地应当有不同的经济分析参数。随着经济的发展,项目经济分析方法和理论体系的日臻完善,经济分析参数也要不断地进行测算和修订,力求达到资源的最佳配置,充分反映政府的价值判断、经济和社会发展的目标,以及一定时期的经济政策。

在经济分析中,经济分析参数主要包括社会折现率、影子汇率换算系数、影子工资换算系数和土地影子价格等。其中,社会折现率和影子汇率换算系数是经济分析中必须采用的。根据国家发展改革委员会、建设部发布的《关于建设项目经济评价工作的若干规定》的要求,经济分析中采用的社会折现率、影子汇率换算系数等,由国家发展改革委员会与建设部组织测定、发布并定期调整。有关部门(行业)可根据需要自行测算,补充经济分析所需要的其他行业参数,并报国家发展改革委员会与位建部备案。

(一)社会折现率

社会折现率是指项目经济分析中衡量经济内部收益率的基准值,也是计算项目经济净现值的折现率,是项目经济可行性和方案比选的主要根据。从这个意义上说,社会折现率是投资项目决策的重要工具。适当的社会折现率可以促进资源的合理分配,引导资金投向对社会经济净贡献大的投资项目。原则上,选取的社会折现率应能使投资资金的供需基本平衡。如果社会折现率定得过高,投资资金供过于求,将导致资金积压,也会过高估计货币的时间价值,使投资者偏爱短期项目;如果定得过低,在经济分析中有过多的项目通过检验,将导致投资资金不足,同时也会过低估计货币的时间价值,使投资者偏爱长期项目。

社会折现率应根据国家的社会经济发展目标、发展战略、发展优先顺序、发展水平、宏观调控意图、社会成员的费用效益时间偏好、社会投资收益水平、资金供给状况和资金机会成本等因素综合测定。根据国家发改委和建设部发布的《关于建设项目经济评价工作的若干规定》的要求,目前测定的社会折现率为8%;对于受益期长的投资项目,如果远期效益较大,效益实现的风险较小,社会折现率可适当降低,但不应低于6%。

(二)影子汇率

影子汇率在经济分析中将外汇折算为人民币,对于非美元的其他国家货币,可先按当时国家外汇管理局公布的汇率折算为美元,再用影子汇率折算为人民币。影子汇率影响投资项目决策中的进出口决策,间接影响项目的经济合理性。一般认为,在国家实行外汇管制和没有形成自由外汇市场的条件下,官方汇率(国家公布的正式汇率)往往低估了外汇的价值。所以,经济分析中必须对官方汇率进行调整,选用较能反映外汇真实经济价值的影子汇率,即外汇的机会成本。外汇的机会成本是在一定的经济政策和经济状况下,由于项目投入或产出而减少或增加外汇收入而给社会经济带来的净损失或净效益。对于投入物来讲,是指因为投入1美元的外汇,国家实际要支付或国家要消耗多少人民币;对产出物来讲,是指因为增加1美元的外汇,国家实际所得到的人民币收入。影子汇率通过影子汇率换算系数计算,影子汇率换算系数是影子汇率与国家外汇牌价的比值。影子汇率应按下式计算:

影子汇率 = 外汇牌价 × 影子汇率换算系数

根据我国外汇收支、外汇需求、进出口结构、进出口关税、进出口增值税及出口退税补贴等情况，目前我国的影子汇率换算系数取值为1.08。

(三)影子工资

在经济分析中，用影子工资度量劳动力费用。影子工资是指拟建项目使用劳动力，而使社会为此而付出的代价。影子工资由两部分组成：一是劳动力的机会成本，即由于所分析项目的建设而使其他部门流失的劳动力的边际产出；二是因劳动力就业或转移所增加的社会资源消耗，如交通运输费用、城市管理费用和安家补偿费等。这些资源是因项目存在而消耗的，但并没有因此提高劳动力的生活水平。

在经济分析中，以影子工资作为劳动力费用，并计入经营费用。从理论上讲，影子工资包括劳动力的机会成本和社会为劳动力的就业或转移所消耗的资源价值。但实际上，劳动力的机会成本是很难计算的，即难以准确地计算出已有的边际劳动力产品，至于后一部分的估算就更加困难了，因为在项目评估阶段，难以预测项目建成或投产时会增加多少社会资源的消耗。所以，一般以财务分析中的现行工资及福利费为基础，乘一个影子工资换算系数，即变换为影子工资。影子工资换算系数是指影子工资与项目财务分析中劳动力工资的比值。影子工资可按下式计算：

影子工资 = 财务工资 × 影子工资换算系数

选用影子工资换算系数应坚持的原则为：一般的项目，可选用1.0，对于某些特殊项目，在有充分依据的前提下，可根据项目所在地的劳动力的充裕程度，以及项目技术的特点，适当提高或降低影子工资换算系数，即或者大于1.0，或者小于1.0。若是项目所在地区就业压力大，或所用的劳动力大部分是非熟练劳动力，那么可取小于1.0的影子工资换算系数，如可取0.2~0.8的影子工资换算系数。因为在这种情况下，劳动力的机会成本是相对比较小的。若是占用大量短缺的专业技术人员的投资项目，可取大于1.0的影子工资换算系数。因为在这种情况下，劳动力的机会成本相对比较大，为培训、转移所消耗的社会资源也较多。上述只是给出一个范围，在确定一个具体数值时，还要由项目评估人员根据项目的特点和项目环境，按照上述原则进行分析和选择。根据国家发改委和建设部发布的《关于建设项目经济评价工作的若干规定》的要求，可选择0.5作为非熟练劳动力影子工资换算系数。

第三节　费用和效益的鉴别与度量

一、费用和效益鉴别与度量的原则

(一)费用和效益鉴别的原则

费用与效益的鉴别应遵循以下原则：

1. 增量分析的原则

项目经济分析应建立在增量费用和增量效益鉴别与计算的基础之上，不应考虑沉没成本和已实现的效益。应按照“有无对比”增量分析的原则，通过项目的实施效果与无项目情况下可能发生的情况进行对比分析，作为计算机会成本或增量效益的依据。

2. 考虑关联效果的原则

项目经济分析应考虑项目投资可能产生的其他关联效应。

3. 以本国居民作为分析对象的原则

对于跨越国界对本国之外的其他社会成员产生影响的项目，应重点分析对本国公民新增的费用和效益。项目对本国以外的社会群体所产生的效果，可进行单独陈述。

4. 剔除转移支付的原则

转移支付代表购买力的转移行为，接受转移支付的一方所获得的效益与付出方所产生的费用相等，转移支付行为没有导致新增资源的发生。在进行经济分析时，一般不得再计算转移支付的影响。

（二）费用和效益度量的原则

费用与效益的度量应遵循以下原则：

1. 支付意愿原则

项目产出物的正面效果的计算遵循支付意愿原则，用于分析社会成员为项目所产生的效益愿意支付的价值。

2. 受偿意愿原则

项目产出物的负面效果的计算遵循接受补偿意愿原则，用于分析社会成员为接受这种不利影响所得到补偿的价值。

3. 机会成本原则

项目投入的经济费用的计算应遵循机会成本原则，用于分析项目所占用的所有资源的机会成本。机会成本应按资源的其他最有效利用所产生的效益进行计算。

4. 实际价值计算原则

项目经济分析应对所有费用和效益采用反映资源真实价值的实际价格进行计算，不考虑通货膨胀因素，但应考虑相对价格变动。

二、费用的鉴别与度量

鉴别和度量费用有以下四种情况：

（一）因项目建设而增加项目所需投入物的社会供应量

因项目大量使用投入物，可能促使社会通过增加生产量来满足这种需求。也就是说，社会为满足增加的需求量消耗了有限的资源。项目所需投入物所带来的费用是为增加社会供给量所消耗的资源的真实成本，也就是作为项目投入物的资源的机会成本。

（二）减少对其他相同或类似企业的供给量

项目所需的投入物可能是由减少对其他企业的供应量而转移过来的。在这种情况下，项目的费用就是这些其他企业因减少该种投入物的供应量而相应减少的产量用影子价格计算的边际效益。

（三）增加进口或减少出口

增加进口是指投资项目建设使国家不得不增加进口，以满足项目对投入物的需要。

在这种情况下,项目的费用可看作是国家为增加进口而多支付的外汇。减少出口是指因项目使用了国家准备用来出口的商品作为投入物,从而减少了国家的出口量。在这种情况下,项目的费用可看作是国家因减少出口而损失的外汇收入。

（四）间接费用

如上所述,经济分析中的间接费用是指负的外部性(也即外部不经济性),如项目对自然环境和生态环境造成的损害、项目产品大量出口从而引起该种产品出口价格下降等。对自然环境造成的损害主要是指环境污染所造成的价值损失。环境污染有空气污染、水污染、固体废物的堆积和噪音造成的污染等,环境污染造成的损害包括健康状况的变化、空气或水污染对基础设施的破坏、美学效益下降或娱乐机会的丧失以及产量的变化等。对生态环境造成的损害主要是指对区域生态环境破坏所造成的价值损失,例如,为一个水产项目所进行的土地清理可能需要对湿地进行改造,导致鸟类栖息地减少和水质退化等。

对于项目所造成的环境破坏的价值损失,首先要进行鉴别,确认项目与环境影响之间的函数关系;然后对环境影响赋予货币价值。当然,对所造成的损失,能用货币量化的尽可能量化,并计入与项目效益对应的费用项中;量化确实有困难的,可做定性分析,如果破坏确实严重,可以通过定性分析结果否定该项目。传统的量化方法有三个:①计算为了清除污染或减少污染社会所消耗的资源的价值,作为项目的间接费用;②计算由于环境污染导致的其他企业或有关单位和人群的效益下降值作为项目的间接费用;③计算项目为其产生的污染所支付的赔偿金和罚款等,作为项目的间接费用。

随着环境经济学的发展,环境影响评价的方法也趋于完善。目前,主要有客观估价法和主观估价法两种方法。客观估价法的依据是能够量化的技术和/或实物量关系。它依赖于客观的环境变化以及货物或服务的市场价格或支出。主观估价法的依据是行为关系或揭示的关系,通常使用替代指标来估价。

估价方法的选择取决于需要估价的环境影响的类型、可获得的数据、时间约束、可使用的资金量和估价工作的社会文化背景等。在实际的经济分析中,往往选择客观估价法。以下介绍几种比较适用的客观估价法:

1. 生产力下降

一个项目可能会提高或降低其他生产系统的生产能力,在这些情况下,估价就非常简单。如把沿海湿地改建成工业区,导致了部分依靠湿地的沿海渔场捕鱼量下降,用货币价值表示减少的捕鱼量是该工业开发项目所产生的经济外部效果,用这部分价值减去因为捕鱼量下降而减少的生产费用即为项目的经济费用。有时,项目影响的不是产量,而是生产或消费的费用增加,如一个项目排放的污染物可能会导致周围的建筑物维护费用的增加等,在进行经济分析时,这部分费用就应作为该项目的一项间接(外部)费用。

2. 剂量—反应

有些项目可能会减少死亡率和发病率,从而产生健康效益,如卫生保健项目、增加应用水项目、改善污水收集和处理系统,以及减少车辆排放污染物的项目等;而其他一些项目可能会无意中给健康带来严重的负面影响,如,扩大现有生产规模或建立一个新项目,可能在为投资者产生经济效益的同时,也会导致一些不良的环境外部效果。对于涉及空气污染的情况,分析人员经常使用剂量—反应关系将周围空气污染量的变化与其对健康的影响联系起来。剂量—反应关系是空气中某些污染物的污染量与健康状况差异之间统计上的估计关系,健康状况的差异可以用生病状况、丧失的工作日等来度量。当然,对于水污染所造成的健康方面的负面影响也可以采用这种方法。

3. 基于成本的方法

基于成本的方法是指利用有关成本的信息得出一些有用的结果,如考虑某种环境问题的变化对社会经济带来的潜在费用(或效益)时,利用减少或避免这种影响所需要支出的费用,或者取代这种环境影响所提供的服务所需要的费用。这种方法隐含两个假设,即①预期的实物损害的性质和程度是可以预测的;②取代或者恢复这种被损害的资产的费用可以准确地估算出来。基于成本的方法包括替代成本法、重新安置成本法和机会成本法等。替代成本法关注的是污染造成的潜在损害成本,它通过对替代或恢复污染将造成的损害所需费用进行预先的工程估算或财务估算,来计算污染所引起的费用增加。替代成本法适用于有形资产损害所引起的费用增加。重新安置成本法类似于替代成本法,但又不同于替代成本法。它是用估算因环境损害而被迫对某资产进行重新安置的成本来计算环境污染所带来的费用增加。机会成本法是指用因为保护某种特殊的资源而放弃其他开发方案所受的损失来计算环境污染所带来的费用增加。

4. 无形影响的度量

项目的无形影响是指项目实施可能会引起生态系统的变化,或者对独特的自然景观、历史或文化遗址造成影响,或者可以产生一些娱乐效益损失等。在实践中,项目的无形影响越来越多,也越来越重要。这些影响的度量可能是比较困难的,但有时是必须要做的,并且有时是可以做到的。对于项目的无形影响,能量化的应尽量量化,一般可以进行定性分析。

三、效益的鉴别和度量

鉴别和度量效益有以下四种情况:

(一)项目投产后增加社会总的供给量

项目投产后所生产的产品,可能会增加国内的最终消费品或中间产品。从理论上讲,其效益要用消费者或用户的愿支付价格度量。在目前情况下,这种愿支付价格不易确定,可以用依据调价方法调整后的价格度量。当然,在经济分析中,只要稍做努力就可以确定愿支付价格时,还是要用愿支付价格度量。

(二)项目投产后减少了其他相同或类似企业的产量

项目投产后所生产的产品,可能并没有增加整个社会经济的该种产品的数量,而是替代了其他企业的相同或类似产品,使其产品减少了同等数量。从理论上讲,此种情况下的项目效益是被替代企业因为停产或减少产量而节省的资源价值。这些资源的价值也应当用愿支付价格度量。实际的度量方法可参照在第一种情况中所论述的方法。

(三)增加出口或减少进口

增加出口是指因项目投产后生产的产品而增加了国家出口产品的数量。在这种情况下,项目效益是国家因此而增加的外汇收入。减少进口是指项目投产后生产的产品可以替代进口产品,减少国家等量产品的进口。在这种情况下,项目效益是国家因此而节省的外汇。

(四)间接效益

如上所述,在经济分析中的间接效益是指正的外部性(也即外部经济性)。一个投资项目间接效益的表现形式是多种多样的,在经济分析中所考虑的间接效益主要包括以下几个方面:

1.技术培训和技术推广

在某个地区建设一个使用新工艺或新技术的投资项目,会培养和造就数量众多的工程技术人员和管理人员,这些人才所带来的效益,大部分为项目所吸收,但因为人才的流动、技术的交流,这些人才可能会给该地区,乃至整个社会经济的发展带来好处。这部分间接效益比较容易鉴别,但很难量化,在经济分析中一般可只作定性分析。

2.给"上、下游"企业带来的效益

"上游"企业是指为项目提供原料或半成品的企业;"下游"企业是项目为其提供原料或半成品的企业。之所以会给"上、下游"企业带来效益,这是由于项目的"联系效应"所致。所谓"联系",是指一个部门(或项目)在投入或产出上与其他部门(或项目)之间的关系。一个部门(或项目)和向他提供投入的部门(或项目)之间的联系称作"后向联系",也就是项目与"上游"企业的联系;一个部门(或项目)和吸收他的产出的部门(或项目)之间的联系称作"前向联系",也就是项目与"下游"企业的联系。我们把项目与"下游"企业的联系产生的效果称为"前联"效果,把项目与"上游"企业的联系产生的效果称为"后联"效果。产生"前联"效果的项目,一般是指基础工业项目,如原材料工业、能源工业、交通运输业项目等。在整个社会经济中,可能由于原料产品或中间产品缺乏会使一大批有效益的加工和制造项目失去了投资的机会,而所评价的基础工业项目投产后,会给这些项目创造投资和取得效益的机会。产生"后联"效果的项目,一般是指加工和制造工业项目,此类项目的建立会刺激和鼓励那些为他提供原料或半成品的工业发展。项目的"前联"和"后联"效果,也即项目对"上、下游"企业产生的效益,主要表现在以下两个方面:

(1)项目投产后,使"上、下游"企业闲置的生产能力得以充分利用而增加了净效益。如某投资项目,在建设之前,因为为其提供原材料的企业产品的市场需求不足,因而不能充分利用现有的生产能力。该项目投产后,增加了市场需求量,使得"上游"企业提高了生产能力利用率,增加了净效益。

(2)项目投产后,使"上、下游"企业的生产规模达到了规模经济。特别是"上游"企业,因为为了满足对投入物所增加的需求量,不得不增加该种产品的供给,从而使其增加生产规模,达到规模经济。

项目对"上、下游"企业产生的效益是非常复杂的,在鉴定时要进行充分的分析和论证。对于第一个方面的表现要有两个条件:一是未被利用的生产能力是国内需求不足或供给不足所致,除采取拟建投资项目投资措施外,并没有其他办法可以提高需求量或增加供给;二是只考虑整个项目生产期内这种闲置生产能力被利用所增加的净效益。

对于第二个方面的表现也要有两个条件:一是"上游"和(或)"下游"企业的生产规模处于规模不经济状态;二是"上、下游"企业达到规模经济除采取拟建投资项目投资措施外,别无其他途径可以使其达到规模经济状态。

从实践来看,在计算"上、下游"企业的效益时,往往重视第一个方面的表现,因为它可能产生较大的可量化的间接效益,而对第二个方面的表现可忽略不计,因为对其鉴别和度量比较困难,产生的影响,用数量表示又不是很明显。除非情况特殊,一般不值得花很大的精力考察这部分间接效益。

四、项目外部效果范围的界定

由于项目外部效果影响的复杂性和多重性,很多外部效果给社会带来的影响,不论是正的影响还是负的影响,可能会在很久以后才显现出来,有时甚至会在项目运营期已经结束的情况下才开始显现。类似地,项目外部效果影响的空间范围往往也会超过项目自身的地理边界,甚至会跨越国界。因此,在经济分析时要解决项目外部效果影响空间和时间范围界定的问题。

(一)项目外部效果的空间范围

在进行经济分析时,要充分考虑项目外部效果的空间范围,这是基于如下两个方面的考虑:①更加准确地确定项目的外部效果;②是否值得界定更大范围的外部效果。如在计算项目给"上、下游"企业带来的效益时,往往重视第一个方面的表现,因为它可能产生较大的可量化的效益,而对第二个方面的表现可忽略不计,因为其鉴别和度量比较困难,产生的影响用数量表示又不是很明显。除非情况特殊,一般不值得花很大的精力考察这部分效益。另外,如在只考虑一部分可以量化的间接(外部)效益时,项目的效益已经足够证明其经济合理性,则没有必要投入更多的资源来量化其余的间接(外部)效益。

(二)项目外部效果的时间范围

在实践中,项目所产生的外部影响与项目的寿命期可能相同,也可能不相同,不是大于项目的寿命期,就是小于项目的寿命期。如果是相同的,或者小于项目的寿命期,外部影响应该包括在标准的或正常的经济分析中,如果大于项目的寿命期,就必须延长时间范围。可以采取如下两种方法:①增加现金流量分析的年限;②将超过项目寿命期的外部影响的资本化价值补充到项目寿命期的最后一年。

五、转移支付

如前所述,在鉴别和度量效益与费用时,要剔除"转移支付"。转移支付是指货币资金在不发生相应货物和服务交换的情况下,在一国居民间的转移。或者说,它们将一部分资源的支配权从一些人手中转移到另一些人手中,同时不增加也不减少经济整体(系统)可用的资源总量。在投资项目的经济分析中,"转移支付"是指那些既不需要消耗经济资源,又不增加经济收入,只是一种归属权转让的款项,也可以说,涉及投资项目时的转移支付,是指项目费用或效益在项目实施机构向本国其他群体或个人的再分配,主要包括税金、补贴、国内借款及利息等。

(一)税金

税金是企业或个人向政府的转移支付。列为转移支付的税金包括税金及附加、房产税、土地使用税和车船使用税等。在财务分析中,房产税、土地使用税和车船使用税在管理费用中列支,计为项目的支付;税金及附加是企业拿出按营业收入的一定比例计算的款项上缴给国家财政,也是项目的支付。但经济分析是站在社会经济角度考察项目的，以是否增加社会经济的资源消耗或增加社会经济收入价值来判定费用或效益的，各种税金支付，实际上并不耗费任何资源，只是项目所在部门把这笔款项转付给财政部门。因而在经济分析中，这些税金一般不应列入项目的费用，否则就会高估项目的经济代价，从而降低项目的效益。但有一些税金往往是校正项目外部效果的一种重要手段，这类转移支付不可剔除，可以用于计算外部效果。

（二）补贴

补贴是从政府向个人的转移支付，在经济分析中，补贴是指根据国家政策的规定给某种产品的价格补贴。我国在价格体系不合理的条件下，往往采取价格补贴的方式，鼓励人们消耗或购买某种产品。这种补贴，对作为使用者的项目来讲，它少支付了相当于补贴金额的款项，意味着项目降低了成本，增加了效益。因此，在财务分析中，这部分价格补贴金额表现的是项目的效益。但从社会经济角度考察项目，可以看出，为生产这些包含价格补贴的产品所消耗的资源并没有因价格补贴而减少，社会经济收入也没有因此而增加。所以，这种补贴实质上是与税金方向相反的转移支付。因而在经济分析中，一般不应把这种补贴作为项目的效益，以免低估项目的经济代价，人为地增加项目的效益。但与税金一样，作为校正项目外部效果手段的补贴不可剔除，可以用于计算外部效果。

（三）国内借款及利息

国内借款及其偿还是一种转移支付，因为借款及还款并不存在资源的消耗，只是资源在金融机构和项目实施机构之间的转移。借款表示资源的所有权从金融机构转移给借款一方；还借款时，借款一方又把资源的所有权转移给了金融机构。在财务分析中，国内贷款利息是作为项目的费用来处理的，但从社会经济角度考察项目，它也属于一种转移性支付，即由项目拿出一部分款项转付给国内的金融机构。这种转付并没有因此而增加社会经济的收入或增加社会经济的资源消耗。因而，在经济分析中，不应把国内贷款利息列入项目费用。

第四节　价格调整

一、货物影子价格

价格是经济分析中的一个关键因素，是度量项目费用和效益的统一尺度。价格合理与否关系到费用和效益计算的正确性，从而关系到分析结果的客观性。合理的价格应当是反映市场供求关系和资源稀缺程度，使资源得到合理配置的价格。随着我国经济发展、市场化水平的不断提高和贸易范围的不断扩大，相当一部分产品的现行价格基本反映了市场供求关系和资源的稀缺程度，但仍然有一部分产品的现行价格不反映或不完全反映上述因素，原因有以下三点：

1. 历史原因

为了鼓励工业的优先发展，工业产品，特别是加工工业产品的价格定得偏高。随着劳动生产率的提高，工业产品的社会劳动消耗不断下降，而与此同时，有些资源（如能源、木材和矿物等初级产品）相对紧缺，且开采条件逐渐恶化，社会劳动消耗不断增加，但价格调整不及时，致使加工工业产品的价格偏高，而原材料、能源等初级产品的价格偏低。尽管我国政府不断采取政府干预的方式，提高原材料、能源等初级产品的价格，但相对于加工工业产品的价格，这些产品的价格还是普遍偏低。

2. 政府补贴

我国政府为了保障人民的基本生活，对一些生活必需品如水、煤气等实行相对的低价供应，政府为此每年需提供大量补贴。这些物品的低价格使人们低估了它们的边际社会效益。

3. 关税保护

多年来，政府为了扶持某些行业（如汽车、计算机等）的发展，对这些工业产品实行进口限制或征收比较高的进口关税，以维持相对较高的国内市场价格。尽管我国已经加入世界贸易组织，所有产品和服务的价格都将要与国际市场接轨，但对某些产品和服务还要提供一定时期和一定程度的关税保护。

如果用这样的“失真”价格来分析、评价项目，往往会得出不正确的结论。因为在一个价格被“扭曲”了的市场上，由于价格体系的失真，采用现行市场价格进行经济分析的结果，不足以反映一个投资项目对社会经济的贡献。所以，在经济分析中，要用合理的价格对投入物和产出物的现行价格进行调整，这种合理的价格，我们借助经济数学的定义，称其为影子价格。

影子价格的概念是 20 世纪 30 年代末、40 年代初由荷兰数理经济学、计量经济学创始人之一詹恩 · 丁伯根和苏联数学家、经济学家康特罗维奇分别提出来的。原来意义上的影子价格是指当社会经济处于某种最优状态时，能够反映社会劳动的消耗、资源稀缺程度和对最终产品需求情况的价格。也就是说，影子价格是人为确定的，是比市场交易价格更为合理的价格。这里所说的“合理”的标志，从定价原则来讲，应当能更好地反映产品的价值、市场供求关系和资源的稀缺程度；从产生的效果来讲，应当能使资源配置向优化的方向发展。

这种原来意义上的影子价格是通过线性规划计算出来的，规划从优化资源配置出发，本身并不含资源的价格，但由于对偶规划的存在，一旦实现了资源的最佳配置，各种资源的最优计划价格也就如影随形地产生了。这就是影子价格这一用语的由来，也就是我们通常所说的“影子价格是线性规划对偶解”的含义。这种求影子价格的方法在理论上比较严密，但因为受各方面条件的限制，很难用这种方法计算出来。根据国外的一些做法和我国的实际情况，一般以口岸价格（国际市场价格，下同）为基础确定投入物和产出物的影子价格。

二、调价范围和货物的划分

（一）价格调整的理论基础

在投资项目的经济分析中，需要进行价格调整。在我国目前的市场经济条件下，产品市场不能达到普遍的完全竞争，现行市场价格就不可能反映这些产品的社会价值，那么在进行经济分析时，就必须调整市场价格，使之达到社会最优。同样，如果要素市场不能实现普遍的完全竞争，要素的市场价格就不能反映它们对社会的机会成本，从而实现不了社会的最优状态。如劳动力这样的闲置资源可能被估价过高,资本和外汇这样的稀缺资源可能被估价过低。因此,市场价格必须校正,直到能正确反映这些资源的社会价值。如上所述,从理论上讲,产出物的现行市场价格一般用愿支付价格进行调整,投入物的现行市场价格用机会成本进行调整。但这种理想化的价格调整,将耗费大量的时间和资金,所以,在实际的经济分析中,我们一般考虑用接近合理的价格代替现行的市场价格。

（二）价格调整的范围

如上所述,由于国内的现行价格不能保证都是合理价格,因此需要在进行经济分析时对投入物和产出物的价格进行调整。这里所说的价格不合理,指的是现行价格体系不合理,并不否认有些产品的价格基本合理。另外,有些投入物和产出物在项目的费用和效益中占的比重较大,调整其价格对项目的总费用量或总效益量影响比较大;而有些投入物和产出物在项目的费用和效益中占的比重较小,调整其价格对项目的总费用量或总效益量影响比较小。因此我们可以得出结论,即并不是每一种投入物和产出物都要调价,而是有一个大致的范围,即有两个约束条件:一是价格严重不合理;二是在总费用或效益中占的比重较大。只有符合这两个条件的投入物和产出物,才需要调整其价格。

（三）货物的划分

调整价格就是把不合理的现行价格调整为基本合理的价格——影子价格。在确定影子价格时,我们把项目的投入物和产出物划分为可外贸货物、不可外贸货物和特殊投入物三种类型。

可外贸货物是指其生产、使用将直接或间接影响国家进出口水平的货物。可外贸货物包括所有的外贸货物,以及我国在自由贸易条件下可以进口或出口,但却由于存在诸如进口关税这样的贸易壁垒而不能进口或出口的货物。产出物中包括直接出口、间接出口(替代其他企业的产品使其增加出口)或替代进口;投入物中包括直接进口、间接进口(占用其他企业的投入物使其增加进口)或减少出口(占用原可用于出口的国内产品)。

不可外贸货物是指其生产或使用不影响国家进出口水平的货物。除基础设施产品和服务外,它还包括受运输、贸易政策等条件限制不能进行外贸的货物。也可以说,不可外贸货物是指就其性质而言无法外贸的货物,或者是指从经济上讲外贸不合算的货物。

特殊投入物包括劳动力、土地和自然资源。

三、可外贸货物影子价格的确定方法

影子价格属于重要的国家参数,一般应由国家权威机构测算并发布。但作为可投入和产出的货物成千上万,因受各方面条件的限制,不可能测算出所有的投入物和产出物的影子价格,大部分还需要项目评估人员自己进行测算。为此,需要了解确定影子价格的基本方法,特别是可外贸货物影子价格的确定方法。

（一）产出物(以出厂价计算)的定价方法

属于可外贸货物的产出物包括直接出口的产出物、间接出口的产出物和替代进口的产出物等。其影子价格的计算公式为：

产出物的影子价格(出厂价)=离岸价格(FOB)×影子汇率-出口费用

式中:离岸价格(FOB)是指出口货物运抵我国出口口岸交货的价格;出口费用是指货物进出口环节在国内所发生的所有相关费用,包括运输费用、储运、装卸、运输保险等各种费用支出及物流环节的各种损失、损耗等。

(二)投入物(以进厂价计算)的定价方法

属于可外贸货物的投入物包括直接进口的投入物、间接进口的投入物和减少出口的投入物等。其影子价格的计算公式为：

投入物的影子价格(到厂价)=到岸价格(CIF)×影子汇率+进口费用

式中:到岸价格(CIF)是指进口货物运抵我国进口口岸交货的价格,包括货物进口的货价、运抵我国口岸之前所发生的境外的运输和保险费;进口费用是指货物进出口环节在国内所发生的所有相关费用,包括运输费用、储运、装卸、运输保险等各种费用支出及物流环节的各种损失、损耗等。

四、不可外贸货物影子价格的确定方法

(一)产出物的定价方法

不可外贸产出物影子价格的确定有以下两种情况：

第一种,增加供应数量满足国内消费的产出物。供求均衡的,按财务价格定价;供不应求的,参照国内市场价格并考虑价格变化的趋势定价,但不应高于相同质量产品的进口价格;无法判断供求情况的,取上述价格中的较低者。

第二种,不增加国内供应数量,只是替代其他相同或类似企业的产出物,致使被替代企业停产或减产的。质量与被替代产品相同的,应按被替代企业相应的产品可变成本分解定价;提高产品质量的,原则上应按被替代产品的可变成本加提高产品质量而带来的社会经济效益定价。其中,提高产品质量带来的效益,可近似地按国际市场价格与被替代产品的价格之差确定。

产出物按上述原则定价后,再计算为出厂价格。

(二)投入物的定价方法

不可外贸投入物影子价格的确定有以下三种情况：

第一种,能通过原有企业挖潜(不增加投资)增加供应的,按可变成本分解定价。

第二种,在拟建项目计算期内需通过增加投资扩大生产规模来满足拟建项目需要的,按全部成本(包括可变成本和固定成本)分解定价。当难以获得分解成本所需要的资料时,可参照国内市场价格定价。

第三种,项目计算期内无法通过扩大生产规模增加供应的(即只能减少原用户的供应量),参照国内市场价格与国家统一价格加补贴(如有时)中较高者定价。

投入物按上述原则定价后,再计算为进厂价格。

(三)不可外贸货物的成本分解方法

1.成本分解方法的基本原理

测算不可外贸货物的影子价格,分解成本方法是一种重要的方法。用分解成本作为某些产出物或投入物的影子价格,是基于如下的判断：

(1)口岸价格基本代表了国际市场价格,国际市场价格是基本合理的价格,对现行价格进行调整,应以口岸价格为基础。

(2)外贸货物的影子价格以口岸价格为基础进行测算,不可外贸货物也必须以相同的基础来估价,以保证每种产出物和投入物都始终以相同的基础进行估价。当然,不可外贸货物不能直接以口岸价格为基础定价,因为它们不是外贸品。但生产不可外贸货物所用的原材料、零部件、燃料、动力等可能有外贸货物。

为了符合上述的判断,要对不可外贸货物的财务成本进行分解,并分别对各生产费用要素进行调价,其中的外贸货物以口岸价格为基础,按照外贸货物的调价方法调价,不可外贸货物用规定的方法调价。

用成本分解法测算影子价格的不可外贸货物,在产出物中仅包括项目产品替代其他同类企业产品,致使被替代企业停产或减产的情况;或在投入物中,除减少原用户的供应量的情况外,通过现有企业挖潜和通过增加投资扩大生产规模来满足项目对投入物的需求的情况,都要用成本分解方法调价。分解成本可分解变动成本,还可分解总成本。对于上述的产出物和通过现有企业挖潜满足项目投入物需求的情况,用分解变动成本的方法调价;对通过增加投资扩大生产规模满足项目投入物需求的情况,则用分解总成本的方法调价。

2. 成本分解的程序

分解成本,首先,对所分解的投入物或产出物按现有生产该种物品的企业的成本费用要素进行分解,并剔除其中的税金,因为税金属于转移性支付,不计入物品的费用。这里的税金主要是指包括在成本中的房产税、土地使用税、车船使用税、进口原材料的关税、进口增值税等。其次,对分解出来的原材料、燃料、动力及其他物料投入进行分类,分为外贸货物、不可外贸货物、特殊投入物,并按规定的各自调价方法分项进行调价。其中重要的是,在总费用中占比重较大的属于不可外贸货物的物料投入要进行第二轮分解。再次,调整在生产费用中的折旧和流动资金贷款利息。因为折旧是用静态方法计算出来的,并且作为计算基础的建设投资是没有调过价的,对其调整就是要用调过价的建设投资作为计算基础并以动态方法进行计算。流动资金贷款利息调整是基于这样的考虑:在原成本费用中,利息是按照没有调过价的流动资金计算的,所用的利率是现行利率,对其调整,就是要按调过价的流动资金和社会折现率来重新计算。

成本分解的具体步骤为:

(1)按费用要素列出某种不可外贸货物的财务成本、单位货物的建设投资额及流动资金,并列出该项目的建设期限、建设期各年的投资比例。

(2)剔除上述数据中包含的税金。

(3)对外购原材料、燃料和动力等投入物的费用进行调整。其中有些可直接使用给定的影子价格或换算系数。对重要的外贸货物应自行测算其影子价格,重要的不可外贸货物可留待第二轮分解。有条件时,也应对投资中某些占比例较大的费用项目进行调整。

(4)工资及福利费和其他费用原则上不予调整。

(5)计算单位货物总投资(包括建设投资和流动资金)的资金回收费用(M),对折旧和流动资金利息进行调整。计算公式为:

$$M=(I-S_V-W)(A/P,i_s,n_2)+(W+S_V)i_s$$

又因为

$$I=I_F+W$$

故上式也可写为

$$M=(I_F-S_V)(A/P,i_s,n_2)+(W+S_V)i_s$$

当 $S_V=0$ 时，则

$$M=I_F(A/P,i_s,n_2)+Wi_s$$

式中：I——换算为生产期初的全部投资；

I_F——换算为生产期初的建设投资，按可变成本分解时，I_F 为零；

W——流动资金占用额；

S_V——计算期末回收的固定资产余值；

i_s——社会折现率；

n_2——生产期。

可由下式求得 I_F：

$$I_F=\sum_{t=1}^{n_1}I_t(1+i_s)^{n_1-t}$$

式中：I_t——建设期第 t 年调整后的建设投资；

n_1——建设期。

(6)必要时对上述分解成本中涉及的重要的不可外贸货物进行第二轮分解。

完成以上各步骤之后，即可得到该种货物的分解成本。

成本分解方法是比较复杂的，如果项目评估人员掌握充分的资料，可以采取成本分解法为相应的不可外贸货物定价；如果项目评估人员缺乏必要的资料，可以放弃这种方法，而考虑以下方法：①如果项目处于竞争性市场环境中，可以采用市场价格作为计算项目投入物或产出物的影子价格的依据；②如果项目的投入和产出的规模很大，项目的实施足以影响其市场价格，导致“有项目”与“无项目”两种情况下市场价格不一致，可以取二者的平均值作为测算影子价格的依据。

五、特殊投入物影子价格的确定方法

（一）劳动力影子价格的确定方法

劳动力影子价格即为劳动力的影子工资。计算公式为：

劳动力的影子价格＝财务分析中所用的工资及福利费×影子工资换算系数

影子工资换算系数由国家统一测定发布。如前所述，影子工资换算系数的大小取决于项目所在地区劳动力的充裕程度以及项目所用劳动力的技术熟练程度。项目所在地区劳动力越充裕，项目所用劳动力的技术熟练程度要求越低，影子工资换算系数越低，反之亦然。这里需要注意如下三个方面的问题：

第一，并不是所有的投资项目在进行经济分析时，都要用影子工资换算系数进行换算。如果工资部分在项目的总成本中占有较大的份额，并且是劳动力密集型投资项目时，就必须用影子工资换算系数进行换算，把财务分析中的实际工资额换算成劳动力的真实费用；如果工资部分相对于成本中的其他部分所占的份额很小时，可能就没有必要进行换算了。

第二,计算劳动力的影子价格是一个比较复杂的工作过程,得出一个很精确的数值是非常困难的。因此,可以先根据有限的数据估算出一个大致的近似值,然后再对影子工资(近似值)进行敏感性分析。如果这个分析表明,一个投资项目的经济内部收益率对于影子工资的变化不是太敏感,可以不去做进一步的精算;如果一个投资项目的经济内部收益率对于影子工资相对来说比较敏感,就可能要进一步精算,以计算出劳动力的真实费用。

第三,有些投资项目可能涉及从国外雇佣熟练劳动力——管理人员、专业技术人员和技术工人等,向他们支付的所有费用都有机会成本。流向国外的支付款项(包括工资和福利)是一种国外支付,应按实际发生的费用考虑。

(二)土地影子价格的确定方法

土地影子价格是指项目使用土地资源而使社会付出的代价。土地作为投资项目的一项投入,社会经济为此而付出的代价为增加的资源消耗和土地的机会成本。因此,土地影子价格可用社会经济为项目使用土地而增加的资源消耗和土地的机会成本来度量。土地影子价格应按下式计算:

$$土地影子价格 = 土地机会成本 + 新增资源消耗$$

社会经济为土地投入而增加的资源消耗是指该项投资项目所支付的拆迁补偿费和安置补助费等。无项目,不会发生这部分支付;有项目,这部分资源的消耗不可避免。这部分费用在项目的投资中已经支付,经济分析中仍作为费用处理。

对于土地的机会成本有两种考虑:若投入的土地除该投资项目使用外,别无其他潜在用途(如该土地是荒山秃岭),则土地作为一种投入,其机会成本为零;若投入的土地还可做他用,则土地作为一种投入,其机会成本为已不能再作他用所放弃的净效益。与项目的其他物料投入的机会成本是已不再做他用所放弃的效益不同,土地的机会成本是放弃的净效益。因为其他物料投入作为项目的投入物,既要有费用发生,又要产生效益,而做他用也要有费用发生,有效益产生。取得的效益与放弃的效益中都包括一定比例的费用,所以具有可比性。但是,土地不同,作为一项投入物,它只会产生效益,而不会因此发生费用,而放弃的效益中包括一定比例的费用,这样取得的效益与放弃的效益没有可比性。若把土地的机会成本定义为所放弃的效益,就人为地增加了土地费用。

土地影子价格可根据项目占用土地所处地理位置、项目实际情况以及取得方式的不同分别确定,具体可做如下处理:

第一,通过招标、拍卖和挂牌出让方式取得使用权的国有土地,其影子价格应按财务价格计算;

第二,通过划拨、双方协议方式取得使用权的土地,应分析价格优惠或扭曲情况,参照公平市场交易价格,对价格进行调整;

第三,经济开发区(包括高新技术开发区等)优惠出让使用权的国有土地,其影子价格应参照当地土地市场交易价格类比确定;

第四,当难以用市场交易价格类比方法确定土地影子价格时,可采用收益现值法或以开发投资应得收益加土地开发成本确定。

在经济分析中,以收益现值法计算土地的影子价格作为土地费用有两种处理方法:一是计算项目占用土地期间各年净效益的现值之和,作为一项土地费用计入项目的建设投资中;二是将各年的净效益现值之和换算成等值效益,作为项目每年的费用。一般采用第一种处理方式。

【例】 某拟建投资项目,建设期 3 年,生产期 17 年,占用水稻耕地 100 公顷,占用前 3 年平均每公顷产量为 7.5 吨,每吨收购价格 1 000 元,出口离岸价格预计为每吨 180 美元。设从建设期开始,该地区的水稻年产量以 4% 的速度递增,社会折现率取 8%,影子汇率取 8.0 元/美元,进口费用率取 6%,水稻调价后的生产费用按收购价格的 40% 计算。运距 500 公里,运输影子价格 0.035 元/吨公里。

根据上述数据计算该土地的机会成本如下:

(1)每吨稻谷按口岸价格计算的影子价格:

离岸价 180 美元/吨,折合人民币为:

$$180 \times 8.0 = 1\ 440(\text{元})$$

$$\text{运输费用} = 0.035 \times 500 = 17.5(\text{元})$$

$$\text{产地影子价格} = \frac{1\ 440 - 17.5}{1 + 6\%} = 1\ 341.98(\text{元})$$

(2)每吨稻谷的生产费用(调价后的)按收购价格的 40% 计算,即为:

$$1\ 000 \times 40\% = 400(\text{元})$$

(3)该土地生产每吨稻谷的净效益:

$$1\ 341.98 - 400 = 941.98(\text{元})$$

(4)20 年内每公顷土地的净效益现值(P):

$$P = 941.98 \times 7.5 \sum_{t=1}^{20} \left(\frac{1 + 4\%}{1 + 8\%}\right)^t = 108\ 563.68(\text{元})$$

(5)项目占用 100 公顷土地 20 年内的净效益现值(P):

$$P = 108\ 563.68 \times 100 = 1\ 085.64(\text{万元})$$

在经济分析中,取该值为土地的机会成本,计入项目的建设投资,但在进行动态计算时,这部分价值不再折现。

或者,计算净效益现值(P)的年等值(A):

$$A = 1\ 085.64 \times (A/P, 8\%, 20) = 110.57(\text{万元})$$

经济分析也可取该值作为每年的土地费用,计入项目的总费用。

项目如需占用农村土地,应以土地征用费调整计算土地影子价格。具体可做如下处理:

对项目占用农村土地,土地征收补偿费中的土地补偿费及青苗补偿费应视为土地机会成本,拆迁补偿费及安置补助费应视为新增资源消耗,征地管理费、耕地占用税、耕地开垦费、土地管理费和土地开发费等其他费用应视为转移费用,不列为费用。

对于土地补偿费、青苗补偿费和安置补助费的确定,如与农民进行了充分的协商,能够充分保证农民的应得利益,土地影子价格可按土地征收补偿费中的相关费用确定;如果存在征地费用优惠,或在征地过程中缺乏充分协商,导致土地征收补偿费低于市场定价,不能充分保证农民利益,土地影子价格应参照当地正常土地征收补偿费标准进行调整。

(三)自然资源影子价格的确定方法

与土地一样,各种自然资源也是特殊的投入物。一个投资项目使用的矿产资源、水资源和森林资源等都是对国家资源的占用和消耗，应当在经济分析中反映出来。自然资源是指自然形成的，在一定的经济、技术条件下可以被开发利用以提高人们生活福利水平和生存能力，并同时具有某种“稀缺性”的实物性资源的总称，包括土地资源、森林资源、矿产资源和水资源等。项目经济分析将自然资源分为资源资产和非资产性自然资源，在计算中，只考虑资源资产的自然资源。资源资产是指所有权已经界定，或者随着项目的实施可以界定，所有者能够有效控制并能够在目前或可预见的将来产生预期经济效益的自然资源，包括土地资产、森林资产、矿产资产和水资产等。

水和森林等可再生自然资源的影子价格一般按资源的再生费用计算，矿产等不可再生自然资源的影子价格一般按资源的机会成本计算。但如果该种资源的供给有时限性，即在未来的一个有限时间内（如10年或20年）会耗尽，其影子价格就不能用机会成本计算，因为现在耗用这种资源的代价，就是当其枯竭时，用户不得不转向其他费用更高的替代物来满足需求。所以，现在开发使用该种资源的费用是将来必须使用更昂贵替代物的额外费用的现值。

第五节　经济分析报表和指标

一、经济分析报表

（一）经济分析辅助报表

为了调整投资、营业收入、经营费用，估算项目的间接效益和间接费用，在经济分析中需要编制5个辅助报表，即《经济分析投资费用估算调整表》《经济分析营业收入调整表》《经济分析经营费用调整表》《项目间接效益估算表》《项目间接费用估算表》。

1. 经济分析投资费用估算调整表

编制《经济分析投资费用估算调整表》（见附表13－2），主要是调整投资（包括建设投资、建设期利息和流动资金）中价格不合理的部分，以确定经济分析中的投资额。该表是依据与财务分析中各项投资金额的比较而调整投资的，先列出财务分析中各项投资的金额，再列出经济分析中调整以后的各项投资的金额，看经济分析与财务分析中的各项投资金额的增减情况。一般来讲，可能调整的建设投资项目包括建筑工程、设备购置、安装工程和其他费用；可能调整的流动资金项目主要是存货。

2. 经济分析营业收入调整表

编制经济分析营业收入调整表（见附表13－3），主要是调整价格不合理和在收入中占较大比重的产出物的价格，以确定经济分析中的直接效益。在该表中，经济分析的数据与财务分析的数据是对应的。

3. 经济分析经营费用调整表

编制经济分析经营费用调整计算表（见附表13－4），主要是调整价格不合理和在费用中占较大比重的投入物的价格，以确定经济分析中的直接费用。在该表中，经济分析的数据与财务分析的数据是对应的。

4. 项目间接效益与间接费用估算表

编制《项目间接效益估算表》（见附表 13－5）和《项目间接费用估算表》（见附表 13－6）主要是为了识别和计算项目存在的间接效益和间接费用。因为不同的建设项目间接效益和间接费用的项目不同，所以，评估人员可以根据项目的实际情况填列具体的项目。

（二）经济分析基本报表

经济分析基本报表是指可以以此计算所要求的技术经济指标的表格，主要是项目投资经济费用效益流量表。

项目投资经济费用效益流量表（见附表 13－1）不分投资资金来源，以全部投资作为计算基础，用以计算全部投资的经济内部收益率和经济净现值等指标，考察项目的经济盈利能力，为各个投资方案（不论其资金来源如何）进行比较建立共同基础。该表中的效益流量和费用流量中的效益和费用依据前述的辅助报表的各对应项填列。

二、经济分析指标

经济分析以经济内部收益率为主要评价指标。根据项目特点和实际需要，也可计算经济净现值和经济效益费用比等指标。此外，还可对难以量化的外部性进行定性分析。

（一）经济内部收益率

经济内部收益率是反映项目对社会经济净贡献的相对指标。它是指项目在计算期内各年经济净效益流量的现值累计等于0时的折现率。其公式为：

$$\sum_{t=1}^{n}(B-C)_t(1+EIRR)^{-t}=0$$

式中：$EIRR$——经济内部收益率；

B——经济效益流量；

C——经济费用流量；

$(B-C)_t$——第 t 年的经济净效益流量；

n——项目计算期。

经济内部收益率等于或大于社会折现率表明项目对社会经济的净贡献达到或超过了要求的水平，这时应认为项目是可以考虑接受的，或者说是项目资源配置的经济效率达到了可以被接受的水平。

（二）经济净现值

经济净现值是反映项目对社会经济净贡献的绝对指标。它是指用社会折现率将项目计算期内各年的经济净效益流量折算到建设期初的现值之和。其计算公式为：

$$ENPV=\sum_{t=1}^{n}(B-C)_t(1+i_s)^{-t}$$

式中：NPV——经济净现值；

i_s——社会折现率。

经济净现值等于或大于0表示国家为拟建项目付出代价后，可以得到符合社会折现率的社会盈余，或除得到符合社会折现率的社会盈余外，还可以得到以现值计算的超额社会盈余，这时就认为项目是可以考虑接受的。

(三)经济效益费用比

经济效益费用比是指项目在计算期内经济效益流量的现值与经济费用流量的现值之比。其计算公式为:

$$R_{BC}=\frac{\sum_{t=1}^{n}B_t(1+i_s)^{-t}}{\sum_{t=1}^{n}C_t(1+i_s)^{-t}}$$

式中:R_{BC}——经济效益费用比;

B_t——第 t 期的经济效益;

C_t——第 t 期的经济费用。

如果经济效益费用比大于1,表明项目资源配置的经济效率达到了可以被接受的水平。

在完成了经济费用效益分析之后,应进一步分析对比经济费用效益与财务现金流量之间的差异,并根据需要对财务分析与经济分析结论之间的差异进行分析,找出受益或受损群体,分析项目对不同利益相关者在经济上的影响程度,并提出改进资源配置效率及财务生存能力的政策建议。

第六节 费用—效果分析

一、费用—效果分析基本原理

前面主要讲的是费用—效益分析方法,它适宜于费用和效益均可以用货币单位度量的投资项目。在现实生活中,有许多项目所创造的效益不容易用货币单位度量,也就不可能用经济内部收益率和经济净现值等指标评价项目和选择方案。在这种情况下,可以采用费用—效果分析方法。

对于效益难以用货币单位度量的投资项目,可以采用费用—效果分析和加权费用—效果分析两种方法进行分析和评价。具体采用什么方法取决于项目的目标和可获得的信息等,如果项目是为了实现难以用货币单位度量的目标,可以采用费用—效果分析方法;如果项目是为了实现多个难以用货币单位度量的目标,应该采用加权费用—效果分析方法。不论采用什么分析方法,其基本程序是一致的:首先,确定项目的预期目标,并找出相关的问题;其次,考虑各种可供选择的实施方案,并选择适当的方法进行分析评价;最后确定最终实施方案。

对难以用货币单位度量的项目效果,往往用实物指标代替,如教育项目提高分数或提高升学率,卫生保健项目减少患病率和死亡率或增加寿命年限等。

二、费用—效果分析基本指标

费用—效果分析的基本指标是效果费用比和费用效果比。

(一)效果费用比

效果费用比指标用以衡量单位费用所达到的效果,计算公式如下:

$$R_{E/C} = \frac{E}{C}$$

式中：$R_{E/C}$——效果费用比；

E——项目效果；

C——项目费用。

（二）费用效果比

习惯上也可以采用费用效果比指标，用以衡量单位效果所花费的费用，计算公式如下：

$$R_{C/E} = \frac{C}{E}$$

式中：$R_{c/e}$——费用效果比。

其他符号含义同前。

在采用加权费用—效果分析时，分析人员首先要对每个目标（结果）的重要性进行评价，确定权重，并对每个目标（结果）进行加权，然后得出一个单一的综合度量指标，最后用综合指标除以被考察方案的费用，得到加权效果费用比。

本章小结

经济分析是按照资源合理配置的原则，在宏观上从整个社会经济的角度出发，用一套经济分析参数分析项目对社会经济的净贡献，评价项目经济上的合理性的经济评价方法。经济分析是项目评估的重要组成部分，是从宏观上决定投资项目是否可行的重要依据。相对于财务分析，经济分析更为复杂。

一个投资项目是否要进行经济分析，主要取决于该项目的实际情况以及在经济和社会发展中的作用。对那些在经济和社会发展中具有重要影响的大型投资项目，要求必须进行经济分析。如果一个投资项目的价格信息失真，有过多的外部性，也需要进行经济分析。按照有关要求，对于费用效益的计算比较简单，建设期和运营期比较短，不涉及进出口平衡等的一般项目，如果财务分析的结论能够满足投资决策需要，可不进行经济分析；对于关系公共利益、国家安全和市场不能有效配置资源的经济和社会发展项目，除应进行财务分析外，还应进行经济分析。

在进行经济分析时，有的投资项目是直接进行经济分析，有的投资项目是在财务分析的基础上进行经济分析。经济分析与财务分析的主要区别在于经济目标不同、价值尺度不同、折现率不同和汇率不同等。

费用—效益分析是项目经济分析的基本理论。它是从整个经济和社会发展的角度出发，通过比较各种备选项目或方案的全部预期效益和费用的现值，来决定项目取舍或选择最后实施方案的一种方法。

费用—效益分析的基本问题是计算影子价格和项目未来的经济效益和经济费用，估算对未来经济效益和经济费用折现的社会折现率，并对经济净效益进行折现，最后对计算出的一系列技术经济指标进行分析和判断。

经济分析是把社会经济作为一个整体来考察项目给其带来的效益或使其付出的代

价,所以,经济分析中费用和效益的范围比财务分析中的费用和效益要宽得多。

项目的费用是指因项目建设而使社会经济所付出的代价。项目费用分为直接费用和间接费用。直接费用是指用影子价格计算的项目投入物的经济价值;间接费用是指社会为项目付出了代价,而项目本身并不需要支付的那部分费用。在经济分析中,项目的费用一般要求用机会成本来度量。

项目的效益是指一个投资项目对社会经济所做的贡献。项目效益分为直接效益和间接效益。直接效益是指项目产出物用影子价格计算的经济价值;间接效益是指项目为社会做出了贡献,而该项目的投资者本身并未得到的那部分效益。在经济分析中,项目的效益一般要求用愿支付价格来度量。

外部性也称外部效果、外部效应或溢出效应。在生产和消费过程中,当有人被强加了非自愿的成本或利润,外部性就会产生。更为准确地说,外部性是一个经济机构对他人福利施加的一种未在市场交易中反映出来的影响。如航空公司制造了大量噪音,它们一般不会因干扰了机场附近的居民而向他们进行补偿;而另外一些公司,因为大量投资于研究和开发,会给社会的其他成员带来许多利益,而这些成员并没有进行任何支付。在经济分析中,外部性是指项目所带来的间接费用和间接效益。从目前情况来看,对项目所带来的外部性还没有一种令人满意的统一的处理办法。

经济分析参数是指在投资项目的经济分析中为计算费用和效益,衡量技术经济指标而使用的一些参数。制定经济分析参数,实际上也是政府干预的一种重要方式,所以,从理论上讲,经济分析参数应反映最佳的资源分配、宏观经济目标、政府价值判断和在一定时期的经济政策等。经济分析参数既是数量度量标准,也是价值判别标准,在经济分析中有着重要的作用,直接影响着一个投资项目评价和选择的结果。经济分析参数主要包括社会折现率、影子汇率换算系数、影子工资换算系数和土地影子价格等。

社会折现率是项目经济分析中衡量经济内部收益率的基准值,也是计算项目经济净现值的折现率,是项目经济可行性和方案比选的主要判断依据。社会折现率是投资项目决策的重要工具。适当的社会折现率可以促进资源的合理分配,引导资金投向对社会经济净贡献大的投资项目。根据相关要求,目前我国使用8%的社会折现率。

影子汇率是指两国货币实际购买力的比价关系,即外汇的影子价格。影子汇率换算系数是影子汇率与国家外汇牌价的比值。目前我国影子汇率换算系数取值为1.08。

影子工资是指拟建项目使用劳动力,社会为此而付出的代价,也就是劳动力作为特殊投入物的影子价格。在经济分析中,以影子工资作为劳动力费用,并计入经营费用。根据相关要求,可选择0.5作为非熟练劳动力影子工资换算系数。

在鉴别和度量效益与费用时,要剔除"转移支付"。转移支付是指货币资金在不发生相应货物和服务交换的情况下,在一国居民间的转移。或者说,它们将一部分资源的支配权从一些人手中转移到另一些人手中,同时不增加也不减少经济整体(系统)可用的资源总量。在投资项目的经济分析中,"转移支付"是指那些既不需要消耗经济资源,又不增加社会经济收入,只是一种归属权转让的款项,包括税金、补贴和国内借款及利息等。

调整价格就是把在项目的费用或效益中所占比例比较大的、不合理的现行市场价格调整为基本合理的价格——影子价格。外贸货物的影子价格以口岸价格为基础,加减进出口费用来测算。

为了调整投资、营业收入、经营费用，估算项目的间接效益和间接费用，在经济分析中需要编制《经济分析投资费用估算调整表》《经济分析营业收入调整表》《经济分析经营费用调整表》《项目间接效益估算表》《项目间接费用估算表》5 个辅助报表，还需要编制《项目投资经济效益费用流量表》1 个基本报表。

经济盈利能力分析以经济内部收益率为主要分析指标，根据项目特点和实际需要，也可计算经济净现值和经济效益费用比等指标。此外，还可对难以量化的外部性进行定性分析。

对效益不易用货币单位度量的项目或方案进行分析或比较时，可以采用费用—效果分析方法或加权费用—效果分析方法，其基本指标包括效果费用比和费用效果比。

复习思考题

1. 经济分析有什么意义？
2. 哪些投资项目需要进行经济分析？
3. 经济分析与财务分析的主要区别是什么？
4. 费用和效益鉴别的原则是什么？
5. 费用和效益度量的原则是什么？
6. 经济分析中为什么要用机会成本来度量费用？
7. 经济分析中为什么要用愿支付价格来度量效益？
8. 经济分析参数应反映哪些因素？
9. 价格调整的理论基础是什么？
10. 哪些价格需要调整？
11. 为什么以口岸价格为基础确定货物的影子价格？
12. 项目的间接效益包括哪些方面？怎样鉴别和度量？
13. 项目的间接费用包括哪些方面？怎样鉴别和度量？
14. 怎样界定项目外部效果的范围？
15. 劳动力的影子价格怎样确定？
16. 项目占用农村土地，应该怎样计算土地的影子价格？
17. 进行经济分析需要计算哪些指标？
18. 怎样计算自然资源的影子价格？
19. 什么情况下需要采用费用—效果分析方法？
20. 费用—效果分析的基本原理和基本指标是什么？

附表 13-1　项目投资经济效益费用流量表　　　人民币单位:万元

序号	项　　目	计算期								合计
		1	2	3	4	5	6	…	n	
	生产负荷(%)									
1	效益流量									
1.1	产品营业收入									
1.2	回收固定资产余值									
1.3	回收流动资金									
1.4	项目间接效益									
2	费用流量									
2.1	建设投资									
2.2	流动资金									
2.3	经营费用									
2.4	项目间接费用									
3	净效益流量(1-2)									

计算指标:经济内部收益率:

经济净现值(i_c = 　%):

附表 13-2　经济分析投资费用估算调整表　　　人民币单位:万元

序号	项　　目	财务分析				经济分析				经济分析比财务分析增减(±)
		合计	其中			合计	其中			
			外币	折合人民币	人民币		外币	折合人民币	人民币	
1	建设投资									
1.1	建筑工程费									
1.2	设备购置									
1.3	安装工程									
1.4	其他费用									
	其中:(1)土地费用									
	(2)专利及专有技术费									
1.5	基本预备费									
1.6	涨价预备费									
2	建设期利息									
3	流动资金									
4	合计									

注:若投资费用是通过直接估算得到的,本表应略去财务分析的相关栏目。

附表 13－3 经济分析项目营业收入调整表 人民币单位:万元

产出物名称			投产第一期负荷(%)				投产第二期负荷(%)				…	正常运营年份(%)			
			A 产品	B 产品	…	小计	A 产品	B 产品	…	小计		A 产品	B 产品	…	小计
年产出量	计算单位														
	国内														
	国际														
	合计														
财务分析	国内市场	单价(元)													
		现金收入													
	国际市场	单价(美元)													
		现金收入													
经济费用效益分析	国内市场	单价(元)													
		直接效益													
	国际市场	单价(美元)													
		直接效益													
合计(万元)															

注:若营业收入是通过直接估算得到的,本表应略去财务分析的相关栏目。

附表 13－4 经济分析经营费用调整表 人民币单位:万元

序号	项　目	单位	年耗量	财务分析		经济分析	
				单价	年经营成本	单价(或调整系数)	年经营费用
1	外购原材料						
1.1	原材料 A						
1.2	原材料 B						
1.3	原材料 C						
1.4	…						
2	外购燃料和动力						
2.1	煤						
2.2	水						
2.3	电						
2.4	气						
2.5	重油						
3	工资及福利费						
4	修理费						
5	其他费用						
6	合计						

注:若经营费用是直接估算得到的,本表应略去财务分析的相关栏目。

附表 13－5　项目间接效益估算表　　人民币单位:万元

序号	项　目	合计	计算期					
			1	2	3	4	…	n

附表 13－6　项目间接费用估算表　　人民币单位:万元

序号	项　目	合计	计算期					
			1	2	3	4	…	n

第十四章

PPP模式及其项目评估

本章要点

本章共分四个部分，即基础设施和公共服务的提供、PPP模式介绍、案例分析和PPP项目的评估。在基础设施和公共服务的提供部分主要介绍了采用PPP模式的简单理论和背景。在PPP模式介绍部分，主要介绍了基础设施和公共服务的传统提供模式，PPP模式的概念框架、特点、分类，采用PPP模式的理由及其在我国的应用。案例分析部分主要介绍了已经实施完成的北京地铁四号线的基本情况、流程、合同体系及其权利义务约定、利益分配与风险分担机制等。PPP项目的评估部分主要介绍了物有所值评价、财政承受能力评价和绩效评价的基本理念。

第一节　基础设施和公共服务的提供

由于民众向政府纳税，因此政府应承担基本的公共服务，例如港口、机场、铁路、公路交通、医院、监狱、自来水、污水处理、垃圾处理、电力供应等。根据各国国情、国力和经济社会发展阶段的不同，政府承担的基本公共服务可能会有所差异——比如中小学教育在我国属于义务教育，学校校舍的修建、教师及相关行政人员的工资、教材的修订等费用，都被纳入政府预算，由政府承担；在某些国家，义务教育作为政府应当提供的基本公共服务，其年限不到9年；某些高福利国家则提供12年的义务教育。民众应纳多少税、政府该提供何等程度的公共服务，这属于民众和政府之间的契约内容，纳税—公共服务的均衡具有很强的背景性，在各国会有很大的差异。基本的原则是民众纳税，政府提供相应公共服务，只是“相应”的程度，具有国别甚至地区差异，随着该国经济社会发展也会发生变化。

公共服务可以分为以硬件为主的服务和以软件为主的服务，比如污水处理就以“硬”服务为主，污水管道和处理厂建设标准的高低、后期维护的程度、处理工艺的选择基本决定了污水处理的能力；而学校教育则主要以“软”服务区分其差异，特别是在同一城市中，在教学楼、教学设备、运动场地等硬件设施水平基本相同的情况下，教师教学水平的高低、学校管理人员责任心的强弱、生源的好坏等软件因素，使学校教育这一基本公共服务具有显著的差异性，现实中大量存在的择校需求就是很好的证明。

尽管公共服务可以粗略地分为“硬”服务和“软”服务，但绝大多数公共服务中同时存在硬件因素和软件因素，硬件设施的建设和运营是服务提供的前提。例如污水处理服务中需要先建设污水收集管道和污水处理厂，在厂、网建设完成后通过设施的运营来提供污水处理服务；在学校教育中，需要建设教学楼、运动场并安装教学设备作为硬件基础，在此基础上由教师根据政府修订的教材为学生提供教学服务；在医疗服务中，需要建设医院、购置医疗设备作为硬件基础，在此基础上由医生、护士等提供医疗服务。硬件设施的建设水平和软件服务能力的高低，都有可能影响最终的服务提供水平。此类服务，我们称之为以基础设施为依托的公共服务。

需要指出的是，公共服务的提供并不等同于公共服务的生产。尽管政府有义务提供相应的公共服务，但除了扮演“生产者”的角色，还可以扮演服务“安排者”的角色，以此方式提供公共服务。这一观点是对20世纪后30年代出现的“新公共管理”现象的解释。我国提出的“政府向社会资本购买服务”就是由政府通过向社会资本购买服务的方式提供公共服务，政府决定该提供哪些公共服务、提供到何种程度、哪些服务通过购买来提供、购买的内容和价格等，简而言之政府扮演“安排者”的角色；而社会资本则根据政府的要求进行竞争，竞争获胜的社会资本按购买合同的条款提供相应的公共服务。政府购买服务和PPP是既相关又有区别的两个概念，后面将对PPP进行详细的阐述。

第二节 PPP模式介绍

一、基础设施和公共服务的传统提供模式

在传统模式下,政府提供公共服务时,由政府投入资金承担硬件和软件的建设,将硬件设施的设计、建造、维护、运营以及软件服务职能相区分,往往将不同的职能分别交由相应的主体来完成。例如在污水处理服务中,污水处理厂、网的设计由设计单位(通常是设计院)来完成,其建造由施工单位(具有相应资质的承包商)承担,厂、网建设完成后,由专门的单位来承担污水处理厂的维护和运营,并提供相应的污水处理服务。如果与产品制造进行类比,这种方式倾向于专业分工,按职能将公共服务提供过程中的诸多工作进行了分工。

二、PPP模式的概念框架

PPP是英文词汇 Public - Private Partnerships 的首字母缩写,按其字面意思解释是政府与私人资本合作。合作的目的是提供原本由政府提供的一系列公共服务(主要是以基础设施为依托的公共服务)。PPP已经成为政府提供公共服务的一种新模式。

尽管各国政府已经大量通过PPP的方式提供以基础设施为依托的公共服务,PPP本身却缺乏统一的定义。各国根据自己的实际情况,推广运用的PPP具体模式也有较大差异。比如英国的PFI(Private Finance Initiative,私人主动融资)模式,就以政府付费为主要付费方式,而我国的政府和社会资本合作,目前则以使用者付费为主。在此我们采用世界银行对PPP的介绍来引入基本概念(详细内容可参考世界银行出版的 Public - Private Partnerships Reference Guide, Version 2.0)。

根据世界银行的定义,PPP是"私人部门和政府部门之间的长期合同,其目的是提供公共资产或服务,私人部门承担相应的风险和管理职能,并根据其表现获得回报"。PPP合同有以下特点:

(1)合同中着重描述产出而非投入,通过何种方法获得这种产出一般交由私人部门处理。

(2)通常涉及项目过程中不同职能的整合,这些职能包括:设计、建造(或改造)、融资、维护、运营等,上述职能中的部分或全部会被"打包"后交由一个公司处理。

(3)付款方式。PPP项目是根据服务提供进行付费,而非对项目建设付费。即使社会资本在项目建设时付出巨大成本,如果提供的最终服务不到位,依然无法得到相应付费。这与PPP模式重视产出的立场一致。

(4)周期较长。PPP合同是由私人部门根据政府的要求提供以基础设施为依托的公共服务,其基础设施的建设阶段仅占合同周期的较小部分,而通过维护、运营基础设施来提供公共服务的时间占据合同周期的较大部分。

三、PPP 模式的分类

可以根据付款方式不同、社会资本承担的职能不同对 PPP 模式进行分类。

(一)根据付费方式分类

根据付费主体的不同,PPP 模式可被分为使用者付费、政府付费和可行性缺口补助(在使用者付费的基础上,由政府对资金缺口进行补贴)。

我国当前主推的 PPP 项目主要是可经营性基础设施,使用者付费是最主要的付费方式;而英国的 PFI 模式,主要是政府付费。相对来说,使用者付费模式的 PPP 项目,政府面临着如下职责:政府已经向民众征税,原本应由政府提供的免费服务转由私人提供并予以收费;极端情况下,可以认为是政府利用垄断地位把义务转变为权利,“卖”给了私人资本。

事实上,即使是可经营性基础设施,依然可以采用政府付费的方式,例如影子收费。在某些收费公路项目上,运营商并不向公路使用者直接收费,而是根据客流量的大小,向政府收费。下文提及的北京地铁四号线项目,虽然乘客在使用地铁时需要付费,但政府和特许经营公司另行核定票价。

(二)根据社会资本承担的职能进行分类

由于 PPP 模式下,公共服务提供的设计、建造、运营、融资等职能通常转移给私人部门,因此常通过私人部门在项目中承担的主要职能来描述项目类型,如 BOT(Build - Operate - Transfer,建设 - 运营 - 移交),TOT(Transfer - Operate - Transfer, 移交 - 运营 - 移交),DBFO(Design - Build - Finance - Operate, 设计 - 建造 - 融资 - 运营)等。

现实中还存在已建项目引入社会资本承担运营功能的现象,有些国家将此类方式称为“特许经营”(Franchise 或者 Concession)。而我国所称“特许经营”是需要社会资本方进行基础设施建设的,在此基础上提供公共服务。这也反映出 PPP 是一个宽泛的概念,各国根据自己的情况选择不同的方式,有时同一个名词在不同国家代表了不同概念。

四、为何采用 PPP 模式提供公共服务

与公共服务的传统提供模式相比,PPP 模式具有以下优点:

第一,将私人资本引入基础设施和公共服务领域,弥补公共部门建设资金的不足。但需要指出的是,对公共部门来说,PPP 只是将一次性资本投入转变为年度化费用支出,政府或使用者在 PPP 项目运营期内仍需付费以获取服务;即使是使用者付费模式的 PPP 项目,也使政府失去了原本可以获得的现金流入。因此,PPP 模式虽然缓解了当期无钱投资的困难,但不应作为超前提供基础设施和公共服务的理由。基础设施和公共服务的提供水平,依然应当根据国情等因素决定。

第二,引入私人部门的知识和经验。私人部门的工作效率可能更高,由私人部门提供公共服务,可能达到提质增效、扩大供给的目的,从而在降低公共服务支出的同时满足私人部门的盈利需求。

第三,全寿命周期的成本可能较低。政府部门的关注点不再集中于建设成本的低廉,而是从建设 + 运营的角度,从全寿命周期考察为获取服务而付出的代价。由于建设

和运营单位由同一个私人资本负责，或有助于激励从全寿命周期角度降低总成本。

五、PPP 模式在我国的应用

PPP 在我国已有大约 30 年的发展历史，到目前为止，可大致分为试点阶段、发展阶段和初步成熟阶段。

（一）试点阶段

早在 20 世纪 80 年代，我国就已经开始采用 PPP 模式进行基础设施建设，只是当时并没有采用 PPP 这一名词。例如 1984 年，深圳沙角 B 电厂就采用 BOT（建设—运营—移交）方式，由当地政府与香港的私人资本签订合同。在之后很长一段时间里，我国政府部门以 BOT 或 BOOT 等方式与境外资本签订了一系列以基础设施为依托的公共服务合同。当时对 PPP 模式的制度建设，主要是从利用外资的角度出台了若干规范性文件：

1994 年，原对外贸易经济合作部，《关于以 BOT 方式吸收外商投资有关问题的通知》；

1995 年，原国家计划委员会、电力部、交通部，《关于试办外商投资特许权项目审批管理有关问题的通知》；

1997 年，原国家计划委员会、国家外汇管理局，《境外进行项目融资管理暂行办法》。

这一时期可以看作是我国运用 PPP 的尝试阶段。在这一阶段，由于当时的主要目的是吸引和利用外资，并且政府对 BOT 等模式了解不够，在与境外资本签订 PPP 合同时，政府过多地承担了风险和责任，而外资在没有承担高风险的情况下获取了高利润。

（二）发展阶段

从 2000—2012 年，可以视为我国运用 PPP 的发展阶段。法律、法规、部门规章对 PPP 都有所提及，此时对 PPP 的运用已经摆脱了利用外资这一狭隘思维，开始从鼓励非公经济发展、放松管制（因为 PPP 项目最终都是提供公共服务）等角度鼓励包括民营经济在内的非公经济参与基础设施建设和公共服务提供。

在这一阶段，出现了很多在今天看来比较成功的项目，比如北京地铁四号线项目、国家体育馆项目等。在此阶段，当时的建设部等部委还从鼓励公用事业民营化的角度对特许经营等模式进行了专门规定。这一阶段的项目和制度建设，为 2013 年之后推广政府和社会资本合作积累了经验。这一阶段出台的规范性文件主要包括：

2002 年，建设部，《关于加快市政公用事业市场化进程的意见》；

2002 年，国家计划委员会、建设部、国家环保总局，《关于推进城市污水、垃圾处理产业化发展的意见》；

2004 年，建设部，《市政公用事业特许经营管理办法》；

2004 年，国务院，《关于投资体制改革的决定》；

2005 年，国务院，《关于鼓励支持和引导个体私营等非公有制经济发展的若干意见》；

2007 年，国家发展和改革委员会、商务部，《外商投资产业指导目录(2007 年修订)》；

2010 年，国务院，《关于鼓励和引导民间投资健康发展的若干意见》；

2011 年,国家发展和改革委员会,《关于鼓励和引导民营企业发展战略性新兴产业的实施意见》;

2012 年,住房与城乡建设部,《关于进一步鼓励和引导民间资本进入市政公用事业领域的实施意见》;

2012 年,国家发展和改革委员会,《关于利用价格杠杆鼓励和引导民间投资发展的实施意见》。

(三)初步成熟阶段

从 2013 年起,PPP 作为提供公共服务的一种模式得到国家层面的认可,其制度建设也进入成熟阶段:

2013 年 11 月,《中共中央关于全面深化改革若干重大问题的决定》明确表述"允许社会资本通过特许经营等方式参与城市基础设施投资和运营"。

2013 年《国务院关于加强城市基础设施建设的意见》则对政府和社会资本在城市基础设施建设上的分工做了方向性的指引:"建立政府与市场合理分工的城市基础设施投融资体制。政府应集中财力建设非经营性基础设施项目,要通过特许经营、投资补助、政府购买服务等多种形式,吸引包括民间资本在内的社会资金,参与投资、建设和运营有合理回报或一定投资回收能力的可经营性城市基础设施项目。"

2014 年《国务院关于加强地方政府性债务管理的意见》则把 PPP 作为地方政府举债融资的规范机制。"推广使用政府与社会资本合作模式。鼓励社会资本通过特许经营等方式,参与城市基础设施等有一定收益的公益性事业投资和运营。政府通过特许经营权、合理定价、财政补贴等事先公开的收益约定规则,使投资者有长期稳定收益。投资者按照市场化原则出资,按约定规则独自或与政府共同成立特别目的公司建设和运营合作项目。投资者或特别目的公司可以通过银行贷款、企业债、项目收益债券、资产证券化等市场化方式举债并承担偿债责任。政府对投资者或特别目的公司按约定规则依法承担特许经营权、合理定价、财政补贴等相关责任,不承担投资者或特别目的公司的偿债责任。""对在建项目确实没有其他建设资金来源的,应主要通过政府与社会资本合作模式和地方政府债券解决后续融资"。该文件还要求,"政府与社会资本合作项目中的财政补贴等支出按性质纳入相应政府预算管理"。

2014 年 11 月,国务院在《关于创新重点领域投融资机制鼓励社会投资的指导意见》中,明确列举在生态环保、农业和水利工程、市政基础设施、交通、能源设施、信息和民用空间基础设施、社会事业等领域建立健全政府和社会资本合作机制。

在这一阶段,我国财政部出台一系列文件,通过概念界定、合同指南等将 PPP 机制落地。2014 年 9 月,财政部《关于推广运用政府和社会资本合作模式有关问题的通知》定义了我国的 PPP 机制:"政府和社会资本合作模式是在基础设施及公共服务领域建立的一种长期合作关系。通常模式是由社会资本承担设计、建设、运营、维护基础设施的大部分工作,并通过'使用者付费'及必要的'政府付费'获得合理投资回报;政府部门负责基础设施及公共服务价格和质量监管,以保证公共利益最大化。"

2014 年 11 月,财政部印发《政府和社会资本合作模式操作指南(试行)》,对政府、社会资本和其他参与方开展政府和社会资本合作项目的识别、准备、采购、执行和移交等活动进行规范性指引。2014 年 12 月,财政部印发《PPP 合同指南(试行)》和《政府和社会资本合作项目政府采购管理办法》。2015 年 4 月,在认识到政府付费的 PPP 项目会累积支出、给以后年度的财政收支平衡带来压力后,财政部印发了《政府和社会资本合作项目财政承受能力论证指引》,规定"每一年度全部 PPP 项目需要从预算中安排的支出责任,占一般公共预算支出比例应当不超过 10%。"

尽管 PPP 模式的制度建设在这一阶段步入初步成熟阶段,从拟建 PPP 项目在数量和金额上的增加也反映出各地对 PPP 的热情高涨,但从项目尝试向模式推广转变依然遇到困难。政府部门、社会资本和中介机构在操作经验、人才储备等方面对 PPP 模式的全面推广仍缺乏准备。截至 2015 年 6 月,与各地推出的 PPP 计划相比,"落地难"和假 PPP 项目(打着 PPP 的旗号,实际为 BT 项目甚至垫资施工)是在推广落实 PPP 模式中遇到的突出问题。

(四)趋向成熟与风险控制阶段

从 2016 年起,国内再一次形成 PPP 投资热潮,PPP 监管逐渐完善,逐步试水资产证券化等新模式。

2016 年 1 月,财政部对外发布了《中华人民共和国政府和社会资本合作法》(征求意见稿),成为我国 PPP 领域第一部对外发布并征求意见的法律。2016 年 5 月,国家发改委、财政部联合下发《关于进一步共同做好政府和社会资本合作(PPP)有关工作的通知》,要求各地要进一步加强部门间的协调配合,形成政策合力,积极推动政府和社会资本合作顺利实施;同时要求完善合理的投资回报机制,着力提高 PPP 项目融资效率等七个方面的具体措施,进一步做好 PPP 相关工作。

2016 年 8 月,国家发改委印发《关于切实做好传统基础设施领域政府和社会资本合作有关工作的通知》,明确要求各地发展改革部门会同有关行业主管部门,切实做好能源、交通运输、水利、环境保护、农业、林业以及重大市政工程等基础设施领域政府和社会资本合作(PPP)推进工作。这标志着我国推进 PPP 工作职责分工更加明确,由国家发展改革委牵头负责基础设施领域 PPP 项目推进获得国务院认可,接下来,在能源、交通运输、水利、环境保护、农业、林业以及重大市政工程等"6 + 1"个基础设施领域的 PPP 项目推进有望加速。至此,国家发展改革委与财政部两部门推进 PPP 工作职责分工得以明确,分领域牵头负责工作机制正式建立。

2016 年 12 月,国家发展改革委、中国证监会联合印发了《关于推进传统基础设施领域政府和社会资本合作(PPP)项目资产证券化相关工作的通知》。要求各省级发展改革委于 2017 年 2 月 17 日前,推荐 1 ~ 3 个首批拟进行证券化融资的传统基础设施领域 PPP 项目,报送国家发展改革委。国家发展改革委、中国证监会将共同努力,力争尽快发行 PPP 项目证券化产品,并及时总结经验、交流推广。这是国务院有关部门首次正式启动 PPP 项目资产证券化,对盘活 PPP 项目存量资产,提高 PPP 项目资产流动性,更好地吸引社会资本参与 PPP 项目建设,推动我国 PPP 模式持续健康发展具有重要意义。

2017 年 2 月,上海证券交易所、深圳证券交易所分别对各自的市场参与人发布《关于推进传统基础设施领域政府和社会资本合作(PPP)项目资产证券化业务的通知》称,交易所成立 PPP 项目资产证券化工作小组,明确专人负责落实相应职责,对于符合条件的优质 PPP 项目资产证券化产品建立绿色通道,提升受理、评审和挂牌转让工作效率。

2017 年 3 月,国务院办公厅印发的《关于进一步激发社会领域投资活力的意见》从

5个方面提出了37条具体可操作的政策措施。2017年4月，国家发改委印发《政府和社会资本合作（PPP）项目专项债券发行指引》（发改办财金〔2017〕730号），明确指出，"PPP项目专项债券"是指，由PPP项目公司或社会资本方发行，募集资金主要用于以特许经营、能源、交通运输、水利、环境购买服务等PPP形式开展项目建设、运营的企业债券。现阶段支持重点为：能源、交通运输、水利、环境保护、农业、林业、科技、保障性安居工程、医疗、卫生、养老、教育、文化等传统基础设施和公共服务领域的项目。2017年5月，中国保监会发布《关于保险资金投资政府和社会资本合作项目有关事项的通知》，支持保险资金通过基础设施投资计划，投资符合条件的PPP项目。2017年6月，财政部、人民银行、证监会联合发布《关于规范开展政府和社会资本合作项目资产证券化有关事宜的通知》（财金〔2017〕55号），提出要分类别进行PPP+ABS推广，并在实施程序、监管方面都做出相应规范。2017年10月，上海证券交易所、深圳证券交易所、机构间私募产品报价与服务系统三部门共同发布了《政府和社会资本合作（PPP）项目资产支持证券挂牌条件确认指南和信息披露指南》。该业务指南的发布，将使PPP项目资产证券化业务更加规范、更具可操作性。

2017年7月，国务院法制办、国家发展改革委、财政部起草的《基础设施和公共服务领域政府和社会资本合作条例（征求意见稿）》及其说明全文公布，征求社会各界意见。2017年9月，国务院办公厅《关于进一步激发民间有效投资活力促进经济持续健康发展的指导意见》（国办发〔2017〕79号）再次鼓励民间资本参与政府和社会资本合作（PPP）项目，促进基础设施和公用事业建设。

2017年11月，财政部办公厅发布《关于规范政府和社会资本合作（PPP）综合信息平台项目库管理的通知》。为深入贯彻落实全国金融工作会议精神，进一步规范政府和社会资本合作（PPP）项目运作，防止PPP异化为新的融资平台，坚决遏制隐性债务风险增量，提出总体要求。2017年11月，国务院国有资产监督管理委员会发布了《关于加强中央企业PPP业务风险管控的通知》。

2017年12月，国家发展改革委发布《鼓励民间资本参与PPP项目指导意见》。

2019年3月，为贯彻落实中央经济工作会议和全国财政工作会议精神，有效防控地方政府隐性债务风险，充分发挥PPP模式积极作用，财政部发布了《关于推进政府和社会资本合作规范发展的实施意见》。随后，2019年6月国家发展改革委发布《关于依法依规加强PPP项目投资和建设管理的通知》，旨在防范化解地方政府隐性债务风险的决策部署，加强PPP项目投资和建设管理、提高PPP项目投资决策科学性。

2020年2月，为深入贯彻落实党中央、国务院有关会议精神和决策部署，进一步提高PPP项目入库和储备管理效率，加快项目入库工作，财政部政府和社会资本合作中心发布《关于加快加强政府和社会资本合作（PPP）项目入库和储备管理工作的通知》。

2020年3月，为规范政府和社会资本合作（PPP）项目全生命周期绩效管理工作，提高公共服务供给质量和效率，保障合作各方合法权益，财政部印发《政府和社会资本合作（PPP）项目绩效管理操作指引》。该操作指引明确了PPP项目绩效管理的工作内容：①PPP项目绩效目标与绩效指标管理；②PPP项目绩效监控；③PPP项目绩效评价；④组织保障。

2020年12月，财政部印发《<政府会计准则第10号——政府和社会资本合作项

目合同 > 应用指南》，用以规范政府方对依法依规签订的 PPP 项目合同的确认、计量和相关信息的列报。

2021 年 12 月，为加强和规范政府和社会资本合作（PPP）信息公开工作，财政部修订发布《政府和社会资本合作（PPP）综合信息平台信息公开管理办法》。该管理办法的发布对于促进 PPP 项目参与方诚实守信、严格履约，保障公众知情权，以及推动 PPP 市场公平竞争和规范发展具有积极意义。

第三节　案例分析

由于 PPP 是个宽泛的概念，根据付款方式、职能承担等还可以进行不同的分类，我们很难用一个模型来涵盖 PPP 模式的所有情况。在此，我们选取北京地铁四号线作为案例，对 PPP 项目的操作进行介绍。下述关于北京地铁四号线的基本内容，主要来自 2015 年 7 月国家发改委公布的项目案例以及相关学术论文和部分网络资料。

一、项目概况和内容划分

（一）项目概况

北京地铁四号线南起丰台区南四环公益西桥，北至海淀区安河桥北，正线全长约 28.2 公里，共设车站 24 座，其中换乘站 11 座，是北京市轨道交通路网中贯通南北的骨干线。北京地铁四号线被称为我国城市轨道交通领域的首个 PPP 项目。其示意图如图 14－1 所示。

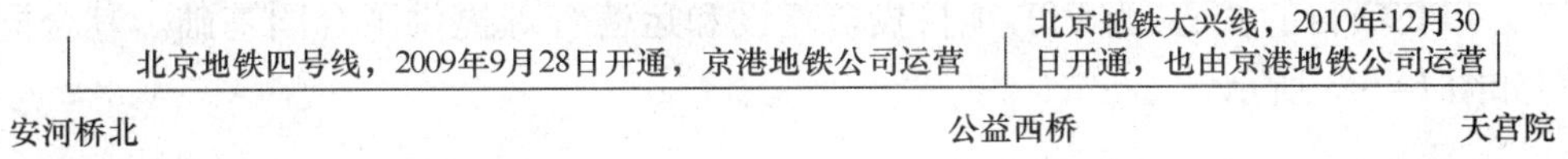

图 14－1

（二）项目内容划分

北京地铁四号线的前期规划设计成本约为 3 亿元，由财政资金投入。工程建设部分被分为 A、B 两个相对独立的部分：A 部分为土建工程（包括拆迁补偿），主要包括洞体、车站等，投资额约为 107 亿元，约占项目总投资的 70%，由政府承担，具体的承担主体是北京市基础设施投资有限公司（以下简称京投公司）的全资子公司四号线公司；B 部分为设备部分，包括车辆、信号等，投资额约为 46 亿元，约占项目总投资的 30%，由北京京港地铁有限公司（以下简称京港地铁）负责。京港地铁是由京投公司、香港地铁公司和首创集团按 2∶49∶49 的出资比例组建的 PPP 公司，其性质是中外合作经营企业。

A、B 部分建设完成后，由京投公司将 A 部分资产租赁给京港地铁；在运营期内，由京港地铁负责 A、B 两部分资产的运营维护，并通过票款收入和站内商业经营收入回收投资、获得合理回报；30 年特许经营期满，京港地铁将 A 部分设施归还给四号线公司，将 B 部分设施完好、无偿地移交给市政府指定部门。该项目内容示意图如图 14－2 所示。

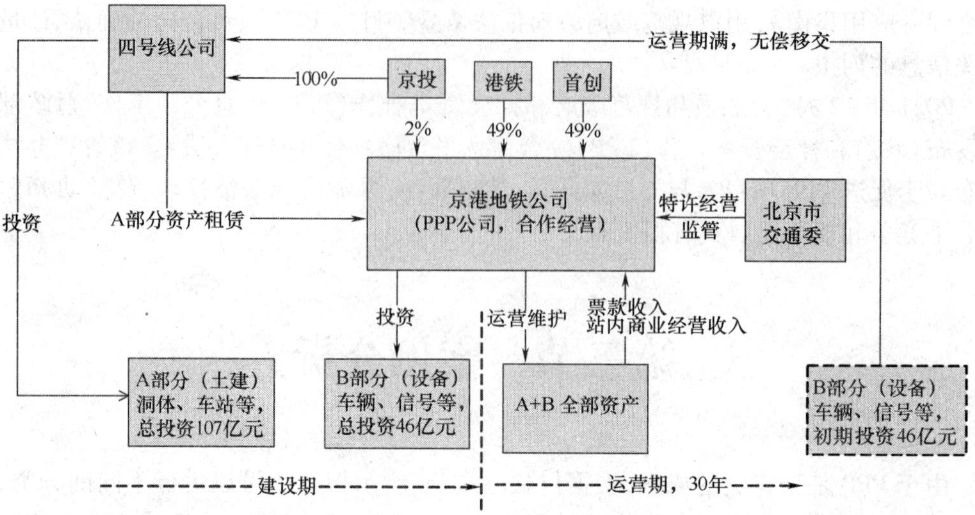

图 14－2

四号线 PPP 项目实施过程大致可分为两个阶段，第一阶段为实施方案编制和审批，由北京市发改委主导；第二阶段为投资人竞争性谈判比选，由北京市交通委主导。经市政府批准，北京市交通委与京港地铁于 2006 年 4 月 12 日，正式签署了特许经营协议。

二、合同体系和权利义务约定

（一）合同体系

四号线项目参与方较多，合同体系复杂，包括特许经营协议、中外合作经营协议、委托建设管理协议、设备采购三方协议、租赁协议、贷款协议、保险协议等。其中特许经营协议是 PPP 项目的核心，为 PPP 项目投资建设和运营管理提供了合同基础。其合同结构图如图 14－3 所示。

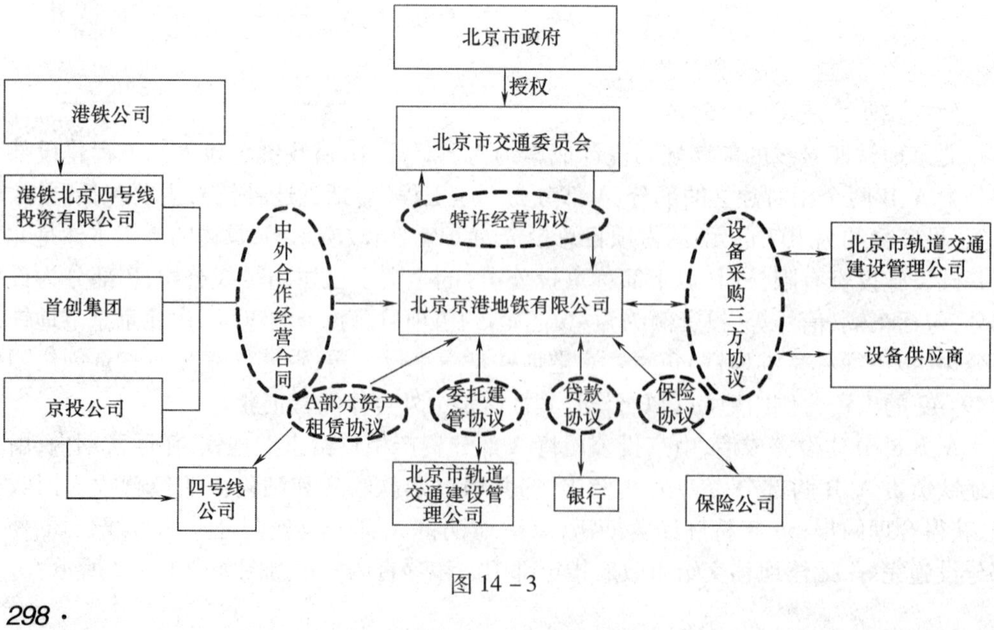

图 14－3

四号线项目是个完整的项目,却被分为 A、B 两部分,产生了两个业主,即四号线公司和京港地铁,给 A、B 部分的工程界面衔接和建设期的工程管理协调工作带来很大挑战。为方便 A、B 两部分的施工衔接,协议要求京港地铁将 B 部分的建设管理任务委托给 A 部分的建设管理单位,即北京市轨道交通建设管理公司。

(二)主要权利义务约定

北京市政府及其职能部门的权利义务包括:在建设阶段,负责 A 部分的建设和 B 部分质量的监管;在运营阶段,负责对项目的监管,具体包括制定运营和票价标准,发生紧急事件时统一调度或临时接管项目设施,以及协调京港地铁和其他地铁线路运营商建立收入分配分账机制及相关配套办法。北京市政府还承担政策风险,即如果因政府要求或法律变更导致京港地铁建设或运营成本增加,政府方负责给予合理补偿。

京港地铁公司的权利义务包括:在建设阶段,作为 4 号线项目 B 部分的投资建设责任主体,负责项目资金筹措、建设管理和运营;在运营阶段,提供客运服务并获得票款收入,可以利用项目设施从事广告、通信等商业经营活动并取得相关收益,可以通过站内商业经营获得相关收益。

三、收益分配和风险分担机制

在香港,交通引导城市开发,地铁站边建楼、卖楼,地铁站内商业物业众多;而在北京,城市相关区域已经建成,然后用地铁缓解交通压力。京港地铁在介入四号线时,四号线的规划早已完成,因此京港地铁并不参与地铁周边物业开发,只负责地铁运营,没有采取"地铁+物业"的模式。出于安全方面的考虑,北京地铁所有车站内的零售业开发都非常有限,几乎看不到地铁零售店。从收入来源上看,京港地铁对四号线的运营收入,8 成以上来自售票,还有不到 2 成来自广告收入。因此票价和客流就成为决定项目收入的重要因素,其收益分配和风险分担机制的设计尤为关键。

客流量虽受服务质量的影响,但更多地受到城市规划等因素的影响。《北京地铁四号线工程可行性研究报告》和香港弘达顾问有限公司均对客流做出预测,前者预计初期(2010 年)客流量为 71 万人次/工作日,近期(2015 年)为 82 万人次/工作日,远期(2034 年)为 99 万人次/工作日;后者预计初期(2010 年)客流量为 58.8 万人次/工作日,近期(2015 年)为 81.8 万人次/工作日,远期(2034 年)为 88.4 万人次/工作日。

四号线的客流机制是:当客流量连续三年低于预测客流的 80%,特许经营公司可申请补偿,或者放弃项目;当客流量超过预测客流时,政府分享超出预测客流量 10% 以内票款收入的 50%、超出预测客流量 10% 以上的票款收入的 60%。

影响项目收入的另一大因素是票价。由于 4 号线运营的票价实行政府定价管理,在运营初期北京市的地铁统一实行 2 元一票制,这无法完全反映运行成本和合理收益。因此,项目采用"测算票价"作为确定投资方运营收入的依据,同时建立了测算票价的调整机制。最初核定特许协议时,根据香港弘达顾问有限公司测算的客流量,核定票价是 3.34 元(2004 年价格水平),考虑工资、物价上涨等因素,以试运营开始年的价格水平测算,预计运营起始年平均人次票价收入水平为 3.91 元,之后各年度平均人次票价收入水平根据香港弘达顾问有限公司预测的 4 号线客流量及平均运距等测算。

如果实际票价收入水平(需考虑和其他线路的分账)低于测算票价收入水平,政府就其差额对京港地铁予以补偿；如果实际票价收入水平高于测算票价收入水平，京港地铁应将其差额的 70% 返还给市政府。

四、官方评价

国家发改委官方网站对北京地铁四号线进行的案例介绍中做出如下陈述：“2011 年，北京金准咨询有限责任公司和天津理工大学按国家发改委和北京市发改委要求，组成课题组对项目实施效果进行了专题评价研究。评价认为，北京地铁 4 号线项目顺应国家投资体制改革方向，在我国城市轨道交通领域首次探索和实施市场化 PPP 融资模式，有效缓解了当时北京市政府投资压力，实现了北京市轨道交通行业投资和运营主体多元化突破，形成同业激励的格局，促进了技术进步和管理水平、服务水平提升。从实际情况分析，四号线应用 PPP 模式进行投资建设已取得阶段性成功，项目实施效果良好。”

第四节　PPP 项目的评估

并非所有的项目都适合采用政府和社会资本合作（PPP）模式。根据我国财政部的意见，需要在项目识别阶段对拟采用 PPP 模式的项目进行物有所值评价和财政承受能力论证，只有通过物有所值评价和财政承受能力论证的项目，才适合采用 PPP 模式①。此外，PPP 项目绩效评价结果是政府按效付费、落实整改、监督问责的重要依据，因此还需在项目执行阶段展开绩效评价工作。

一、物有所值评价

财政部在《关于推广运用政府和社会资本合作模式有关问题的通知》中指出，要认真做好项目评估论证。除了传统的项目评估论证外，还要积极借鉴物有所值（Value for Money，VFM）评价理念和方法，对拟采用政府和社会资本合作模式的项目进行筛选。在进行项目评估论证时，要与传统政府采购模式进行比较分析，确保从项目全生命周期看，采用政府和社会资本合作模式后能够提高服务质量和运营效率，或者降低项目成本。项目评估时，要综合考虑公共服务需要、责任风险分担、产出标准、关键绩效指标、支付方式、融资方案和所需要的财政补贴等要素，平衡好项目财务效益和社会效益，确保实现激励相容。2015 年 12 月财政部发布《关于印发 < PPP 物有所值评价指引（试行）> 的通知》中指出，物有所值评价包括定性评价和定量评价，现阶段以定性评价为主，鼓励开展定量评价，在统筹定性评价和定量评价结论后做出物有所值评价结论。物

① 2020 年 1 月《财政部关于公布废止和失效的财政规章和规范性文件目录（第十三批）的决定》中包括关于印发《PPP 物有所值评价指引（试行）》的通知（财金〔2015〕167 号）、关于印发《政府和社会资本合作项目财政承受能力论证指引》的通知（财金〔2015〕21 号），这两个文件均已失效，但根据财政部政府和社会资本合作中心全国 PPP 综合信息平台项目管理库的信息显示，物有所值评价和财政承受能力论证仍然是目前实际操作中评估 PPP 项目的重要依据。

有所值评价结论分为"通过"和"未通过"。"通过"的项目,可进行财政承受能力论证;"未通过"的项目,可在调整实施方案后重新评价,仍未通过的不宜采用 PPP 模式。

物有所值是一个相对概念,而非绝对概念。我们无法评价一桩生意是否物有所值,但两个生意放在一起进行比较时,就可以判断哪项更"值"。在考虑一项基础设施建设项目应通过传统模式采购还是通过 PPP 模式采购时,我们用物有所值这一理念来进行方案比选。

在传统模式下,政府通过竞争性招投标选择建设阶段的承包商,由于各投标人都能满足资格审核且其投标方案均对招标要求做出实质性回应,比选的重点在于价格(综合评标法或经评审的最低价中标法)。而物有所值评价,强调的不是低廉的建设成本,而是在项目全寿命周期,综合考虑付出的价格和获得的服务质量。此外,在 PPP 模式下,社会资本方可能承担了更多的风险,因此也应享有更高的风险对价。所以在物有所值评价中,需要在全寿命周期框架内综合考虑价格、服务质量和风险分配,而不是简单地以价格来比选方案。

英国政府曾用公共部门比较值(Public Sector Comparator, PSC)这一方法来量化物有所值理念。公共部门比较值是指在全生命周期内,政府采用传统采购模式提供公共产品和服务的全部成本的现值,主要包括建设运营净成本、可转移风险承担成本、自留风险承担成本和竞争性中立调整成本等。通过比较 PPP 模式的项目现值与公共部门比较值,可以得出量化结论。

但是,在经过一段时间的运用后,英国议会指出公共部门比较值难以获取,这一方法中存在大量的主观假定,使物有所值评价体系过于偏袒 PPP 模式。英国政府现在已将物有所值作为一种理念对项目采购方案进行定性而非定量的评价,且不单独作为项目是否适合采用 PPP 模式的判断依据。物有所值的定性评价模型如图 14 - 4 所示。

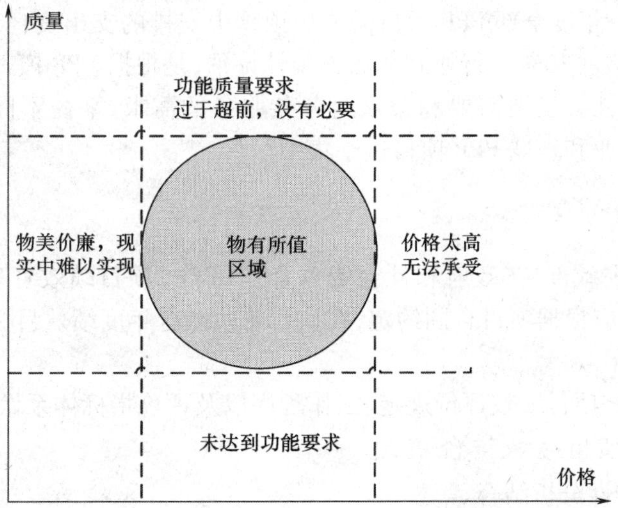

图 14 - 4

资料来源:本图改编于世界银行 Public - Private Partnerships, How can PPPs help deliver better services? 的课程课件,原作者 James Ballingall.

二、财政承受能力论证

使用者付费性质的PPP项目，虽然使政府失去未来的现金流入，但并未增加财政负担；政府付费或缺口补贴性质的PPP项目，在项目运行期间增加了政府的支出。对于后者，政府为获得公共服务而付出的代价，从一次性资本支出转变为年度化费用。由于每一年度都会新建PPP项目，未来年度的政府支出会逐步累积。为了避免PPP项目的规模过于庞大，占用未来年度过多份额的政府支出，需要进行总量控制。

财政部于2015年4月印发的《政府和社会资本合作项目财政承受能力论证指引》所说的财政承受能力论证，是指识别、测算政府和社会资本合作项目的各项财政支出责任，主要包括股权投资、运营补贴、风险承担、配套投入等，科学评估项目实施对当前及今后年度财政支出的影响，为PPP项目财政管理提供依据。

其中，股权投资、运营补贴、风险承担、配套投入的计算公式如下：

(1) 股权投资支出＝项目资本金×政府占项目公司股权比例

(2) 当年运营补贴支出数额＝项目全部建设成本×(1＋合理利润率)×(1＋年度折现率)^n÷财政运营补贴周期(年)＋年度运营成本×(1＋合理利润率)－当年使用者付费数额

(3) 风险承担支出数额＝基本情景下财政支出数额×基本情景出现的概率＋不利情景下财政支出数额×不利情景出现的概率＋最坏情景下财政支出数额×最坏情景出现的概率

(4) 配套投入支出数额＝政府拟提供的其他投入总成本－社会资本方支付的费用

财政承受能力论证包括财政支出能力评估以及行业和领域平衡性评估。财政支出能力评估，是根据PPP项目预算支出责任，评估PPP项目实施对当前及今后年度财政支出的影响。每一年度全部PPP项目需要从预算中安排的支出责任，占一般公共预算支出比例应当不超过10%。行业和领域均衡性评估，是根据PPP模式适用的行业和领域范围，以及经济社会发展需要和公众对公共服务的需求，平衡不同行业和领域PPP项目，防止某一行业和领域PPP项目过于集中。

三、绩效评价

2020年3月财政部在《政府和社会资本合作(PPP)项目绩效管理操作指引》中指出：项目实施机构应根据项目合同约定，在执行阶段结合年度绩效目标和指标体系开展PPP项目绩效评价。

该文件对PPP项目绩效评价规定、工作程序以及评价指标体系做出了规范。

(一) PPP项目绩效评价规定

(1)定量与定性分析结合。

(2)结合PPP项目实施进度及按效付费需要确定绩效评价时点。

(3)绩效评价结果依法依规公开并接受监督。

(二) PPP项目绩效评价工作程序

(1)下达绩效评价通知。项目实施机构确定绩效评价工作开展时间后，应至少提前 5 个工作日通知项目公司(社会资本)及相关部门做好准备和配合工作。

(2)制定绩效评价工作方案。项目实施机构应根据政策要求及项目实际组织编制绩效评价工作方案,内容通常包括项目基本情况、绩效目标和指标体系、评价目的和依据、评价对象和范围、评价方法、组织与实施计划、资料收集与调查等。

(3)组织实施绩效评价。项目实施机构应根据绩效评价工作方案对 PPP 项目绩效情况进行客观、公正的评价。通过综合分析、意见征询,区分责任主体,形成客观、公正、全面的绩效评价结果。

(4)编制绩效评价报告。PPP 项目绩效评价报告应当依据充分、真实完整、数据准确、客观公正,内容通常包括项目基本情况、绩效评价工作情况、评价结论和绩效分析、存在问题及原因分析、相关建议、其他需要说明的问题。

(5)资料归档。项目实施机构应将绩效评价过程中收集的全部有效资料,主要包括绩效评价工作方案、专家论证意见和建议、实地调研和座谈会记录、调查问卷、绩效评价报告等一并归档,并按照有关档案管理规定妥善管理。

(6)评价结果反馈。项目实施机构应及时向项目公司(社会资本)和相关部门反馈绩效评价结果。

(三)PPP 项目绩效评价指标体系

PPP 项目绩效评价需从预期产出、预期效果和项目管理三方面对项目主体执行绩效目标的实现情况进行评价,绩效评价的主体包括项目公司(社会资本)和项目实施机构。在实践中,可参考下列指标:

项目绩效评价参考指标表

项目期间	评价主体	一级指标	二级指标
建设期	项目公司（社会资本）	产出	竣工验收
		效果	社会影响、生态影响、可持续性、满意度
		管理	组织管理、资金管理、档案管理、信息公开
	项目实施机构	产出	履约情况、成本控制
		效果	满意度、可持续性
		管理	前期工作、资金(资产)管理、监督管理、信息公开
运营期	项目公司（社会资本）	产出	项目运营、项目维护、成本效益、安全保障
		效果	经济影响、生态影响、社会影响、可持续性、满意度
		管理	组织管理、财务管理、制度管理、档案管理、信息公开
	项目实施机构	产出	按效付费、其他履约情况
		效果	满意度、可持续性、物有所值
		管理	预算编制、绩效目标与指标、监督管理、信息公开

本章小结

政府有义务提供基础设施和公共服务,但提供的规模和水平具有很强的国别差异,本章所讨论的 PPP 模式不应被作为超前提供公共服务的手段。

PPP 模式主要用于提供以基础设施为依托的公共服务。根据世界银行的定义，PPP 是“私人部门和政府部门之间的长期合同，其目的是提供公共资产或服务，私人部门承担相应的风险和管理职能，并根据其表现获得回报”。其具有以下特点：合同中着重描述产出而非投入，通过何种方法获得这种产出一般交由私人部门处理；通常涉及项目过程中不同职能的整合，包括设计、建造（或改造）、融资、维护、运营等，这些职能中的部分或全部会被“打包”后交由一个公司处理；根据服务提供进行付费，而非对项目建设付费；周期较长，并且其建设阶段仅占合同周期的较小部分，而通过维护、运营项目来提供公共服务的时间占据合同周期的较大部分。

根据付费主体不同，PPP 模式可被分为使用者付费、政府付费和可行性缺口补助。根据私人部门在项目中承担的主要职能来划分项目类型，如 BOT、TOT、DBFO 等。采用 PPP 模式提供公共服务可以弥补公共部门建设资金不足、引入私人部门的知识和经验和降低全寿命周期成本。

PPP 模式在我国的运用，可分为试点、发展和初步成熟三个阶段。

以北京地铁四号线为例说明了 PPP 模式的一般操作程序、合同体系及其中的权力义务的约定、收益分配和风险分担机制等。

不是所有的投资项目都适用 PPP 模式，需要通过物有所值评价、财政承受能力评价，并在履约过程中接受绩效评价。

复习思考题

1. PPP 模式中的三个 P 分别代表什么？在中国情境下，是否有其特殊性？

2. PPP 模式有何特点？

3. 对 PPP 项目可以怎样分类？

4. PPP 模式相对于传统模式，可能具有哪些优点？为什么说这些优势是可能而非必然？

5. PPP 项目应做哪些评估？

6. 什么是物有所值评价？

7. 什么是财政承受能力评价？

8. 为什么要对部分 PPP 项目做绩效评价？

第十五章

ESG与项目评估

本章要点

本章共分三个部分，即ESG(Environmental, Social, and Governance)提出的背景、ESG的概念与内涵、项目评估中的ESG评价。在ESG提出的背景部分主要介绍了“双碳”目标背景下ESG提出的必要性。在ESG的概念与内涵部分介绍了ESG的概念，及环境友好、社会和谐和伦理治理等方面内容。项目评估中的ESG评价部分介绍了ESG投资、项目评价中的ESG趋势、ESG项目评价指标体系。

第一节 ESG 提出的背景

一、全球面临的环境压力和绿色需求

在全球变暖和极端天气频发的现实情况下，气候变化已经成为威胁人类生存的全球性问题。随着人类生活和生产的二氧化碳排放，温室气体猛增，对人类生命系统形成了严重威胁。在这一背景下，世界各国达成共识，以全球协约的方式减少温室气体的排放。2020 年 9 月 22 日，国家主席习近平在第 75 届联合国大会上宣布，中国力争 2030 年前二氧化碳排放达到峰值，努力争取 2060 年前实现碳中和目标（简称“双碳”目标）。

碳达峰就是指在某一个时点，二氧化碳的排放不再增长而达到峰值，之后逐步回落。碳达峰是二氧化碳排放量由增转降的历史拐点，标志着碳排放与经济发展实现脱钩，达峰目标包括达峰年份和峰值。碳中和是指国家、企业、产品、活动或个人在一定时间内直接或间接产生的二氧化碳或温室气体排放总量，通过植树造林、节能减排等形式，抵消自身产生的二氧化碳或温室气体排放量，实现正负抵消，达到相对“零排放”。

为了实现环境可持续发展，实现双碳目标，我国在产业结构和能源结构调整、环境污染防治等方面作出了许多努力。2022 年 10 月，习近平在《中国共产党第二十次全国代表大会上的报告》（以下简称《报告》）中提出，推动绿色发展，促进人与自然和谐共生。《报告》中强调了统筹产业结构调整、污染治理、生态保护、应对气候变化，协同推进降碳、减污、扩绿、增长，推进生态优先、节约集约、绿色低碳发展。《报告》中指出，一是加快发展方式绿色转型。推动经济社会发展绿色化、低碳化是实现高质量发展的关键环节。加快推动产业结构、能源结构、交通运输结构等调整优化。实施全面节约战略，推进各类资源节约集约利用，加快构建废弃物循环利用体系。完善支持绿色发展的财税、金融、投资、价格政策和标准体系，发展绿色低碳产业，健全资源环境要素市场化配置体系，加快节能降碳先进技术的研发和推广应用，倡导绿色消费，推动形成绿色低碳的生产方式和生活方式。二是积极稳妥地推进碳达峰、碳中和。实现碳达峰、碳中和是一场广泛而深刻的经济社会系统性变革。立足我国能源资源禀赋，坚持先立后破，有计划、分步骤实施碳达峰行动。完善能源消耗总量和强度调控，重点控制化石能源消费，逐步转向碳排放总量和强度“双控”制度。推动能源清洁低碳、高效利用，推进工业、建筑、交通等领域的清洁低碳转型。深入推进能源革命，加强煤炭清洁高效利用，加大油气资源勘探开发和增储上产力度，加快规划建设新型能源体系，统筹水电开发和生态保护，积极安全有序地发展核电，加强能源产供储销体系建设，确保能源安全。完善碳排放统计核算制度，健全碳排放权市场交易制度。提升生态系统碳汇能力。积极参与应对气候变化全球治理。

二、社会责任与企业环境责任

企业社会责任（Corporate Social Responsibility，简称 CSR），是指企业在创造利润、对

股东和员工承担法律责任的同时，还要承担对消费者、社区和环境的责任。企业的社会责任要求企业必须超越把利润作为唯一目标的传统理念，强调要在生产过程中对人的价值的关注，强调对环境、对消费者、对社会的贡献。

社会责任主要包括社会义务、社会响应和社会责任三个维度。社会义务（Social Obligation）指的是企业应当履行的基本的经济和法律责任。社会响应（Social Responsiveness）是企业积极响应社会的主流呼吁，通过改变自身的社会参与方式适应社会环境变化的行为。社会责任（Social Responsibility）则强调道德概念，要求企业的决策与行为符合道德标准，主动从事公众尚未明确表达但能使社会变得更美好的工作，不做有损社会的事情。

社会义务、社会响应和社会责任三者之间的关系如图15－1所示。社会义务是一个企业从事社会和经济活动的基础，而社会响应和社会责任都超越了法律与经济要求，因此在社会义务之上。经济责任和法律责任属于社会义务，社会响应等同于伦理责任，社会责任对应于慈善责任，因此三者位置从低到高分别为社会义务、社会响应和社会责任。另外，社会响应还应当高于"最高法律义务线"，社会责任高于"最高社会呼吁线"。

虽然企业履行社会责任具体行为有别于利润目标实现过程，然而它会提高企业信誉、维护企业形象、增加公众信任从而提高企业利润，因此也受到企业的重视。传统的企业社会责任关注于在其商业运作里对其利害关系人应负的责任。利害关系人是指所有可以影响或会被企业的决策和行动所影响的个体或群体，包括：员工、顾客、供应商、社区团体、母公司或附属公司、合作伙伴、投资者和股东。企业通过披露社会责任报告的形式向社会告知自己在利害关系人方面的社会责任履行情况。

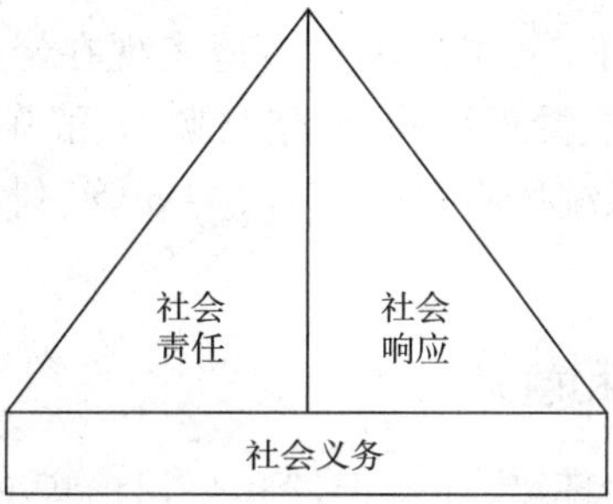

图15－1 社会义务、社会响应和社会责任的关系

随着公众对于环境保护和绿色发展的重视，加之"双碳"目标的迫近，企业社会责任越来越关注于环境责任。企业环境责任是企业能够以实现社会福利最大化为目标，合理配置和有效使用环境资源，通过与利益相关者之间公开透明的关系管理对社会产生正向积极影响的过程，既实现对环境的承诺，又满足自身可持续发展要求。企业应该在产品的设计、材料选购、工艺制造、成品出厂等所有活动和过程中，严格按照国家标准，注重减少污染和保护环境。对于废气、废水、废物进行治理，努力降低直至消除污染物，与周边自然环境及当地民众和谐相处。对建设项目进行严格的环境评估，逐步淘汰落后生产工艺，采用清洁生产、少废无废工艺，加强绿色科技产品的开发，积极采用先进的生产技术和管理技术，进行环保生产，实施环保管理。科学、合理地利用自然资源，提高自然资源的回收利用率。建立资源节约型社会发展机制，实行集约化经营战略，依靠技术进步实现产品的最大增值。在节约资源的同时，加强废物的综合循环利用，实现废弃物资源化。注重研发无害于环境和人体健康的产品。在产品有可能对环境造成损害的时候，积极采取预防和补救措施。

三、公司治理与伦理责任

公司治理影响着如何带领、管理及控制公司的一套程序、惯例、政策、法律等。公司治理也包括对公司利益相关者与公司治理的众多目标之间关系的管理。利益相关者包括公司内部的股东、管理人员和理事，也包括雇员、供应商、顾客、银行和其他贷款人、政府政策管理者、环境和整个社区。

公司治理范畴较宽泛，传统财务管理中最为重要的部分是委托代理责任、对股东和其他人的资料披露、审计及控制机制。企业应该保证股东权益能够被公平的对待，尊重股东的权利及通过有效沟通来帮助股东行使权利，鼓励股东参与日常会议以了解企业经营信息。企业对所有合法的利益相关者有法定的和其他义务，应保证其他利益相关者的利益。董事需要有应付各式各样的商业上的问题的能力，有能力去检视及挑战管理层的表现，对工作有合适程度的承担。主席及首席执行官不能由同一人所担任，需有机制避免利益冲突。另外，执行董事与独立非执行董事的人数要有适当的比例，建立独立的监察机制。董事及行政人员应建立道德操守，决策时要有道德及有责任感。公司应该澄清并让公众了解董事会的角色和责任。在审计及控制方面要有财政预算决算的控制管理机制，保证内部控制和审计的独立性，明确董事会内职位的提名方法，进行失察及风险管理，提供股息政策。

在社会责任（CSR）框架下，公司治理更多地表现在经营中的伦理道德方面。其包括贪污腐败、风险与危机管理、治理结构、贿赂与欺诈、股东权益保护、薪酬制度、纳税透明、反竞争行为、商业道德、系统风险管理、事故与安管、付款透明度、竞争行为、监管捕获和政治影响等方面。

四、推广 ESG 的必要性和意义

在上述背景下，ESG 关注环境、社会责任和公司治理三个维度的非经济绩效，在可持续发展角度、企业融资、建设项目投资和国际贸易等方面都具有重要意义，具有很高的推广必要性。

首先，在可持续发展角度，ESG 为衡量和监督企业绿色绩效和“双碳”目标达成度提供了有效工具。在政策端落实并运用 ESG 理念，与当前经济绿色转型的目标相契合，将有效助力传统产业结构调整和碳排放工作的开展，促进碳中和目标的达成。从可持续发展的角度，在政策制定环节纳入 ESG 的考量将以改善环境质量为基础，从环境效益、社会效益和经济效益三个维度出发，通过发挥政策引导的作用，进一步促进产业的绿色发展及转型。在政策制定中考虑发挥采用 ESG 理念可对企业绿色生产和经营的引领作用，对可持续发展具有促进作用。一方面，将 ESG 纳入行业规范可提高整个行业的 ESG 表现，促进行业能源使用效率的提高，降低行业的碳排放水平和碳中和风险；另一方面，通过发挥监管部门的规范作用，构建统一的 ESG 行业信息披露标准，也是有效推动碳中和进程的重要手段。

其次，在倡导绿色金融的背景下，ESG信息披露是企业融资的基础和重要依据。银行类金融机构践行ESG理念以减少因自身业务活动、产品服务对环境造成的负面影响；同时通过构建环境与社会风险管理体系，将ESG纳入授信全流程，以实现金融支持进一步向低碳项目及低碳企业倾斜。通过将ESG纳入投资决策流程，投资类金融机构根据碳中和目标适时调整投资战略，主动识别和控制与碳中和密切相关的风险，积极践行低碳投资，扩大对绿色领域的投资规模，充分发挥资本市场对实现碳中和的经济支持。在绿色金融的压力下，银行等金融机构对投资项目的绿色绩效的衡量，迫使企业积极寻求符合金融机构标准的衡量体系。ESG衡量指标体系就为企业提供了极具针对性和可操作性的实现工具。

再次，ESG理念的采用有助于建设工程项目环境评价工作的推进。建设工程项目不断加强环境评价力度，但始终缺乏有效和统一的测量工具。工程项目层面上的ESG相关的系统评价和政策实施较少。如果在项目前期可行性研究阶段就将ESG理念纳入项目评价中，可以从源头上提高建设工程项目的绿色水平，为“双碳”目标达成提供更有效的抓手。

最后，ESG理念的采用有助于国际化经营和生产。目前，供应链全球化已经成为企业生产和经营的必然趋势。在与全球接轨时，符合国际标准是十分重要的。在全球推行ESG理念的浪潮下，国内企业只有融入ESG体系，才能打入国际市场，实现全球化生产。

第二节 ESG的概念与内涵

在上文所述的环境、社会责任和公司治理背景下，在项目的投资和运营中，对环境和社会友好的治理成为重点，微观企业也需要兼顾经济发展和绿色转型同步进行。ESG的概念由此提出。

一、ESG的概念

ESG是环境(Environmental)、社会(Social)和治理(Governance)三个英文单词的首字母缩写，是企业履行环境、社会和治理责任的核心框架及评估体系。ESG源于责任投资，并不断延伸到社会责任和可持续发展领域。

在实践中，ESG目前主要应用于金融领域，在上市公司年报中予以披露，类似于以往年报对于CSR(企业社会责任)的披露。实际上，ESG是协调政府、企业、投资的生态系统。目前，对于，ESG的概念还没有达成共识。屠光绍(2019)认为，ESG投资的本质是价值取向投资，核心是把社会责任纳入投资决策，以改善投资结构，优化风险控制，投资的最终目的仍然是获得长期收益。也有学者和实践界将ESG和CSR等同，将二者都看作企业履行社会责任的一种形式。谢红军和吕雪(2022)指出，CSR是与ESG紧密相关的概念，认为ESG包括CSR未直接涉及的公司治理内容，因而内涵更广泛，并将ESG

和 CSR 交换使用。2019 年《中国责任投资年度报告》对责任投资的定义则与《联合国负责任投资原则》的表述相似，认为责任投资是在传统投资的基础上，加入对投资对象的环境、社会和治理情况的考量，即 ESG 是践行责任投资时的重要参考指标。

二、ESG 涵盖的内容

ESG 涵盖的内容是比较广泛的，主要包括环境友好、社会和谐和伦理治理等方面的内容（见表 15－1）。

表 15－1　ESG 涵盖的内容

	环境（E）	社会（S）	治理（G）
涵盖内容	• 环境污染 • 清洁制造 • 绿色建筑 • 可再生能源 • 温室气体排放 • 能源效率 • 水资源管理 • 土地资源管理 • 生态多样性	• 社区关系 • 供应链劳工标准 • 人力资本发展 • 员工福利与关系 • 工作环境 • 多元化与包容性 • 慈善活动 • 产品安全与质量 • 数据安全与隐私	• 贪污腐败 • 风险与危机管理 • 治理结构 • 贿赂与欺诈 • 股东权益保护 • 薪酬制度 • 税务 • 反竞争行为 • 商业道德

资料来源：王大地，黄洁．ESG 理论与实践．经济管理出版社，2021.

ESG 中的“E”，即环境维度，包括公司使用的能源、资源和排放的废物，以及因此对环境造成的影响。更重要的是，“E”包含了碳排放和气候变化。每家公司都使用能源和资源；每家公司都会影响环境，并受到环境的影响。

ESG 中的“S”，即社会维度，涉及公司与雇员的内部关系，公司与其他机构和当地社区的外部关系及所培养的声誉。“S”包括劳资关系以及多样性和包容性。每个公司都在一个更广泛的多样化的社会中运作。

ESG 中的“G”，即治理维度，是指公司为实现自我管理、有效决策、法律合规和满足外部利益相关者需求而建立的内部实践、控制和程序系统。每个公司本身就是一个合法的创造，都需要治理。

第三节　项目评估中的 ESG 评价

一、ESG 投资

ESG 投资是在投资中相对于财务收益之外，更关注于环境、社会和治理三个方面的投资效果的一种投资评价方式。ESG 投资涉及可持续投资、影响投资、社会责任投资等概念。

ESG 在各国已经逐渐成为投资评价的关键指标。2012 年，挪威央行投资管理机构

(Norges Bank Investment Management, NBIM)宣布更改投资组合,对有环境问题的公司进行了重点撤资。2017 年,全球最大的养老基金日本政府养老投资基金(Government Pension Investment Fund, GPIF)将 ESG 纳入投资原则,其首席投资官宣布 GPIF 的责任是使投资更具可持续性。自 2016 年起,中国证券投资基金业协会(2019)将 ESG 投资作为改善资本市场质量、提升基金行业长期价值的着力点,推进 ESG 研究和实践。至 2020 年 6 月,已有超过 3 000 家投资机构加入了联合国负责任投资原则组织,承诺将 ESG 纳入投资决策。

重大投资项目更需要企业将环境、社会和治理因素纳入投资决策,通过践行 ESG 理念从企业层面寻求社会问题的解决之道。

二、项目评价中的 ESG 趋势

随着“双碳”时代的到来,环境影响评价在项目评价中的地位越来越高,甚至达到一票否决制的要求。国家发改委 2016 年第 44 号令《固定资产投资项目节能审查办法》中指出,任何固定资产投资项目无论能耗大小,均要进行节能评估。固定资产投资项目节能审查意见是项目开工建设、竣工验收和运营管理的重要依据。对于政府投资项目,建设单位在报送项目可行性研究报告前,需取得节能审查机关出具的节能审查意见。对于企业投资项目,建设单位需在开工建设前取得节能审查机关出具的节能审查意见。未进行节能审查或节能审查未通过的项目,建设单位不得开工建设,已建成的不得投入生产、使用。

在重大投资项目评价中,加强了对于环境影响评价的力度。目前,编制《建设项目环境影响报告表》的项目占全国环评审批数量的 90% 以上,但其中大部分是中小企业,是当前深化环评“放管服”改革、优化营商环境的重点。重大投资项目的环境影响评价是未来一段时间内的重点工作。2022 年,生态环境部印发的《关于做好重大投资项目环评工作的通知》(以下简称《通知》)强调了切实依法做好重大投资项目环评保障,全力推进“十四五”规划重大工程、水利及交通等基础设施、煤炭保供、涉及补链强链的高技术产业等重大投资项目落地见效。坚持生态优先、绿色发展,守住依法依规和生态环境底线,确保环评审批质量,确保重大投资项目不发生重大生态环境问题。防范“未批先建”“边批边建”等违法行为,强化事中、事后监管,确保环评及批复提出的各项生态环保措施落实到位。《通知》指出,在重大投资项目环评审批中要严格把关。项目类型及其选址、布局、规模等要符合环境保护法律法规、法定规划;项目要采取有效污染防治措施,污染物达标排放,项目位于环境质量未达标区的,其措施要满足区域环境质量改善目标管理要求;项目要采取必要措施,预防和控制生态破坏;环评文件要数据真实,内容不存在重大缺陷和遗漏,结论明确合理。

在这样的背景下,用什么指标体系来衡量项目“双碳”影响是目前亟待解决的问题。ESG 相对完善和较高的“双碳”针对性为项目环境评价提供了强有力的工具。中国国际工程咨询有限公司研究中心副主任徐成彬曾建议推进工程项目 ESG 责任投资评价体系。他认为,投资一般都是随项目走,尤其是固定资产投资必须要跟着一个个工程项目的实施来落实,将 ESG 理念放到项目生命周期中贯彻具有非常重要的意义。

首先,工程项目 ESG 责任投资评价区别于常见的企业 ESG 评价。目前的 ESG 评价更多是在资本市场上针对企业层面的评级，对于项目层面上的系统评价和政策实施较少。目前还未有哪个国家专门出台投资项目层面的 ESG 相关政策导向和系统评价体系。而中国作为全球固定资产投资大国，率先开展了项目层面上的 ESG 责任投资评价，将具有示范引领作用。在项目的决策阶段，将 ESG 理念与国际先进经验融入可行性研究框架体系，是 ESG 理念落到实处的一个根本手段，有利于从源头上提高投资项目前期工作质量。

其次，工程项目 ESG 责任投资评价体系的构建是重中之重。借鉴目前企业 ESG 评级的指标体系，结合中国投资项目的实践和有关投融资机制的改革，创建中国投资项目的 ESG 评价指标体系和框架是开展项目层面 ESG 评价的基础和关键。

最后，工程项目 ESG 实施需要结合信息披露与监测。ESG 信息披露与监测应该是全寿命周期的。ESG 信息监测从项目启动阶段开始，持续整个项目期。在项目完工后，还需要进一步的后评估，为未来政策调整提供依据。

三、ESG 项目评价指标体系

ESG 的概念提出时间较短，评价指标体系尚未达成共识。ESG 指标体系的构建主要由国际组织和证券及金融机构两个主体提出。

一方面，许多国际组织提出了 ESG 评价的框架。2021 年 3 月 21 日美国证券交易委员会借鉴了国际公认的气候相关财务信息披露框架（Task Force on Climate Related Financial Disclosure，TCFD 框架），发布了 ESG 披露标准。欧盟委员会推出了《欧盟可持续报告准则》（European Sustainability Reporting Standard，简称 ESRS）。欧盟在制定框架过程中吸纳的是全球报告倡议组织（Global Reporting Initiative，简称 GRI）的标准。2021 年 11 月，国际财务报告准则基金会（IFRS Foundation）在《联合国气候变化框架公约》第 26 次缔约方大会（COP26）期间，宣布成立国际可持续发展准则理事会（International Sustainability Standards Board，简称 ISSB），提出要制定一套高质量的可持续信息披露基准性标准。ISSB 宣布将于 2022 年 6 月之前将可持续发展报告标准组织——气候披露准则理事会（Climate Disclosure Standards Board，简称 CDSB）和价值报告基金会（Value Reporting Foundation，简称 VRF）整体并入。其中，前者 CDSB 由碳信息披露项目（The Carbon Disclosure Project，简称 CDP）发起，主要关注环境和气候变化的信息披露，试图将环境气候信息整合到公司年度报告等主流报告中；VRF 则是由可持续发展会计准则委员会（Sustainability Accounting Standards Board，简称 SASB）和国际综合报告委员会（International Integrated Reporting Council，简称 IIRC）在 2021 年合并而成，其合并后提供的报告框架将环境社会信息与财务表现进行勾稽，为定性信息定量化提供了标准。

另一方面，许多证券及金融机构从证券市场操作角度设计了实践性较强的 ESG 评价体系。国际主流 ESG 评级体系拥有较成熟评级体系，除 MSCI 外，富时罗素（FTSE Russell）、标普全球（S&P Global）、路孚特（Refinitiv）、晨星（Morningstar）等知名机构都建立了 ESG 评级业务，并得到了全球投资者的广泛认可和使用。国内评级机构有商道融绿、华证指数、社投盟、嘉实基金、WIND 等。

ESG 评价指标多样且一致性不高，本书选择 SASB 和 MSCI 标准分别作为国际组织和证券机构两个主体的 ESG 指标体系的代表作加以介绍。

（一）SASB标准的ESG主要内容体系

SASB推出了一种新的行业分类方式，即根据企业的业务类型、资源强度、可持续影响力和可持续创新潜力等将企业分为77个行业，每个行业在SASB标准中都有一套自己独特的可持续性会计标准。SASB标准包括环境、社会资本、人力资本、商业模式与创新、领导与治理五个可持续主题（见表15－2）。

表15－2 SASB标准的ESG指标体系

	环境	社会资本	领导与治理	人力资本	商业模式与创新
涵盖内容	•温室气体排放 •空气质量 •能源管理 •燃油管理 •水和废水管理 •废物和有害物质管理 •生物多样性影响	•人权与社区关系 •访问和负担能力 •客户福利 •数据安全和客户隐私 •公平披露和标签 •公平营销和广告	•系统风险管理 •事故与安管 •商业道德和付款透明度 •竞争行为 •监管捕获和政治影响 •材料采购 •供应链管理	•劳动关系 •劳动惯例 •多元化和包容性 •员工的健康、安全和福祉 •薪酬与福利 •招聘、发展和保留	•产品和服务的生命周期影响 •对资产运营的环境和社会影响 •产品包装 •产品质量安全

1. 环境

该维度包括通过使用不可再生的自然资源（例如，水、矿物质、生态系统和生物多样性）作为生产要素，或向环境（例如，空气、土地和水）释放有害物质。企业对环境的影响，可能会对自然资源产生不利影响，并影响公司的财务状况或经营业绩。

2. 社会资本

该维度与企业在社会中的感知角色有关，或者与企业为获得社会许可而对社会作出贡献的期望有关。它解决了与关键外部方（例如，客户、本地社区、公众和政府）的关系管理。它包括与人权、弱势群体的保护、当地经济发展、产品和服务的使用和质量、可负担性、负责任的市场营销业务惯例以及客户隐私有关的问题。

3. 人力资本

该维度将公司人力资源（员工和个体承包商）的管理作为实现长期价值的关键资产。它包括影响员工生产力的问题，如员工敬业度、多元化、激励和薪酬，以及在特定人才、技能或教育的高度竞争或受限市场中员工的吸引力和保留率。它还解决了依赖规模经济并在产品和服务价格上竞争的行业以及具有遗留养老金负债的行业的工作条件和劳动关系管理。最后，它包括对员工健康和安全的管理，以及为在危险工作环境中运营的公司创建安全文化的能力。

4. 商业模式与创新

该维度解决了可持续性问题对创新和商业模式的影响。它解决了公司价值创造过程中环境、人类和社会问题的整合，包括资源回收和生产过程中的其他创新，以及产品创新，包括设计、使用阶段和产品处置中的效率和责任感。它还包括管理对有形和金融资产公司本身或作为他人的受托人管理的资产的环境和社会影响。

5. 领导与治理

该维度涉及对业务模型或行业惯例中固有问题的管理，这些问题可能与更广泛的利益相关者群体(例如,政府、社区客户和员工)的利益发生冲突,或严重到限制或取消了经营许可。这包括监管合规及政治影响。它还包括风险管理、安全管理、供应链和材料采购、利益冲突、反竞争行为及腐败和贿赂。

(二)MSCI标准的ESG主要内容体系

MSCI(摩根士丹利资本国际公司)是一家提供全球指数及相关衍生金融产品标的的国际公司,其推出的MSCI指数(摩根士丹利资本国际公司ESG指数)是全球ESG投资使用最多的指标体系。MSCI先后推出了七大指数,ESG指数是MSCI七大指数类别之一,也是其五个主要研究方向之一。MSCI致力于通过不断深入ESG投资研究,帮助投资者将资金引入更科学、规避风险的投资组合中。

MSCI标准的ESG评级内容主要由环境、社会及管治三个主要层面构成(见表15－3),涵盖10个议题和37个核心指标。在完成基本指标打分后,MSCI按照全球行业划分准则(GICS)将被评分者分为11个大类、24个行业组别、69个行业及158个子行业,并按照不同行业中各议题的风险将各项核心议题分配5%～30%的权重。最终,相较于公司与同行业标准的表现,企业的评分等级从高到低分为AAA、AA、A、BBB、BB、B、CCC七个等级。

表15－3 MSCI标准的ESG指标体系

3个层面	10个议题	37个核心指标
环境(E)	气候变化	碳排放、财务环境影响、产品碳足迹、气候变化脆弱性
	自然资源	水资源稀缺、原材料来源、生物多样性和土地使用
	污染与废物	有害气体和废物排放、电子垃圾、废弃材料和包装物
	环境机遇	清洁技术机遇、可再生能源机遇、绿色建筑机遇
社会(S)	人力资源	劳工管理、人力资源发展、安全与健康、供应链劳工标准
	产品责任	产品质量与安全、隐私和数据安全、化学安全、责任投资、金融产品安全、健康和人口风险
	利益相关方	争议根源
治理(G)	社会机遇	实现沟通、关爱健康、赢得收益、获得营养与健康机遇
	企业治理	董事会、所有权、薪酬、审计
	企业行为	企业道德、腐败、不正当竞争、稳定的财务制度、透明纳税

本章小结

ESG评价方式为项目绿色评价提供了有力工具,是绿色金融下项目融资的重要依据,其采用有助于“双碳”目标的达成。在项目投资决策中推广ESG评价方法是具有重要意义的。

本章首先分析了ESG提出的背景。一是,全球面临着环境压力和绿色需求,“双碳”目标的达成是目前经济发展中面临的重要问题。二是,在“双碳”背景下,企业社会责任与环境责任受到越来越多的重视。企业要承担对利益相关者的责任,强调要在生产过程中对人的价值的关注,强调对环境、消费者以及对社会的贡献。随着公众对于环境保护和绿色发展的重视,加之“双碳”目标的追近,对企业社会责任的关注越来越集中于环境责任。三是,在社会责任(CSR)框架下,企业需要通过公司治理提升经营中的伦理道德,拥有履行社会责任的能力。四是,本书从四个方面介绍了推广 ESG 的必要性和意义。第一,从可持续发展角度,ESG 为衡量和监督企业绿色绩效和“双碳”目标达成度提供了有效工具。第二,在倡导绿色金融的背景下,ESG 信息披露是企业融资的基础和重要依据。第三,ESG 理念的采用有助于建设工程项目环境评价工作的推进。第四,ESG 理念的采用有助于国际化经营和生产。

其次,本章介绍了 ESG 的概念与内涵。ESG 是环境(Environmental)、社会(Social)和治理(Governance)三个英文单词的首字母缩写,是企业履行环境、社会和治理责任的核心框架及评估体系。ESG 中的“E”,即环境维度,包括公司使用的能源、资源和排放的废物,以及因此对环境造成的影响。ESG 中的“S”,即社会维度,涉及公司与雇员的内部关系,公司与其他机构和当地社区的外部关系和所培养的声誉。ESG 中的“G”,即治理维度,是指公司为实现自我管理、有效决策、法律合规和满足外部利益相关者需求而建立的内部实践、控制和程序系统。

最后,本章介绍了项目评估中的 ESG 评价相关内容。一是介绍了 ESG 投资相关的概念和内容。二是分析了项目评价中的 ESG 趋势。三是介绍了 ESG 项目评价指标体系的概念和内容,并详细讲解了 SASB 标准和 MSCI 标准的 ESG 主要内容体系。

复习思考题

1. ESG 的内涵是什么？其中包括哪几个方面？
2. 项目评估中的 ESG 评价有哪些内容？
3. ESG 评价指标有哪些种类？
4. SASB 标准的 ESG 指标体系包括哪些内容？
5. MSCI 标准的 ESG 指标体系包括哪些内容？

附录1　财务分析与不确定性分析案例

一、项目背景

近年来，我国涂料行业在房地产等相关行业的拉动下有了长足的发展，通过不断进行技术改造、技术更新和技术引进，在产量、品种、质量、生产技术装备水平等方面都有了很大的进步，为国民经济各相关行业的配套能力也显著增强。但我国涂料行业整体技术水平与发达国家相比尚有很大的差距。近年来，国际知名的涂料厂商，如日本关西、美国 PPG、德国 BASF、英国 ICI、丹麦 Hempel、挪威 Jotun 等公司纷纷登陆中国。目前我国中高档涂料市场几乎一半以上为国外品牌占有。

某化学涂料股份有限公司自主开发的树脂涂料，是一种既可常温固化又可烘烤成膜的具有世界先进水平的高档涂料，该产品填补了国内空白，是我国涂料技术的一次飞跃。以下是该项目的背景资料。

（一）该项目的设计生产能力

该项目占地15万平方米，总建筑面积46 800平方米。该项目年产6 000吨树脂涂料，其中常温固化型中水性氟树脂涂料（以下简称A涂料）年产量3 000吨，溶剂性氟树脂涂料（以下简称B涂料）2 000吨；烘烤型氟树脂涂料（以下简称C涂料）1 000吨。

（二）该项目的投资和资金筹措状况

该项目建设投资估算范围包括：单体合成车间、聚合车间、造漆车间、综合车间、质检中心和配套工程及运输等。具体包括固定资产投资估算、无形资产投资估算、开办费估算和预备费估算。详见附表1，附表1－1、附表1－2。该项目建设期利息为该项目建设投资借款在建设期发生的利息。根据项目生产需要和当地资源利用以及运输、采购等因素，确定原材料及化工品储备资金的周转天数，采用分项详细估算法估算该项目的流动资金。

经过估算，该项目总投资18 536.55万元，其中，建设投资13 704.28万元，建设期利息487.54万元，流动资金4 344.73万元。建设投资中自有资金为7 537.35万元，并在建设期第一年全部投入，其余由建设单位申请贷款解决，贷款年利率为6.65%。流动资金中自有资金1 139.80万元，并在投产第一年全部投入，其余由建设单位申请贷款解决，贷款年利率为6.31%。流动资金估算详见附表2。总投资使用计划与资金筹措详见附表3。

（三）财务费用与效益数据估算

该项目计算期20年，其中，建设期2年，运营期18年。在运营期中，包括2年投产期，运营负荷分别为70%和90%。

该项目销售的产品为A涂料、B涂料和C涂料。三种产品的单价分别为53 000元/吨、58 000元/吨和94 000元/吨。投产第一年营业收入25 830万元，第二年营业收入33 210万元，从第三年起每年营业收入均为36 900万元。

该项目缴纳增值税，增值税税率为17%。该项目税金及附加主要包括城市维护建设税和教育费附加。其中，城市维护建设税税率为7%、教育费附加率为3%。

营业收入、增值税、税金及附加的具体估算数据见附表4。

根据该项目工艺流程设计方案，以及同类项目的原材料消耗定额，该项目达产期年消耗原材料情况详见附表5-1。

该项目外购燃料和动力费用主要包括水费、电费和柴油费。其中该项目达产期年耗水量110.6万立方米，水价3.2元/吨；年耗电量1 016.93万度，电价为0.89元/度；年耗油量2 480立方米（密度0.8），油价为8 485元/吨。

该项目所需职工人数为522人，福利费按照工资总额的40%计提，该项目达产期年工资及福利费详见附表5-2。

该项目采取综合计提折旧的方式，按直线法计算折旧费，折旧年限18年，净残值率10%。年修理费按年折旧费的30%计算。该项目摊销费为无形资产和开办费摊销，其中，无形资产投资为1 800万元，摊销年限18年，每年均为100万元。开办费为150万元，全部在投产第一年摊销。该项目的利息支出为建设投资借款在生产期发生的利息和流动资金借款利息之和。其他费用估算根据以上费用合计的一定比例计算。

以上各项成本费用估算结果和汇总数据详见附表5。

该项目利润总额为营业收入扣除总成本费用、增值税和税金及附加后的余额。所得税按25%的税率考虑。计算最大能力偿还期，可供投资者分配的利润可以全部作为还款来源。本案例采用以下方式分配税后利润：税后利润先提取10%的盈余公积金后的余额为可供分配利润，可供分配利润在借款偿还期内作为未分配利润用于偿还借款，还清借款以后全部作为应付利润。

利润总额、所得税估算结果和利润分配情况详见附表6。

二、财务分析

财务分析分为盈利能力分析和偿债能力分析。盈利能力分析分别计算动态指标和静态指标。偿债能力分析分别计算利息备付率、偿债备付率和借款偿还期指标。

（一）盈利能力分析

1. 现金流量分析

现金流量分析包括项目投资现金流量分析和项目资本金现金流量分析，主要计算项目投资财务内部收益率、财务净现值、投资回收期和项目资本金财务内部收益率指标。

通过现金流量分析可知，税前项目财务内部收益率为28.47%，财务净现值为14 035.00万元，投资回收期为5年4个月；税后项目财务内部收益率为22.98%，财务净现值为7 857.52万元，投资回收期为6年1个月。由于计算的项目财务内部收益率高于基准折现率15%，财务净现值均大于零，包括建设期在内的税后投资回收期为6年1个月，税前仅为5年4个月，低于行业基准投资回收期，因而可以看出，该项目在融资前具有很强的盈利能力。该项目的资本金财务内部收益率为28.33%，远大于基准折现率15%，说明项目的整体盈利能力是很强的。

该项目的现金流量分析结果详见附表7和附表8。

2. 静态投资收益率分析

静态投资收益率是指投资的年收益与项目总投资的比率，包括项目的总投资收益率和资本金净利润率。该项目的静态投资收益率指标均采用正常生产年份的各项参数。其中，该项目正常生产年份的总投资收益率为31.69%，均高于同行业平均收益率水平；该项目的资本金净利润率达到49.03%，高于投资者的目标收益率。因此，从静态角度分析，该项目有较强的盈利能力。

（二）偿债能力分析

该项目采用最大能力偿还方式偿还建设投资借款。偿债能力分析主要计算借款偿还期、利息备付率和偿债备付率指标。

根据借款还本付息估算表计算可得，该项目建设投资借款偿还期为4年3个月，低于银行对借款偿还期的要求，说明该项目具有较强的偿债能力。借款偿还期的计算详见附表9。根据利润与利润分配表、借款还本付息估算表和总成本费用估算表，可以计算项目的利息备付率和偿债备付率指标，该项目在计算期内各年的利息备付率和偿债备付率均能满足银行的有关要求。具体数据见表1。

表1　项目各年的利息备付率和偿债备付率

指标＼年份	3	4	5	6～12	13～20
利息备付率	5.03	10.72	24.90	29.05	29.05
偿债备付率	1.25	1.35	8.86	32.57	32.57

综上所述，无论是从静态角度还是从动态角度，该项目的盈利能力和偿债能力都是很强的。因此，从财务角度分析，该项目是可以考虑接受的。

三、不确定性分析

对该项目进行不确定性分析，主要包括线性的盈亏平衡分析和单因素敏感性分析。

（一）盈亏平衡分析

盈亏平衡分析一般主要包括计算产量的盈亏平衡点（Q_{BEP}）、生产能力利用率的盈亏平衡点（R_{BEP}）和销售价格的盈亏平衡点（P_{BEP}）等。由于该项目的产品种类有三种，且各种产品销售价格各不相关，计算项目价格的盈亏平衡点没有实际意义。因此，对该项目进行盈亏平衡分析只计算项目总体生产能力利用率的盈亏平衡点和项目总产量的盈亏平衡点：

$$R_{BEP}=\frac{\text{年固定成本}}{\text{年营业收入}-\text{年可变成本}-\text{年税金及附加}}\times 100\%=51.67\%$$

$$Q_{BEP}=Q\times R_{BEP}=3\,099.92\ (\text{吨})$$

盈亏平衡分析表明，只要该项目总体生产能力利用率达到51.67%，或者说总体产量达到3 099.92吨，就可以达到盈亏平衡。由此可见，盈亏平衡点是比较低的，该项目具有较强的适应市场变化和抗风险能力。盈亏平衡分析图见图1。

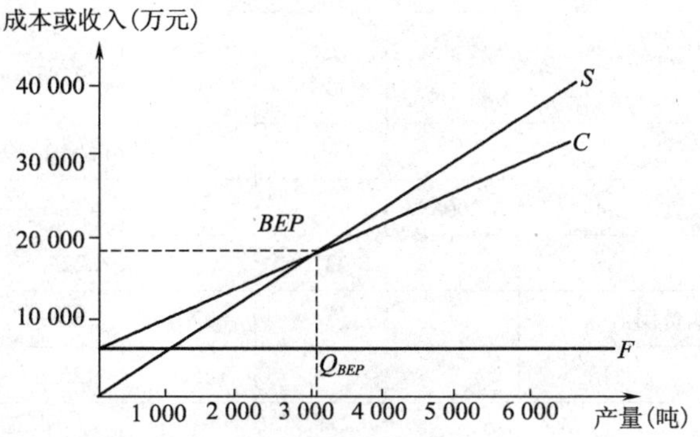

图1　盈亏平衡分析图

（二）敏感性分析

在进行项目的敏感性分析时，综合考虑该项目的实际情况，选用建设投资、营业收入和经营成本作为不确定因素，分析这些因素的变化对主要财务分析指标的影响程度；不确定因素的变动范围确定为±10%。该项目具体的敏感性分析结果见表2。

表2　敏感性分析表

序号	调整项目			分析结果	
	建设投资	营业收入	经营成本	财务净现值（万元）	财务内部收益率（%）
0				14 035.00	28.47%
1	10%			13 086.21	26.67%
2	-10%			15 422.93	30.76%
3		10%		30 413.79	41.49%
4		-10%		-1 904.65	12.92%
5			10%	1 904.04	16.99%
6			-10%	26 605.1	38.68%

从敏感性分析的结果可以看出，该项目的营业收入为最敏感因素，当营业收入降低10%时，项目的财务分析指标突破了临界状态，项目不可行；经营成本为次敏感因素；建设投资为相对不敏感因素。由此可以看出，该项目有高新技术企业的显著特点，具有一定的风险性，但只要投资者积极开拓市场，建立起大规模的营销网络体系，占有较大的市场份额，预期营业收入的实现是有保证的。另外，按保守估计原则，该项目的各项成本费用是按上限考虑的，只要投资者在生产经营过程中注重经营管理，有效控制成本，产品成本的降低是完全可能的。

附表1　建设投资估算表　　人民币单位：万元

序号	工程费用名称	估算价值				备　注
		建筑安装工程	生产设备	其他费用	合计	
（一）	固定资产投资				11 101.69	
1	建筑安装工程投资	4 266.98			4 266.98	
2	生产设备费用		6 227.60		6 227.60	其中含外汇 505.13 万美元
3	工程建设的其他费用			607.11	607.11	
3.1	工程监理费			125.93	125.93	1.2%
3.2	投招标管理费			10.49	10.49	0.10%
3.3	勘察设计费			262.36	262.36	2.50%
3.4	供电贴费			188.32	188.32	800 元/千伏安
3.5	水资源增容费			20.00	20.00	4 000 元/立方米
（二）	无形资产			1 800.00	1 800.00	
1	土地使用权			1 800.00	1 800.00	120 元/平方米
（三）	开办费			150.00	150.00	
1	顾问、咨询费			100.00	100.00	
2	员工培训费			50.00	50.00	
（四）	预备费			652.58	652.58	5%
	合　计				13 704.28	

附表1－1　建筑安装工程投资估算表

序号	项目名称	单位	数量	单价（元）	投资额（万元）	备　　注
1	单体一车间	m^2	3 000	800	240.00	
2	单体二车间	m^2	3 000	800	240.00	
3	聚合一车间	m^2	5 000	800	400.00	
4	聚合二车间	m^2	5 000	800	400.00	
5	造漆一车间	m^2	3 000	760	228.00	
6	造漆二车间	m^2	3 000	760	228.00	
7	造漆三车间	m^2	3 000	760	228.00	
8	造漆四车间	m^2	3 000	760	228.00	
9	综合车间	m^2	3 000	760	228.00	
9.1	甲醇回收工段					环保、三废处理
9.2	氯化锌回收工段					环保、三废处理
9.3	氯化氢回收工段					环保、三废处理
9.4	废气处理工段					环保、三废处理

续表

序号	项目名称	单位	数量	单价（元）	投资额（万元）	备注
10	动力供水车间	m^2	1 000	700	70.00	
11	变电所	m^2	500	700	35.00	
12	锅炉房	m^2	1 000	850	85.00	
13	机修车间	m^2	400	750	30.00	
14	车库	m^2	1 000	780	78.00	
15	仓库一	m^2	2 500	550	137.50	
16	仓库二	m^2	2 500	550	137.50	
17	综合办公楼	m^2	2 500	1 200	300.00	
18	职工宿舍	m^2	1 600	1 000	160.00	
19	职工食堂	m^2	800	850	68.00	
20	研发、质检中心	m^2	2 000	1 400	280.00	
21	室外工程	m^2			465.98	
21.1	厂区绿化	m^2	8 540	45	38.43	
21.2	厂区道路	m^2	42 700	65	277.55	
21.3	管网配套	m^2			150.00	
	合 计				4 266.98	

附表1-2 生产设备投资估算表

序号	项目名称	单位	数量	单价（万元）	投资额（万元）	其中：外汇（万美元）	产 地
（一）	单体合成车间（一、二车间）				1 468.60	168.00	
1	蒸馏塔	套	2	15	30.00		国产
2	中间贮罐	台	24	1	24.00		国产
3	液氯钢瓶	台	80	0.3	24.00		国产
4	氟化釜	台	6	36.7	220.20	26.60	美国腐蚀材料公司
5	高压反应釜	台	12	19.2	230.40	27.80	美国腐蚀材料公司
6	精馏塔	套	2	90	180.00	21.77	美国腐蚀材料公司
7	计量泵	套	12	5	60.00	7.23	美国沃泰华公司
8	自控仪表及DCS系统	套	2	350	700.00	84.60	日本横河
（二）	氟树脂聚合车间（一、二车间）				1 636.00	153.57	
1	醋酸乙烯蒸馏塔	套	2	15	30.00		国产
2	氟碳树脂贮罐	台	4	20	80.00		国产

续表

序号	项目名称	单位	数量	单价（万元）	投资额（万元）	其中：外汇（万美元）	产 地
3	计量罐	台	8	4	32.00		国产
4	尾气冷凝器	台	6	4	24.00		国产
5	树脂中间罐	台	10	8	80.00		国产
6	各种原料计量罐	台	24	5	120.00		国产
7	聚合釜	套	12	34	410.00	49.58	日本三菱重工
8	加料泵	台	20	7.5	150.00	18.14	日本三菱重工
9	树脂输送泵	台	16	5	80.00	9.67	日本三菱重工
10	过滤机	套	6	5	30.00	3.63	日本三菱重工
11	自控仪表及 DCS 系统	套	2	300	600.00	72.55	日本横河
（三）	造漆车间（一、二、三、四车间）				1 480.00	162.99	
1	砂磨机	台	12	5	60.00		国产
2	过滤机	台	10	3	30.00		国产
3	叉车	台	3	4	12.00		国产
4	振动筛	台	6	5	30.00		国产
5	高速分散机	台	8	6	48.00	5.80	德国耐兹公司
6	三辊研磨机	台	4	15	60.00	7.26	德国耐兹公司
7	调漆罐	台	6	20	120.00	14.50	德国耐兹公司
8	造漆工作站	套	2	500	1000.00	120.92	德国耐兹公司
9	胶体磨	台	4	10	40.00	4.84	德国耐兹公司
10	灌装机	台	8	10	80.00	9.67	德国耐兹公司
（四）	质检中心				206.00	20.57	
1	气相色谱仪	台	2	8	16.00		国产
2	其他常规仪器	套	2	10	20.00		国产
3	液相色谱仪	套	2	25	50.00	6.05	日本岛津
4	凝胶色谱	套	1	40	40.00	4.84	日本岛津
5	发射光谱	套	1	30	30.00	3.63	日本岛津
6	老化试验机	套	1	50	50.00	6.05	日本岛津
（五）	配套工程及运输				920.00		
1	锅炉	套	2	50	100.00		国产
2	取暖锅炉	套	2	35	70.00		国产
3	变电所	套	2	100	200.00		国产
4	冷冻机组	套	2	60	120.00		国产

续表

序号	项目名称	单位	数量	单价（万元）	投资额（万元）	其中：外汇（万美元）	产地
5	压缩空气站	套	2	20	40.00		国产
6	真空站	套	2	20	40.00		国产
7	载重汽车	辆	15	10	150.00		国产
8	液体原料汽车槽车	辆	5	40	200.00		国产
（六）	副产回收及环保设施				341.00		
1	甲醇回收工段				46.00		
1.1	稀甲醇贮罐	台	2	2	4.00		国产
1.2	甲醇回收塔	套	1	30	30.00		国产
1.3	精甲醇贮罐	台	2	2	4.00		国产
1.4	输送泵	台	4	2	8.00		
2	氯化氢回收工段				64.00		
2.1	氯化氢吸收塔	台	4	4	16.00		国产
2.2	尾气中和塔	台	2	4	8.00		国产
2.3	循环泵	台	10	2	20.00		国产
2.4	盐酸贮罐	台	2	10	20.00		国产
3	氯化锌回收工段				195.00		
3.1	氯化锌－甲醇贮槽	台	1	20	20.00		国产
3.2	密闭式离心机	台	2	10	20.00		国产
3.3	粗甲醇贮罐	台	2	5	10.00		国产
3.4	氯化锌滤饼贮槽	台	1	10	10.00		国产
3.5	有机物脱除机	台	1	10	10.00		国产
3.6	氯化锌转化器	台	2	10	20.00		国产
3.7	过滤器	台	2	15	30.00		国产
3.8	洗涤水贮罐	台	1	10	10.00		国产
3.9	氢氧化锌转化及干燥机	套	1	30	30.00		国产
3.10	氧化锌粉碎机	台	2	7.5	15.00		国产
3.11	氧化锌筛分机	台	1	10	10.00		国产
3.12	氧化锌包装机	台	1	10	10.00		国产
4	工厂尾气处理工段				36.00		
4.1	尾气吸收塔	台	3	4	12.00		国产
4.2	尾气中和塔	台	2	4	8.00		国产
4.3	循环泵	台	8	2	16.00		国产
（七）	其他3%				176.00		
	合　计				6 227.60	505.13	

附表 2　流动资金估算表　　人民币单位：万元

序号	项目	周转天数	周转次数	投产期			达产期		
				3	4	5	6	7	8～20
1	流动资产			5 203.95	6 541.20	7 211.20	7 211.20	7 211.20	7 211.20
1.1	应收账款	20	18	1 435.00	1 845.00	2 050.00	2 050.00	2 050.00	2 050.00
1.2	存货			3 411.25	4 301.53	4 747.42	4 747.42	4 747.42	4 747.42
1.2.1	原材料	30	12	1 219.40	1 567.80	1 742.00	1 742.00	1 742.00	1 742.00
1.2.2	燃料动力	30	12	118.29	152.08	168.98	168.98	168.98	168.98
1.2.3	在产品	20	18	1 140.46	1 419.90	1 560.04	1 560.04	1 560.04	1 560.04
1.2.4	产成品	18	20	933.10	1 161.74	1 276.40	1 276.40	1 276.40	1 276.40
1.3	现金	30	12	357.70	394.67	413.78	413.78	413.78	413.78
2	流动负债			2 006.53	2 579.83	2 866.47	2 866.47	2 866.47	2 866.47
2.1	应付账款	45	8	2 006.53	2 579.83	2 866.47	2 866.47	2 866.47	2 866.47
3	流动资金			3 197.42	3 961.37	4 344.73	4 344.73	4 344.73	4 344.73
4	流动资金本年增加额			3 197.42	7 63.95	3 83.36			

附表 3　总投资使用计划与资金筹措表　　人民币单位：万元

序号	项　目	建设期		投产期		达产期	合计
		1	2	3	4	5	
1	总投资	11 785.34	2 406.48	3 197.42	763.95	383.36	18 536.55
1.1	建设投资	11 648.64	2 055.64				13 704.28
1.2	流动资金			3 175.76	763.95	383.36	4 344.73
1.3	建设期利息	136.70	350.84				487.54
2	资金筹措	11 785.34	2 406.48	3 197.42	763.95	383.36	18 536.55
2.1	自有资金	7 537.35		1 139.80			8 677.15
2.2	债务资金	4 247.99	2 406.48	2 057.62	763.95	383.36	9 859.40
2.2.1	用于建设投资	4 111.29	2 055.64				6 166.93
2.2.2	用于建设期利息	136.70	350.84				487.54
2.2.3	用于流动资金			2 057.62	763.95	383.36	3 204.93

附表4 营业收入和税金及附加估算表

人单位:万元

序号	项　目	单价(元/吨)	运营负荷70%(第3年)		运营负荷90%(第4年)		运营负荷100%(第5~20年)	
			销售量(吨)	营业收入(万元)	销售量(吨)	营业收入(万元)	销售量(吨)	营业收入(万元)
1	营业收入		4 200	25 830.00	5 400	33 210.00	6 000	36 900.00
1.1	中水性氟树脂涂料	53 000	2 100	11 130.00	2 700	14 310	3 000	15 900.00
1.2	溶剂型氟树脂涂料	58 000	1 400	8 120.00	1 800	10 440	2 000	11 600.00
1.3	烘烤型氟树脂涂料	94 000	700	6 580.00	900	8 460	1 000	9 400.00
2	增值税			1 420.70		1 826.61		2 029.57
3	税金及附加			142.07		182.66		202.96
3.1	城市维护建设税(7%)			99.45		127.86		142.07
3.2	教育费附加(3%)			42.62		54.80		60.89

附表5　总成本费用估算表

单位:万元

序号	项　目	投资期		运　营　期						
		3	4	5	6	7	8	9	10~12	12~20
	运营负荷(%)	70	90	100	100	100	100	100	100	100
1	外购原材料	14 632.80	18 813.60	20 904.00	20 904.00	20 904.00	20 904.00	20 904.00	20 904.00	20 904.00
2	外购燃料和动力	1 419.45	1 825.01	2 027.79	2 027.79	2 027.79	2 027.79	2 027.79	2 027.79	2 027.79
3	工资及福利费	2 347.80	2 347.80	2 347.80	2 347.80	2 347.80	2 347.80	2 347.80	2 347.80	2 347.80
4	折旧费	612.09	612.09	612.09	612.09	612.09	612.09	612.09	612.09	612.09
5	摊销费	250.00	100.00	100.00	100.00	100.00	100.00	100.00	100.00	100.00
6	修理费	183.63	183.63	183.63	183.63	183.63	183.63	183.63	183.63	183.63
7	利息支出	572.36	459.79	235.95	202.23	202.23	202.23	202.23	202.23	202.23
8	其他费用	1 944.58	2 388.21	2 617.53	2 617.53	2 617.53	2 617.53	2 617.53	2 617.53	2 617.53
9	总成本费用	21 962.70	26 730.13	29 028.79	28 995.07	28 995.07	28 995.07	28 995.07	28 995.07	28 995.07
	其中:固定成本	5 910.45	6 091.52	6 097.00	6 063.28	6 063.28	6 063.28	6 063.28	6 063.28	6 063.28
	变动成本	16 052.25	20 638.61	22 931.79	22 931.79	22 931.79	22 931.79	22 931.79	22 931.79	22 931.79
10	经营成本	20 528.26	25 558.25	28 080.75	28 080.75	28 080.75	28 080.75	28 080.75	28 080.75	28 080.75

附表5－1 外购原材料成本估算表

序号	原料名称	年用量（吨）	单价（元/吨）	金额（万元）
1	氟树脂	3 000	32 000	9 600.00
2	燃料染料	1 500	38 000	5 700.00
3	溶剂	200	60 000	1 200.00
4	交联剂	800	18 800	1 504.00
5	助剂	500	58 000	2 900.00
	合 计	**6 000**		**20 904.00**

附表5－2 人员及年工资估算表 人民币单位：万元

序号	部 门	人数	月工资/人（元）	年工资额	福利费	年工资及福利
1	生产操作人员	200	2000	480	192	672
2	技术人员	80	3500	336	134.4	470.4
3	销售人员	120	3000	432	172.8	604.8
4	售后服务人员	60	2000	144	57.6	201.6
5	研究中心人员	25	3500	105	42	147
6	管理人员	32	3500	134.4	53.76	188.16
7	总经理	1	10000	12	4.8	16.8
8	副总经理	4	7000	33.6	13.44	47.04
	合 计	**522**		**1677**	**670.80**	**2 347.8**

附表 6　利润与利润分配表

单位:万元

序号	项　目	投资期		达产期					
		3	4	5	6	7	8	9	10 ~ 12	12 ~ 20
	运营负荷(%)	70	90	100	100	100	100	100	100	100
1	营业收入	25 830.00	33 210.00	36 900.00	36 900.00	36 900.00	36 900.00	36 900.00	36 900.00	36 900.00
2	增值税	1 420.70	1 826.61	2 029.57	2 029.57	2 029.57	2 029.57	2 029.57	2 029.57	2 029.57
3	税金及附加	142.07	182.66	202.96	202.96	202.96	202.96	202.96	202.96	202.96
4	总成本费用	21 962.70	26 730.13	29 028.79	28 995.07	28 995.071	28 995.07	28 995.07	28 995.07	28 995.07
5	利润总额	2 304.53	4 470.60	5 638.69	5 672.41	5 672.41	5 672.41	5 672.41	5 672.41	5 672.41
6	所得税	576.13	1 117.65	1 409.67	1 418.10	1 418.10	1 418.10	1 418.10	1 418.10	1 418.10
7	净利润	1 728.40	3 352.95	4 229.01	4 254.30	4 254.30	4 254.30	4 254.30	4 254.30	4 254.30
8	盈余公积金	172.84	335.29	422.90	425.43	425.43	425.43	425.43	425.43	425.43
9	可供投资者分配利润	1 555.56	3 017.65	3 806.11	3 828.87	3 828.87	3 828.87	3 828.87	3 828.87	3 828.87
9.1	应付利润				3 828.87	3 828.87	3 828.87	3 828.87	3 828.87	3 828.87
9.2	未分配利润	1 555.56	3 017.65	3 806.11						
10	息税前利润	2 876.88	4 930.39	5 874.64	5 874.64	5 874.64	5 874.64	5 874.64	5 874.64	5 874.64
11	息税折旧摊销前利润	3 738.98	5 642.48	6 586.73	6 586.73	6 586.73	6 586.73	6 586.73	6 586.73	6 586.73

附表7 项目投资现金流量表

单位:万元

序号	项目	建设期		投产期		达产期					
		1	2	3	4	5	6	7	8~12	13~19	20
1	现金流入			25 830.00	33 210.00	36 900.00	36 900.00	36 900.00	36 900.00	36 900.00	42 468.91
1.1	营业收入			25 830.00	33 210.00	36 900.00	36 900.00	36 900.00	36 900.00	36 900.00	36 900.00
1.2	回收固定资产余值										1 224.18
1.3	回收流动资金										4 344.73
2	现金流出	11 648.64	2 055.64	25 288.45	28 331.47	30 696.63	30 313.28	30 313.28	30 313.29	30 313.29	30 313.29
2.1	建设投资	11 648.64	2 055.64								
2.2	流动资金			3 197.42	763.95	383.36					
2.3	经营成本			20 528.26	25 558.25	28 080.75	28 080.75	28 080.75	28 080.75	28 080.75	28 080.75
2.4	税金及附加			142.07	182.66	202.96	202.96	202.96	202.96	202.96	202.96
2.5	增值税			1 420.70	1 826.61	2 029.57	2 029.57	2 029.57	2 029.57	2 029.57	2 029.57
3	所得税前净现金流量	−11 648.64	−2 055.64	563.22	4 884.72	6 206.47	6 586.73	6 586.73	6 586.73	6 586.73	12 396.65
4	累计所得税前净现金流量	−11 648.64	−13 704.28	−13 141.06	−8 256.35	−2 049.88	4 536.85	11 123.58	17 710.31		
5	调整所得税			719.22	1 232.60	1 468.66	1 468.66	1 468.66	1 468.66	1 468.66	1 468.66
6	所得税后净现金流量	−11 648.64	−2 055.64	−156.00	3 652.12	4 737.81	5 118.07	5 118.07	5 118.07	5 118.07	10 927.99
7	累计所得税后净现金流量	−11 648.64	−13 704.28	−13 860.28	−10 208.16	−5 470.35	−352.28	4 765.78			

计算指标：税前:投资回收期=5年4个月　　FNPV(IC=15%)=14 035.00万元　FIRR=28.47%

税后:投资回收期=6年1个月　　FNPV(IC=15%)=7 857.52万元FIRR=22.98%

附表 8　项目资本金现金流量表

单位:万元

序号	项　目	建设期		投产期		达　产　期					
		1	2	3	4	5	6	7	8 ~ 12	13 ~ 19	20
1	现金流入			25 830.00	33 210.00	36 900.00	36 900.00	36 900.00	36 900.00	36 900.00	42 468.91
1.1	营业收入			25 830.00	33 210.00	36 900.00	36 900.00	36 900.00	36 900.00	36 900.00	36 900.00
1.2	回收固定资产余值										1 224.18
1.3	回收流动资金										4 344.73
2	现金流出	7 537.35	0.00	26 796.96	32 874.71	32 465.97	31 933.60	31 933.60	31 933.60	31 933.60	35 138..53
2.1	资本金	7 537.35		1 139.80							
2.2	借款本金偿还			2 417.65	3 729.74	507.08					3 204.93
2.3	借款利息支付			572.36	459.79	235.95	202.23	202.23	202.23	202.23	202.23
2.4	经营成本			20 528.26	25 558.25	28 080.75	28 080.75	28 080.75	28 080.75	28 080.75	28 080.75
2.5	税金及附加			1 420.70	1 826.61	2 029.57	2 029.57	2 029.57	2 029.57	2 029.57	2 029.57
2.6	增值税			142.07	182.66	202.96	202.96	202.96	202.96	202.96	202.96
2.7	所得税			576.13	1 117.65	1 409.67	1 418.10	1 418.10	1 418.10	1 418.10	1 418.10
3	净现金流量	-7 537.35	0.00	-966.96	335.29	4 434.03	4 966.40	4 966.40	4 966.40	4 966.40	7 330.38

计算指标:FIRR = 28.33%

附表9 借款还本付息估算表

单位：万元

序号	项目	建设期		投产期		达产期
		1	2	3	4	5
1	借款本息及还本					
1.1	年初借款本息累计		4 247.99	6 654.47	4 236.82	507.08
1.2	本年借款	4 111.29	2 055.64			
1.3	本年计息	136.70	350.84	442.52	281.75	33.72
1.4	本年还本			2 417.65	3 729.74	5 07.08
2	还本资金来源			2 417.65	3 729.74	4 518.20
2.1	折旧费			612.09	612.09	612.09
2.2	摊销费			250.00	100.00	100.00
2.3	未分配利润			1 555.56	3 017.65	3 806.11

借款偿还期 =4 年 3 个月

附录 2　货币时间价值换算系数表

$i = 5\%$

期限	F/P	F/A	A/F	P/F	P/A	A/P
1	1.050 000	1.000 000	1.000 000	0.952 381	0.952 381	1.050 000
2	1.102 500	2.050 000	0.487 805	0.907 029	1.859 410	0.537 805
3	1.157 625	3.152 500	0.317 209	0.863 838	2.723 248	0.367 209
4	1.215 506	4.310 125	0.232 012	0.822 702	3.545 951	0.282 012
5	1.276 282	5.525 631	0.180 975	0.783 526	4.329 477	0.230 975
6	1.340 096	6.801 913	0.147 017	0.746 215	5.075 692	0.197 017
7	1.407 100	8.142 008	0.122 820	0.710 681	5.786 373	0.172 820
8	1.477 455	9.549 109	0.104 722	0.676 839	6.463 213	0.154 722
9	1.551 328	11.026 564	0.090 690	0.644 609	7.107 822	0.140 690
10	1.628 895	12.577 893	0.079 505	0.613 913	7.721 735	0.129 505
11	1.710 339	14.206 787	0.070 389	0.584 679	8.306 414	0.120 389
12	1.795 856	15.917 127	0.062 825	0.556 837	8.863 252	0.112 825
13	1.885 649	17.712 983	0.056 456	0.530 321	9.393 573	0.106 456
14	1.979 932	19.598 632	0.051 024	0.505 068	9.898 641	0.101 024
15	2.078 928	21.578 564	0.046 342	0.481 017	10.379 658	0.096 342
16	2.182 875	23.657 492	0.042 270	0.458 112	10.837 770	0.092 270
17	2.292 018	25.840 366	0.038 699	0.436 297	11.274 066	0.088 699
18	2.406 619	28.132 385	0.035 546	0.415 521	11.689 587	0.085 546
19	2.526 950	30.539 004	0.032 745	0.395 734	12.085 321	0.082 745
20	2.653 298	33.065 954	0.030 243	0.376 889	12.462 210	0.080 243
21	2.785 963	35.719 252	0.027 996	0.358 942	12.821 153	0.077 996
22	2.925 261	38.505 214	0.025 971	0.341 850	13.163 003	0.075 971
23	3.071 524	41.430 475	0.024 137	0.325 571	13.488 574	0.074 137
24	3.225 100	44.501 999	0.022 471	0.310 068	13.798 642	0.072 471
25	3.386 355	47.727 099	0.020 952	0.295 303	14.093 945	0.070 952
26	3.555 637	51.113 454	0.019 564	0.281 241	14.375 185	0.069 564
27	3.733 456	54.669 126	0.018 292	0.267 848	14.643 034	0.068 202
28	3.920 129	58.402 583	0.017 123	0.255 094	14.898 127	0.067 123
29	4.116 136	62.322 712	0.016 046	0.242 946	15.141 074	0.066 046
30	4.321 942	66.438 848	0.015 051	0.231 377	15.372 451	0.065 051

$i = 8\%$

期限	F/P	F/A	A/F	P/F	P/A	A/P
1	1.080 000	1.000 000	1.000 000	0.925 926	0.925 926	1.080 000
2	1.166 400	2.080 000	0.480 769	0.857 339	1.783 265	0.560 769
3	1.259 712	3.246 400	0.308 034	0.793 832	2.577 097	0.388 034
4	1.360 489	4.506 112	0.221 921	0.735 030	3.312 127	0.301 921
5	1.469 328	5.866 601	0.170 456	0.680 583	3.992 710	0.250 456
6	1.586 874	7.335 929	0.136 315	0.630 170	4.622 880	0.216 315
7	1.713 824	8.922 803	0.112 072	0.583 490	5.206 370	0.192 072
8	1.850 930	10.636 628	0.094 015	0.540 269	5.746 639	0.174 015
9	1.999 005	12.487 558	0.080 080	0.500 249	6.246 888	0.160 080
10	2.158 925	14.486 562	0.069 029	0.463 193	6.710 081	0.149 029
11	2.331 639	16.645 487	0.060 076	0.428 883	7.138 964	0.140 076
12	2.518 170	18.977 126	0.052 695	0.397 114	7.536 078	0.132 695
13	2.719 624	21.495 297	0.046 522	0.367 698	7.903 776	0.126 522
14	2.937 194	24.214 920	0.041 297	0.340 461	8.244 237	0.121 297
15	3.172 169	27.152 114	0.036 830	0.315 242	8.559 479	0.116 830
16	3.425 943	30.324 283	0.032 977	0.291 890	8.851 369	0.112 977
17	3.700 018	33.750 226	0.029 629	0.270 269	9.121 638	0.109 629
18	3.996 019	37.450 244	0.026 702	0.250 249	9.371 887	0.106 702
19	4.315 701	41.446 263	0.024 128	0.231 712	9.603 599	0.104 128
20	4.660 957	45.761 964	0.021 852	0.214 548	9.818 147	0.101 852
21	5.033 834	50.422 921	0.019 832	0.198 656	10.016 803	0.099 832
22	5.436 540	55.456 755	0.018 032	0.183 941	10.200 744	0.098 032
23	5.871 464	60.893 296	0.016 422	0.170 315	10.371 059	0.096 422
24	6.341 181	66.764 759	0.014 978	0.157 699	10.528 758	0.094 978
25	6.848 475	73.105 940	0.013 679	0.146 018	10.674 776	0.093 679
26	7.396 353	79.954 415	0.012 507	0.135 202	10.809 987	0.092 507
27	7.988 061	87.350 768	0.011 448	0.125 187	10.935 165	0.091 448
28	8.627 106	95.338 830	0.010 489	0.115 914	11.051 078	0.090 489
29	9.317 275	103.965 936	0.009 619	0.107 328	11.158 406	0.089 619
30	10.062 657	113.283 211	0.008 827	0.093 770	11.257 783	0.088 827

$i=9\%$

期限	F/P	F/A	A/F	P/F	P/A	A/P
1	1.090 000	1.000 000	1.000 000	0.917 431	0.917 431	1.090 000
2	1.188 100	2.090 000	0.478 469	0.841 680	1.759 111	0.568 469
3	1.295 029	3.278 100	0.305 055	0.772 183	2.531 295	0.395 055
4	1.411 582	4.573 129	0.218 669	0.708 425	3.239 720	0.308 669
5	1.538 624	5.984 711	0.167 092	0.649 931	3.889 651	0.257 092
6	1.677 100	7.523 335	0.132 920	0.596 267	4.485 919	0.222 920
7	1.828 039	9.200 435	0.108 691	0.547 034	5.032 953	0.198 691
8	1.992 563	11.028 474	0.090 674	0.501 866	5.534 819	0.180 674
9	2.171 893	13.021 036	0.076 799	0.460 428	5.995 247	0.166 799
10	2.367 364	15.192 930	0.065 820	0.422 411	6.417 658	0.155 820
11	2.580 426	17.560 293	0.056 947	0.387 533	6.805 191	0.146 947
12	2.812 665	20.140 720	0.049 651	0.355 535	7.160 725	0.139 651
13	3.065 805	22.953 385	0.043 567	0.326 179	7.486 904	0.133 567
14	3.341 727	26.019 189	0.038 433	0.299 246	7.786 150	0.128 433
15	3.642 482	29.360 916	0.034 056	0.274 538	8.060 688	0.124 059
16	3.970 306	33.003 399	0.030 300	0.251 870	8.312 558	0.120 300
17	4.327 633	36.973 705	0.027 046	0.231 073	8.543 631	0.117 046
18	4.717 120	41.301 338	0.024 212	0.211 994	8.755 625	0.114 212
19	5.141 661	46.018 458	0.021 730	0.194 490	8.950 115	0.111 730
20	5.604 411	51.160 120	0.019 546	0.178 431	9.128 546	0.109 546
21	6.108 808	56.764 530	0.017 617	0.163 698	9.292 244	0.107 617
22	6.658 600	62.873 338	0.015 905	0.150 182	9.442 425	0.105 905
23	7.257 874	69.531 939	0.014 382	0.137 781	9.580 207	0.104 382
24	7.911 083	76.789 813	0.013 023	0.126 405	9.706 612	0.103 023
25	8.623 081	84.700 896	0.011 806	0.115 968	9.822 580	0.101 806
26	9.399 158	93.323 977	0.010 715	0.106 393	9.928 972	0.100 715
27	10.245 082	102.723 135	0.009 735	0.097 608	10.026 580	0.099 735
28	11.167 140	112.968 217	0.008 852	0.089 548	10.116 128	0.098 852
29	12.172 182	124.135 356	0.008 056	0.082 155	10.198 283	0.098 056
30	13.267 678	136.307 539	0.007 336	0.075 371	10.273 654	0.097 336

$i=10\%$

期限	F/P	F/A	A/F	P/F	P/A	A/P
1	1.100 000	1.000 000	1.000 000	0.909 091	0.909 091	1.100 000
2	1.210 000	2.100 000	0.476 190	0.826 446	1.735 537	0.576 190
3	1.331 000	3.310 000	0.302 115	0.751 315	2.486 852	0.402 115
4	1.464 100	4.641 000	0.215 471	0.683 013	3.169 865	0.315 471
5	1.610 510	6.105 100	0.163 797	0.620 921	3.790 787	0.263 797
6	1.771 561	7.715 610	0.129 607	0.564 474	4.355 261	0.229 607
7	1.948 717	9.487 171	0.105 405	0.513 158	4.868 419	0.205 405
8	2.143 589	11.435 888	0.087 444	0.466 507	5.334 926	0.187 444
9	2.357 948	13.579 477	0.073 641	0.424 098	5.759 024	0.173 641
10	2.593 742	15.937 425	0.062 745	0.385 543	6.144 567	0.162 745
11	2.853 117	18.531 167	0.053 963	0.350 494	6.495 061	0.153 963
12	3.138 428	21.384 284	0.046 763	0.318 631	6.813 692	0.146 763
13	3.452 271	24.522 712	0.040 779	0.289 664	7.103 356	0.140 779
14	3.797 498	27.974 983	0.035 746	0.263 331	7.366 687	0.135 746
15	4.177 248	31.772 482	0.031 474	0.239 392	7.606 080	0.131 474
16	4.594 973	35.949 730	0.027 817	0.217 629	7.823 709	0.127 817
17	5.054 470	40.544 703	0.024 664	0.197 845	8.021 553	0.124 664
18	5.559 917	45.599 173	0.021 930	0.179 859	8.201 412	0.121 930
19	6.115 909	51.159 090	0.019 547	0.163 508	8.364 920	0.119 547
20	6.727 500	57.274 999	0.017 460	0.148 644	8.513 564	0.117 460
21	7.400 250	64.002 499	0.015 624	0.135 131	8.648 694	0.115 624
22	8.140 275	71.402 749	0.014 005	0.122 846	8.771 540	0.114 005
23	8.954 302	79.543 024	0.012 572	0.111 678	8.883 218	0.112 572
24	9.849 733	88.497 327	0.011 300	0.101 526	8.984 744	0.111 300
25	10.834 706	98.347 059	0.010 168	0.092 296	9.077 040	0.110 168
26	11.918 177	109.181 765	0.009 159	0.083 905	9.160 945	0.109 159
27	13.109 994	121.099 942	0.008 258	0.076 278	9.237 223	0.108 258
28	14.420 994	134.209 936	0.007 451	0.069 343	9.306 567	0.107 451
29	15.863 093	148.630 930	0.006 728	0.063 039	9.369 606	0.106 728
30	17.449 402	164.494 023	0.006 079	0.057 309	9.426 914	0.106 079

$i = 11\%$

期限	F/P	F/A	A/F	P/F	P/A	A/P
1	1.110 000	1.000 000	1.000 000	0.900 901	0.900 901	1.110 000
2	1.232 100	2.110 000	0.473 934	0.811 622	1.712 523	0.583 934
3	1.367 631	3.342 100	0.299 213	0.731 191	2.443 715	0.409 213
4	1.518 070	4.709 731	0.212 326	0.658 731	3.102 446	0.322 326
5	1.685 058	6.227 801	0.160 570	0.593 451	3.695 897	0.270 570
6	1.870 415	7.912 860	0.126 377	0.534 641	4.230 538	0.236 377
7	2.076 160	9.783 274	0.102 215	0.481 658	4.712 196	0.212 215
8	2.304 538	11.859 434	0.084 321	0.433 926	5.146 123	0.194 321
9	2.558 037	14.163 972	0.070 602	0.390 925	5.537 048	0.180 602
10	2.839 421	16.722 009	0.059 801	0.352 184	5.889 232	0.169 801
11	3.151 757	19.561 430	0.051 121	0.317 283	6.206 515	0.161 121
12	3.498 451	22.713 187	0.044 027	0.285 841	6.492 356	0.154 027
13	3.883 280	26.211 638	0.038 151	0.257 514	6.749 870	0.148 151
14	4.310 441	30.094 918	0.033 228	0.231 995	6.981 865	0.143 228
15	4.784 589	34.405 359	0.029 065	0.209 004	7.190 870	0.139 065
16	5.310 894	39.189 948	0.025 517	0.188 292	7.379 162	0.135 517
17	5.895 093	44.500 843	0.022 471	0.169 633	7.548 794	0.132 471
18	6.543 553	50.395 936	0.019 843	0.152 822	7.701 617	0.129 843
19	7.263 344	56.939 488	0.017 563	0.137 678	7.839 294	0.127 563
20	8.062 312	64.202 832	0.015 576	0.124 034	7.963 328	0.125 576
21	8.949 166	72.265 144	0.013 838	0.111 742	8.075 070	0.123 838
22	9.933 574	81.214 309	0.012 313	0.100 669	8.175 739	0.122 313
23	11.026 267	91.147 884	0.010 971	0.090 693	8.266 432	0.120 971
24	12.239 157	102.174 151	0.009 787	0.081 705	8.348 137	0.119 787
25	13.585 464	114.413 307	0.008 740	0.073 608	8.421 745	0.118 740
26	15.079 865	127.998 771	0.007 813	0.066 314	8.488 058	0.117 813
27	16.738 650	143.078 636	0.006 989	0.059 742	8.547 800	0.116 989
28	18.579 901	159.817 286	0.006 257	0.053 822	8.601 622	0.116 257
29	20.623 691	178.397 187	0.005 605	0.048 488	8.650 110	0.115 605
30	22.892 297	199.020 878	0.005 025	0.043 683	8.693 793	0.115 025

$i=12\%$

期限	F/P	F/A	A/F	P/F	P/A	A/P
1	1.120 000	1.000 000	1.000 000	0.892 857	0.892 857	1.120 000
2	1.254 400	2.120 000	0.471 698	0.797 194	1.690 051	0.591 698
3	1.404 928	3.374 400	0.296 349	0.711 780	2.401 831	0.416 349
4	1.573 519	4.779 328	0.209 234	0.635 518	3.037 349	0.329 234
5	1.762 342	6.352 847	0.157 410	0.567 427	3.604 776	0.277 410
6	1.973 823	8.115 189	0.123 226	0.506 631	4.111 407	0.243 226
7	2.210 681	10.089 012	0.099 118	0.452 349	4.563 757	0.219 118
8	2.475 963	12.299 693	0.081 303	0.403 883	4.967 640	0.201 303
9	2.773 079	14.775 656	0.067 679	0.360 610	5.328 250	0.187 679
10	3.105 848	17.548 735	0.056 984	0.321 973	5.650 223	0.176 984
11	3.478 550	20.654 583	0.048 415	0.287 476	5.937 699	0.168 415
12	3.895 976	24.133 133	0.041 437	0.256 675	6.194 374	0.161 437
13	4.363 493	28.029 109	0.035 677	0.229 174	6.423 548	0.155 677
14	4.887 112	32.392 602	0.030 871	0.204 620	6.628 168	0.150 871
15	5.473 566	37.279 715	0.026 824	0.182 696	6.810 864	0.146 824
16	6.130 394	42.753 280	0.023 390	0.163 122	6.973 986	0.143 390
17	6.866 041	48.883 674	0.020 457	0.145 644	7.119 630	0.140 457
18	7.689 966	55.749 715	0.017 937	0.130 040	7.249 670	0.137 937
19	8.612 762	63.439 681	0.015 763	0.116 107	7.365 777	0.135 763
20	9.646 293	72.052 442	0.013 879	0.103 667	7.469 444	0.133 879
21	10.803 848	81.698 736	0.012 240	0.092 560	7.562 003	0.132 240
22	12.100 310	92.502 584	0.010 811	0.082 643	7.644 646	0.130 811
23	13.552 347	104.602 894	0.009 560	0.073 788	7.718 434	0.129 560
24	15.178 629	118.155 241	0.008 463	0.065 882	7.784 316	0.128 463
25	17.000 064	133.333 870	0.007 500	0.058 823	7.843 139	0.127 500
26	19.040 072	150.333 934	0.006 652	0.052 521	7.895 660	0.126 652
27	21.324 881	169.374 007	0.005 904	0.046 894	7.942 554	0.125 904
28	23.883 866	190.698 887	0.005 244	0.041 869	7.984 423	0.125 244
29	26.749 930	214.582 754	0.004 660	0.037 383	8.021 806	0.124 660
30	29.959 922	241.332 684	0.004 144	0.033 378	8.055 184	0.124 144

$i = 13\%$

期限	F/P	F/A	A/F	P/F	P/A	A/P
1	1. 130 000	1. 000 000	1. 000 000	0. 884 956	0. 884 956	1. 130 000
2	1. 276 900	2. 130 000	0. 469 484	0. 783 147	1. 668 102	0. 599 484
3	1. 442 897	3. 406 900	0. 293 522	0. 693 050	2. 361 153	0. 423 522
4	1. 630 474	4. 849 797	0. 206 194	0. 613 319	2. 974 471	0. 336 194
5	1. 842 435	6. 480 271	0. 154 315	0. 542 760	3. 517 231	0. 284 315
6	2. 081 952	8. 322 706	0. 120 153	0. 480 319	3. 997 550	0. 250 153
7	2. 352 605	10. 404 658	0. 096 111	0. 425 061	4. 422 610	0. 226 111
8	2. 658 444	12. 757 263	0. 078 387	0. 376 160	4. 798 770	0. 208 387
9	3. 004 042	15. 415 707	0. 064 869	0. 332 885	5. 131 655	0. 194 869
10	3. 394 567	18. 419 749	0. 054 290	0. 294 588	5. 426 243	0. 184 290
11	3. 835 861	21. 814 317	0. 045 841	0. 260 698	5. 686 941	0. 175 841
12	4. 334 523	25. 650 178	0. 038 986	0. 230 706	5. 917 647	0. 168 986
13	4. 898 011	29. 984 701	0. 033 350	0. 204 165	6. 121 812	0. 163 350
14	5. 534 753	34. 882 712	0. 028 667	0. 180 677	6. 302 488	0. 158 667
15	6. 254 270	40. 417 464	0. 024 742	0. 159 891	6. 462 379	0. 154 742
16	7. 067 326	46. 671 735	0. 021 426	0. 141 496	6. 603 875	0. 151 426
17	7. 986 078	53. 739 060	0. 018 608	0. 125 218	6. 729 093	0. 148 608
18	9. 024 268	61. 725 138	0. 016 201	0. 110 812	6. 839 905	0. 146 201
19	10. 197 423	70. 749 406	0. 014 134	0. 098 064	6. 937 969	0. 144 134
20	11. 523 088	80. 946 829	0. 012 354	0. 086 782	7. 024 752	0. 142 354
21	13. 021 089	92. 469 917	0. 010 814	0. 076 798	7. 101 550	0. 140 814
22	14. 713 831	105. 491 006	0. 009 479	0. 067 963	7. 169 513	0. 139 479
23	16. 626 629	120. 204 837	0. 008 319	0. 060 144	7. 229 658	0. 138 319
24	18. 788 091	136. 831 465	0. 007 308	0. 053 225	7. 282 883	0. 137 308
25	21. 230 542	155. 619 556	0. 006 426	0. 047 102	7. 329 985	0. 136 426
26	23. 990 513	176. 850 098	0. 005 655	0. 041 683	7. 371 668	0. 135 655
27	27. 109 279	200. 840 611	0. 004 979	0. 036 888	7. 408 556	0. 134 979
28	30. 633 486	227. 949 890	0. 004 387	0. 032 644	7. 441 200	0. 134 387
29	34. 615 839	258. 583 376	0. 003 867	0. 028 889	7. 470 088	0. 133 867
30	39. 115 898	293. 199 215	0. 003 411	0. 025 565	7. 495 653	0. 133 411

$i = 14\%$

期限	*F/P*	*F/A*	*A/F*	*P/F*	*P/A*	*A/P*
1	1.140 000	1.000 000	1.000 000	0.877 193	0.877 193	1.140 000
2	1.299 600	2.140 000	0.467 290	0.769 468	1.646 661	0.607 290
3	1.481 544	3.439 600	0.290 731	0.674 972	2.321 632	0.430 731
4	1.688 960	4.921 144	0.203 205	0.592 080	2.913 712	0.343 205
5	1.925 415	6.610 104	0.151 284	0.519 369	3.433 081	0.291 284
6	2.194 973	8.535 519	0.117 157	0.455 587	3.888 668	0.257 157
7	2.502 269	10.730 491	0.093 192	0.399 637	4.288 205	0.233 192
8	2.852 586	13.232 760	0.075 570	0.350 559	4.638 864	0.215 570
9	3.251 949	16.085 347	0.062 168	0.307 508	4.946 372	0.202 168
10	3.707 221	19.337 295	0.051 714	0.269 744	5.216 116	0.191 714
11	4.226 232	23.044 516	0.043 394	0.236 617	5.452 733	0.183 394
12	4.817 905	27.270 749	0.036 669	0.207 559	5.660 292	0.176 669
13	5.492 411	32.088 654	0.031 164	0.182 069	5.842 362	0.171 164
14	6.261 349	37.581 065	0.026 609	0.159 710	6.002 072	0.166 609
15	7.137 938	43.842 414	0.022 809	0.140 096	6.142 168	0.162 809
16	8.137 249	50.980 352	0.019 615	0.122 892	6.265 060	0.159 615
17	9.276 464	59.117 601	0.016 915	0.107 800	6.372 859	0.156 915
18	10.575 169	68.394 066	0.014 621	0.094 561	6.467 420	0.154 621
19	12.055 693	78.969 235	0.012 663	0.082 948	6.550 369	0.152 663
20	13.743 490	91.024 928	0.010 986	0.072 762	6.623 131	0.150 986
21	15.667 578	104.768 418	0.009 545	0.063 826	6.686 957	0.149 545
22	17.861 039	120.435 996	0.008 303	0.055 988	6.742 944	0.148 303
23	20.361 585	138.297 035	0.007 231	0.049 112	6.792 056	0.147 231
24	23.212 207	158.658 620	0.006 303	0.043 081	6.835 137	0.146 303
25	26.461 916	181.870 827	0.005 498	0.037 790	6.872 927	0.145 498
26	30.166 584	208.332 743	0.004 800	0.033 149	6.906 077	0.144 800
27	34.389 906	238.499 327	0.004 193	0.029 078	6.935 155	0.144 193
28	39.204 493	272.889 233	0.003 664	0.025 507	6.960 662	0.143 664
29	44.693 122	312.093 725	0.003 204	0.022 375	6.983 037	0.143 204
30	50.950 159	356.786 847	0.002 803	0.019 627	7.002 664	0.142 803

$i=15\%$

期限	F/P	F/A	A/F	P/F	P/A	A/P
1	1. 150 000	1. 000 000	1. 000 000	0. 869 565	0. 869 565	1. 150 000
2	1. 322 500	2. 150 000	0. 465 116	0. 756 144	1. 625 709	0. 615 116
3	1. 520 875	3. 472 500	0. 287 977	0. 657 516	2. 283 225	0. 437 977
4	1. 749 006	4. 993 375	0. 200 265	0. 571 753	2. 854 978	0. 350 265
5	2. 011 357	6. 742 381	0. 148 316	0. 497 177	3. 352 155	0. 298 316
6	2. 313 061	8. 753 738	0. 114 237	0. 432 328	3. 784 483	0. 264 237
7	2. 660 020	11. 066 799	0. 090 360	0. 375 937	4. 160 420	0. 240 360
8	3. 059 023	13. 726 819	0. 072 850	0. 326 902	4. 487 322	0. 222 850
9	3. 517 876	16. 785 842	0. 059 574	0. 284 262	4. 771 584	0. 209 574
10	4. 045 558	20. 303 718	0. 049 252	0. 247 185	5. 018 769	0. 199 252
11	4. 652 391	24. 349 276	0. 041 069	0. 214 943	5. 233 712	0. 191 069
12	5. 350 250	29. 001 667	0. 034 481	0. 186 907	5. 420 619	0. 184 481
13	6. 152 788	34. 351 917	0. 029 110	0. 162 528	5. 583 147	0. 179 110
14	7. 075 706	40. 504 705	0. 024 688	0. 141 329	5. 724 476	0. 174 688
15	8. 137 062	47. 580 411	0. 021 017	0. 122 894	5. 847 370	0. 171 017
16	9. 357 621	55. 717 472	0. 017 948	0. 106 865	5. 954 235	0. 167 948
17	10. 761 264	65. 075 093	0. 015 367	0. 092 926	6. 047 161	0. 165 367
18	12. 375 454	75. 836 357	0. 013 186	0. 080 805	6. 127 966	0. 163 186
19	14. 231 772	88. 211 811	0. 011 336	0. 070 265	6. 198 231	0. 161 336
20	16. 366 537	102. 443 583	0. 009 761	0. 061 100	6. 259 331	0. 159 761
21	18. 821 518	118. 810 120	0. 008 417	0. 053 131	6. 312 462	0. 158 417
22	21. 644 746	137. 631 638	0. 007 266	0. 046 201	6. 358 663	0. 157 266
23	24. 891 458	159. 276 384	0. 006 278	0. 040 174	6. 398 837	0. 156 278
24	28. 625 176	184. 167 841	0. 005 430	0. 034 934	6. 433 771	0. 155 430
25	32. 918 953	212. 793 017	0. 004 699	0. 030 378	6. 464 149	0. 154 699
26	37. 856 796	245. 711 970	0. 004 070	0. 026 415	6. 490 564	0. 154 070
27	43. 535 315	283. 568 766	0. 003 526	0. 022 970	6. 513 534	0. 153 526
28	50. 065 612	327. 104 080	0. 003 057	0. 019 974	6. 533 508	0. 153 057
29	57. 575 454	377. 169 693	0. 002 651	0. 017 369	6. 550 877	0. 152 651
30	66. 211 772	434. 745 146	0. 002 300	0. 015 103	6. 565 980	0. 152 300

$i=18\%$

期限	F/P	F/A	A/F	P/F	P/A	A/P
1	1. 180 000	1. 000 000	1. 000 000	0. 847 458	0. 847 458	1. 180 000
2	1. 392 400	2. 180 000	0. 458 716	0. 718 184	1. 565 642	0. 638 716
3	1. 643 032	3. 572 400	0. 279 924	0. 608 631	2. 174 273	0. 459 924
4	1. 938 778	5. 215 432	0. 191 739	0. 515 789	2. 690 062	0. 371 739
5	2. 287 758	7. 154 210	0. 139 778	0. 437 109	3. 127 171	0. 319 778
6	2. 699 554	9. 441 968	0. 105 910	0. 370 432	3. 497 603	0. 285 910
7	3. 185 474	12. 141 522	0. 082 362	0. 313 925	3. 811 528	0. 262 362
8	3. 758 859	15. 326 996	0. 065 244	0. 266 038	4. 077 566	0. 245 244
9	4. 435 454	19. 085 855	0. 052 395	0. 225 456	4. 303 022	0. 232 395
10	5. 233 836	23. 521 309	0. 042 515	0. 191 064	4. 494 086	0. 222 515
11	6. 175 926	28. 755 144	0. 034 776	0. 161 919	4. 656 005	0. 214 776
12	7. 287 593	34. 931 070	0. 028 628	0. 137 220	4. 793 225	0. 208 628
13	8. 599 359	42. 218 663	0. 023 686	0. 116 288	4. 909 513	0. 203 686
14	10. 147 244	50. 818 022	0. 019 678	0. 098 549	5. 008 062	0. 199 678
15	11. 973 748	60. 965 266	0. 016 403	0. 083 516	5. 091 578	0. 196 403
16	14. 129 023	72. 939 014	0. 013 710	0. 070 776	5. 162 354	0. 193 710
17	16. 672 247	87. 068 036	0. 011 485	0. 059 980	5. 222 334	0. 191 485
18	19. 673 251	103. 740 283	0. 009 639	0. 050 830	5. 273 164	0. 189 639
19	23. 214 436	123. 413 534	0. 008 103	0. 043 077	5. 316 241	0. 188 103
20	27. 393 035	146. 627 970	0. 006 820	0. 036 506	5. 352 746	0. 186 820
21	32. 323 781	174. 021 005	0. 005 746	0. 030 937	5. 383 683	0. 185 746
22	38. 142 061	206. 344 785	0. 004 846	0. 026 218	5. 409 901	0. 184 846
23	45. 007 632	244. 486 847	0. 004 090	0. 022 218	5. 432 120	0. 184 090
24	53. 109 006	289. 494 479	0. 003 454	0. 018 829	5. 450 949	0. 183 454
25	62. 668 627	342. 603 486	0. 002 919	0. 015 957	5. 466 906	0. 182 919
26	73. 948 980	405. 272 113	0. 002 467	0. 013 523	5. 480 429	0. 182 467
27	87. 259 797	479. 221 093	0. 002 087	0. 011 460	5. 491 889	0. 182 087
28	102. 966 560	566. 480 890	0. 001 765	0. 009 712	5. 501 601	0. 181 765
29	121. 500 541	669. 447 450	0. 001 494	0. 008 230	5. 509 831	0. 181 494
30	143. 370 638	790. 947 991	0. 001 264	0. 006 975	5. 516 806	0. 181 264

$i=20\%$

期限	F/P	F/A	A/F	P/F	P/A	A/P
1	1. 200 000	1. 000 000	1. 000 000	0. 833 333	0. 833 333	1. 200 000
2	1. 440 000	2. 200 000	0. 454 545	0. 694 444	1. 527 778	0. 654 545
3	1. 728 000	3. 640 000	0. 274 725	0. 578 704	2. 106 481	0. 474 725
4	2. 073 600	5. 368 000	0. 186 289	0. 482 253	2. 588 735	0. 386 289
5	2. 488 320	7. 441 600	0. 134 380	0. 401 878	2. 990 612	0. 334 380
6	2. 985 984	9. 929 920	0. 100 706	0. 334 898	3. 325 510	0. 300 706
7	3. 583 181	12. 915 904	0. 077 424	0. 279 082	3. 604 592	0. 277 424
8	4. 299 817	16. 499 085	0. 060 609	0. 232 568	3. 837 160	0. 260 609
9	5. 159 780	20. 798 902	0. 048 079	0. 193 807	4. 030 967	0. 248 079
10	6. 191 736	25. 958 682	0. 038 523	0. 161 506	4. 192 472	0. 238 523
11	7. 430 084	32. 150 419	0. 031 104	0. 134 588	4. 327 060	0. 231 104
12	8. 916 100	39. 580 502	0. 025 265	0. 112 157	4. 439 217	0. 225 265
13	10. 699 321	48. 496 603	0. 020 620	0. 093 464	4. 532 681	0. 220 620
14	12. 839 185	59. 195 923	0. 016 893	0. 077 887	4. 610 567	0. 216 893
15	15. 407 022	72. 035 108	0. 013 882	0. 064 905	4. 675 473	0. 213 882
16	18. 488 426	87. 442 129	0. 011 436	0. 054 088	4. 729 561	0. 211 436
17	22. 186 111	105. 930 555	0. 009 440	0. 045 073	4. 774 634	0. 209 440
18	26. 623 333	128. 116 666	0. 007 805	0. 037 561	4. 812 195	0. 207 805
19	31. 948 000	154. 740 000	0. 006 462	0. 031 301	4. 843 496	0. 206 462
20	38. 337 600	186. 688 000	0. 005 357	0. 026 084	4. 869 580	0. 205 357
21	46. 005 120	225. 025 600	0. 004 444	0. 021 737	4. 891 316	0. 204 444
22	55. 206 144	271. 030 719	0. 003 690	0. 018 114	4. 909 430	0. 203 690
23	66. 247 373	326. 236 863	0. 003 065	0. 015 095	4. 924 525	0. 203 065
24	79. 496 847	392. 484 236	0. 002 548	0. 012 579	4. 937 104	0. 202 548
25	95. 396 217	471. 981 083	0. 002 119	0. 010 483	4. 947 587	0. 202 119
26	114. 475 460	567. 377 300	0. 001 762	0. 008 735	4. 956 323	0. 201 762
27	137. 370 552	681. 852 760	0. 001 467	0. 007 280	4. 963 602	0. 201 467
28	164. 844 662	819. 223 312	0. 001 221	0. 006 066	4. 969 668	0. 201 221
29	197. 813 595	984. 067 974	0. 001 016	0. 005 055	4. 974 724	0. 201 016
30	237. 376 314	1181. 881 569	0. 000 846	0. 004 213	4. 978 936	0. 200 846

$i=22\%$

期限	F/P	F/A	A/F	P/F	P/A	A/P
1	1. 220 000	1. 000 000	1. 000 000	0. 819 672	0. 819 672	1. 220 000
2	1. 488 400	2. 220 000	0. 450 450	0. 671 862	1. 491 535	0. 670 450
3	1. 815 848	3. 708 400	0. 269 658	0. 550 707	2. 042 241	0. 489 658
4	2. 215 335	5. 524 248	0. 181 020	0. 451 399	2. 493 641	0. 401 020
5	2. 702 708	7. 739 583	0. 129 206	0. 369 999	2. 863 640	0. 349 206
6	3. 297 304	10. 442 291	0. 095 764	0. 303 278	3. 166 918	0. 315 764
7	4. 022 711	13. 739 595	0. 072 782	0. 248 589	3. 415 506	0. 292 782
8	4. 907 707	17. 762 306	0. 056 299	0. 203 761	3. 619 268	0. 276 299
9	5. 987 403	22. 670 013	0. 044 111	0. 167 017	3. 786 285	0. 264 111
10	7. 304 631	28. 657 416	0. 034 895	0. 136 899	3. 923 184	0. 254 895
11	8. 911 650	35. 962 047	0. 027 807	0. 112 213	4. 035 397	0. 247 807
12	10. 872 213	44. 873 697	0. 022 285	0. 091 978	4. 127 375	0. 242 285
13	13. 264 100	55. 745 911	0. 017 939	0. 075 391	4. 202 766	0. 237 939
14	16. 182 202	69. 010 011	0. 014 491	0. 061 796	4. 264 562	0. 234 491
15	19. 742 287	85. 192 213	0. 011 738	0. 050 653	4. 315 215	0. 231 738
16	24. 085 590	104. 934 500	0. 009 530	0. 041 519	4. 356 734	0. 229 530
17	29. 384 420	129. 020 090	0. 007 751	0. 034 032	4. 390 765	0. 227 751
18	35. 848 992	158. 404 510	0. 006 313	0. 027 895	4. 418 660	0. 226 313
19	43. 735 771	194. 253 503	0. 005 148	0. 022 865	4. 441 525	0. 225 148
20	53. 357 640	237. 989 273	0. 004 202	0. 018 741	4. 460 266	0. 224 202
21	65. 096 321	291. 346 913	0. 003 432	0. 015 362	4. 475 628	0. 223 432
22	79. 417 512	356. 443 234	0. 002 805	0. 012 592	4. 488 220	0. 222 805
23	96. 889 364	435. 860 746	0. 002 294	0. 010 321	4. 498 541	0. 222 294
24	118. 205 024	532. 750 110	0. 001 877	0. 008 460	4. 507 001	0. 221 877
25	144. 210 130	650. 955 134	0. 001 536	0. 006 934	4. 513 935	0. 221 536
26	175. 936 358	795. 165 264	0. 011 258	0. 005 684	4. 519 619	0. 221 258
27	214. 642 357	971. 101 622	0. 001 030	0. 004 659	4. 524 278	0. 221 030
28	261. 863 675	1 185. 743 978	0. 000 843	0. 003 819	4. 528 096	0. 220 843
29	319. 473 684	1 447. 607 654	0. 000 691	0. 003 130	4. 531 227	0. 220 691
30	389. 757 894	1 767. 081 337	0. 000 566	0. 002 566	4. 533 792	0. 220 566

$i=24\%$

期限	F/P	F/A	A/F	P/F	P/A	A/P
1	1.240 000	1.000 000	1.000 000	0.806 452	0.806 452	1.240 000
2	1.537 600	2.240 000	0.446 429	0.650 364	1.456 816	0.686 429
3	1.906 624	3.777 600	0.264 718	0.524 487	1.981 303	0.504 718
4	2.364 214	5.684 224	0.175 926	0.422 974	2.404 277	0.415 926
5	2.931 625	8.048 438	0.124 248	0.341 108	2.745 384	0.364 248
6	3.635 215	10.980 063	0.091 074	0.275 087	3.020 471	0.331 074
7	4.507 667	14.615 278	0.068 422	0.221 844	3.242 316	0.308 422
8	5.589 507	19.122 945	0.052 293	0.178 907	3.421 222	0.292 293
9	6.930 988	24.712 451	0.040 465	0.144 280	3.565 502	0.280 465
10	8.594 426	31.643 440	0.031 602	0.116 354	3.681 856	0.271 602
11	10.657 088	40.237 865	0.024 852	0.093 834	3.775 691	0.264 852
12	13.214 789	50.894 953	0.019 648	0.075 673	3.851 363	0.259 648
13	16.386 338	64.109 741	0.015 598	0.061 026	3.912 390	0.255 598
14	20.319 059	80.496 079	0.012 423	0.049 215	3.961 605	0.252 423
15	25.195 633	100.815 138	0.009 919	0.039 689	4.001 294	0.249 919
16	31.242 585	126.010 772	0.007 936	0.032 008	4.033 302	0.247 936
17	38.740 806	157.253 357	0.006 359	0.025 813	4.059 114	0.246 359
18	48.038 599	195.994 162	0.005 102	0.020 817	4.079 931	0.245 102
19	59.567 863	244.032 761	0.004 098	0.016 788	4.096 718	0.244 098
20	73.864 150	303.600 624	0.003 294	0.013 538	4.110 257	0.243 294
21	91.591 546	377.464 774	0.002 649	0.010 918	4.121 175	0.242 649
22	113.573 517	469.056 320	0.002 132	0.008 805	4.129 980	0.242 132
23	140.831 161	582.629 836	0.001 716	0.007 101	4.137 080	0.241 716
24	174.630 639	723.460 997	0.001 382	0.005 726	4.142 807	0.241 382
25	216.541 993	898.091 636	0.001 113	0.004 618	4.147 425	0.241 113
26	268.512 071	1 114.633 629	0.000 897	0.003 724	4.151 149	0.240 897
27	332.954 968	1 383.145 700	0.000 723	0.003 003	4.154 152	0.240 723
28	412.864 160	1 716.100 668	0.000 583	0.002 422	4.156 575	0.240 583
29	511.951 559	2 128.964 828	0.000 470	0.001 953	4.158 528	0.240 470
30	634.819 933	2 640.916 387	0.000 379	0.001 575	4.160 103	0.240 379

$i=25\%$

期限	F/P	F/A	A/F	P/F	P/A	A/P
1	1.250 000	1.000 000	1.000 000	0.800 000	0.800 000	1.250 000
2	1.562 500	2.250 000	0.444 444	0.640 000	1.440 000	0.694 444
3	1.953 125	3.812 500	0.262 295	0.512 000	1.952 000	0.512 295
4	2.441 406	5.765 625	0.173 442	0.409 600	2.361 600	0.423 442
5	3.051 758	8.207 031	0.121 847	0.327 680	2.689 280	0.371 847
6	3.814 697	11.258 789	0.088 819	0.262 144	2.951 424	0.338 819
7	4.768 372	15.073 486	0.066 342	0.209 715	3.161 139	0.316 342
8	5.960 464	19.841 858	0.050 399	0.167 772	3.328 911	0.300 399
9	7.450 581	25.802 322	0.038 756	0.134 218	3.463 129	0.288 756
10	9.313 226	33.252 903	0.030 073	0.107 374	3.570 503	0.280 073
11	11.641 532	42.566 129	0.023 493	0.085 899	3.656 403	0.273 493
12	14.551 915	54.207 661	0.018 448	0.068 719	3.725 122	0.268 448
13	18.189 894	68.759 576	0.014 543	0.054 976	3.780 098	0.264 543
14	22.737 368	86.949 470	0.011 501	0.043 980	3.824 078	0.261 501
15	28.421 709	109.686 838	0.009 117	0.035 184	3.859 263	0.259 117
16	35.527 137	138.108 547	0.007 241	0.028 147	3.887 410	0.257 241
17	44.408 921	173.635 684	0.005 759	0.022 518	3.909 928	0.255 759
18	55.511 151	218.044 605	0.004 586	0.018 014	3.927 942	0.254 586
19	69.388 939	273.555 756	0.003 656	0.014 412	3.942 354	0.253 656
20	86.736 174	342.944 695	0.002 916	0.011 529	3.953 883	0.252 916
21	108.420 217	429.680 869	0.002 327	0.009 223	3.963 107	0.252 327
22	135.525 272	538.101 086	0.001 858	0.007 379	3.970 485	0.251 858
23	169.406 589	673.626 358	0.001 485	0.005 903	3.976 388	0.251 485
24	211.758 237	843.032 947	0.001 186	0.004 722	3.981 111	0.251 186
25	264.697 796	1 054.791 184	0.000 948	0.003 778	3.984 888	0.250 948
26	330.872 245	1 319.488 980	0.000 758	0.003 022	3.987 911	0.250 758
27	413.590 306	1 650.361 225	0.000 606	0.002 418	3.990 329	0.250 606
28	516.987 883	2 063.951 531	0.000 485	0.001 934	3.992 263	0.250 485
29	646.234 854	2 580.939 414	0.000 387	0.001 547	3.993 810	0.250 387
30	807.793 567	3 227.174 268	0.000 310	0.001 238	3.995 048	0.250 310

$i=27\%$

期限	F/P	F/A	A/F	P/F	P/A	A/P
1	1. 270 000	1. 000 000	1. 000 000	0. 787 402	0. 787 402	1. 270 000
2	1. 612 900	2. 270 000	0. 440 529	0. 620 001	1. 407 403	0. 710 529
3	2. 048 383	3. 882 900	0. 257 539	0. 488 190	1. 895 593	0. 527 539
4	2. 601 446	5. 931 283	0. 168 598	0. 384 402	2. 279 994	0. 438 598
5	3. 303 837	8. 532 729	0. 117 196	0. 302 678	2. 582 673	0. 387 196
6	4. 195 873	11. 836 566	0. 084 484	0. 238 329	2. 821 002	0. 354 484
7	5. 328 759	16. 032 439	0. 062 374	0. 187 661	3. 008 663	0. 332 374
8	6. 767 523	21. 361 198	0. 046 814	0. 147 765	3. 156 428	0. 316 814
9	8. 594 755	28. 128 721	0. 035 551	0. 116 350	3. 272 778	0. 305 551
10	10. 915 339	36. 723 476	0. 027 231	0. 091 614	3. 364 392	0. 297 231
11	13. 862 480	47. 638 815	0. 020 991	0. 072 137	3. 436 529	0. 290 991
12	17. 605 350	61. 501 295	0. 016 260	0. 056 801	3. 493 330	0. 286 260
13	22. 358 794	79. 106 644	0. 012 641	0. 044 725	3. 538 055	0. 282 641
14	28. 395 668	101. 465 438	0. 009 856	0. 035 217	3. 573 272	0. 279 856
15	36. 062 499	129. 861 106	0. 007 701	0. 027 730	3. 601 001	0. 277 701
16	45. 799 373	165. 923 605	0. 006 027	0. 021 834	3. 622 836	0. 276 027
17	58. 165 204	211. 722 978	0. 004 723	0. 017 192	3. 640 028	0. 274 723
18	73. 869 809	269. 888 182	0. 003 705	0. 013 537	3. 653 565	0. 273 705
19	93. 814 658	343. 757 991	0. 002 909	0. 010 659	3. 664 225	0. 272 909
20	119. 144 615	437. 572 649	0. 002 285	0. 008 393	3. 672 618	0. 272 285
21	151. 313 661	556. 717 264	0. 001 796	0. 006 609	3. 679 227	0. 271 796
22	192. 168 350	708. 030 926	0. 001 412	0. 005 204	3. 684 430	0. 271 412
23	244. 053 804	900. 199 276	0. 001 111	0. 004 097	3. 688 528	0. 271 111
24	309. 948 332	1 144. 253 080	0. 000 874	0. 003 226	3. 691 754	0. 270 874
25	393. 634 381	1 454. 201 412	0. 000 688	0. 002 540	3. 694 295	0. 270 688
26	499. 915 664	1 847. 835 793	0. 000 541	0. 002 000	3. 696 295	0. 270 541
27	634. 892 893	2 347. 751 457	0. 000 426	0. 001 575	3. 697 870	0. 270 426
28	806. 313 974	2 982. 644 350	0. 000 335	0. 001 240	3. 699 110	0. 270 335
29	1 024. 018 748	3 788. 958 324	0. 000 264	0. 000 977	3. 700 087	0. 270 264
30	1 300. 503 809	4 812. 977 072	0. 000 208	0. 000 769	3. 700 856	0. 270 208

$i = 29\%$

期限	F/P	F/A	A/F	P/F	P/A	A/P
1	1.290 000	1.000 000	1.000 000	0.775 194	0.775 194	1.290 000
2	1.664 100	2.290 000	0.436 618	0.600 925	1.376 119	0.726 681
3	2.146 689	3.954 100	0.252 902	0.465 834	1.841 953	0.542 902
4	2.769 229	6.100 789	0.163 913	0.361 111	2.203 064	0.453 913
5	3.572 305	8.870 018	0.112 739	0.279 931	2.482 996	0.402 739
6	4.608 274	12.442 323	0.080 371	0.217 001	2.699 997	0.370 371
7	5.944 673	17.050 597	0.058 649	0.168 218	2.868 214	0.348 649
8	7.668 628	22.995 270	0.043 487	0.130 401	2.998 616	0.333 487
9	9.892 530	30.663 898	0.032 612	0.101 086	3.099 702	0.322 612
10	12.761 364	40.556 428	0.024 657	0.078 362	3.178 064	0.314 657
11	16.462 160	53.317 792	0.018 755	0.060 745	3.238 809	0.308 755
12	21.236 186	69.779 952	0.014 331	0.047 089	3.285 899	0.304 331
13	27.394 680	91.016 138	0.010 987	0.036 503	3.322 402	0.300 987
14	35.339 137	118.410 819	0.008 445	0.028 297	3.350 699	0.298 445
15	45.587 487	153.749 956	0.006 504	0.021 936	3.372 635	0.296 504
16	58.807 859	199.337 443	0.005 017	0.017 005	3.389 640	0.295 017
17	75.862 137	258.145 302	0.003 874	0.013 182	3.402 821	0.293 874
18	97.862 157	334.007 439	0.002 994	0.010 218	3.413 040	0.292 994
19	126.242 183	431.869 596	0.002 316	0.007 921	3.420 961	0.292 316
20	162.852 416	558.111 779	0.001 792	0.006 141	3.427 102	0.291 792
21	210.079 617	720.964 195	0.001 387	0.004 760	3.431 862	0.291 387
22	271.002 705	931.043 812	0.001 074	0.003 690	3.435 552	0.291 074
23	349.593 490	1 202.046 518	0.000 832	0.002 860	3.438 412	0.290 832
24	450.975 602	1 551.640 008	0.000 644	0.002 217	3.440 630	0.290 644
25	581.758 527	2 002.615 610	0.000 499	0.001 719	3.442 349	0.290 499
26	750.468 500	2 584.374 137	0.000 387	0.001 333	3.443 681	0.290 387
27	968.104 365	3 334.842 636	0.000 300	0.001 033	3.444 714	0.290 300
28	1 248.854 630	4 302.947 001	0.000 232	0.000 801	3.445 515	0.290 232
29	1 611.022 473	5 551.801 631	0.000 180	0.000 621	3.446 135	0.290 180
30	2 078.218 990	7 162.824 104	0.000 140	0.000 481	3.446 617	0.290 140

$i=30\%$

期限	F/P	F/A	A/F	P/F	P/A	A/P
1	1.300 000	1.000 000	1.000 000	0.769 231	0.769 231	1.300 000
2	1.690 000	2.300 000	0.434 783	0.591 716	1.360 947	0.734 783
3	2.197 000	3.990 000	0.250 627	0.455 166	1.816 113	0.550 627
4	2.856 100	6.187 000	0.161 629	0.350 128	2.166 241	0.461 629
5	3.712 930	9.043 100	0.110 582	0.269 329	2.435 570	0.410 582
6	4.826 809	12.756 030	0.078 394	0.207 176	2.642 746	0.378 394
7	6.274 852	17.582 839	0.056 874	0.159 366	2.802 112	0.356 874
8	8.157 307	23.857 691	0.041 915	0.122 589	2.924 702	0.341 915
9	10.604 449	32.014 998	0.031 235	0.094 300	3.019 001	0.331 235
10	13.785 849	42.619 497	0.023 463	0.072 538	3.091 539	0.323 463
11	17.921 604	56.405 346	0.017 729	0.055 799	3.147 338	0.317 729
12	23.298 085	74.326 950	0.013 454	0.042 922	3.190 260	0.313 454
13	30.287 511	97.625 036	0.010 243	0.033 017	3.223 277	0.310 243
14	39.373 764	127.912 546	0.007 818	0.025 398	3.248 675	0.307 818
15	51.185 893	167.286 310	0.005 978	0.019 537	3.268 211	0.305 978
16	66.541 661	218.472 203	0.004 577	0.015 028	3.283 239	0.304 577
17	86.504 159	285.013 864	0.003 509	0.011 560	3.294 800	0.303 509
18	112.455 407	371.518 023	0.002 692	0.008 892	3.303 692	0.302 692
19	146.192 029	483.973 430	0.002 066	0.006 840	3.310 532	0.302 066
20	190.049 638	630.165 459	0.001 587	0.005 262	3.315 794	0.301 587
21	247.064 529	820.215 097	0.001 219	0.004 048	3.319 842	0.301 219
22	321.183 888	1 067.279 626	0.000 937	0.003 113	3.322 955	0.300 937
23	417.539 054	1 388.463 514	0.000 720	0.002 395	3.325 350	0.300 720
24	542.800 770	1 806.002 568	0.000 554	0.001 842	3.327 192	0.300 554
25	705.641 001	2 348.803 338	0.000 426	0.001 417	3.328 609	0.300 426
26	917.333 302	3 054.444 340	0.000 327	0.001 090	3.329 700	0.300 327
27	1 192.533 293	3 971.777 642	0.000 252	0.000 839	3.330 538	0.300 252
28	1 550.293 280	5 164.310 934	0.000 194	0.000 645	3.331 183	0.300 194
29	2 015.381 264	6 714.604 214	0.000 149	0.000 496	3.331 679	0.300 149
30	2 619.995 644	8 729.985 479	0.000 115	0.000 382	3.332 061	0.300 115

$i=32\%$

期限	F/P	F/A	A/F	P/F	P/A	A/P
1	1.320 000	1.000 000	1.000 000	0.757 576	0.757 576	1.320 000
2	1.742 400	2.320 000	0.431 034	0.573 921	1.331 497	0.751 034
3	2.299 968	4.062 400	0.246 160	0.434 789	1.766 285	0.566 160
4	3.035 958	6.362 368	0.157 174	0.329 385	2.095 671	0.477 174
5	4.007 464	9.398 326	0.106 402	0.249 534	2.345 205	0.426 402
6	5.289 853	13.405 790	0.074 595	0.189 041	2.534 246	0.394 595
7	6.982 606	18.695 643	0.053 488	0.143 213	2.677 459	0.373 488
8	9.217 040	25.678 249	0.038 943	0.108 495	2.785 954	0.358 943
9	12.166 492	34.895 288	0.028 657	0.082 193	2.868 147	0.348 657
10	16.059 770	47.061 780	0.021 249	0.062 267	2.930 414	0.341 249
11	21.198 896	63.121 550	0.015 842	0.047 172	2.977 587	0.335 842
12	27.982 543	84.320 446	0.011 860	0.035 737	3.013 323	0.331 860
13	36.936 956	112.302 988	0.008 904	0.027 073	3.040 396	0.328 904
14	48.756 782	149.239 945	0.006 701	0.020 510	3.060 906	0.326 701
15	64.358 953	197.996 727	0.005 051	0.015 538	3.076 444	0.325 051
16	84.953 818	262.355 680	0.003 812	0.011 771	3.088 215	0.323 812
17	112.139 039	347.309 497	0.002 879	0.008 918	3.097 133	0.322 879
18	148.023 532	459.448 536	0.002 177	0.006 756	3.103 888	0.322 177
19	195.391 062	607.472 068	0.001 646	0.005 118	3.109 006	0.321 646
20	257.916 202	802.863 130	0.001 246	0.003 877	3.112 884	0.321 246
21	340.449 386	1 060.779 331	0.000 943	0.002 937	3.115 821	0.320 943
22	449.393 190	1 401.228 717	0.000 714	0.002 225	3.118 046	0.320 741
23	593.199 010	1 850.621 907	0.000 540	0.001 686	3.119 732	0.320 540
24	783.022 694	2 443.820 917	0.000 409	0.001 277	3.121 009	0.320 409
25	1 033.589 955	3 226.843 611	0.000 310	0.000 968	3.121 977	0.320 310
26	1 364.338 741	4 260.433 566	0.000 235	0.000 733	3.122 710	0.320 235
27	1 800.927 138	5 624.772 307	0.000 178	0.000 555	3.123 265	0.320 178
28	2 377.223 823	7 425.699 446	0.000 135	0.000 421	3.123 685	0.320 135
29	3 137.935 446	9 802.923 268	0.000 102	0.000 319	3.124 004	0.320 102
30	4 142.074 789	12 940.85 871	0.000 077	0.000 241	3.124 246	0.320 077

i = 34%

期限	F/P	F/A	A/F	P/F	P/A	A/P
1	1. 340 000	1. 000 000	1. 000 000	0. 746 269	0. 746 269	1. 340 000
2	1. 795 600	2. 340 000	0. 427 350	0. 556 917	1. 303 186	0. 767 350
3	2. 406 104	4. 135 600	0. 241 803	0. 415 610	1. 718 795	0. 581 803
4	3. 224 179	6. 541 704	0. 152 865	0. 310 156	2. 028 952	0. 492 865
5	4. 320 400	9. 765 883	0. 102 397	0. 231 460	2. 260 412	0. 442 397
6	5. 789 336	14. 086 284	0. 070 991	0. 172 731	2. 433 143	0. 410 991
7	7. 757 711	19. 875 620	0. 050 313	0. 128 904	2. 562 047	0. 390 313
8	10. 395 333	27. 633 331	0. 036 188	0. 096 197	2. 658 244	0. 376 188
9	13. 929 746	38. 028 664	0. 026 296	0. 071 789	2. 730 033	0. 366 296
10	18. 665 859	51. 958 409	0. 019 246	0. 053 574	2. 783 607	0. 359 246
11	25. 012 251	70. 624 268	0. 014 159	0. 039 980	2. 823 587	0. 354 159
12	33. 516 417	95. 636 520	0. 010 456	0. 029 836	2. 853 423	0. 350 456
13	44. 911 998	129. 152 936	0. 007 743	0. 022 266	2. 875 689	0. 347 743
14	60. 182 078	174. 064 934	0. 005 745	0. 016 616	2. 892 305	0. 345 745
15	80. 643 984	234. 247 012	0. 004 269	0. 012 400	2. 904 705	0. 344 269
16	108. 062 939	314. 890 996	0. 003 176	0. 009 254	2. 913 959	0. 343 176
17	144. 804 338	422. 953 935	0. 002 364	0. 006 906	2. 920 865	0. 342 364
18	194. 037 813	567. 758 273	0. 001 761	0. 005 154	2. 926 019	0. 341 761
19	260. 010 669	761. 796 086	0. 001 313	0. 003 846	2. 929 865	0. 341 313
20	348. 414 297	1 021. 806 755	0. 000 979	0. 002 870	2. 932 735	0. 340 979
21	466. 875 157	1 370. 221 051	0. 000 730	0. 002 142	2. 934 877	0. 340 730
22	625. 612 711	1 837. 096 209	0. 000 544	0. 001 598	2. 936 475	0. 340 544
23	838. 321 033	2 462. 708 920	0. 000 406	0. 001 193	2. 937 668	0. 340 406
24	1 123. 350 184	3 301. 029 953	0. 000 303	0. 000 890	2. 938 558	0. 340 303
25	1 505. 289 246	4 424. 380 137	0. 000 226	0. 000 664	2. 939 223	0. 340 226
26	2 017. 087 590	5 929. 669 383	0. 000 169	0. 000 496	2. 939 718	0. 340 169
27	2 702. 897 371	7 946. 756 973	0. 000 126	0. 000 370	2. 940 088	0. 340 126
28	3 621. 882 477	10 649. 65 434	0. 000 094	0. 000 276	2. 940 364	0. 340 094
29	4 853. 322 519	14 271. 53 682	0. 000 070	0. 000 206	2. 940 570	0. 340 070
30	6 503. 452 176	19 124. 85 934	0. 000 052	0. 000 154	2. 940 724	0. 340 052

i = 36%

期限	F/P	F/A	A/F	P/F	P/A	A/P
1	1.360 000	1.000 000	1.000 000	0.735 294	0.735 294	1.360 000
2	1.849 600	2.360 000	0.423 729	0.540 657	1.275 952	0.783 729
3	2.515 456	4.209 600	0.237 552	0.397 542	1.673 494	0.597 552
4	3.421 020	6.725 056	0.148 698	0.292 310	1.965 804	0.508 698
5	4.652 587	10.146 076	0.098 560	0.214 934	2.180 738	0.458 560
6	6.327 519	14.798 664	0.067 574	0.158 040	2.338 778	0.427 574
7	8.605 426	21.126 182	0.047 335	0.116 206	2.454 984	0.407 335
8	11.703 379	29.731 608	0.033 634	0.085 445	2.540 429	0.393 634
9	15.916 595	41.434 987	0.024 134	0.062 828	2.603 257	0.384 134
10	21.646 570	57.351 582	0.017 436	0.046 197	2.649 454	0.377 436
11	29.439 335	78.998 152	0.012 659	0.033 968	2.683 422	0.372 659
12	40.037 495	108.437 487	0.009 222	0.024 977	2.708 398	0.369 222
13	54.450 994	148.474 982	0.006 735	0.018 365	2.726 764	0.366 735
14	74.053 351	202.925 976	0.004 928	0.013 504	2.740 267	0.364 928
15	100.712 558	276.979 327	0.003 610	0.009 929	2.750 197	0.363 610
16	136.969 078	377.691 885	0.002 648	0.007 301	2.757 497	0.362 648
17	186.277 947	514.660 963	0.001 943	0.005 368	2.762 866	0.361 943
18	253.338 008	700.938 910	0.001 427	0.003 947	2.766 813	0.361 427
19	344.539 690	954.276 918	0.001 048	0.002 902	2.769 715	0.361 048
20	468.573 979	1 298.816 608	0.000 770	0.002 134	2.771 850	0.360 770
21	637.260 611	1 767.390 587	0.000 566	0.001 569	2.773 419	0.360 566
22	866.674 431	2 404.651 198	0.000 416	0.001 154	2.774 573	0.360 416
23	1 178.677 227	3 271.325 629	0.000 306	0.000 848	2.775 421	0.360 306
24	1 603.001 028	4 450.002 856	0.000 225	0.000 624	2.776 045	0.360 225
25	2 180.081 398	6 053.003 884	0.000 165	0.000 459	2.776 504	0.360 165
26	2 964.910 702	8 233.085 282	0.000 121	0.000 337	2.776 841	0.360 121
27	4 032.278 554	1 1197.995 98	0.000 089	0.000 248	2.777 089	0.360 089
28	5 483.898 833	15 230.274 54	0.000 066	0.000 182	2.777 271	0.360 066
29	7 458.102 414	20 714.173 37	0.000 048	0.000 134	2.777 405	0.360 048
30	10 143.019 28	28 172.275 78	0.000 035	0.000 099	2.777 504	0.360 035

i = 38%

期限	F/P	F/A	A/F	P/F	P/A	A/P
1	1. 380 000	1. 000 000	1. 000 000	0. 724 638	0. 724 638	1. 380 000
2	1. 904 400	2. 380 000	0. 420 168	0. 525 100	1. 249 737	0. 800 168
3	2. 628 072	4. 284 400	0. 233 405	0. 380 507	1. 630 245	0. 613 405
4	3. 626 739	6. 912 472	0. 144 666	0. 275 730	1. 905 974	0. 524 666
5	5. 004 900	10. 539 211	0. 094 884	0. 199 804	2. 105 778	0. 474 884
6	6. 906 762	15. 544 112	0. 064 333	0. 144 786	2. 250 564	0. 444 333
7	9. 531 332	22. 450 874	0. 044 542	0. 104 917	2. 355 481	0. 424 542
8	13. 153 238	31. 982 206	0. 031 267	0. 076 027	2. 431 508	0. 411 267
9	18. 151 469	45. 135 445	0. 022 156	0. 055 092	2. 486 600	0. 402 156
10	25. 049 027	63. 286 914	0. 015 801	0. 039 922	2. 526 522	0. 395 801
11	34. 567 658	88. 335 941	0. 011 320	0. 028 929	2. 555 451	0. 391 320
12	47. 703 367	122. 903 598	0. 008 136	0. 020 963	2. 576 413	0. 388 136
13	65. 830 647	170. 606 966	0. 005 861	0. 015 190	2. 591 604	0. 385 861
14	90. 846 293	236. 437 613	0. 004 229	0. 011 008	2. 602 612	0. 384 229
15	125. 367 884	327. 283 905	0. 003 055	0. 007 977	2. 610 588	0. 383 055
16	173. 007 680	452. 651 790	0. 002 209	0. 005 780	2. 616 368	0. 382 209
17	238. 750 598	625. 659 470	0. 001 598	0. 004 188	2. 620 557	0. 381 598
18	329. 475 826	864. 410 068	0. 001 157	0. 003 035	2. 623 592	0. 381 157
19	454. 676 640	1 193. 885 894	0. 000 838	0. 002 199	2. 625 791	0. 380 838
20	627. 453 763	1 648. 562 533	0. 000 607	0. 001 594	2. 627 385	0. 380 607
21	865. 886 193	2 276. 016 296	0. 000 439	0. 001 155	2. 628 540	0. 380 439
22	1 194. 922 946	3 141. 902 489	0. 000 318	0. 000 837	2. 629 377	0. 380 318
23	1 648. 993 665	4 336. 825 434	0. 000 231	0. 000 606	2. 629 983	0. 380 231
24	2 275. 611 258	5 985. 819 100	0. 000 167	0. 000 439	2. 630 423	0. 380 167
25	3 140. 343 536	8 261. 430 457	0. 000 121	0. 000 318	2. 630 741	0. 380 121
26	4 333. 674 079	11 401. 773 89	0. 000 088	0. 000 231	2. 630 972	0. 380 088
27	5 980. 470 230	15 735. 447 97	0. 000 064	0. 000 167	2. 631 139	0. 380 064
28	8 253. 048 917	21 715. 918 20	0. 000 046	0. 000 121	2. 631 260	0. 380 046
29	11 389. 20 751	29 968. 967 12	0. 000 033	0. 000 088	2. 631 348	0. 380 033
30	15 717. 10 636	41 358. 174 62	0. 000 024	0. 000 064	2. 631 412	0. 380 024

$i=40\%$

期限	F/P	F/A	A/F	P/F	P/A	A/P
1	1.400 000	1.000 000	1.000 000	0.714 286	0.714 286	1.400 000
2	1.960 000	2.400 000	0.416 667	0.510 204	1.224 490	0.816 667
3	2.744 000	4.360 000	0.229 358	0.364 431	1.588 921	0.629 358
4	3.841 600	7.104 000	0.140 766	0.260 308	1.849 229	0.540 766
5	5.378 240	10.945 600	0.091 361	0, 185 934	2.035 164	0.491 361
6	7.529 536	16.323 840	0.061 260	0.132 810	2.167 974	0.461 260
7	10.541 350	23.853 376	0.041 923	0.094 865	2.262 839	0.441 923
8	14.757 891	34.394 726	0.029 074	0.067 760	2.330 599	0.429 074
9	20.661 047	49.152 617	0.020 345	0.048 400	2.378 999	0.420 345
10	28.925 465	69.813 664	0.014 324	0.034 572	2.413 571	0.414 324
11	40.495 652	98.739 129	0.010 128	0.024 694	2.438 265	0.410 128
12	56.693 912	139.234 781	0.007 182	0.017 639	2.455 904	0.407 182
13	79.371 477	195.928 693	0.005 104	0.012 599	2.468 503	0.405 104
14	111.120 068	275.300 171	0.003 632	0.008 999	2.477 502	0.403 632
15	155.568 096	386.420 239	0.002588	0.006 428	2.483 930	0.402 588
16	217.795 334	541.988 334	0.001 845	0.004 591	2.488 521	0.401 845
17	304.913 467	759.783 668	0.001 316	0.003 280	2.491 801	0.401 316
18	426.878 854	1 064.697 136	0.000 939	0.002 343	2.494 144	0.400 939
19	597.630 396	1 491.575 990	0.000 670	0.001 673	2.495 817	0.400 670
20	836.682 554	2 089.206 386	0.000 479	0.001 195	2.497 012	0.400 479
21	1 171.355 576	2 925.888 940	0.000 342	0.000 854	2.497 866	0.400 342
22	1 639.897 806	4 097.244 516	0.000 244	0.000 610	2.498 476	0.400 244
23	2 295.856 929	5 737.142 322	0.000 174	0.000 436	2.498 911	0.400 174
24	3 214.199 700	8 032.999 251	0.000 124	0.000 311	2.499 222	0.400 124
25	4 499.897 581	11 247.198 95	0.000 089	0.000 222	2.499 444	0.400 089
26	6 299.831 413	15 747.078 53	0.000 064	0.000 159	2.499 603	0.400 064
27	8 819.763 978	22 046.909 94	0.000 045	0.000 113	2.499 717	0.400 045
28	12 347.669 57	30 866.673 92	0.000 032	0.000 081	2.499 798	0.400 032
29	17 286.737 40	43 214.343 49	0.000 023	0.000 058	2.499 855	0.400 023
30	24 201.432 36	60 501.080 89	0.000 017	0.000 041	2.499 897	0.400 017

$i=42\%$

期限	F/P	F/A	A/F	P/F	P/A	A/P
1	1.420 000	1.000 000	1.000 000	0.704 225	0.704 225	1.420 000
2	2.016 400	2.420 000	0.413 223	0.495 933	1.200 159	0.833 223
3	2.863 288	4.436 400	0.225 408	0.349 249	1.549 408	0.645 408
4	4.065 869	7.299 688	0.136 992	0.245 950	1.795 357	0.556 992
5	5.773 534	11.365 557	0.087 985	0.173 204	1.968 562	0.507 985
6	8.198 418	17.139 091	0.058 346	0.121 975	2.090 536	0.478 346
7	11.641 754	25.337 509	0.039 467	0.085 898	2.176 434	0.459 467
8	16.531 290	36.979 263	0.027 042	0.060 491	2.236 925	0.447 042
9	23.474 432	53.510 553	0.018 688	0.042 600	2.279 525	0.438 688
10	33.333 694	76.984 986	0.012 990	0.030 000	2.309 525	0.432 990
11	47.333 845	110.318 680	0.009 065	0.021 127	2.330 651	0.429 065
12	67.214 061	157.652 525	0.006 343	0.014 878	2.345 529	0.426 343
13	95.443 966	224.866 586	0.004 447	0.010 477	2.356 006	0.424 447
14	135.530 432	320.310 551	0.003 122	0.007 378	2.363 385	0.423 122
15	192.453 213	455.840 983	0.002 194	0.005 196	2.368 581	0.422 194
16	273.283 562	648.294 196	0.001 543	0.003 659	2.372 240	0.421 543
17	388.062 658	921.577 758	0.001 085	0.002 577	2.374 817	0.421 085
18	551.048 975	1 309.640 417	0.000 764	0.001 815	2.376 632	0.420 764
19	782.489 544	1 860.689 392	0.000 537	0.001 278	2.377 910	0.420 537
20	1 111.135 153	2 643.178 936	0.000 378	0.000 900	2.378 810	0.420 378
21	1 577.811 918	3 754.314 089	0.000 266	0.000 634	2.379 443	0.420 266
22	2 240.492 923	5 332.126 007	0.000 188	0.000 446	2.379 890	0.420 188
23	3 181.499 950	7 572.618 930	0.000 132	0.000 314	2.380 204	0.420 132
24	4 517.729 930	10 754.118 88	0.000 093	0.000 221	2.380 425	0.420 093
25	6 415.176 500	1 5271.848 81	0.000 065	0.000 156	2.380 581	0.420 065
26	9 109.550 630	21 687.025 31	0.000 046	0.000 110	2.380 691	0.420 046
27	12 935.561 89	30 796.575 94	0.000 032	0.000 077	2.380 768	0.420 032
28	18 368.497 89	43 732.137 83	0.000 023	0.000 054	2.380 823	0.420 023
29	26 083.267 00	62 100.635 73	0.000 016	0.000 038	2.380 861	0.420 016
30	37 038.239 15	88 183.902 73	0.000 011	0.000 027	2.380 888	0.420 011

$i=44\%$

期限	F/P	F/A	A/F	P/F	P/A	A/P
1	1. 440 000	1. 000 000	1. 000 000	0. 694 444	0. 694 444	1. 440 000
2	2. 073 600	2. 440 000	0. 409 836	0. 482 253	1. 176 698	0. 849 836
3	2. 985 984	4. 513 600	0. 221 553	0. 334 898	1. 511 596	0. 661 553
4	4. 299 817	7. 499 584	0. 133 341	0. 232 568	1. 744 164	0. 573 341
5	6. 191 736	11. 799 401	0. 084 750	0. 161 506	1. 905 669	0. 524 750
6	8. 916 100	17. 991 137	0. 055 583	0. 112 157	2. 017 826	0. 495 583
7	12. 839 185	26. 907 238	0. 037 165	0. 077 887	2. 095 712	0. 477 165
8	18. 488 426	39. 746 422	0. 025 159	0. 054 088	2. 149 800	0. 465 159
9	26. 623 333	58. 234 848	0. 017 172	0. 037 561	2. 187 361	0. 457 172
10	38. 337 600	84. 858 182	0. 011 784	0. 026 084	2. 213 445	0. 451 784
11	55. 206 144	123. 195 782	0. 008 117	0. 018 114	2. 231 559	0. 448 117
12	79. 496 847	178. 401 925	0. 005 605	0. 012 579	2. 244 138	0. 445 605
13	114. 475 460	257. 898 773	0. 003 877	0. 008 735	2. 252 874	0. 443 877
14	164. 844 662	372. 374 233	0. 002 685	0. 006 066	2. 258 940	0. 442 685
15	237. 376 314	537. 218 895	0. 001 861	0. 004 213	2. 263 153	0. 441 861
16	341. 821 892	774. 595 209	0. 001 291	0. 002 926	2. 266 078	0. 441 291
17	492. 223 524	1 116. 417 101	0. 000 896	0. 002 032	2. 268 110	0. 440 896
18	708. 801 875	1 608. 640 625	0. 000 622	0. 001 411	2. 269 521	0. 440 622
19	1 020. 674 700	2 317. 442 500	0. 000 432	0. 000 980	2. 270 501	0. 440 432
20	1 469. 771 568	3 338. 117 200	0. 000 300	0. 000 680	2. 271 181	0. 440 300
21	2 116. 471 058	4 807. 888 768	0. 000 208	0. 000 472	2. 271 653	0. 440 208
22	3 047. 718 323	6 924. 359 826	0. 000 144	0. 000 328	2. 271 982	0. 440 144
23	4 388. 714 386	9 972. 078 149	0. 000 100	0. 000 228	2. 272 209	0. 440 100
24	6 319. 748 715	14 360. 792 53	0. 000 070	0. 000 158	2. 272 368	0. 440 070
25	91 00. 438 150	20 680. 54 150	0. 000 048	0. 000 110	2. 272 478	0. 440 048
26	13 104. 630 94	29 780. 979 40	0. 000 034	0. 000 076	2. 272 554	0. 440 034
27	18 870. 668 55	42 885. 610 34	0. 000 023	0. 000 053	2. 272 607	0. 440 023
28	27 173. 762 71	61 756. 278 88	0. 000 016	0. 000 037	2. 272 644	0. 440 016
29	39 130. 218 30	88 930. 041 59	0. 000 011	0. 000 026	2. 272 669	0. 440 011
30	56 347. 514 35	128 060. 25 99	0. 000 008	0. 000 018	2. 272 687	0. 440 008

$i=46\%$

期限	F/P	F/A	A/F	P/F	P/A	A/P
1	1. 460 000	1. 000 000	1. 000 000	0. 684 932	0. 684 932	1. 460 000
2	2. 131 600	2. 460 000	0. 406 504	0. 469 131	1. 154 063	0. 866 504
3	3. 112 136	4. 591 600	0. 217 789	0. 321 323	1. 475 385	0. 677 789
4	4. 543 719	7. 703 736	0. 129 807	0. 220 084	1. 695 469	0. 589 807
5	6. 633 829	12. 247 455	0. 081 650	0. 150 743	1. 846 212	0. 541 650
6	9. 685 390	18. 881 284	0. 052 963	0. 103 248	1. 949 460	0. 512 963
7	14. 140 670	28. 566 674	0. 035 006	0. 070 718	2. 020 178	0. 495 006
8	20. 645 378	42. 707 344	0. 023 415	0. 048 437	2. 068 615	0. 483 415
9	30. 142 252	63. 352 723	0. 015 785	0. 033 176	2. 101 791	0. 475 785
10	44. 007 688	93. 494 975	0. 010 696	0. 022 723	2. 124 515	0. 470 696
11	64. 251 225	137. 502 663	0. 007 273	0. 015 564	2. 140 078	0. 467 273
12	93. 806 789	201. 753 889	0. 004 957	0. 010 660	2. 150 739	0. 464 957
13	136. 957 912	295. 560 677	0. 003 383	0. 007 302	2. 158 040	0. 463 383
14	199. 958 551	432. 518 589	0. 002 312	0. 005 001	2. 163 041	0. 462 312
15	291. 939 484	632. 477 140	0. 001 581	0. 003 425	2. 166 467	0. 461 581
16	426. 231 647	924. 416 625	0. 001 082	0. 002 346	2. 168 813	0. 461 082
17	622. 298 205	1 350. 648 272	0. 000 740	0. 001 607	2. 170 420	0. 460 740
18	908. 555 379	1 972. 946 477	0. 000 507	0. 001 101	2. 171 520	0. 460 507
19	1 326. 490 854	2 881. 501 856	0. 000 347	0. 000 754	2. 172 274	0. 460 347
20	1 936. 676 647	4 207. 992 710	0. 000 238	0. 000 516	2. 172 791	0. 460 238
21	2 827. 547 904	6 144. 669 357	0. 000 163	0. 000 354	2. 173 144	0. 460 163
22	4 128. 219 940	8 972. 217 261	0. 000 111	0. 000 242	2. 173 386	0. 460 111
23	6 027. 201 113	13 100. 437 20	0. 000 076	0. 000 166	2. 173 552	0. 460 076
24	8 799. 713 625	19 127. 638 31	0. 000 052	0. 000 114	2. 173 666	0. 460 052
25	12 847. 581 89	27 927. 351 94	0. 000 036	0. 000 078	2. 173 744	0. 460 036
26	18 757. 469 56	40 774. 933 83	0. 000 025	0. 000 053	2. 173 797	0. 460 025
27	27 385. 905 56	59 532. 403 39	0. 000 017	0. 000 037	2. 173 834	0. 460 017
28	39 983. 422 12	86 918. 308 95	0. 000 012	0. 000 025	2. 173 859	0. 460 012
29	58 375. 796 29	126 901. 731 1	0. 000 008	0. 000 017	2. 173 876	0. 460 008
30	85 228. 662 59	185 277. 527 4	0. 000 005	0. 000 012	2. 173 888	0. 460 005

$i = 48\%$

期限	F/P	F/A	A/F	P/F	P/A	A/P
1	1. 480 000	1. 000 000	1. 000 000	0. 675 676	0. 675 676	1. 480 000
2	2. 190 400	2. 480 000	0. 403 226	0. 456 538	1. 132 213	0. 883 226
3	3. 241 792	4. 670 400	0. 214 114	0. 308 471	1. 440 685	0. 694 114
4	4. 797 852	7. 912 192	0. 126 387	0. 208 427	1. 649 111	0. 606 387
5	7. 100 821	12. 710 044	0. 078 678	0. 140 829	1. 789 940	0. 558 678
6	10. 509 215	19. 810 865	0. 050 477	0. 095 155	1. 885 095	0. 530 477
7	15. 553 639	30. 320 081	0. 032 981	0. 064 294	1. 949 388	0. 512 981
8	23. 019 385	45. 873 719	0. 021 799	0. 043 442	1. 992 830	0. 501 799
9	34. 068 690	68. 893 105	0. 014 515	0. 029 352	2. 022 182	0. 494 515
10	50. 421 662	102. 961 795	0. 009 712	0. 019 833	2. 042 015	0. 489 712
11	74. 624 059	153. 383 457	0. 006 520	0. 013 401	2. 055 416	0. 486 520
12	110. 443 608	228. 007 516	0. 004 386	0. 009 054	2. 064 470	0. 484 386
13	163. 456 539	338. 451 124	0. 002 955	0. 006 118	2. 070 588	0. 482 955
14	241. 915 678	501. 907 663	0. 001 992	0. 004 134	2. 074 722	0. 481 992
15	358. 035 204	743. 823 342	0. 001 344	0. 002 793	2. 077 515	0. 481 344
16	529. 892 102	1 101. 858 546	0. 000 908	0. 001 887	2. 079 402	0. 480 908
17	784. 240 311	1 631. 750 647	0. 000 613	0. 001 275	2. 080 677	0. 480 613
18	1 160. 675 660	2 415. 990 958	0. 000 414	0. 000 862	2. 081 538	0. 480 414
19	1 717. 799 977	3 576. 666 618	0. 000 280	0. 000 582	2. 082 121	0. 480 280
20	2 542. 343 965	5 294. 466 595	0. 000 189	0. 000 393	2. 082 514	0. 480 189
21	3 762. 669 069	7 836. 810 560	0. 000 128	0. 000 266	2. 082 780	0. 480 128
22	5 568. 750 222	11 599. 479 63	0. 000 086	0. 000 180	2. 082 959	0. 480 086
23	8241. 750 328	17168. 229 85	0. 000 058	0. 000 121	2. 083 081	0. 480 058
24	12 197. 790 49	25 409. 980 18	0. 000 039	0. 000 082	2. 083 163	0. 480 039
25	18 052. 729 92	37 607. 770 67	0. 000 027	0. 000 055	2. 083 218	0. 480 027
26	26 718. 040 28	55 660. 500 58	0. 000 018	0. 000 037	2. 083 255	0. 480 018
27	39 542. 699 62	82 378. 540 87	0. 000 012	0. 000 025	2. 083 281	0. 480 012
28	58 523. 195 43	121 921. 240 5	0. 000 008	0. 000 017	2. 083 298	0. 480 008
29	86 614. 329 24	180 444. 43 59	0. 000 006	0. 000 012	2. 083 309	0. 480 006
30	128 189. 207 3	267 058. 765 1	0. 000 004	0. 000 008	2. 083 317	0. 480 004

$i=49\%$

期限	F/P	F/A	A/F	P/F	P/A	A/P
1	1.490 000	1.000 000	1.000 000	0.671 141	0.671 141	1.490 000
2	2.220 100	2.490 000	0.401 606	0.450 430	1.121 571	0.891 606
3	3.307 949	4.710 100	0.212 310	0.302 302	1.423 873	0.702 310
4	4.928 844	8.018 049	0.124 719	0.202 887	1.626 761	0.614 719
5	7.343 978	12.946 893	0.077 239	0.136 166	1.762 927	0.567 239
6	10.942 527	20.290 871	0.049 283	0.091 387	1.854 313	0.539 283
7	16.304 365	31.233 397	0.032 017	0.061 333	1.915 646	0.522 017
8	24.293 503	47.537 762	0.021 036	0.041 163	1.956 810	0.511 036
9	36.197 320	71.831 265	0.013 922	0.027 626	1.984 436	0.503 922
10	53.934 007	108.028 585	0.009 257	0.018 541	2.002 977	0.499 257
11	80.361 670	161.962 592	0.006 174	0.012 444	2.015 421	0.494 174
12	119.738 888	242.324 261	0.004 127	0.008 352	2.023 772	0.494 127
13	178.410 943	362.063 150	0.002 762	0.005 605	2.029 377	0.492 762
14	265.832 305	540.474 093	0.001 850	0.003 762	2.033 139	0.491 850
15	396.090 135	806.306 398	0.001 240	0.002 525	2.035 664	0.491 240
16	590.174 301	1 202.396 533	0.000 832	0.001 694	2.037 358	0.490 832
17	879.359 709	1 792.570 835	0.000 558	0.001 137	2.038 496	0.490 558
18	1 310.245 966	2 671.930 544	0.000 374	0.000 763	2.039 259	0.490 374
19	1 952.266 490	3 982.176 510	0.000 251	0.000 512	2.039 771	0.490 251
20	2 908.877 070	5 934.443 000	0.000 169	0.000 344	2.040 115	0.490 169
21	4 334.226 834	8 843.320 070	0.000 113	0.000 231	2.040 345	0.490 113
22	6 457.997 983	13 177.546 91	0.000 076	0.000 155	2.040 500	0.490 076
23	9 622.416 995	1 9635.544 89	0.000 051	0.000 104	2.040 604	0.490 051
24	14 337.401 32	29 257.961 88	0.000 034	0.000 070	2.040 674	0.490 034
25	21 362.727 97	43 595.363 21	0.000 023	0.000 047	2.040 721	0.490 023
26	31 830.464 68	64 958.091 18	0.000 015	0.000 031	2.040 752	0.490 015
27	47 427.392 37	96 788.555 86	0.000 010	0.000 021	2.040 773	0.490 010
28	70 666.814 63	144 215.948 2	0.000 007	0.000 014	2.040 787	0.490 007
29	105 293.553 8	214 882.762 9	0.000 005	0.000 009	2.040 797	0.490 005
30	156 887.395 2	320 176.316 7	0.000 003	0.000 006	2.040 803	0.490 003

$i=50\%$

期限	F/P	F/A	A/F	P/F	P/A	A/P
1	1. 500 000	1. 000 000	1. 000 000	0. 666 667	0. 666 667	1. 500 000
2	2. 250 000	2. 500 000	0. 400 000	0. 444 444	1. 111 111	0. 900 000
3	3. 375 000	4. 750 000	0. 210 526	0. 296 296	1. 407 407	0. 710 526
4	5. 062 500	8. 125 000	0. 123 077	0. 197 531	1. 604 938	0. 623 077
5	7. 593 750	13. 187 500	0. 075 829	0. 131 687	1. 736 626	0. 575 829
6	11. 390 625	20. 781 250	0. 048 120	0. 087 791	1. 824 417	0. 548 120
7	17. 085 938	32. 171 875	0. 031 083	0. 058 528	1. 882 945	0. 531 083
8	25. 628 906	49. 257 812	0. 020 301	0. 039 018	1. 921 963	0. 520 301
9	38. 443 359	74. 886 719	0. 013 354	0. 026 012	1. 947 975	0. 513 354
10	57. 665 039	113. 330 078	0. 008 824	0. 017 342	1. 965 317	0. 508 824
11	86. 497 559	170. 995 117	0. 005 848	0. 011 561	1. 976 878	0. 505 848
12	129. 746 338	257. 492 676	0. 003 884	0. 007 707	1. 984 585	0. 503 884
13	194. 619 507	387. 239 014	0. 002 582	0. 005 138	1. 989 724	0. 502 582
14	291. 929 260	581. 858 521	0. 001 719	0. 003 425	1. 993 149	0. 501 719
15	437. 893 890	873. 787 781	0. 001 144	0. 002 284	1. 995 433	0. 501 144
16	656. 840 836	1 311. 681 671	0. 000 762	0. 001 522	1. 993 955	0. 500 762
17	985. 261 253	1 968. 522 507	0. 000 508	0. 001 015	1. 997 970	0. 500 508
18	1 477. 891 880	2 953. 783 760	0. 000 339	0. 000 677	1. 998 647	0. 500 339
19	2 216. 837 820	4 431. 675 640	0. 000 226	0. 000 451	1. 999 098	0. 500 226
20	3 325. 256 730	6 648. 513 460	0. 000 150	0. 000 301	1. 999 399	0. 500 150
21	4 987. 885 095	9 973. 770 190	0. 000 100	0. 000 200	1. 999 599	0. 500 100
22	7 481. 827 643	14 961. 655 29	0. 000 067	0. 000 134	1. 999 733	0. 500 067
23	11 222. 741 46	22 443. 482 93	0. 000 045	0. 000 089	1. 999 822	0. 500 045
24	16 834. 112 20	33 666. 224 39	0. 000 030	0. 000 059	1. 999 881	0. 500 030
25	25 251. 168 29	50 500. 336 59	0. 000 020	0. 000 040	1. 999 921	0. 500 020
26	37 876. 752 44	75 751. 504 88	0. 000 013	0. 000 026	1. 999 947	0. 500 013
27	56 815. 128 66	113 628. 257 3	0. 000 009	0. 000 018	1. 999 965	0. 500 009
28	85 222. 692 99	170 443. 386 0	0. 000 006	0. 000 012	1. 999 977	0. 500 006
29	127 834. 039 5	255 666. 079 0	0. 000 004	0. 000 008	1. 999 984	0. 500 004
30	191 751. 059 2	383 500. 118 5	0. 000 003	0. 000 005	1. 999 990	0. 500 003

参考文献

[1] 保罗·萨缪尔森，威廉·诺德豪斯．经济学［M］．16版．北京：华夏出版社，1999.

[2] 国家计委，建设部联合发布．建设项目经济评价方法与参数［M］．2版．北京：中国计划出版社，1993.

[3] 国家发展和改革委员会，建设部联合发布．建设项目经济评价方法与参数［M］．3版．北京：中国计划出版社，2006.

[4]《投资项目可行性研究指南》编写组．投资项目可行性研究指南［M］．北京：中国电力出版社，2002.

[5] 中国人民银行国际司编译．亚洲开发银行业务丛书之六——项目经济分析准则［M］．北京：中国金融出版社，亚洲开发银行，1998.

[6] William A ward，Barry J Deren，Emmanuel H D，Silva. 世界银行经济发展学院——项目分析经济学实践指南［M］．北京：清华大学出版社，2001.

[7] 英国海外开发署．发展中国家项目评估——经济学家指南［M］．北京：中国计划出版社，1996.

[8] 鸟山正光．工程项目可行性研究理论与实践．高仲江等译［M］．北京：清华大学出版社，1984.

[9] 林恩·斯夸尔，赫尔曼G范德塔克．项目经济分析——影子价格的推算和估算［M］．北京：清华大学出版社，1985.

[10] 约翰·R. 汉森．项目评估实用指南［M］．北京：中国对外翻译出版公司，1982.

[11] 傅家骥等．技术经济学前沿问题［M］．北京：经济科学出版社，2003.

[12] P贝利，J安德森，H伯纳姆，J迪克逊，谭继鹏．投资运营的经济分析——分析方法与实际应用［M］．北京：中国计划出版社，2002.

[13] 周惠珍．投资项目评估方法与实务［M］．北京：中国计划出版社，2003.

[14] 黄有亮等．工程经济学［M］．南京：东南大学出版社，2002.

[15] 王蔚松，夏健明．项目评估［M］．北京：清华大学出版社，2004.

[16] 赵国杰．投资项目可行性研究［M］．天津：天津大学出版社，2003.

[17] 王隆昌．开发银行与工业项目效益评估［M］．北京：中国财政经济出版社，1988.

[18] 中国投资银行．工业贷款项目评估手册［M］．北京：中国财政经济出版社，1990.

[19]《世界银行项目管理》编写组．世界银行项目管理［M］．北京：中国财政经济

出版社，1983.
[20] 苏为华，强赤华．可行性研究国际惯例［M］．贵阳：贵州人民出版社，1995.
[21] 于俊年等．涉外投资项目可行性研究［M］．北京：对外贸易教育出版社，1993.
[22] 王立国，李东阳等．投资项目评估学［M］．大连：东北财经大学出版社，1998.
[23] 王立国，王红岩，宋维佳．可行性研究与项目评估［M］．大连：东北财经大学出版社，2001.
[24] 王立国，王红岩，宋维佳．工程项目可行性研究［M］．北京：人民邮电出版社，2002.
[25] 吴大军，王立国．项目评估［M］．大连：东北财经大学出版社，2002.
[26] 维塞拉 R 拉奥，乔尔 H 斯特克尔．战略营销分析［M］．北京：中国人民大学出版社，2001.
[27] 阿尔文 C 伯恩斯，罗纳德 F 布什．营销调研［M］．北京：中国人民大学出版社，2001.
[28] 张华．市场调查与预测［M］．北京：中国国际广播出版社，2000.
[29] 张志刚．年度策略性营销规划指引：实作篇［M］．北京：中华工商联合出版社，1999.
[30]［美］菲利普·科特勒．营销管理——分析、计划、执行和控制［M］.9 版．上海：上海人民出版社，1999.
[31]［美］小卡尔·迈克丹尼尔，罗杰·盖兹．当代市场调研［M］.4 版．北京：机械工业出版社，2000.
[32]［美］迈克尔·波特．竞争战略［M］．北京：华夏出版社，1997.
[33] 黄磊，刘兴云．公司资本投资决策［M］．上海：上海财经大学出版社，1997.
[34] 注册咨询工程师（投资）考试教材编委会．项目决策分析与评价［M］．北京：中国计划出版社，2003.
[35] 注册咨询工程师（投资）考试教材编委会．现代咨询方法与实务［M］．北京：中国计划出版社，2003.
[36] 全国注册咨询工程师（投资）资格考试参考教材编写委员会．项目决策分析与评价（2012 年版）［M］．北京：中国计划出版社，2011.
[37] 全国投资建设项目管理师考试专家委员会．投资建设项目决策（2011 年版）［M］．北京：中国计划出版社，2011.
[38] 王立国．投资项目决策前沿问题研究［M］．大连：东北财经大学出版社，2009.
[39] 王红岩，王立国，宋维佳．投资项目评估［M］．北京：高等教育出版社，2010.
[40] 宋维佳，王立国，王红岩．可行性研究与项目评估［M］.4 版．大连：东北财经大学出版社，2014.
[41] 何平平，车云月．大数据金融与征信［M］．北京：清华大学出版社，2017.

［42］辛玲，龚曙明．市场调查与预测［M］．2 版．北京：北京交通大学出版社，2014.
［43］丁洪福，战颂．市场调查与预测［M］．2 版．大连：东北财经大学出版社，2016.
［44］习近平．高举中国特色社会主义伟大旗帜为全面建设社会主义现代化国家而团结奋斗——在中国共产党第二十次全国代表大会上的报告［R］. 2022.
［45］张慧，黄群慧. ESG 责任投资研究热点与前沿的文献计量分析［J］．科学学与科学技术管理，2022（11）．
［46］谢红军，吕雪．负责任的国际投资：ESG 与中国 OFDI［J］．经济研究，2022，57（03）：83－99.
［47］屠光绍. ESG 责任投资的理念与实践（上）．中国金融，2019（01）：13－16.
［48］Henisz W，Koller T，Nuttall R.．Five Ways That ESG Creates Value［J］．McKinsey Quaterly，2019（11）：1－12.
［49］王大地，黄洁. ESG 理论与实践［M］，北京：经济管理出版社，2021.
［50］孙忠娟，罗伊，马文良等. ESG 披露标准体系研究［M］．北京：经济管理出版社，2021.
［51］王凯，邹洋．国内外 ESG 评价与评级比较研究［M］．北京：经济管理出版社，2021.